세상의 모든 고전

세상의 모든 고전 서양문학편
서울대 선정 동서고전 200선

초판 1쇄 펴낸 날 | 2013년 2월 15일
초판 2쇄 펴낸 날 | 2014년 6월 20일

엮은이 | 반덕진
펴낸이 | 홍정우
펴낸곳 | 도서출판 가람기획

책임편집 | 신미순
디자인 | 윤수경
마케팅 | 한대혁, 정다운

주소 | (121-894) 서울시 마포구 서교동 381-36 1층
전화 | (02)3275-2915~7
팩스 | (02)3275-2918
이메일 | garam815@chol.com

등록 | 1999년 10월 22일(제1999-000148호)

ⓒ 반덕진, 2013
ISBN 978-89-8435-320-6 (04800)
      978-89-8435-317-6 (세트)

* 이 책은 저작권법에 따라 보호받는 저작물이므로 무단전재와 무단복제를 금하며, 이 책 내용의 전부 또는 일부를 이용하려면 반드시 저작권자와 도서출판 가람기획의 서면 동의를 받아야 합니다.
* 값은 뒤표지에 있습니다.

세상의 모든 고전
서울대 선정 동서고전 200선

반덕진 엮음

가람
기획

일러두기

- 전집, 작품집, 저서, 중편소설과 장편소설, 서사시, 희곡 등은 『 』로 표기했고, 단편소설이나 시, 영화 등의 작품명, 평론이나 논문명 등은 「 」로 표기했다. 예) 『정지용 전집』, 『상록수』, 「감자」 등
- 신문이나 단체, 동인지 등은 〈 〉로 표기했다. 예) 〈동아일보〉, 〈폐허〉 등
- 본문에 실린 시나 소설의 인용문은 독자들의 이해를 돕기 위해 부득이한 경우를 제외하고는 되도록 현대문으로 표기했다.
- 인명과 지명은 국립국어원 맞춤법 표기법과 외래어 표기법에 따르되, 작품의 국적을 존중하여 표기했다. 예) 헤라 여신(그리스문학의 경우), 유노 여신(라틴문학의 경우) 등

추천의 말

고전의 정신을 잘 살린 탁월한 지침서

박병기·한국 교원대 교수

  그동안 대학에서 주로 〈사상과 윤리〉 강좌를 담당하면서 학생들의 고전에 대한 접근도가 매우 낮은 것으로 느끼고 있었다. 그런데『세상의 모든 고전』시리즈를 보니 고전에 대한 충실한 안내서 역할을 넘어 고전의 대중화에도 결정적인 기여를 할 것으로 생각된다.
  일반적으로 고전이란 작가의 당대나 그가 살았던 지역에서만 높이 평가되어온 것이 아니고, 시간과 공간을 초월해 진가가 검증되어 왔으며 그 어떤 새로운 작품들에 의해서도 대체하기 쉽지 않은 작품을 말한다.
  그러나 대부분의 고전은 일반인들이 쉽게 접근하기에는 부담스러운 것이 사실이다. 그러기에 이를 알기 쉽게 요약, 정리한 안내서가 필수적이라 할 수 있는데 동서양의 역사에서 그러한 사례는 적지 않았다. 그런데 불행히도 우리는 아직 고전에 대한 본격적인 해제집이 부재해왔다는 점에서 아쉬운 점이 없지 않았었다.

그런 점에서 볼 때 이 책은 우리 사회의 고전읽기의 생활화를 촉진시켜 우리 사회의 지적 욕구 충족은 물론, 지적 호기심까지도 유발할 수 있을 것으로 기대된다. 더욱이 이 책은 유사한 성격의 책들이 갖기 쉬운 결함인 내용상의 단절과 무미건조함을 잘 극복하고 있고, 각 해제마다 주요 논점을 흥미롭게 전달하고 있어 가히 고전에 대한 탁월한 지침서라 할 수 있다.

고전을 대하는 저자의 진지한 자세가 느껴지며 행간마다 정성이 스며 있음은 물론, 고전에 담긴 정신을 잘 살리고 있어 현대를 살아가는 지성인들에게 필독서로 추천하고 싶은 책이다.

머리말

인생을 바꿀 한 권의 책을 만나자

고전(古典, classic)이란 '특정 시대와 특정 공간을 초월하여 오랫동안 가치를 인정받아 온 책'을 말하며 대체로 '객관적 불멸성(objective immortality)'을 담고 있다. 그래서 이런 고전들은 저자가 살았던 시대나 지역을 넘어 동서양의 많은 독자들에게 깊은 감동과 여운을 주어왔다. 사람들이 문자를 만들고 난 후 세상에는 수많은 책들이 나왔다. 그 중에는 출간되자마자 독자의 사랑을 받는 책도 있지만 나오자마자 독자의 무관심 속에 사라진 책도 있다. 한때 망각 속으로 사라졌던 책이 시대가 바뀌면서 새롭게 재조명되는 경우도 있고, 세상에 나온 이후 꾸준히 읽히면서 오랜 검증을 잘 이겨내고 지금까지 살아남은 책들도 있다. 이처럼 태어나자마자 요절한 책에서부터 3000년 동안 장수하고 있는 불멸의 고전들까지, 책에도 각각의 운명이 있다는 생각이 든다.

오늘날 우리가 갖고 있는 고전 목록은 다채로운 지적 스펙트럼을 담고 있다. 그 속에는 인간의 본질과 삶의 방식에 대해 우리가 지닌 선험적 전제에 의문을 던져 주는 책들도 있고, 당시 시대상황에 대해 새로운 문제의식과 시대정신을 심어준 책들도 있다. 어떤 역저力著는 학문의 세계에 특정 학문 분야를 새로 탄생시키기도 했고 어떤 명저名著들은 도도한 인류 역사의 흐름을 바꾸기도 했다. 그런데 이런 고전들은 너무 유명하다 보니 읽지 않고서도 마치 읽은 것처럼 착각하는 경우가 많다. 고전읽기에는 정해진 순서가 없다. 자신의 관심에 따라, 자신의 눈길이 가는 책부터 접하면 된다. 고전 속으로의 여행이 결코 무거운 의무여서는 안 된다. 고전읽기는 양보할 수 없는 정신의 권리이자 적극적으로 추구해야 할 지적 즐거움이기 때문이다.

동서양을 막론하고 인류 지성사와 학문 예술사에서 고전은 매우 큰 역할을 했다. 고전은 때로 역사의 전환점을 만들기도 했고 학문과 예술의 부흥을 주도하기도 했다. 서양 역사에서 가장 신명나는 르네상스 운동은 그리스·로마의 고전으로 돌아가자는 인문주의 운동이었다. 중세 천년의 종교적 도그마가 힘을 잃어가면서 새로운 인간상과 사회상에 대한 의문이 제기될 때, 서양 고대의 고전은 항상 조회의 대상이었다. 그렇다고 고전에 대한 탐구가 역사의 변화와 문예부흥만을 가져온 것은 아니다. 고전과의 만남은 개인의 정신세계에 신선한 자극제가 되기도 한다. 고전의 샘물은 독자의 지적 갈증을 풀어주고 그에게 창조적 영감을 주기도 한다. 뿐만 아니라 강렬한 독서체험은 독자의 운명을 바꿀 수도 있다. 그런 사례는 우리 주변에도 결코 드물지 않다. 필자는 20대 후반에 정신적 방황에 종지부를 찍어준 한 권의 책을 만났다. 괴테의 『파우스트』였다. 이 책은 괴테 자신의 체험을 바탕으로 인간의 방황과 구원의 문제를 다루고 있는데, 인간은 노력하는 동안은 어쩔 수 없이 방황하기 마련이지만 쉬지 않고 열심히 노력하는 인간은 구원을 얻을 수 있다는 메시지를 담고 있다. 질풍노도의 시절을 보내던 방황하는 젊음에게 이보다 더 적절한 위안이 어디 있었겠는가? 괴테의 음성은 들끓는 가슴을 진정시켜주었고 이후 지금까지 정신적 평온 상태가 유지되고 있다.

그 후 필자는 1995년에 아담한 지방대학 교수로 내려와 학생들에게 교양과목을 강의하고 있다. 강의과목 중에는 〈교양과 독서〉라는 과목도 있는데, 이 강의는 학생들과 고전의 숲을 산책하면서 고전에 대해 대화를 나누는 시간이다. 이 수업에서는 『일리아스』, 『오이디푸스 왕』, 『햄릿』, 『에밀』, 『파우스트』 등을 다루며 각 작품의 주인공들인 아킬레우스, 오이디푸스, 햄릿, 에밀, 파우스트 등 각각의 인간상을 만난다. 평소에 필자는 학생들에게 대학시절에 꼭 만났으면 좋은 세 가지를 들려주곤 한다. 하나는 '평생의 멘토'를 만나는 것이요, 다른 하나는 '평생의 친구'를 만나는 것이며, 마지막 하나는 인생을 바꿀 '평생의 책'을 만나는 것이라고.

필자가 대학에 오기 2년 전인 1993년에 우리 사회는 책의 해를 맞이하여 사회적으로 독서에 대한 관심이 일어났다. 언론에서도 독서에 관한 기획 프로그램을 선보였고, 대학에서도 지나친 전공 중심 교육에 대한 반성으로 독서와 연계된 교양교육에 관심을 갖기 시작했다. 그러던 중 우리의 독서 현실에 한 획을 긋는 사건이 일어났다. 1994년 2월에 서울대학교에서 몇 년 간의 연구를 거쳐 〈동서고전 200선〉을 선정하여 대외적으로 공표한 것이다. 서양의 대학들에서는 이미 오래 전부터 대학생들이 읽어야 할 고전의 목록을 작성해서 대학교육에 적극 활용해 왔다. 하지만 우리의 현실은 좀 달랐다. 고전의 개념에 대한 정의에서부터 고전의 반열에 드는 책이 어떤 것들인지에 대한 사회적 논의나 합의가 부족했다. 고전읽기는 개인적인 차원의 결단이 필요한 독서 행위로 간주되고 있었다. 이런 상황에서 서울대학교의 고전 선정 작업은 우리 사회에 표준적인 고전목록을 처음으로 제시한 셈이 되었다. 서울대학교에서 필독고전을 선정하기 그 이전부터 일부 대학들이 나름대로 고전목록을 작성하여 학생들에게 추천한 사례는 있었지만 사회에 목록을 공개한 것은 아마도 서울대가 처음이 아닌가 싶다. 아무튼 고전에 대한 사회적 관심과 서울대학교라는 선정 주체의 상징성이 결합되어 사회적 반향은 예상보다 컸다. 그런데 미처 생각하지 못했던 문제가 발생한 것은 시간이 얼마 지나지 않아서였다. 고전읽기에 대한 당위성은 어느 누구도 부인하지 않지만 문제는 고전읽기가 그렇게 쉬운 일이 아니라는 것이다. 단순한 호기심으로 고전을 펴봤다가 고전苦戰 끝에 결국 인내의 한계에 도달하는 경우가 많았다. 고전읽기가 이런 실존적 상황에 처하자 고전에 대한 안내서의 필요성이 제기되었다. 서울대 교수들조차 당시의 유력 신문에 고전 해제집의 필요성을 역설하는 글들을 게재하기 시작했다. 하지만 아쉽게도 우리 사회는 아직 이에 대한 준비가 되어 있지 않았다. 이런 상황에서 필자는 이전에 틈틈이 작성해 둔 독서록 등을 정리하여 『서울대 선정 동서고전 200선 해제』라는 제목으로 2004년에서 2006년 말까지 3년에 걸쳐 네 권을 완간했다. 고전에 대한 적절한 안내서가 없던 시절에 이 책은 독자들에게 조금이나마 도움을 주어온 것 같다.

  2000년대에 들어오면서 고전에 대한 우리 사회의 관심은 더욱 고조되었다. 각 고전에 대한 심도 있는 연구가 진행되었고 그 성과도 나날이 축적되어 갔다. 이 책이 나올 당시만 해도 적절한 번역서가 없어 애를 태웠던 책들도 한 권 한 권 번역되기 시작했고 그럴 때마다 필자의 가슴은 뛰었다. 하지만 최신의 연구 성과들을 바로 바로 반영하지 못하는 상황이 되자 독자에 대한 미안한 마음이 필자의 마음을 무겁게 했다. 언젠가 충분한 시간을 갖고 한 권 한 권을 다시 차분히 읽으며 그 성과를 담아야겠다고 다짐하면서도 워낙 많은 시간과 정력을 요하는 작업이었기 때문에 쉽게 손을 댈 수가 없었다. 게다가 필자는 책을 완간한 후에 서양의학의 아버지인 히포크라테스의 의학 고전을 탐독하느라 많은 시간을 보내게 되었다. 이 책의 개정작업이 점차 멀어지고 있던 중에 출판사에서 개정판을 준비하자고 제안해왔다. 그래서 책의 구성을 완전히 바꾸고 내용의 일부를 수정 보완했으며 문장을 전체적으로 다듬었다. 각 고전에 대한 추천도서 목록도 새롭게 추가했고 책의 제목, 표지, 판형 등도 새로운 감각에 맞게 변화를 주었다.

각 고전에 대한 역주서나 연구서가 아닌 이런 고전 안내서는 긍정적인 측면만큼이나 부정적 측면도 있을 수 있다. 고전 안내서는 말 그대로 고전을 대하는 독자들에게 해당 고전에 대한 전체적인 모습과 핵심적인 내용을 미리 보여주는 내비게이션 역할을 하면서, 고전의 숲에 들어선 독자들이 길을 잃지 않고 무사히 고전을 완독할 수 있게 도와주기 위해 필요하다. 독자들이 고전 안내서만 읽고 원본을 읽지 않는 것은 아예 안내서조차 읽지 않는 것보다는 낫지만 원본까지 충실히 읽는 것에는 미치지 못한다. 다행히도 이제 200권 가운데 대부분은 국내에 충실한 번역본이나 연구서가 나와 있다. 하지만 이런 안내서가 고전읽기를 도와줄 수는 있어도 고전 자체가 쉬워지지는 않기 때문에 고전읽기에는 어느 정도 독자의 노력도 필요하다.

이 책은 성격상 각 분야 연구자들의 글들을 많이 참고하고 인용할 수밖에 없지만 출처를 낱낱이 밝히지는 않았다. 그 부분에 대해서는 해당 선생님들과 독자의 양해를 구한다. 언젠가 더욱 완성도 높은 책으로 보답하겠다는 약속으로 마음의 짐을 덜고 싶다. 그리고 독자들의 인식의 혼란을 예방하고 그리스·로마 문학사의 연대기적 오류를 방지하기 위해 서울대 발표 목록의 46번 『변신 이야기』를 연대순에 맞게 52번으로 편집했다. 입센(『인형의 집』, 『유령』)과 스트린드베리(『미스 줄리』, 『아버지』)처럼 두 권씩 추천된 경우 1순위로 추천된 책만 소개했고 이 책의 차례와 내용의 제목에도 그렇게 표기했다. 서울대 발표 목록에 '『메데이아』 외' 등과 같이 대표작 외에 더 많은 책들을 추천하고 있는 경우에는 작가마다 대표작 1권씩만 소개했고 차례와 본문 제목도 그렇게 표기했음을 밝혀둔다.

반덕진

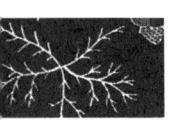

차례

추천의 말 · 5
머리말 · 7

46. 일리아스, 오디세이아 – 트로이 전쟁을 소재로 한 서양 최고의 서사시 · 16
47. 오레스테이아 3부작 – 인간의 응보, 신의 응징 · 30
48. 오이디푸스 왕 – 치욕적인 삶보다 존엄한 파멸을 · 40
49. 메데이아 – 사랑 잃은 여인의 잔혹한 복수극 · 49
50. 리시스트라테 – 아내들의 유쾌한 반란, "평화 없이 섹스 없다!" · 56
51. 아이네이스 – 아우구스투스에게 바친 로마 건국의 서사시 · 61
52. 변신 이야기 – 월계수가 된 다프네, 수선화가 된 나르키수스 · 70
53. 신곡 – 그리스도교 문학의 최고봉, 중세문학의 보석 · 79
54. 데카메론 – 중세를 벗고 근대를 입은 '십일야화' · 88
55. 햄릿, 오셀로, 리어 왕, 맥베스 – 비극의 교훈, "대가 없이 진실 없다" · 93
56. 걸리버 여행기 – 모험담 속의 날카로운 혀 · 107
57. 오만과 편견 – 19세기 영국 중산층은 어떻게 살았을까 · 115
58. 위대한 유산 – 진정한 신사는 어떻게 만들어지는가 · 124

59. 폭풍의 언덕 – 나쁜 남자, 나쁜 여자, 그리고 광란의 사랑 · 133

60. 테스 – 사형대에 선 순결한 여인 · 142

61. 젊은 예술가의 초상 – 전위의 펜, 의식의 흐름에 몸을 맡기다 · 149

62. 사랑하는 여인들 – 원초적 본능, 인간을 해방하라 · 157

63. 주홍 글씨 – 청교도적 죄의식의 진홍빛 얼룩 · 165

64. 여인의 초상 – 여인의 눈, 대서양 너머를 응시하다 · 174

65. 허클베리 핀의 모험 – 현대 미국문학의 신호탄 · 182

66. 무기여 잘 있거라 – 포화 속에 꽃핀 사랑 · 189

67. 음향과 분노 – 인간의 심층심리를 파헤친 난해한 명작 · 196

68. 가르강튀아와 팡타그뤼엘 – 본능적으로 안락하고 행복하자 · 203

69. 수상록 – "나는 무엇을 아는가?" · 211

70. 타르튀프 – 악덕 종교가와 위선자를 꼬집은 풍속희극 · 221

71. 페드르 – 용서받지 못할 사랑이 부른 비극 · 229

72. 고백록 – 프랑스 최초의 고백문학 · 238

73. 캉디드 – "세상은 내버려두고 밭이나 갈아라" · 248

74. 잃어버린 환상 – 19세기 프랑스 부르주아의 벌거벗은 초상 · 255

75. 적과 흑 – 왕정복고 시대, 어느 청년과 삶의 죽음 · 261

76. 보봐리 부인 – 프랑스 근대소설의 기원 · 271

77. 악의 꽃 – 그리고, 현대시가 시작되었다 · 279

78. 잃어버린 시간을 찾아서 – 시간의 타래 속에서 의식은 흐른다 · 286

79. 구토 – 존재의 부조리에 직면할 때 · 295

80. 페스트 – '부조리'와 '반항'의 철학 · 303

81. 파우스트 1부 – "영원히 여성적인 것이 우리를 구원한다" · 310

82. 도적들 – 불타는 정의감으로, 압제에 항거하여 · 323

83. 하인리히 폰 오프더딩엔 – 환상의 푸른 꽃을 찾아서 · 332

84. 노래의 책 – 아름다운 5월에, 노래의 날개 위에서 · 339

85. 녹색 옷을 입은 하인리히 – 성실한 인생이 아름답다 · 348

86. 마의 산 – 생과 사의 길목에서 · 355

87. 말테의 수기 – 사실주의를 넘어 실존주의로 · 362

88. 수레바퀴 아래서 – 편협한 학교에 짓눌린 청춘 · 369

89. 성 – 사회가 존재를 소외시킨다 · 376

90. 서푼짜리 오페라 – 타락한 자본주의는 가라! · 382

91. 양철북 – 독일 소시민 계층의 몰락을 애도함 · 388

92. 돈 키호테 – 편력기사, 서양 근대소설의 출발점이 되다 · 396

93. 백 년 동안의 고독 – 마술적 사실주의로 그려낸 라틴 아메리카 민중사 · 405

94. 인형의 집 – "당신의 귀여운 종달새로 살지 않겠어요" · 413

95. 미스 줄리 – 사실주의에 대한 반란, 자연주의 연극의 최고봉 · 420

96. 카라마조프가의 형제들 – 친부살해를 둘러싼 신과 인간의 대결 · 426

97. 안나 카레니나 – 19세기 러시아 귀족사회의 풍속도 · 438

98. 아버지와 아들 – '관념의 세대' vs '행동의 세대' · 447

99. 어머니 – 어머니, 우리들의 어머니 · 454

100. 개를 데리고 다니는 여인 – 가정이냐 사랑이냐, 이것이 문제로다 · 461

부록 – 서울대 선정 동서고전 200선 목록 · 463

참고문헌 · 476

— Iliad, Odysseia —

일리아스, 오디세이아

트로이 전쟁을 소재로 한 서양 최고의 서사시

호메로스 지음

두 작품 모두 트로이 전쟁과 관련된 장편 서사시로, 『일리아스』는 아킬레우스의 분노를 주제로 한 전쟁문학이고 『오디세이아』는 오디세우스의 귀향을 주제로 한 전후戰後문학이다. 신과 영웅에 대한 찬미와 인간 정서를 심오하게 표현한 문학적 완성도는 물론이고, 서양정신이 문학의 형태로 표현된 서양 최초의 문학작품들이다. 전쟁에 참전하여 방패에 실려 돌아온 아킬레우스의 '용기'와 '명예', 방패를 들고 귀향한 오디세우스의 '지혜'와 '인내'는 그리스적 삶의 전범이 되었다.

 자신의 이상국가에서 시인들을 추방했던 플라톤조차도 그리스 최초의 교육자로 인정했던 호메로스(Homeros, BC 800년 무렵)는 서양 최초의 시인으로 15,000행 내외의 장편 서사시 『일리아스』와 12,000행 내외의 장편 서사시 『오디세이아』를 정리한 인물로 알려져 있다. 그러나 호메로스의 실존 여부와 두 작품에 대한 저자의 진위는 여전히 논란이 되고 있다. 과연 호메로스는 실존했던 인물인가? 실존인물이라 해도 『일리아스』와 『오디세이아』를 직접 쓴 작가인가에 대해 학자들 사이에도 여전히 의견이 분분하다.

 이러한 저자 문제는 최근으로 올수록 호메로스는 에게 해의 키오스 섬에서 태어난 시각장애 음유시인으로 에게 해와 지중해 주변에 전승되어 오던 구전문학을 문자문학으로 집대성하여 『일리아스』와 『오디세이아』를 완성했을 것으로 보는 경향이 강해지고 있다. 물론 『일리아스』와 『오디세이아』의 저자가 동일인이냐(단일론자), 아니냐(분리론자) 하는 논란도 있지만 어느 측도 결정적인 증거를 제시할 수 없기 때문에 이 문제도 쉽게 해결될 것 같지는 않다. 사실 이런 저자 문제는 뒤에서 살펴보게 될 셰익스피어의 경우에도 발생하는데, 호메로스에 관해서는 "『일리아스』와 『오디세이아』는 소아시아의 이오니아 지방에서 태어난 호메로스라는 방랑가인의 작품"이라는 기록이 있을 뿐, 호메로스 자신은 불멸의 걸작을 남겨둔 채 아무 말이 없다.

『일리아스』와 『오디세이아』를 읽기 전에 유의할 점이 하나 있다. 트로이 전쟁을 다룬 그리스의 서사시는 이 두 작품 이외에도 불완전한 형태로나마 6편 정도가 더 있다. 다시 말하면 현존하는 『일리아스』와 『오디세이아』는 페니키아의 알파벳이 그리스에 도입된 기원전 8세기 무렵에 호메로스와 그의 후예들인 호메리다이가 트로이 전쟁과 관련하여 편집한 8편의 연작시 가운데 일부다. 트로이 전쟁을 다룬 '서사시권(敍事詩圈, Epic Cycle)'은 하나의 통일된 전체를 구성하는 8편의 서사시 모음집으로 그중 지금까지 온전히 남아 있는 『일리아스』는 두 번째 작품, 『오디세이아』는 일곱 번째 작품에 해당한다.

'트로이 서사시권'의 첫 작품인 『키프리아(Cypria)』는 파리스의 판정에서 그리스군이 트로이에 도착하기까지의 내용을 담고 있다. 두 번째 작품은 아킬레우스의 분노에서 헥토르의 장례식까지를 15,000행에 담고 있는 『일리아스』이고, 세 번째 작품인 『아이티오피스(Aethiopis)』는 아킬레우스가 트로이를 지원하던 아마존의 펜테실레이아 여왕과 아이티오피스족의 멤논 왕을 차례로 죽이고 얼마 후 아폴론과 파리스에 의해 발뒤꿈치에 화살을 맞아 죽는 내용을 담고 있다.

네 번째 작품인 『소 일리아스(Little Iliad)』와 다섯 번째 작품인 『트로이의 함락(Sack of Troy)』은 아킬레우스가 죽은 후 그의 무구武具를 둘러싸고 오디세우스와 아이아스가 대립하는 내용과 트로이 목마 작전에 의해 트로이가 멸망하는 이야기를 담고 있다. 이상의 다섯 편은 전쟁을 노래하고 있는데 반해 여섯 번째 작품인 『귀향(Return of the Heroes)』은 오디세우스를 제외한 다른 영웅들의 귀향을 노래하고 있고, 일곱 번째 작품인 『오디세이아』는 오디세우스의 귀향과 모험담이다. 여덟 번째 작품인 『텔레고노스의 이야기(Telegony)』는 『오디세이아』 이후에 오디세우스의 여행과 오디세우스와 키르케 사이에 난 아들인 텔레고노스에 의해 그가 살해되는 내용을 노래하고 있다.

그러므로 『일리아스』는 트로이 전쟁 10년째의 며칠 동안을 집중적으로 다루고 있고 『오디세이아』 역시 20년 동안 있었던 일을 몇 십일 정도로 압축하고 있다.

『일리아스』 주요 내용

그리스신화에 관심이 있는 독자들은 『일리아스』를 처음 폈을 때 맨 처음에 천상의 최고 미인을 선발하는 '미스 가디스(Miss Goddess)' 선발대회와 심사위원장인 파리스의 판결을 기대할 것이다. 그러나 호메로스는 24권으로 구성된 『일리아스』의 첫 장을 전염병의 발생과 아킬레우스의 분노로 시작하면서 미인대회에 대해서는 『일리아스』의 마지막 부분에서 지나가듯 언급하고 있을 뿐이다. 그러나 이제 그 이유를 알게 되었을 것이다. 파리스의 판정은 '트로이 서사시권'의 첫 번째 작품인 『키프리아』에 나오기 때문이다.

그렇더라도 『일리아스』와 『오디세이아』를 읽기 전에 트로이 전쟁의 신화적 배경에 대해 알아두는 편이 좋다. 그리스신화에는 대전쟁이 두 번 나온다. 하나는 기원전 13세기 중반에 일어난 트로이 전쟁이고 다른 하나는 이보다 한두 세대 전쯤 발생한 것으로 추정되는, 이른바 오이디푸스 왕의 가문과 관련된 테베 전쟁이다. 트로이 전쟁은 역사적으로는 에게 해의 해상무역권을 둘러싼 쟁탈전이었지만 신화적으로는 다음과 같은 사건이 있었다.

그리스 최고의 영웅이자 『일리아스』의 주인공인 아킬레우스 부모의 결혼식장에 초대받지 못한 불화의 여신인 에리스는 앙심을 품고 결혼식장에 '가장 아름다운 여신에게'라고 쓴 황금사과를 던진다. 이에 헤라, 아테나, 아프로디테 등 세 여신이 서로 사과는 자신의 것이라고 주장한다. 난처해진 제우스는 세 여신과 이해관계가 없는, 그래서 공정한 입장에서 판정할 수 있는 트로이의 왕자 파리스에게 심사를 위임했다. 당시 트로이 근처의 이데 산에서 목동생활을 하고 있던 파리스가 신들을 심사하게 된 것이다. 헤라는 자신이 선택되면 보답으로 파리스에게 '통치권'을, 아테나는 '용맹성'을, 아프로디테는 '가장 아름다운 여인'을 아내로 주겠다고 약속한다.

당시 미혼이었던 파리스가 그 사과를 아프로디테의 것으로 판정해주자, 아프로디테는 파리스에게 그리스 최고의 미인 헬레네를 만나게 해준다. 그런데 헬레네는 기혼여성, 그것도 평범한 신분이 아니라 스파르타의 메넬라오스 왕의 왕비였다. 후에 파리스와 헬레네가 서로 좋아해서 은밀하게 야반도주를 했건 아니면 파리스가 헬레네를 납치했건, 아무튼 두 사람은 스파르타를 떠나 트로이로 향하게 된다. 뒤늦게 상황을 알게 된 메넬라오스는 헬레네를 구출하기 위한 그리스 연합군을 조직한다. 헬레네는 타고난 미모로 일찍부터 많은 영웅들의 청혼을 받았는데 결국 메넬라오스와 결혼했고 나머지 청혼자들은 이 부부가 행복하게 결혼생활을 할 수 있도록 신변을 보호해주기로 신사맹약을 맺었던 터라 오디세우스를 포함한 청혼자들은 이제 그 약속을 이행해야 했다.

다만 아킬레우스는 청혼자 명단에 포함되어 있지 않기 때문에 참전해야 할 의무는 없었고, 그래서 그의 어머니인 바다의 여신 테티스는 아들이 참전하지 않도록 하기 위해 아들에게 여장女裝을 시켜 숨겨 놓았다.

그러나 아킬레우스가 참전해야 트로이 전쟁에서 그리스가 이길 수 있다는 신탁에 따라 지혜로운 오디세우스가 아킬레우스를 찾아가 참전을 설득했고, 이리하여 아가멤논을 총대장으로 하는 그리스 연합군이 조직되어 트로이 원정에 나선다.

그러나 9년 동안 전쟁은 밀고 밀리는 상황이 계속되고 있었다. 이런 상황에서 아가멤논이 아폴론 신전의 사제인 크리세스의 딸 크리세이스를 전리품으로 탈취했고 크리세스는 아가멤논에게 딸을 돌려달라고 간청했으나 거절당한다. 이에 아폴론은 아가멤논을 응징하기 위해 그리스 진영에 전염병을 발생시켰고 당황한 그리스인들은 예언자의 조언에 따라 크리세이스를 돌려주고 희생제물용 황소 100마리를 신전에 바쳐 아폴론의 노여움을 풀고서야 전염병에서 해방되었다. 그러나 아가멤논은 그 대신에 아킬레우스의 전리품인 브리세이스를 가로챘고, 이에 격분한 아킬레우스는 전쟁에 불참하겠다고 선언한다. 『일리아스』는 이 시점에서 시작되며 『일리아스』의 제1권 제목이 '전염병, 아킬레우스의 분노'인 것은 이 때문이다.

서양문학의 최초의 작품이자 서양의 고전목록에서 항상 1순위에 오르는 『일리아스』는 24권으로 된 장편 서사시다. 『일리아스』라는 제목은 '일리온(Ilion, 트로이의 별칭)에 관한 시詩'라는 의미이다. 『일리아스』 1권의 첫 내용은 다음과 같다.

> 노래하소서, 여신이여, 펠레우스의 아들 아킬레우스의 분노를,
> 아카이아인들에게 헤아릴 수 없는 고통을 가져다주었으며
> 영웅들의 수많은 굳센 혼백들을 하데스에게 보내고
> 그들 자신은 개들과 온갖 새들의 먹이가 되게 한
> 그 잔혹한 분노를! 인간들의 왕인 아트레우스의 아들과
> 고귀한 아킬레우스가 처음에 서로 다투고 갈라선

그날부터 이렇듯 제우스의 뜻은 이루어졌도다.

작가 호메로스는 시가詩歌의 여신(Mousa)에 대한 기원으로 문을 열고 있다. 여신의 영감을 받아야 시인의 입에서 노래가 흘러나오고 음유시인들은 이 노래를 청중에게 들려주는 것이다. 그리고 서양문학사의 첫 작품인 이 작품의 첫 행에 '분노'라는 단어가 주제어로 등장하고 있는 점에도 주목해야 한다. 그리스의 작품 중에는 핵심 단어가 맨 앞에 제시되는 경우가 많은데 여기서도 이 원칙이 적용되고 있다. 작가는 『일리아스』의 주제인 '아킬레우스의 분노'를 첫 행에 제시하고 곧바로 사건의 중심으로 들어간다. 아킬레우스가 왜 분노했으며 어떤 과정을 거쳐 어떤 방법으로 해소되는가가 작품을 관통하는 주제다.

『일리아스』는 이렇게 시작되어 다음과 같이 진행된다. 그리스군의 총대장인 아가멤논이 그리스 최고 전사인 아킬레우스의 전리품을 강탈함으로써 아킬레우스의 명예를 훼손시켰다. 오직 명예에 살고 명예에 죽는 것이 당대 영웅들의 목표이기에 이에 격분한 아킬레우스는 참전을 거부하고 어머니에게 부탁하여 그리스군이 전쟁에서 패배하도록 요청한다. 그리스군은 아킬레우스의 불참에도 불구하고 한동안은 잘 버텼지만 결국 큰 위기에 직면하고 그것을 보다 못한 아킬레우스의 친구인 파트로클로스가 아킬레우스의 무구를 착용하고 전투에 나갔지만 헥토르의 손에 죽는다.

이제 아킬레우스의 분노는 아가멤논에게서 헥토르로 향한다. 아가멤논에게 빼앗겼던 브리세이스도 되찾자 출전의 명분을 확보한 아킬레우스는 친구의 죽음에 복수하기 위해 헥토르와 일전을 벌여 결국 그를 죽이고 만다. 그래도 화가 풀리지 않아 12일 동안이나 헥토르의 시신을 전차에 매달고 다니며 학대하지만 아폴론의 도움으로 시신은 훼손되지 않는다. 결국 제우스의 중재로 헥토르의 아버지에게 시신을 반환했고 트로

이에서 헥토르의 장례식이 치러지며 『일리아스』는 마무리된다.

『일리아스』는 너무나 유명한 작품이다 보니 쉽게 읽을 수 있을 것으로 생각하기 쉽다. 그러나 우리말 번역본으로 700쪽에 이르는 이 책을 완독하기는 쉽지 않다. 왜냐하면 이 책은 산문으로 쓰인 소설이 아니라 일정한 운율을 가진 이야기시로 되어 있기 때문이다. 또한 우리가 익히 알고 있는 신화적 순서와 책의 구성 순서가 다르기 때문에 당혹감을 느끼기도 한다. 신화의 순서는 아킬레우스 부모의 결혼 → 황금사과 → 파리스의 판정 → 그리스 원정으로 이어지지만, 책은 1권의 '전염병과 아킬레우스의 분노'로 시작하며 파리스의 판정에 대해서는 마지막 24권의 29~30행에 암시되고 있을 뿐이다.

또한 이 작품은 전쟁의 시작에서 종결까지를 묘사하고 있는 것이 아니라 전쟁 10년째에 발생한 아킬레우스의 분노 사건을 중심으로 나흘간의 전투에 집중되어 있다. 그리고 『일리아스』의 수많은 신과 영웅들의 이름, 낯설고 긴 지명 등 고유명사도 독자들을 힘들게 하는 요소다. 또한 수많은 전투장면도 독자들을 지루하게 한다. 이 책의 1~2권, 23~24권 이외에 어느 부분을 펼쳐도 전투 장면이 나온다. 그리고 공식구(formula, 고유수식어)가 반복적으로 사용된다. 예를 들면 "발 빠른 아킬레우스" 등과 같은 표현이 스토리 진행을 위해서가 아니라 운율을 맞추기 위해 자주 반복된다.

마지막으로 『일리아스』에는 '용기'와 '명예'라는 당대 영웅들의 가치관이 담겨 있다. "어떤 인간이 훌륭한(인간다운) 인간인가"라는 물음에 대해 그 시대 영웅들의 아레테(arete, 덕목), 즉 훌륭함은 '용기'에 있었다. 용기 있는 인간이 가장 인간다운 인간이고 훌륭한 인간이었다. 그러면 이 용기는 무엇에 대한 용기일까? 이것은 다름 아닌 '운명Moira'에 대한 용기였다. 영웅은 자신에게 부과된 운명은 죽음조차도 흔쾌하게 받아들인다. 그는 자기가 얻게 될 불멸의 명성에 대한 대가가 죽음임을 알고 있으며 그것을 기꺼이 받아들일 마음의 준비가 되어 있는 것이다. 호메로스의 영웅들이 죽음의 공포에도 불구하고 용기 있게 싸우는 이유는 명예를 목숨보다 더 소중하게 여겼기 때문이다. '전쟁터에 나가면 방패에 실려 오든지, 방패를 들고 오라'는 것이다. 영웅은 자신의 생애에서 불굴의 '용기'로 드높은 '명예'를 구현해야 했다. 온갖 고난 속에서도 최선을 다해 추구하는 것은 오직 '명예'뿐이며, 명예만이 모든 것을 보상해준다고 여겨졌다.

누구나 공히 인정하는 명예와 존엄, 이것이 영웅이 얻어야 할 인생의 가장 아름다운 목표이며 도전과 투쟁을 통해 자신의 능력을 입증할 때 비로소 획득할 수 있는 것이다. 이것만 지켜낼 수 있다면 비록 운명에 치어 삶이 비극으로 점철된다 하더라도 어떤 후회도 있을 수 없다. 그것이 진정한 영웅의 삶이기 때문이다. 이런 영웅정신을 진정으로 보여준 영웅이 바로 아킬레우스였다.

『오디세이아』 주요 내용

'오디세이아'란 '오디세우스의 노래'라는 뜻이다. 헥토르에 이어 아킬레우스도 죽고 얼마 후 그리스군의 트로이 목마 작전으로 트로이는 함락되었다. 전쟁이 끝난 지금, 이제 영웅들은 고국으로 돌아가야 한다. 그래서 대부분의 영웅들은 바로 무사히 귀향했다. 그러나 오디세우스는 무려 10년 동안이나 에게 해와 지중해를 떠돌게 된다. 오디세우스의 귀향이 늦어진 이유는 그가 포세이돈의 아들인 폴리페모스의 하나 밖에 없는 눈을 뽑아 포세이돈의 분노를 샀기 때문이다. 포세이돈의 끊임없는 방해에도 불구하고 천신만고 끝에 오디세우스 일행은 고향 이타카에 도착하여 자신의 왕국으로 복귀한다.

오디세우스의 귀향 10년을 다룬 『오디세이아』는 『일리아스』보다는 쉽게 읽히지만 독자들의 기대대로 오디세우스의 모험담이 사건발생순으로 나오지는 않는다. 여기서도 시간적 순서가 무시되고 있어 유의하지 않으면 어느 부분을 읽고 있는지를 잘 파악할 수 없게 된다. 그래서 독자들의 원활한 독서를 위해 책의 구성과 사건발생 순서를 연결시켜 보고자 한다. 오디세우스가 트로이를 출발한 후 겪거나 경험한 사건들을 시간순으로 정리해 보면 다음과 같다. 괄호 안은 『오디세이아』 권수다.

① 이스마로스 방문 : 트로이의 동맹국인 이스마로스 도시 습격(9권)
② 폭풍의 방해 : 폭풍으로 인해 고향에서 더 멀어짐(9권)
③ 로토파고이 족 방문 : 일행 중 일부가 로토스라는 열매에 취함(9권)
④ 키클롭스의 섬 방문 : 키클롭스의 눈을 뽑아 포세이돈의 저주를 받음(9권)
⑤ 아이올리아 섬 방문 : 바람의 신으로부터 공기주머니를 받음(10권)
⑥ 라이스트리고네스 족 방문 : 식인족의 공격을 받음(10권)
⑦ 키르케의 섬 체류 : 마녀 키르케와 1년 동안 생활함(10권)
⑧ 저승세계 방문 : 아킬레우스 등 죽은 혼령들을 만남(11권)
⑨ 괴물들의 섬 통과 : 세이렌, 스킬라와 카리브디스 지역 통과(12권)
⑩ 헬리오스의 섬 방문 : 태양신의 소들을 잡아먹음(12권)
⑪ 칼립소의 섬 체류 : 여신 칼립소와 7년을 함께 함(5권)
⑫ 칼립소의 섬 출발 : 신들의 결정으로 칼립소 섬 출발(5권)
⑬ 알키노오스 왕의 환대 : 오디세우스를 고향으로 안내해줌(6~8권)

위에서 볼 수 있는 것처럼 트로이를 출발한 오디세우스 일행이 처음 만나는 사건이 9권에 나오고 고향에 오기 전에 마지막으로 도착했던 곳이 6~8권에 기록되어 있다. 이처럼 사건발생 순서와 책의 구성 순서가 엇갈리고 있다. 그것은 『오디세이아』가 텔레마코스의 성장담(1~4권), 오디세우스의 모험담(5~12권), 오디세우스의 귀가담(13~24권) 순으로 구성되어 있기 때문이다. 그래서 오디세우스는 『오디세이아』 5권에 처음으로 모습을 드러낸다.

『오디세이아』 1~2권에는 청년이 된 텔레마코스가 아버지를 찾아 떠나서 아버지의 옛 동료들을 만나는 장면이 나온다. 오디세우스는 트로이 전쟁에 출전하기 전에 왕국의 재산관리와 아들 텔레마코스의 교육을 오랜 친구인 멘토르(Mentor)에 맡겼는데 '멘토(조언자)'라는 용어는 여기서 유래했다. 3권에는 필로스 궁전에 가서 트로이 전쟁의 생환자인 네스토르를 찾아가 오디세우스의 목마 작전을 듣는 내용이 나오고, 4권에는 스파르타의 궁전에 가서 메넬라오스 왕을 만나는 내용이 담겨 있다.

이제부터 오디세우스의 모험담이 나온다. 5권에는 칼립소의 섬에서 7년을 머문 후 떠나는 장면, 6권에는 스케리아 섬에 불시착하여 나우시카 공주의 도움을 받는 장면, 7~8권에는 알키노오스 왕의 환대를 받는 장면, 9~12권에는 오디세우스의 표류담 회고가 나온다.

알키노오스 왕의 예우로 고향 이타카에 당도한 오디세우스의 귀가담은 13권에서부터 시작되는데 느리게 진행된다. 13권에는 오디세우스가 이타카에 도착하여 아테나 여신의 도움으로 늙은 거지로 변신하는 장면, 14권에는 돼지치기와의 만남, 15권에는 텔레마코스의 이타카 도착, 16권에는 아들과의 만남 장면이 포함되어 있다. 17권에는 텔레마코스의 귀가, 18권에는 오디세우스가 악당 이로스와 싸우는 장면, 19권에는 신분을 숨긴 채 아내 페넬로페를 대면하는 장면, 20권에는 오디세우스에 대한 길조, 21권에는 활쏘기 경연, 22권에는 구혼자들 처치, 23권에는 페넬로페와의 상봉 및 아내의 마지막 시험, 24권에는 구혼자들의 망령과 화해 장면이 담겨 있다.

23권에서 아내의 마지막 시험이란 침대 기둥에 얽힌, 그들 부부만이 알고 있는 비밀을 푸는 것이다. 오디세우스 부부는 땅에서 자란 올리브나무를 기둥 삼아 침대를 만들었고 이후 집을 지었다. 그러니 집 이전에 침대가 있었고 침대 이전에 나무가 있었다. 아내가 하인에게 지나가는 말 투로 부부의 침대를 내오라 하자, 오디세우스는 "누가 내 침대 다리를 베었단 말인가?" 분노하며 침대 제작의 확실한 특징을 언급하고 페넬로페는 비로소 남편임을 알아본다.

『오디세이아』도 『일리아스』처럼 모두 24권으로 구성되어 있는데 이 작품도 무사(시가의 여신)에 대한 기원으로 시작한다. 여기서도 작가는 작품의 주제인 오디세우스의 방랑을 처음 두 줄에 제시하고 있다

> 노래하소서, 무사 여신이여, 트로이의 신성한 도시들을 파괴한 뒤 수없이 방랑했던 임기응변에 능한 그 사나이에 대해.

트로이의 도시들을 파괴하고 귀향길에 오른 오디세우스 일행을 기다리고 있는 것은 금의환향의 비단길이 아니라 목숨을 건 고생길이었다. 오디세우스는 귀환 중에 위협적인 존재들을 수없이 만난다. 폴리페모스, 스킬라, 카리브디스와 같은 파괴자들의 공격도 있었고 칼립소, 키르케, 세이렌의 거부하기 힘든 유혹도 있었다. 오디세우스는 저승에서 아킬레우스의 혼령도 만나는데 그는 다음과 같이 위로한다.

> 아킬레우스여, 어느 누구도 이전에 그대처럼 행복하지 못했고 앞으로도 그럴 것이오. 그대가 아직 살았을 적에 우리 아카이아인들은 그대를 신처럼 공경했고, 지금은 그대가 여기 사자死者들 사이에서 강력한 통치자이기
> 때문이오. 그러니 아킬레우스여, 그대는 죽었다고 슬퍼하지 마시오.

이 말을 들은 아킬레우스는 즉답한다.

> 죽음에 대해 나를 위로하려 들지 마시오, 영광스런 오디세우스여
> 나는 이미 모든 사자死者들을 통치하느니
> 차라리 시골에서 머슴이 되어
> 농토도 없고 가산도 많지 않은 다른 사람 밑에서 품팔이를 하고 싶소.

아킬레우스의 대답에서 그리스인들의 현세적인 삶의 태도가 엿보인다. 이런 그들에게 내세를 위해 고행을 감수하고 금욕과 현실부정을 중요한 덕목으로 받아들이라고 한다면 그들은 냉소적인 태도를 보일 것이다. 그리스인의 무덤에는 사후세계의 영생을 바라는 '사자의 서'도 없고 무덤 벽화도 없으며 부장품도 넣지 않았다. 사후세계에 대한 미련이 없었기 때문에 무덤이 소박했던 것이다. 그러므로 사후세계를 관장하는 하데스의 역할 역시 미미하다.

제23권에서 오디세우스는 낮에는 베를 짜고 저녁에는 그것을 다시 풀며 20년을 기다려준 아내와 극적으로 상봉한다.

> 부인, 우리는 아직도 모든 고난의 끝에 도달한 것이 아니오.
> 앞으로도 수많은 노고가 있을 것이고,
> 그것이 많고 힘들다 하더라도 나는 그것을 완수해야 하오.
> ……
> 그러니 자, 부인, 우리 이제는 침상으로 가서
> 달콤한 잠으로 휴식을 즐기도록 합시다.

오디세우스와 페넬로페는 자신들을 도와준 사람들과 밤을 새워가며 이야기꽃을 피웠다. 24권에서 그는 모든 적대자들과 화해함으로써 이타카의 갈등은 마침내 평화로운 결혼으로 마무리된다.

불타는 이상주의냐, 철저한 현실주의냐

이상에서 『일리아스』와 『오디세이아』에 대해 살펴보았다. 이 두 작품에는 공통성 못지않게 차별성도 있다. 『일리아스』의 장소는 닫힌 무대인 반면에 『오디세이아』의 무대는 광대한 지중해와 저승세계를 넘나드는 열린 무대다. 『일리아스』에 등장하는 인간상은 전사 귀족이나 영웅들에 국한되지만 『오디세이아』에는 영웅들에서 여신, 마녀, 하녀, 돼지치기에 이르기까지 다양한 군상이 등장한다. 여성의 역할을 보아도 『일리아스』에 등장하는 여성은 수동적이고 소극적인 반면 『오디세이아』에 등장하는 여성은 적극적이고 유혹적이다. 그리고 『일리아스』에 나타난 가치관은 불굴의 '용기'와 불멸의 '명예'인 반면 『오디세이아』에는 '지혜'와 '인내'가 중요한 가치가 된다.

불멸의 명예를 추구했던 영웅들이 전쟁에서 대부분 사라진 후 생존자의 새로운 과제는 수단과 방법을 가리지 않고 가족들이 기다리는 고향으로 살아 돌아가는 것이다. 이것이 새 시대 인간들의 삶의 진실이었다. 『일리아스』에서 보여주었던 호메로스적 인간관도 『오디세이아』에서 변화를 보이기 시작한다.

우리는 『일리아스』에서 만났던 영웅과는 다른 유형의 영웅을 『오디세이아』에서 만나게 된다. 아킬레우스나 헥토르와 같은 『일리아스』의 영웅들은 육체적인 힘과 용기로 불멸의 명성을 얻으려 했으나 오디세우스는 예측불허의 낯선 세계에서 지혜와 인내심을 발휘하여 살아남은 영웅이다. 오디세우스는 수많은 역경 속에서도 지혜와 인내를 갖고 자신의 운명을 개척해 감으로써 자신의 가치를 입증했다. 그러므로 『일리아스』가 오직 공명심만을 추구했던 옛 가치관을 구현한 작품이라면 『오디세이아』는 현실에 유연하게 대처해 가는 새로운 가치관을 형상화했다고 할 수 있다.

아킬레우스에게 인생 최고의 목적이었던 자아실현 문제보다 자기보존

문제가 급선무였던 오디세우스에게는 다양한 변신 능력도 생존을 위한 합법적인 수단이 될 수 있었다. 이런 면에서 아킬레우스는 불타는 이상주의자인 셈이고 오디세우스는 철저한 현실주의자였던 셈이다.

◈ 추천도서
『일리아스, 영웅들의 전장에서 싹튼 운명의 서사시』, 강대진 지음, 그린비, 2010
『일리아스』, 천병희 옮김, 도서출판 숲, 2007
『오뒷세이아, 모험과 귀향, 일상의 복원에 관한 서사시』, 강대진 지음, 그린비, 2012
『오뒷세이아』, 천병희 옮김, 도서출판 숲, 2006

― Oresteia ―

오레스테이아 3부작

인간의 응보, 신의 응징

아이스킬로스 지음

현존하는 그리스 비극 중 유일한 3부작인 이 작품들 중 『아가멤논』은 웅장한 구성과 심오한 종교관, 음악적인 언어, 대담한 비유로 가득 차 있고 『코에포로이』는 인간의 죄과에 대한 신의 응징이 자손에게까지 나타난다는 교훈을 주고 있으며 『에우메니데스』는 마주보고 질주하던 두 힘이 충돌하다가 화합하는 모습을 담고 있다. 결국 죄지은 인간은 벌을 받게 되고 인간은 고통을 통해 지혜를 얻게 된다는 작가의 기본사상이 잘 나타나 있다.

독일의 대문호 괴테는 훔볼트에게 보낸 편지에서 "『아가멤논』이야말로 예술품 중의 예술품이며, 과거와 현재와 미래를 한눈에 볼 수 있도록 짜 놓은 양탄자"라고 극찬한 바 있다.

아이스킬로스(Aeschylos, BC 525~BC 456)는 소포클레스, 에우리피데스와 함께 '그리스 3대 비극시인'의 하나로, 이들은 대대로 전승되어오던 구비문학과 호메로스의 『일리아스』와 『오디세이아』에 등장하는 올림포스 산의 제우스를 중심으로 한 신들과 그리스 건국영웅들의 이야기를 비극의 소재로 삼고 있다. 그러나 이들 세 작가가 신과 인간에 대한 이야기를 다루는 방법에는 커다란 차이가 있다.

아이스킬로스는 아테네의 참주정치 시기에 귀족 가문에서 태어나 새로운 민주정치가 확립되어가는 격동기에 청년시절을 보냈다. 그는 그리스가 페르시아와 벌인 마라톤 전투와 살라미스 해전에 참가하기도 했다. 시칠리아에 있는 그의 묘비명에 나타나 있듯이 시인으로보다 마라톤의 전사戰士로 기억되기를 원했을 만큼 역사적인 페르시아 전쟁에 참전한 것을 자랑으로 여겼다.

아이스킬로스는 이 전쟁을 서양 역사학의 아버지인 헤로도토스와 마찬가지로 "정의와 불의, 선과 악, 자유와 예속의 투쟁"으로 보았으며, 그리스인들의 기적 같은 승리를 인간의 교만을 응징한 신의 섭리로 보았다. 현존하는 아이스킬로스의 비극 7편은 모두 페르시아 전쟁 이후의 작품들인데, 어느 작품도 그 전쟁에서 그가 몸소 체험한 신의 섭리라는 근본사상을 떠나서는 이해하기 어렵다.

그는 기원전 499년에 술의 신 디오니소스제祭의 비극경연에 참가한 이래 13차례나 우승을 차지했다. 기원전 471년에 그는 시라쿠사의 참주 히에론의 초청을 받아 시칠리아를 여행했으며 기원전 468년의 비극경연에서는 후배 비극시인인 소포클레스에게 우승을 넘겨주었다. 후에 시칠리아의 겔라에 살다가 그곳에서 70살에 숨을 거두었다.

그는 평생 90여 편의 작품을 썼으나 현존하는 것은 7편 뿐이다. 살라미스 해전에서 다리우스 1세의 아들인 크세르크세스가 이끄는 페르시아군의 패배를 주제로 한『페르시아인』, 오이디푸스 아들간의 왕위쟁탈전을 배경으로 한『테베로 향한 7장군』,『오레스테이아』3부작(『아가멤논』, 『코에포로이』,『에우메니데스』를 통틀어 이르는 말), 다나오스의 딸들이 사촌과의 결혼을 싫어해서 이집트에서 아르고스로 도망하여 그곳의 펠라스고스 왕에게 구원을 요청하는 이야기를 그린『도움을 청하는 여자들』, 제우스의 뜻을 거역하고 천상에서 불을 훔쳐다가 인간에게 전해준 죄 때문에 코카서스 산의 바위에 결박당한 프로메테우스를 묘사한『결박당한 프로메테우스』등이 그것이다.

그리스 비극과 아이스킬로스

아리스토텔레스가 『시학』에서 밝힌 것처럼 그리스문학의 최고의 성취는 비극에 있다. 왜냐하면 정치사적인 측면에서 보면 서사시는 귀족정, 서정시는 참주정, 그리고 비극은 민주정의 산물이며, 문제사적인 측면에서 보면 서사시는 신화탐구에, 서정시는 정서탐구에, 비극은 운명탐구에 상응하는 문학 장르이기 때문이다.

많은 위대한 작품이 그렇듯이 그리스 비극 역시 종교에 기원을 두고 있는데, 그리스의 비극은 술의 신 디오니소스 제례의식에서 시작되었다. 로마신화의 바쿠스에 해당하는 디오니소스는 제우스의 아들로, 그리스 신화에서 매우 이색적인 존재다. 그는 격렬한 도취 상태에서 광적인 추종자들을 거느리고 포교를 위한 편력과 박해에 대한 싸움으로 일생을 보낸다. 그래서 러시아의 작가 투르게네프는 '마시고 떠드는' 감정형을 '디오니소스형'으로, 이와 반대되는 '조용하고 냉정한' 지성형을 '아폴론형'으로 인간의 성격을 유형화하기도 했다.

그리스 비극은 기원전 5세기에 아테네에서 탄생하여 100년간 번성했던 공연예술로, 매년 디오니소스 축제의 일부로 공연되었다. 아테네에서 매년 개최되는 국가행사인 대大디오니소스 축제에서 사전에 예심을 거친 세 명의 비극작가가 3편의 비극과 1편의 사티로스극으로 된 4부작을 출품하여 1, 2, 3등을 겨루었다. 이 3편의 비극을 묶어서 3부작(trilogy)이라 부르는데 『오레스테이아』는 오늘날 남아 있는 유일한 3부작이다. 현존하는 나머지 32편의 비극은 함께 공연됐던 다른 두 작품은 사라지고 1편만 남은 것들이다.

그러나 진정한 의미에서의 극은 아이스킬로스에 와서다. 그는 합창과 낭송만으로 이루어진 초기의 극예술을 노래와 대사, 행위가 어우러진 완전한 극예술로 끌어올렸다. 이전의 그리스연극은 한 장면에 한 배우가 나와 합창단과 대화를 주고받는 형태였다. 그런데 그는 그리스 연극에 처음으로 배우의 수를 2명으로 늘리고 코러스의 역할을 줄여 대화가 드라마의 중심이 되게 했는데 이는 연극 공연상의 획기적인 발전이었다.

이 혁신으로 그리스 연극은 줄거리 구성과 대사에서 훨씬 다양해졌고 역동적인 긴장을 얻을 수 있게 되었다. 동시에 그는 안무가의 도움을 마다하고 합창단을 직접 훈련시켰으며 합창단이 연기할 새로운 무용 스텝을 직접 고안하기까지 했다.

주요 등장인물

트로이 전쟁을 전후해, 미케네(아르고스) 왕가의 골육상쟁을 소재로 권력의 복수극에 희생되는 전쟁 영웅 아가멤논의 비극을 그린 『오레스테이아』 3부작의 주요 등장인물은 다음과 같다.

아가멤논 : 트로이와의 오랜 전쟁 끝에 승리하여 개선하지만 부정한 아내와 그녀의 정부에 의해 살해당하는 비극적인 인물.
클리타임네스트라 : 아가멤논의 왕비로 남편의 사촌동생과 정을 통한 후 개선한 남편을 살해하는 여인.
아이기스토스 : 왕비와 정을 통하고 왕이 돌아오자 왕을 살해한 뒤 사신의 행위를 정당화시키는 부정적인 인물.
오레스테스 : 아가멤논의 아들. 어머니와 아이기스토스를 살해함으로써 아버지의 원수를 갚는다.
엘렉트라 : 아가멤논의 딸이자 오레스테스의 누이. 동생의 모친살해 계획에 가담한다.

주요 내용

'비극은 호메로스의 풍부한 식탁의 찌꺼기로 만들어진다'라는 그의 말처럼, 아이스킬로스는 작품 소재를 예로부터 전해오는 신화와 전설에서 취하고 있다. 『오레스테이아』 3부작도 마찬가지다. 작품의 줄거리는 오레스테스가 자신의 아버지인 아가멤논을 죽인 어머니와 그녀의 정부를 죽임으로써 아버지의 원수를 갚는다는 이야기다.

제1부 『아가멤논』: 트로이 원정에서 승리하고 돌아온 아가멤논 왕이 왕비와 그녀의 정부情夫에 의해 살해된다는 내용이다. 아가멤논을 총대장으로 하는 그리스군의 트로이 원정 10년째 되던 어느 날 새벽, 아르고스의 왕궁에는 멀리 트로이로부터 번갈아 운반된 횃불이 도착했다. 그 신호는 그리스 국민이 애타게 기다리던 승리의 신호였다. 이때 코러스가 부르는 등장가登場歌에 그 유명한 「제우스 찬가」가 나온다. 제우스가 나아가는 길이 알기 어렵다 해도 궁극적으로 제우스는 인간을 고난의 길을 통해 지혜로 인도한다는 것이다.

> 그분께서는 인간들을 지혜로 인도함에
> 고통을 통하여 지혜를 얻게 하셨으니
> 그분께서 세우신 이 법칙 언제나 유효하다네.

얼마 후 사자使者가 나타나 원정군의 총수인 아가멤논 왕의 귀환을 알렸다. 이윽고 왕궁 앞에 모인 장로들은 오랜 전쟁이 끝난 것을 기뻐하면서도 한 가닥 불안을 떨쳐버릴 수가 없었다. 아가멤논이 왕궁을 비운 사이에 왕비 클리타임네스트라가 아이기스토스와 정을 통하고 있었기 때문이다.

마침내 아가멤논이 등장하자 클리타임네스트라는 엄청나게 비싼 진홍색 천을 깔고 남편을 맞이한다. 아가멤논은 지나치게 호화스러운 개선은 신들을 업신여기고 백성들의 원성을 사는 오만한 것이라며 우려를 표명한다. 그러나 클리타임네스트라의 교언영색에 넘어가 진홍색 천 위를 걸어서 왕궁에 들어간다.

한편 개선한 아가멤논은 포로로 트로이의 왕녀 카산드라를 애첩으로 데리고 왔는데, 그녀는 아폴론 신으로부터 예언력은 부여받았으나 설득력은 부여받지 못한 여자였다. 조국을 잃고 왕족에서 노예의 신분으로 전락하여 이국에 끌려온 그녀는 신의 가혹한 운명의 장난 앞에 정신 나간 사람처럼 입을 다물고 일체 말을 하지 않았다. 그녀는 아가멤논과 클리타임네스트라가 왕궁으로 들어간 뒤 문 앞에 서 있는 아폴론 상을 보고 갑자기 실성한 듯 슬프게 울부짖으며 불길한 예언의 노래를 부르기 시작한다. 왕궁 안에서 흉계가 이루어지고 있으며 아가멤논과 자신이 제물이 될 것이라는 알 수 없는 예언을 중얼거린다.

이윽고 왕궁 안에서 아가멤논의 단말마적인 비명소리가 들린다. 문이 열리자 자신의 손으로 죽인 아가멤논과 카산드라의 시체 옆에 선 클리타임네스트라의 모습이 나타난다. 그녀는 속죄의 기색이 전혀 없이 아가멤논을 맹렬히 비난하고 자신이 아가멤논을 죽인 것은 정당한 일이라고 주장한다. 그녀는 아가멤논이 일찍이 그리스군을 괴롭히는 폭풍을 잠재우기 위해 자신들의 딸 이피게네이아를 산 제물로 바쳤는데, 오늘 그 대가를 치렀다며 그의 죽음은 당연하다고 말한다.

현장에 클리타임네스트라의 정부 아이기스토스가 나타나 아가멤논의 살해계획을 세운 것은 자기이며 살해 동기는 자신의 아버지가 아가멤논의 부친으로부터 받은 고통에 대한 복수라고 말한다. 따라서 아가멤논을 살해한 것은 선대先代로부터 이어진 원한의 연쇄라고 말한다. 그러나 장로들은 그 같은 행위를 비난했다. 그럼에도 불구하고 클리타임네스트라는 기세등등하게 자신의 승리를 확언한다.

제2부 『코에포로이(제주祭酒를 바치는 여인들)』: 그로부터 7년 뒤에 아가멤논의 딸인 엘렉트라와 아들인 오레스테스가 부친의 원수를 갚는다는 내용이다. 부친의 살해 당시 국외로 도피하여 성장한 오레스테스는 아폴

론 신의 명령과 가호를 받아 귀국하여 부친의 무덤 앞에서 누이인 엘렉트라를 만나게 된다. 엘렉트라 역시 어머니 밑에서 굴욕적인 나날을 보내고 있었다. 남매는 아버지의 죽음을 애도하며 그의 죽음을 헛되게 하지 않을 것을 다짐한다.

한편 클리타임네스트라는 양심의 가책으로 매일 밤 무서운 악몽에 시달리고 있었다. 그때 그녀에게 뜻하지 않은 오레스테스 사망 소식이 전해진다. 그러나 그 소식을 전한 것은 나그네로 변장한 오레스테스 자신이었다. 그가 교묘한 책략으로 클리타임네스트라의 정부인 아이기스토스를 살해하자 그녀는 그것을 알고 젖가슴을 드러내며 모정에 호소한다. 그러나 그녀 역시 죽고 만다.

제3부 『에우메니데스(자비로운 여신들)』 : 복수의 여신들은 자신의 임무인 복수를 하기 위해서 어머니와 계부를 살해한 오레스테스를 쫓아다닌다. 비록 아버지의 원수를 갚는 것이 그의 의무였지만 어머니를 죽인 것은 복수의 여신들의 눈에 끔찍한 죄였기 때문이다. 아테나 여신은 먼저 복수의 여신에게 오레스테스를 추궁할 기회를 준다. 그러자 복수의 여신은 오레스테스가 어머니를 죽였다는 사실에만 초점을 맞추어 처벌을 요구했다. 이에 아테나는 그런 '결과적 사실'만으로 공정한 심판을 내릴 수 없다며 오레스테스에게 변명의 기회를 부여한다. 오레스테스는 자신의 행동이 아폴론의 지시에 따른 것이었다며 아폴론을 증인으로 부른다. 아폴론은 재판장인 아테나에게 자기편을 들도록 강요하고 이번 재판이 잘 되면 아테네에 축복을 내려주겠다고 말한다. 그러나 아테나는 이를 무시하고 양쪽의 진술이 모두 끝나자 표결에 들어간다. 아테나 여신은 배심원들의 투표 결과가 "가부동수可否同數일 때는 피고에게 무죄가 선고된다."는 선언을 미리 해두고 투표를 진행시켰다. 대결은 팽팽했다. 11명의 배심원들은 6 : 5로 오레스테스의 유죄를 결정했으나 마지막에 아

테나가 오레스테스 편을 들어 6 : 6으로 만든 후 오레스테스의 무죄를 선고한다. 우여곡절 끝에 무죄 판정을 받은 오레스테스는 아테나 여신에게 감사를 표하고 현장을 떠난다.

재판에서 패한 복수의 여신들은 격분하여 아테네 시에 재앙을 내리겠다고 위협한다. 아테나 여신은 분노한 복수의 여신들을 달래고 복수의 여신들이 앞으로 '자비의 여신'으로 숭앙될 것이라 약속하며 화해한다. 아테네 시의 번영을 축원하는 대합창 속에 3부작 비극의 마지막 편의 막이 내린다. 이제 신의 세계에서도 갈등이 원만히 해결된 것이다.

아버지를 살해한 어머니를 살해한 아들은 무죄인가

『오레스테이아』 3부작을 관통하는 핵심 쟁점은 부친을 죽인 모친에 대한 자식의 살인 행위가 과연 정당한가 하는 문제이다. 어쩌면 이 문제는 당대의 세계사적 관심이었는지도 모른다. 이런 인과응보적인 문제를 형상화하기 위해 작가는 그리스신화에서 저주받은 미케네 왕가의 혈육 살인 사건을 소재로 활용하고 있다. 3부작 중 『자비로운 여신들』의 마지막 장면인 아테네 법정의 재판장면은 그리스 비극 가운데 최고의 명장면으로 평가된다.

우선 이 작품에는 두 가지 살인사건이 벌어진다. 『아가멤논』에서는 부인의 '남편 살해'가, 그리고 『코에포로이』에서는 자식의 '생모 살해'가 발생한다. 물론 각각의 명분은 있다. 우선 남편 살해 행위에 대해 클리타임네스트라가 주장하는 무죄론의 근거는 2가지다. 하나는 트로이 전쟁 출병 시 제물로 바쳐진 '딸(이피게네이아)에 대한 복수'이고, 다른 하나는 아이기스토스의 선친들이 아가멤논의 선친들로부터 받은 고통에 대한 '가문의 복수'라는 것이다. 이에 대해 오레스테스는 어머니의 '이중범죄론'을 제기한다. 남편을 죽인 죄와 아버지를 죽인 죄 때문에 자신이 그녀를 죽였다는 것이다. 모권 중심의 통념에 반기를 든 것이다. 사실 이 작품의 배경이 되는 트로이 전쟁 기간은 그리스 역사에서 영웅시대에 속한다. 일부일처제가 발생하고 자식들에게 아버지가 분명해진 시점이자 아버지가 한 가정의 절대적인 지배자가 되기 시작한 때이다. 클리타임네스트라가 죽인 것은 과거와는 달리 막강한 권위를 가진 남편이요 아버지였다. 그녀를 옹호하는 에리니에스는 이제 낡은 존재였다. 이제 그녀들은 새로운 질서, 신세대 신들이 던지는 도전장을 받게 될 것이다. 마침내 재판이 시작되고 검사역을 맡은 복수의 여신과 피고 오레스테스 사이에 치열한 공방전이 벌어진 가운데 변호를 맡은 아폴론은 계속해서 수세에 몰리자 논리적 대결로는 이길 수 없음을 알아차리고 마침내 대세를 결정하는 최후 진술을 한다.

> 어머니는 그녀가 자기 자식이라고 부르는 자의
> 생산자가 아니라, 새로 씨 뿌려진 태아의 양육자에 불과하오.
> 수태시키는 자가 진정한 생산자이고, 그녀는 마치 주인이
> 손님에게 하듯, 그의 씨를, 신이 막지 않는 한, 지켜주는 것이오.
> 이런 주장에 대해 내가 증거를 대겠소.
> 어머니 없이도 아버지가 될 수 있기 때문이오.
> 저기 제우스의 따님이 우리의 증인이오.

아폴론은 그 증거로 어머니 없이 제우스의 머리에서 탄생한 아테나 여신을 지목하고 오레스테스에게 무죄가 선고되면 아테네 시에 축복을 내리겠다고 선언한다. 그러나 아폴론은 이러한 최후진술로도 분노의 여신들을 완전히 제압하지 못해서 배심원들의 투표 결과는 6 : 5로 오레스테스의 패배로 나타났다. 결국 아폴론과 오레스테스에게 승리를 가져다준 것은 아테나 여신의 결단이었다. 아테나는 복수의 여신들이 주장하는 '눈에는 눈, 이에는 이'라는 결과 중심의 인과응보적인 보복법을 극복

하고 새 시대를 여는 새로운 판정 기준을 선보였다. 아테나 여신은 어떤 사건에 대해 결과만으로 판단하지 않고 가해자와 피해자 양측의 충분한 입장을 개진케 하고, 특히 사건이 발생한 상황과 동기를 참작한 후 죄의 유무를 판단해야 한다는 새로운 원칙을 세웠다. 물론 피비린내 나는 복수의 악순환은 역사의 진행을 위해 어느 시점에서 반드시 중단되어야 한다. 하지만 '어머니 없이 아버지에게서 태어난' 딸로서 아테나는 이 재판을 통해 여성에 대한 남성의 지배를 정당화시켜 준 것은 아닌지, 이리하여 3000년에 이르는 여성의 세계사적 패배가 시작된 것은 아닌지 생각해 볼 일이다.

◈ 추천도서
『아이스퀼로스 비극 전집』, 천병희 옮김, 도서출판 숲, 2008

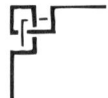
— Oedipus Tyrannus —

오이디푸스 왕

치욕적인 삶보다 존엄한 파멸을

소포클레스 지음

인간의 운명을 놓고 신과 인간이 장엄한 대결을 펼치는 고대의 운명 비극으로, 아리스토텔레스가 비극의 구성 요건을 완비한 이 작품을 모델로 삼아 비극을 "연민과 공포에 의한 감정의 카타르시스"라고 규정했을 만큼 그리스 비극의 전범이다. 독자들은 거부할 수 없는 운명의 힘에 맞서 인간의 주체성과 존엄성을 지키다가 파멸해가는 주인공의 모습을 보면서 인간에게 운명이란 무엇인가를 생각해 볼 기회를 갖게 된다.

아리스토텔레스로부터 최고의 비극 작품으로 평가받은 『오이디푸스 왕』은 아테네 비극의 완성자인 소포클레스(Sophocles, BC 496~BC 406)에 의해 쓰였다. 아테네 교외의 부유한 가정에서 태어나 최고의 교육을 받은 소포클레스는 29살 때 처음으로 비극경연에 나가 아이스킬로스를 누르고 우승한 이래 18번 우승을 차지하고 3등을 한 적이 없었다 한다. 아이스킬로스가 통산 13번, 에우리피데스가 5번 우승한 것을 비교하면 아테네에서 그의 인기가 어느 정도였는지를 짐작할 수 있다. 그는 처음으로 제3의 배우를 사용했고 무대 배경을 개량했으며 코러스의 수를 12명에서 15명으로 늘리기도 했다.

그는 뛰어난 용모와 재능은 물론 고결한 인품의 소유자로 아테네의 우상이었으며 정치가로서도 재무장관 등의 고위직을 지내고 만년에는 신관神官까지 지내는 등, 행복한 생애를 보냈다. 그가 죽은 다음 아테네 사람들이 그를 영웅으로 숭배하고 해마다 제사를 지냈다는 것을 보아도 그의 비극작가로서의 인기가 얼마나 높았는가를 알 수 있다.

기원전 480년 적군 페르시아에 결정적인 타격을 준 살라미스 해전의 승리를 축하하는 축제에서 소년 소포클레스는 소년 합창단을 지휘했다. 아이스킬로스는 그 해전에 병사로 참전했고 에우리피데스는 살라미스 해전에서 그리스군이 승리를 쟁취하던 날 태어났다고 한다. 그는 죽기 직전인 90살까지 창작활동을 계속하여 123편의 작품을 썼으나 현재 남아 있는 것은 『아이아스』, 『안티고네』, 『트라키스의 여인들』, 『오이디푸스 왕』, 『엘렉트라』, 『필록테테스』, 『콜로노스의 오이디푸스』 등 7편이다.

이 중 『오이디푸스 왕』과 『콜로노스의 오이디푸스』, 『안티고네』 등은 '테베 3부작'으로 인식되고 있는데 세 작품의 내용이 시간적 순서상으로는 연결되고 있지만 작품 발표 순서로는 『안티고네』가 가장 먼저여서 이 세 작품이 비극경연에서 동시에 공연되지는 않았다.

축복받은 신의 총아 소포클레스는 인간 고뇌의 극한까지 묘사하여 온화하고 명랑한 인물에게서 가장 순수한 비극성이 생긴다는 역설을 성립시켰나. 소포클레스는 죽음과 고뇌는 인간 존재의 실상이고 피할 수 없는 것으로 보아 죄 없는 사람들의 고뇌를 그대로 묘사했다. 주인공은 결정적인 상황에 놓여 있을 때 타협하지 않고 용기를 갖고 대결하며 굴욕적인 삶보다는 죽음과 파멸을 택한다. 이처럼 강하고도 고귀한 인간이 고뇌하는 데에 비극적인 아름다움과 숭고함이 있다. 극의 줄거리는 신화 그대로여서 관객은 사건의 진전과 결말을 알고 있다. 앞일을 모르고 있는 극중 인물들의 말이나 행동이 진실을 알고 있는 관객들과 대조를 이루어 극적 효과를 크게 하는 수법은 소포클레스적인 아이러니라고 할 수 있다.

주요 등장인물

삶을 살아가면서 운명의 힘 앞에서 우리들 인간이 얼마나 무력한가, 또 인간의 욕망, 공명심, 오만이 얼마나 허망하고 보잘 것 없는지를 생각하게 하는 『오이디푸스 왕』의 주요 등장인물은 다음과 같다.

오이디푸스 : 친아버지를 죽이고 친어머니와 결혼했다는 사실을 알고 스스로 눈을 찌른 뒤 방랑의 길을 떠나는 비극의 주인공.
이오카스테 : 불길한 예언을 지니고 태어난 아들을 버리고 출생의 비밀을 모르는 아들과 결혼한 사실을 알게 되어 자살하는 비극적인 여인.
라이오스 : 테베의 왕이자 오이디푸스의 친아버지. 불길한 신탁을 듣고 아들을 버리지만 오이디푸스의 지팡이에 맞아 죽는다.

주요 내용

소포클레스의 『오이디푸스 왕』의 내용을 제대로 이해하려면 작품의 배경이 되는 오이디푸스 신화를 알아야 한다. 오이디푸스의 아버지인 라이오스는 테베의 왕자로 태어났으나 아버지인 라브다코스가 일찍 죽게 되어 왕궁에서는 왕위 쟁탈전이 벌어졌고 아직 어렸던 라이오스는 탄탈로스의 아들인 펠롭스의 궁전으로 피신한다. 그곳에서 라이오스는 펠롭스의 아들인 크리시포스라는 미소년을 사랑하여 그를 납치했다. 크리시포스는 수치심을 이기지 못해 자살하고 펠롭스 왕의 분노는 하늘에 닿았다. 이에 아폴론은 라이오스에게 자식을 갖지 말도록 하는 벌을 내렸으며, 이를 어기면 아들의 손에 죽으리라는 신탁을 내렸다. 훗날 테베의 왕이 된 라이오스는 이오카스테와 결혼을 하지만 잠자리를 함께 하지 않는다. 그러던 어느 날 라이오스는 만취 상태에서 그녀와 동침하게 되어 오이디푸스가 태어난다.

이처럼 신의 저주 프로그램 속에 태어난 오이디푸스는 태어나자마자 발뒤꿈치가 뚫린 채 테베 부근의 키타이론 산에 버려진다. 테베의 하인은 이 아이를 마침 그곳을 지나가던 코린토스의 하인에게 넘겨주었고, 코린토스의 하인은 당시 왕자가 없었던 코린토스의 왕 폴리보스에게 입양시켰다. 출생의 비밀을 모른 채 코린토스 왕가에서 왕자로 자란 오이디푸스는 어느 날 연회에서 그가 왕의 친아들이 아니라는 말을 우연히 듣게 된다. 오이디푸스는 진실을 알기 위해 델포이 신전으로 갔고 거기서 아버지를 죽이고 어머니와 결혼할 운명이라는 신탁을 듣게 된다. 그는 자신의 기구한 운명을 피하기 위해 코린토스가 아닌 테베 쪽으로 길을 떠난다. 도중에 어느 삼거리에서 낯선 노인 일행과 시비가 벌어져 일행 중 한 사람만 살아 도망가고 나머지 5명은 모두 오이디푸스에 의해 살해당하는데 그 노인이 바로 그의 친아버지인 라이오스였다.

당시 테베에는 골칫거리가 하나 있었다. 스핑크스라는 괴물인데 이 괴물은 지나가는 행인들에게 수수께끼를 내고 이를 풀지 못하면 냉큼 삼켜버렸다. 수수께끼란 "아침에는 네 발, 낮에는 두 발, 저녁에는 세 발로 걷는데, 네 발로 걸을 때가 가장 약한 것이 무엇이냐."였다. 오이디푸스가 '사람'이라고 정답을 말하자 스핑크스는 그 자리에서 자살한다. 오랜 숙원이 해결되자 테베인들은 오이디푸스를 영웅으로 환영하면서 그를 테베의 왕으로 모시고 과부로 있던 왕비까지 선사했다. 오이디푸스는 자신의 아내가 된 여자가 생모인 줄 모른 채, 안티고네 등 2남 2녀를 두고 행복하게 살아간다. 테베는 오이디푸스가 왕이 된 후 18년간 번성한다.

소포클레스의 비극 『오이디푸스 왕』은 바로 이 시점에서 시작된다. 막이 오르면 한 무리의 테베 시민들이 테베를 덮친 전염병으로부터 도시를 구해달라고 오이디푸스에게 탄원하기 위해 궁전으로 몰려든다. 예전에 스핑크스의 수수께끼를 풀어 테베를 구했던 것처럼 이번에도 전염병의 고통에서 구해달라고 애원한다. 오이디푸스는 인자한 통치자답게 시민들 앞에 나서서 그들의 고통을 자신의 고통과 동일시하면서 전염병을 퇴치하기 위해 처남 크레온을 델포이 신전에 보냈다고 말한다. 바로 그때 크레온이 돌아와 아폴론 신이 원하는 것은 선왕 라이오스의 살인자'들' 을 찾아 처단하는 것이라고 보고하자 오이디푸스는 그 범인들을 반드시 찾아내고야 말겠다고 다짐한다. 여기서 크레온은 라이오스의 살해범이 1명이 아니라 복수라고 말하고 있는데 살인범이 단수인가 복수인가 하는 문제는 나중에 중요한 단서가 된다.

오이디푸스는 범인에게는 자수를 권하고, 신고자에게는 상을, 묵인하는 자에게는 저주를 내리겠다고 단계별 조치를 발표한다. 이에 코러스장이 범인 찾는 일에 테이레시아스라는 예언자를 추천한다. 오이디푸스는 그렇잖아도 '크레온의 권고'(이것도 나중에 중요한 의미를 지닌다)에 따라 예언자를 부르러 보냈다고 말한다. 눈먼 예언자가 가까이 오는 것을 본 코러스는 진리를 꿰뚫는 '신과 같은 예언자'라고 그를 칭송한다. 오이디푸스도 역시 그를 신과 같은 존재로 여기며 존중한다. 그러나 오이디푸스의 간곡한 요청에도 불구하고 예언자는 입을 열지 않았고 참다못한 오이디푸스가 그를 격렬하게 비난하자 터무니없는 모함에 화가 난 테이레시아스는 무서운 진실을 발설해 버린다.

> 그대는 그 분의 살해자를 찾고 있으나 그대가 바로 그 분의
> 살해자란 말이오.

예언자의 말을 일고의 가치도 없는 것으로 여긴 오이디푸스는 이 모든 것이 왕권을 노리는 크레온의 음모이고 테이레시아스가 그 음모에 가담하고 있다고 속단한다. 테이레시아스를 불러오도록 권고한 자가 크레온이었기 때문이다. 오이디푸스가 자기를 반역자로 의심한다는 말을 전해들은 크레온이 달려와 자신을 변호하지만 오이디푸스는 그를 '추방'이

아닌 '죽음'에 처할 것이라고 선언한다. 때마침 왕비가 나타나 전염병으로 고통받고 있는 나라의 사정을 앞에 두고 그들이 벌이고 있는 '분별없는 다툼'을 중지시킨다. 그리고 크레온의 무죄를 옹호하는 코러스의 간청에 오이디푸스는 크레온을 내보낸다. 왕비는 오이디푸스가 라이오스의 살해자라는 예언자의 말이 말다툼의 원인이라는 것을 알게 되자 예언이란 믿을 수 없는 것이라며 남편을 안심시키려 한다. 델포이의 신탁은 라이오스가 아들의 손에 죽을 것이라고 예언했지만 라이오스의 아들은 태어나자마자 버려졌고 라이오스는 삼거리에서 도둑'들'에게 맞아 죽었다고 말한다. 이렇게 되면 어차피 남편은 다른 곳에서 죽게 되어 있었는데 죄 없는 아이만 죽인 셈이 된다.

남편을 안심시키려던 그녀의 의도와는 반대로 오이디푸스는 '삼거리'란 말에 몹시 불안해 한다. 라이오스의 살해 장소와 시간, 라이오스의 용모와 일행에 대해 묻자 왕비는 라이오스 일행 중 유일한 생존자에게 들었던 당시의 보고를 토대로 살해 장소는 포키스의 삼거리, 살해된 시간은 오이디푸스가 테베의 왕이 되기 바로 직전, 라이오스의 용모는 큰 키와 흰머리가 약간 섞인 머리로 오이디푸스의 용모와 차이가 없다는 것, 그리고 수행원이 5명이라고 말해준다. 이 말을 듣자 오이디푸스는 자기도 어떤 삼거리에서 사람을 죽인 일이 있다고 말하며 자신이 '무서운 저주'에 노출된 것 같다면서 자신의 과거를 술회하기 시작한다.

그는 코린토스에 있을 적에 우연히 술자리에서 자신이 그곳 왕인 폴리보스의 친자식이 아니라는 말을 듣고 몰래 델포이로 갔더니 자기는 아버지를 죽이고 어머니와 결혼하리라는 신탁이 내리기에 코린토스를 피해 가다가 바로 그 삼거리에서 시비 끝에 한 노인과 그 수행원들을 지팡이로 살해했다고 실토한다. 이렇게 말하면서 자신의 운명에 대해 불안해 하는 오이디푸스에게 코러스 장이 한 가지 해법을 제시한다. 그 때 삼거리에서 구사일생으로 살아남은 한 하인이 시골로 낙향하여 양치기 생활을 하고 있는데 만일 라이오스가 도둑'들'에게 살해되었다면 오이디푸스의 불안이 종식될 희망이 있으니 그를 불러 심문해보라는 것이었다. 라이오스가 한 사람이 아닌 여러 도둑들에게 살해되었다면 살인자는 오이디푸스가 아닐 수 있기 때문이다. 양치기가 여전히 같은 숫자를 말한다면 살해자는 오이디푸스가 아니게 된다.

그러나 잠시 후 테베의 양치기 대신 코린토스의 사자가 갑자기 나타나 코린토스의 폴리보스 왕의 죽음을 알린다. 먼저 이 소식을 접한 왕비는 기쁨에 넘쳐 폴리보스가 자신의 아들인 오이디푸스의 손에 죽은 것이 아니라 노환으로 자연사했기 때문에 아폴론의 신탁은 빗나갔다며 시녀를 보내어 오이디푸스를 부른다. 오이디푸스도 아버지 폴리보스가 자연사했음을 듣고 슬픔을 느끼면서도 한편으로 안도하면서 아폴론의 신탁을 조롱한다. 하지만 그는 코린토스로 돌아가지 않겠다고 말한다. 왜냐하면 신탁의 두 번째 내용인 "어머니와 결혼할 것이다"라는 말이 두려웠기 때문이다.

이 말을 들은 코린토스의 사자는 오이디푸스를 안심시키기 위해 별 생각 없이 코린토스의 왕비는 오이디푸스의 생모가 아니라고 말해준다. 그러나 이번에도 안심시키려고 한 말이 그 의도와는 정반대의 결과를 가져온다. 코린토스의 사자는 과거 키타이론 산에서 양치기 생활을 하던 중 발뒤꿈치에 구멍이 뚫린 갓난아이 오이디푸스를 라이오스의 한 사신에게 받아 폴리보스에게 선물로 주었다고 토로한다. 오이디푸스가 자신을 버렸다는 그 사신이 누구냐고 묻자 코러스 장이 그 사신은 방금 전에 부르러 보낸 테베의 하인이라며 이 일이라면 누구보다 왕비가 잘 알고 있을 것이라고 말한다. 이미 사건의 전말을 알게 된 왕비는 제발 더 이상 캐묻지 말라고 애원하지만 자신의 비밀을 끝까지 밝히려는 오이디푸스의 결심이 강하자 그녀는 절망하여 조용히 궁전 안으로 들어간다.

이윽고 기다렸던 하인이 도착한다. 코러스는 그가 라이오스의 둘도 없는 충실한 하인임을 확인한다. 양치기는 끝내 진실을 밝히기를 거부하다 마침내 안에 있는 부인께서 그 사연을 가장 잘 알고 있을 것이라고 말한다. 결국 사건의 진상이 밝혀지자 오이디푸스는 "오, 빛이여, 내가 너를 보는 것도 지금이 마지막이 되기를!" 하고 외치며 궁전 안으로 뛰어들어간다. 코러스가 오이디푸스의 예를 들어 인간 행복의 무상함을 탄식한다. 잠시 후 사자가 등장하여 궁전 안에서 일어난 일들을 보고한다. 이오카스테는 스스로 목매달아 죽고 오이디푸스는 그녀의 옷에 꽂혀 있던 브로치로 제 눈을 찔렀다고 말한다.

오이디푸스의 권좌를 대신한 크레온 왕이 등장한다. 오이디푸스는 자신을 테베에서 추방시키든가 아니면 죽여주기를 간청한다. 그리고 마지막으로 자신의 자식들, 특히 딸들을 만나게 해달라고 간청한다. 크레온은 앞의 간청은 아폴론의 신탁을 들은 뒤에 결정할 것이며, 딸을 만나는 것은 주선해주겠다고 말한다. 그는 미래의 운명을 예감한 듯 딸들을 향해 울면서 지금의 자기와 같은 운명이 도래하지 않기를 기원하면서 키타이론 산으로 추방의 길을 떠나려 한다. 오이디푸스와 크레온이 퇴장하는 가운데 코러스가 전례 없이 무서운 인간의 고통을 노래하고 잠시 후 막이 내린다.

> 삶이 끝나 고통에서 해방될 때까지는
> 인간 어느 누구도 행복하다고 말하지 말라.

저주받은 운명이여, 기꺼이 오너라

『오이디푸스 왕』은 신과 인간의 장엄한 대결을 통해 인간의 운명이란 무엇인가를 생각하게 해준다. 작품의 소재는 그리스신화에서 아트레우스 가문과 함께 신의 저주를 받았던 오이디푸스 가문에서 빌려왔다. 이 작품에서 오이디푸스가 겪는 비극의 원인은 무엇일까? 소포클레스는 등장인물의 입을 통해 오이디푸스의 운명이 신의 섭리에 의한 운명적인 것임을 분명히 한다. 오이디푸스 자신이 진상을 알고 난 뒤 "오, 제우스여, 당신은 내게 무엇을 하려고 의도하셨나요."라고 모든 것의 근원에 제우스의 뜻이 작용하고 있음을 토로한다. 그렇다고 신의 뜻이 인간의 구체적인 삶의 속까지 속속들이 규정하는 것은 아닐 것이다. 당시 그리스인들은 그들의 출생이나 죽음과 같은 거대한 사건은 예정되어 있으나 자신들이 직면하는 순간순간의 삶 속에는 인간의 자유의지가 적용된다는 사실을 알고 있었다. 오이디푸스 일가의 경우도 아폴론 신에 의해 무서운 신탁이 내려졌고 이는 반드시 성취될 것이지만 라이오스, 오이디푸스, 이오카스테 등의 신탁에 대한 소홀함 때문에 신의 뜻이 성취된 것이다. 오이디푸스 자신도 이것을 인정하여 "내게 고통을 가져다 준 것은 아폴론 신이다. 그러나 라이오스 왕을 친 것은 분명 나 자신의 손이다."라며 자신의 책임 부분을 인정하고 있다.

비록 오이디푸스는 가혹한 운명의 화살에 맞아 파멸해갔으나 운명의 횡포에 굴하지 않고 의연하게 맞서는 인간의 위대성과 고결성을 보여주었다. 범인의 색출 과정에서 자신의 파멸을 예감하면서도 진실 추구와 사회 안정이라는 대의에 충실했던 오이디푸스에게서 우리는 인간의 숭고한 정신을 발견할 수 있다. 인간의 필사적인 노력에도 아랑곳하지 않고 자신이 정한 프로그램대로 밀고 나가는 신들에 맞서 오이디푸스는 "내 운명을 거부하는 것이 내 운명이다."라며 맞섰는지도 모른다.

❖ 추천도서
『오이디푸스 왕』, 강대진 옮김, 민음사, 2009
『소포클레스 전집』, 천병희 옮김, 도서출판 숲, 2008

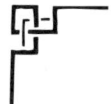 

― Medea ―

메데이아

사랑 잃은 여인의 잔혹한 복수극

에우리피데스 지음

그리스 3대 비극작가 가운데 근대적 작가로 평가받는 에우리피데스는 『메데이아』에서 비극의 원천을 외부(신)에서 발견했던 선배 작가들과는 달리 인간 내부의 강렬한 정념에서 그것을 찾음으로써 인간을 비극의 주인공으로 등장시켰다. 그는 신화와 전설의 신비적인 요소를 과감하게 제거하고 인간의 내부적 갈등에 초점을 맞춰 보다 합리적인 시각으로 현실을 조명하여 근대 작가들의 공감을 얻을 수 있었다.

아이스킬로스, 소포클레스와 함께 '그리스 3대 비극시인'으로 꼽히는 에우리피데스(Euripides, BC 480~BC 406)는 천성이 명상적이고 사람을 싫어하는 고독한 성격이었음이 고대의 전기에 나타나 있다. 그러한 성격은 그의 작품이나 조각상에 나타나 있는 침울한 표정에서도 엿볼 수 있다.

그는 두 번 결혼했지만 상대는 모두 음란한 여자들이었고 그의 작품 중에는 여성을 비하하는 말이 많다. 그런 이유로 여성혐오자(misogynist)라는 평가를 받고 있지만 사실은 어느 누구보다도 예리한 여성 심리의 통찰자였다.

그는 기원전 441년에 비극경연에서 처음으로 우승했고 사후에 그의 유작으로 우승한 것까지 포함하면 모두 22번 참가하여 5회 우승한 셈으로, 아이스킬로스가 13회, 소포클레스가 18회 우승한 것과 비교하면 당시 아테네인들의 그에 대한 평가가 인색했음을 알 수 있다. 그는 평생 92편의 작품을 썼으나 오늘날에는 19편의 비극이 남아 있다. 대표적인 작품으로 『메데이아』, 『히폴리토스』, 『헤카테』, 『헬레네』, 『트로이의 여인』, 『바코스의 여신도들』 등이 있다.

에우리피데스도 역시 전통적인 관례에 따라 신화나 전설에서 소재를 빌려오긴 했지만 그의 비극에서 신과 영웅들은 비범한 존재가 아니라 보통 사람과 다를 바 없는 인물로 묘사된다. 『메데이아』와 『히폴리토스』만 해도 등장인물의 정념이 다소 비정상적이라고 할 정도로 격렬하지만 가정 내의 비극에 지나지 않으며 『이온』같은 작품도 본질은 오늘날의 홈드라마와 같다. 여성의 굴절된 심리를 묘사하는 에우리피데스의 수법은 정평이 나 있다.

에우리피데스는 소포클레스 때까지 그리스 비극의 경향, 즉 '신과 영웅'을 주제로 하지 않고 신이 내리는 정의에서 인간 중심의 도덕으로 관심을 옮겨갔다. 그의 희곡은 문제를 다루는 희곡이며 비판적이고 회의적인 태도를 표현했다. 그러나 에우리피데스는 비판은 했으나 합리성을 찾지는 못했다. 그의 작품 중 『바코스의 여신도들』의 주인공인 테베의 왕 펜테우스는 미친 여자들에게 붙잡혀 사지가 찢기는데, 일화에 따르면 에우리피데스 자신도 개들에게 물어뜯겨 죽었다고 한다.

그리스 3대 비극시인을 페르시아 전쟁과 연관지어 이들의 작품세계를 들여다보는 것도 흥미롭다. 아이스킬로스는 그 전쟁에 병사로 직접 참전하여 그의 형을 잃기도 했고, 기원전 480년 적군 페르시아에 결정적인 타격을 준 살라미스 해전의 승리를 축하하는 축제에서 소년 소포클레스는 소년 합창단을 지휘했으며 에우리피데스는 살라미스 해전에서 그리스군이 승리를 쟁취하던 날 태어났다고 한다. 이런 이유로 이들 3대 비극시인을 그리스의 흥륭기-전성기-쇠퇴기의 시인으로 보아 그들의 작품과 사상을 이해하는 데에 상징성을 부여하기도 한다. 다시 말하면, 직접 전쟁에 참가하여 신의 섭리와 신의 위대함을 절실하게 체험한 아이스킬로스의 작품에서는 신과 인간의 관계에서 신의 의지가 인간의 의지보다 더 중요한 역할을 한다는 점에서 인간보다 오히려 신이 극의 주역이 되고 인간은 신의 의지의 구현도구로서 결국 신의 의지에 순응하고 귀의한다. 반면에 페르시아 전쟁에 뒤이은 조국 아테네의 가장 영광된 시기와 더불어 펠로폰네소스 전쟁으로 인하여 아테네의 미래에 어두운 그림자가 드리워지던 불안한 시기를 겪어야 했던 소포클레스의 작품에서는 인간의 한계와 더불어 인간의 위대함이 주제를 이루고 있고 신의 의지보다는 인간의 의지가 결정적인 역할을 한다는 점에서 인간이 극의 주역이 되고 있다. 마지막으로, 조국의 영광스러운 순간을 단지 전해들었을 뿐인 에우리피데스는 전통적인 세계관과 종교관에 회의적이고 사변적인 해석을 가하고 있다.

주요 내용

『메데이아』를 이해하기 위해서는 콜키스에 있던 황금 양털의 신화를 알아야 한다. 테살리아의 영웅 이아손은 아이손의 아들로 태어났다. 아이손은 원래 이올코스의 왕위 계승자였으나 이부형異父兄인 펠리아스에게 왕위를 빼앗겼다. 훗날 이아손이 펠리아스를 찾아가 왕권을 돌려주도록 요구했으나 펠리아스는 콜키스에 가서 황금 양털을 찾아오면 요구를 들어주겠다고 했다. 그래서 이아손은 아르고 호를 타고 헤라클레스를 비롯한 많은 영웅들과 함께 콜키스로 가서 그곳의 공주인 메데이아의 도움으로 천신만고 끝에 황금 양털을 가지고 귀향한다. 돌아오는 길에 두 사람은 결혼한다. 황금 양털을 찾아온 이아손은 성대한 환영을 받는다. 하지만 그것도 잠시, 펠리아스는 왕위를 돌려주기는커녕 이아손을 처단하려고 했다. 메데이아는 이 음모를 간파하고 이아손이 권력을 잡을 수 있도록 펠리아스를 죽일 계획을 세운다. 먼저 늙은 양을 솥에 넣고 약물을 뿌려 새끼양으로 만드는 시범을 펠리아스의 두 딸들에게 보인 다음, 이 방법으로 펠리아스를 회춘시켜주겠다고 한다. 두 딸은 아버지의 회춘을 위해 메데이아가 시키는 대로 왕을 토막 내서 솥에 집어넣었다. 하지만 메데이아는 약물을 뿌려주지 않아 펠리아스를 죽게 했다. 그래서 이아손과 메데이아는 이올코스에서 추방되어 코린토스로 옮겨와서 두 아이를 낳고 한동안 행복하게 산다. 여기까지가 작품이 시작되기 전의 상황이다.

이아손은 언제부턴가 이민족 출신인 메데이아에게 싫증이 나기 시작한 데다 정치적으로 야심가이기도 해서 가족의 안전과 행복을 위해서라는 명분으로 코린토스의 크레온 왕의 딸 글라우케와 결혼을 결심한다. 남편의 새장가 소식에 충격을 받은 메데이아는 분기탱천하여 공개적으로 복수를 다짐한다. 크레온 왕은 자신과 자기 딸에게 메데이아가 복수할까봐 메데이아와 두 아들에게 즉시 코린토스를 떠나라고 명령한다. 이에 메데이아는 크레온에게 하루만 더 달라고 애걸복걸하여 승낙을 받게 되는데 이것이 왕과 공주에게는 큰 화근이 된다. 이어서 그녀와 이아손 사이에 격렬한 말다툼이 벌어지고 이아손은 자신의 선택이 가족 모두를 위한 최선의 선택이라고 강변한다.

이아손 : 잘 알아두시오. 내가 지금 아내로 맞는 공주와
결혼하는 것은 여색을 탐해서가 아니라
앞서도 말했듯이 당신을 구하고 내 자식들에게
왕족의 피를 받은 자매를 낳아주어
우리 집안의 울이 되게 하려는 것이란 말이오.
……

메데이아 : 가세요! 이렇게 집 밖에 나와 있는 동안에도
당신은 분명 새 신부가 그리워 안달이 나겠죠.

결혼하세요. 하지만 장담하건대 당신은 결혼은
하되, 두고두고 후회하게끔 결혼하게 될 거예요.

    이어서 아테네 왕 아이게우스(테세우스의 아버지)가 델포이 신탁을 들으러 갔다가 돌아가는 길에 코린토스를 방문하게 되는데 이 부분은 삽화적 성격 때문에 비난받곤 했으나 메데이아에게 피난처를 제공하겠다는 아이게우스 왕의 약속은 다음 사건의 진행을 뒷받침해준다는 점에서 어느 정도 필요하다고 할 수 있다. 이제 뒤가 든든해진 메데이아는 이아손과 화해하는 척하고는 두 아들을 시켜 글라우케 공주에게 독을 묻힌 드레스와 머리띠를 결혼선물로 보낸다. 잠시 후 아이들이 돌아오자 메데이아는 아이들이 살아남을 길이 없음을 알고는 처음 계획대로 자식들을 자기 손으로 죽이기로 한다. 메데이아가 두 아들을 직접 죽이려 하는 이유는 이아손에게 자식을 잃은 고통을 주어 그에게 복수하고 싶었고 자식들은 독약을 묻힌 결혼선물을 전달한 이상 살해당할 것이 확실하므로 어미 손에 죽는 것이 차라리 낫다고 생각했기 때문이다.

    이어서 사자使者가 등장하여 글라우케가 그 옷을 입은 순간 화염에 싸여 고통스럽게 죽고 크레온노 딸을 구하려다 같은 운명이 되었다고 보고한다. 메데이아는 이제 자기 자식의 목숨도 끊으려 하지만, 미소 짓는 어린 아이들의 순진한 눈동자를 보자 마음이 흔들려 모성애와 복수심 사이에서 한동안 고민을 한다. 그러나 마침내 분노가 이성을 누름으로써 그녀는 칼을 잡아 자식을 죽인다. 이아손이 코린토스인들의 보복에서 아이들을 구하고자 달려오지만 메데이아는 자신의 할아버지인 태양신 헬리오스가 보내준 용이 끄는 수레를 타고 나타나 절망에 몸부림치는 이아손을 조롱한다. 이아손이 엎드려 통곡하는 사이에 메데이아는 죽은 두 아들을 안고 마치 개선장군처럼 용수레를 타고 아테네를 향해 코린토스의 하늘을 떠나면서 막이 내린다.

상처받고 분노하는 여성의 대변자, 메데이아

아리스토텔레스는 문학이론서인 『시학』 13장에서 "이 작품은 다른 결점이 있다 하더라도 시인들 가운데 가장 비극적인 시인이라는 인상을 준다."고 평하고 있다. 사실 『메데이아』는 비극으로 보기에는 네 가지 결점이 있다. 첫째, 주인공 메데이아가 자신의 자녀들을 의도적으로 죽이는데 이는 비극의 전제조건인 주인공의 '선한' 의도와는 거리가 멀다. 둘째, 비극의 또 하나의 전제조건은 주인공의 불행한 결말인데 이 작품은 반대로 고생 끝에 낙이 오는 해피엔딩으로 마무리되고 있다. 셋째, 코린토스로 추방당할 메데이아에게 사건의 진행과는 별다른 인과관계가 없는 아이게우스 왕이 등장하여 망명처를 제공해주는데 이것 또한 어색하다. 마지막으로, 사건의 해결이 플롯 자체에 있지 않고 기계장치에 의존한다는 점이 기존 비극과는 다른 점이다. 어쩌면 이런 불합리한 면이야말로 작가가 말하고자 하는 요점일지도 모른다. 에우리피데스는 이런 면에서 변칙적인 작가라고 할 수 있다.

이 작품에 그려진 메데이아는 독자들을 당황케 할 만큼 정념이 강한 여성이다. 메데이아는 결론 부분에서 인간을 움직이는 대립적인 두 힘은 격정과 숙고이며 이 가운데 격정이 숙고보다 우세해지면 그것이 곧 인간에게 재앙의 원인이 된다고 말하고 있다. 그러나 자기 자신의 내부로부터 솟구치는 격정을 억제하지 못해 엄청난 일을 저지르고 마는 메데이아는 상처받고 분노하는 여성의 상징으로 오늘날까지 남아 있다. 지금과 같은 남성 중심 사회가 계속되는 한 남성을 향한 여성들의 한 맺힌 경고는 여전히 유효하다고 할 수 있다.

에우리피데스의 작품에서 비극의 주인공은 이성보다 감정의 지배를 받는다. 『메데이아』의 메데이아나 『히폴리토스』의 파이드라, 그리고 『바코스의 여신도들』의 아가우에 등은 한결같이 성격이 강하고 개성적이며 이성보다 감정이 행동을 지배하고 있다. 등장하는 신들조차도 선배 시인들의 작품에서 등장하는 아폴론이나 아테나와 같은 이성적인 신들이 아니라 디오니소스나 아프로디테 같은 격렬한 감정이나 광기의 신이 등장하고 있다.

또한 작가는 사회적 약자인 여성을 주인공으로 설정하여 남성 중심적 사회에 비판을 가하고 있으며 상처받고 분노하는 여성의 잔인한 복수 과정을 정당한 보호수단이 없던 여성들에 대한 연민의 정으로 용인하고 있다. 이렇듯 작가는 사회적으로 소외된 여성이 분출하는 격정의 드라마를 어쩌면 인간보다 신, 여성보다 남성, 감성보다 이성이 우월하다는 그리스적 전통에 반론을 제기하고 있다.

지금까지 살펴본 것처럼 신과 인간의 영원한 갈등을 그린 그리스비극은 그리스신화를 소재로 신의 섭리와 인간의 운명에 대한 가장 깊은 탐구작업으로 간주되어 왔다. 그리스 비극을 통해서 신화의 주역들이 비극의 주인공으로 재탄생하기도 했다. 그러나 아이스킬로스에서 시작된 그리스비극은 소포클레스를 거쳐 에우리피데스에 오면 신과 인간 사이의 갈등 자체가 나타나지 않는다. 특히 에우리피데스에 오면 신이 아닌 '인간'이 비극의 중심에 서게 되고 이전 작가들보다 훨씬 이성적이고 합리적인 분위기가 완연해진다. 합리성이 지배하는 사회는 신화를 더 이상 믿지 않으며 비극은 이제 철학이나 과학에 자리를 넘겨주어야 할 운명에 처하게 된다. 합리주의 시대가 정착되면서 비극은 막을 내린다.

❖ 추천도서
『아르고호 이야기』, 강대진 옮김, 작은이야기, 2010
『에우리피데스 전집』(전 2권), 천병희 옮김, 도서출판 숲, 2009

– Lysistrate –

리시스트라테

아내들의 유쾌한 반란, "평화 없이 섹스 없다!"

아리스토파네스 지음

에우리피데스가 아테네 문명의 해체에 대해 비극적으로 반응한 반면, 동시대인이었던 아리스토파네스는 풍자적 희극으로 반응했다. 아테네가 시라쿠사에서 대패한 다음 해에 쓰인 이 작품은 아테네가 절멸을 향해 줄달음치는 것을 막아보려는 용감한 시도 가운데 하나다. 당대의 상황에 대한 날카로운 풍자를 많이 담고 있지만 걸쭉한 유머와 우스꽝스러운 소동을 통해 인간이 절망적인 상황에서도 건강한 정신을 잃지 않고 있음을 보여준다.

『고전사전』의 저자 랑프리에가 "아리스토파네스는 세계문학사상 가장 위대한 희극작가이다. 그에 비하면 몰리에르는 무뎌 보이고 셰익스피어는 어릿광대처럼 보인다."고 말할 만큼 아리스토파네스(Aristophanes, BC 445 무렵~BC 385 무렵)는 기원전 5세기 아테네의 '구舊 희극'을 대표하는 작가지만 그에 대해서는 알려진 것이 거의 없다.

아리스토파네스는 페리클레스가 다스렸던 아테네의 황금시대에 부유한 가문에서 태어났다. 그의 전성기는 아테네와 스파르타가 약 30년간 벌인 펠로폰네소스 전쟁 기간(BC 431~BC 404)과 일치한다. 따라서 당시 아테네 시민들에게 중요한 관심이었던 전쟁과 평화의 문제, 소피스트의 사고 등에 대해 아리스토파네스 역시 많은 관심을 가졌던 것은 자연스러운 일이었다. 그래서 그의 희극을 '정치희극'으로 보는 사람들도 있다.

아리스토파네스는 아테네가 스파르타와 휴전조약을 체결할 기회가 몇 번이나 있었는데도 파괴적인 전쟁을 계속한 것은 정권을 잡은 사이비 민주주의자들이나 민중선동가들이 자신들의 영향력을 계속 행사하기 위한 것으로 보았다. 그는 또 수업료를 받고 젊은이들에게 수사술을 가르치는 소피스트들을 위험한 집단으로 응시했는데 이들은 진리의 절대성을 부정하고 상대성을 주장했다. 그래서 그는 이들이야말로 아테네의 전통적인 가치관을 파괴하는 위험집단으로 보게 되었고 그의 보수적인 성향은 점차 극단으로 치달았다. 마침내 그는 오히려 반反 소피스트의 대표자인 소크라테스까지도 그들 집단과 같은 부류로 몰아갔다. 아리스토파네스는 이들이 가장 널리 알려져 있었던 만큼 이들을 풍자 대상으로 삼아야 대중들의 관심을 끌 수 있다고 생각한 듯하다.

이처럼 아리스토파네스는 정치에 깊숙이 개입하여 유명 정치인과 소크라테스, 에우리피데스 같은 지식인들을 신랄하게 공격하고 풍자했다. 또한 성행위나 배설물 등의 혐오스러운 단어들을 자주 언급하여 그가 세상을 떠나기 전에 이미 그의 '구 희극'은 메난드로스의 '신 희극'에서 볼 수 있는 '풍속희극'에 주도권을 넘겨주게 되었다.

아리스토파네스는 모두 44편의 작품을 쓴 것으로 알려져 있으나 지금까지 완전한 형태로 남아 있는 것은 『아카르나이 주민들』, 『기사』, 『구름』, 『벌』, 『평화』, 『새』, 『리시스트라테』, 『테스모포리아 축제의 여인들』, 『개구리』, 『여인들의 민회』, 『부의 신』 등 11편이다.

줄거리

아테네의 젊고 아름다운 여인 리시스트라테(군대를 해산시키는 여자라는 뜻)는 적국인 스파르타의 여인 대표 람티토와 중대한 결의를 했다. 전쟁에만 몰두하여 가정을 돌보지 않는 남편들에게 전쟁을 중지시키기 위해서 섹스 파업을 하자는 결의였다. 여인네들은 모두 동의했고 람티토는 고향인 스파르타로 돌아가고 리시스트라테는 여인들을 데리고 아크로폴리스 신전으로 들어가 자물쇠를 잠가버렸다. 남성들과의 섹스를 거절하기 위해서였다. 그러나 그 결의도 한때여서 오히려 안절부절못하는 것은 여자들이었다. 사흘이 지나자 여자들이 몰래 성문에서 탈출하는 것이 아닌가. 리시스트라테는 그녀들을 잡느라 정신이 없었다. 여자들은 남편이 있는 곳에 보내달라고 애원하고 리시스트라테는 그녀들을 달래느라 진땀을 뺀다.

"우린 남자와의 접촉을 삼가야 해. 저런, 왜 돌아서는 거지? 어딜 가는 거지? 입술을 깨물고 고개를 가로젓고. 왜 얼굴빛은 하얗게 되는 거지? 눈물은 왜 흘리는 거지? 자, 그렇게 하겠어, 못 하겠어? 왜 꾸물거리는 거야."

"이런 바보 같이! 거짓말은 집어치워. 남편이 보고 싶어 그런 게 뻔하지. 하지만 남자들은 우리가 보고 싶지 않은 줄 알아? 괴로운 밤을 지내고 있단 말이야. 난 잘 알아. 그러니까 참아, 조금만 참고 견디면 승리는 우리 것이야."

이런 설득에 여인들은 하는 수 없이 성 안으로 돌아왔다.

아니나 다를까. 한 사나이가 성 안으로 다가오는 것이 성벽 위에서 보였다. 그 사나이는 리시스트라테와 함께 있는 여인인 미르리네의 남편 키네시아스였다. 미르리네는 남편을 실컷 놀려먹은 다음 성 안으로 들어왔다. 키네시아스가 지칠 대로 지친 몸을 이끌고 퇴장하자 이번에는 아테네의 관리와 스파르타의 사자가 등장한다. 스파르타의 사자는 람티토의 음모로 스파르타의 여성들이 일제히 남자를 거부하고 있다고 말한다.

"쩔쩔매고 있지요. 바람 속에 등잔을 들고다니듯 모두 꾸부정하게 걷고 있는 판이오. 여편네들은 우리가 평화조약에 동의하기 전에는 건드리지 못하게 한다오."

그 말을 들은 아테네 관리는 스파르타의 사자에게 전권대사를 보내주면 이편에서도 보내겠다고 제안했다.

　이윽고 스파르타의 사자에 뒤이어 아테네의 사자가 등장했다. 양쪽 모두 여성들의 섹스 거부로 울상이 되어 있는 것이었다. 거기에 리시스트라테가 등장하여 그녀의 중재로 강화조약이 성립되었다. 그녀는 "우리 여인들이…… 정성들여 대접을 하겠습니다. 그 자리에서 서로 서약하고 보증서를 교환하십시오. 그리고 난 뒤에 각자 자기 아내를 데리고 돌아가도록 하십시오." 하며 남성들을 성 안의 연회장으로 인도했다. 이리하여 일동이 기쁨 속에 노래하며 춤추는 가운데 막이 내린다.

　기원전 415~413년의 시칠리아 섬 원정의 실패는 아테네에 큰 타격이 아닐 수 없었다. 『리시스트라테』는 그로부터 2년 뒤인 기원전 411년에 상연된 것으로서 작가는 직접적인 정치비판은 지양하고 뒷면에서 전쟁의 어리석음을 비웃고 있었다. 그러나 작품의 결말과는 반대로 전쟁은 악화일로를 치달아 기원전 404년에 아테네는 스파르타에게 패배하고 만다.

해학과 외설로 풀어낸 반전주의

　위에서 살펴본 것처럼 이미 오랜 세월 전쟁과 휴전을 거듭하던 아테네와 스파르타 사이에 또다시 전운이 감돈다. 이에 아테네 동맹국들은 반기를 들게 되고, 스파르타는 페르시아와 동맹을 맺는다. 이 작품의 리시스트라테는 허구한 날 남자들이 전쟁을 일삼고 더 이상 평화를 이야기하지 않게 되자 아테네의 여인들을 모두 모아놓고 기상천외한 방법으로 전쟁을 종식시키고자 한다. 그 방법이란 다름 아닌 '성파업'이다. 모든 전쟁이 끝나기 전까지 여인들은 남자들과의 잠자리를 거부하겠다고 선언하고 아크로폴리스와 아테네 금고를 점령한다. 리시스트라테가 모든 폴리스의 여성 대표들을 불러모아 합의를 이끌어내자 다급해진 양측은 결국 평화협정을 맺게 된다.

　『리시스트라테』의 여주인공 리시스트라테는 젊고 아름다운 아테네의 유부녀로 '교양 있는 여성'이다. 음탕한 대사가 터져나오고 외설스러운 장면도 많이 나오지만 리시스트라테 자신은 그것들과 아무 상관이 없다. 그녀는 남성들보다 뛰어난 지도력과 결단력, 그리고 관대한 마음을 지닌 여성으로 이 극을 이끌어간다.

작품 중간중간에 리시스트라테가 가족들을 잊지 못해 가정으로 돌아가려 하는 이탈자들을 설득하는 장면, 성욕을 억제하지 못하는 남자들의 모습, 아내를 찾아온 남자들을 따돌리고 동료들과 합류해 강화조약을 성립시키는 여자들의 모습이 잘 그려져 있다. 『리시스트라테』에는 해학과 외설, 진지함과 익살이 기묘하게 뒤섞여 있다. 또한 전쟁이라는 극단적인 상황을 성(性)이라는 원초적인 문제와 결합시켰다는 점에서 작품 자체가 재미있게 짜여 있다. 이처럼 아리스토파네스는 풍자와 재기발랄함을 통해 현실의 잘못된 점을 비꼬고 있다. 그리스의 3대 비극시인과는 달리 이 세 사람을 풍자하기까지 하면서 자신의 독특한 영역을 구축한 아리스토파네스의 희극은 그 문제의식과 표현방식으로도 높이 평가할 수 있다.

아리스토파네스는 본질적으로 보수적이어서 전원의 소박함과 평화를 사랑하는 반면에 유행과 전쟁을 증오하고 선동정치가, 소피스트, 변론술, 민중재판, 비극시인 등을 철저히 비판했다. 열렬한 반전주의자인 그는 부정에 대한 분노를 풍자의 웃음 속에 감추었고 전원에 대한 애착은 서정성 풍부한 웃음에 실어 표현했다. 감미로운 서정성을 지닌 그는 천재적인 패러디를 작품 곳곳에서 자유롭게 구사하고 있다.

◈ 추천도서
『아리스토파네스 희극 전집』(전 2권), 천병희 옮김, 도서출판 숲, 2010

 — Aeneis —

아이네이스

아우구스투스에게 바친 로마 건국의 서사시

베르길리우스 지음

『아이네이스』는 '아이네아스의 노래'라는 의미의 로마 건국 서사시로, 트로이의 영웅이자 로마의 건국 시조인 아이네아스가 트로이 멸망 후 로마에 정착할 때까지의 고난과 사건, 그리고 사랑을 그린 미완성 작품이다. 작가는 아이네아스를 미의 여신 베누스(아프로디테)의 아들로 묘사하여 로마 황제에게 신통성神統性을 부여하고 로마의 역사적 정통성을 확보하기 위해 미래의 국가 건설이라는 원대한 목표를 쟁취하려는 영웅적 인물로 묘사하고 있다.

단테의 『신곡』에서 단테를 지옥과 연옥으로 안내하고 천국에 있는 베아트리체에게 인도하는 인물로 등장하기도 하는 베르길리우스(Publius Vergilius Maro, BC 70~BC 19)는 북이탈리아 만토바 부근 안데스에서 태어나 어려서부터 폭넓은 교육을 받았다. 그의 청년기는 로마 공화정 말기로 정치적으로 아주 혼란한 시기였다. 그러나 그는 이런 정치적 격동과 관계없이 시작詩作에 몰두했다. 그는 수줍음이 많고 건강이 좋지 못했다. 결혼도 하지 않고 평생을 학자이자 은자로 살았다.

29~33살에 10편으로 된 『전원시』를 완성했는데, 여기에는 세 개의 세계, 즉 그리스의 목가시인 테오크리토스가 노래한 시칠리아의 목자牧者의 세계, 베르길리우스 자신이 창조한 목자의 이상향 아르카디아, 내란의 혼란 속에 있는 현실의 로마가 교묘하게 어우러져 독특한 시세계를

이루고 있다. 이 책으로 당시의 유력한 정치가이자 문인의 보호자였던 마이케나스에게 인정받고 아우구스투스의 신임을 얻었다.

31~41살에 완성한 『농경시』 네 권은 헤시오도스의 교훈시에서 비롯된 시로 예술 후원자였던 마이케나스에게 바쳤다. 여기에서는 농경, 과수재배, 목축, 양봉 등을 차례로 읊었으며 농경의 기원, 원인, 본질, 실천에 대해 깊이 고찰했다.

기원전 31년 악티움 해전에서 옥타비아누스(아우구스투스)가 안토니우스와 클레오파트라의 연합군을 물리치고 천하를 평정한다. 이에 베르길리우스는 오랫동안 구상해왔던 그리스와 로마의 이상을 장편 서사시 『아이네이스』로 구현하기 시작했다. 이 작품은 로마의 국민적 서사시로 구상하여 오랜 내란을 수습하고 평화를 실현시킨 아우구스투스를 기념하기 위해 썼다.

이 작품은 트로이의 영웅 아이네아스를 등장시켜 그의 인물상과 행동을 통해 로마의 역사를 상징적으로 나타냈다. 베르길리우스가 11년 동안 전념했던 『아이네이스』는 결국 미완성으로 남았다. 그는 세상을 떠나면서 작품을 불태워버리라는 간곡한 유언을 남겼으나 황제 아우구스투스가 이를 저지했다고 한다.

베르길리우스는 아우구스투스 시대의 번영과 신의 현명한 섭리를 믿었으며 고대 영웅들의 언행을 통해 높은 윤리적 세계관을 강조했다. 베르길리우스의 시에는 호메로스의 영향이 뚜렷하지만 나름의 독창성을 갖고 있었고 특히 그리스신화와 로마 역사의 교묘한 융합은 그의 독창적인 착상에서 비롯되었다. 그는 사망 후 나폴리에 묻혔고 중세에는 위대한 시인이자 예언자로 숭배되었다.

베르길리우스가 『아이네이스』를 저술하게 된 배경을 제대로 이해하기 위해서는 그와 동시대 인물인 아우구스투스 황제와 당시의 사회상을 제대로 이해할 필요가 있다.

로마에서는 공화정에서 제정으로 넘어가는 시기에 두 번에 걸쳐 삼두정치라는 과도기적인 정치형태가 존재했는데, 이는 용병을 사병화한 군인정치가들의 정치를 말한다. 제1차 삼두정치(BC 60~BC 50)는 카이사르, 폼페이우스, 크라수스의 정치를 말하는데 크라수스는 전쟁에서 전사하고 남은 두 사람이 대결하여 카이사르가 승리한다. 그러나 카이사르의 일당독재가 계속되자 공화파인 부르투스 일당이 카이사르를 암살한다. 카이사르가 암살된 후 그의 부하인 안토니우스, 카이사르의 조카인 옥타비아누스, 그리고 레피두스가 이끄는 제2차 삼두정치가 수립된다. 이들은 로마의 영토를 3등분하여 각각 통치하다가 기원전 31년에 옥타비아누스가 안토니우스와 클레오파트라의 연합함대를 악티움 해전에서 격파한 후 공화정에 종지부를 찍고 제정시대를 열었다.

　아우구스투스 황제의 통치는 새 제국에 평화와 번영을 가져왔다. 그러나 공화제 말기의 키케로 시대의 문인들은 이전의 공화정에 향수를 느껴 아마도 침묵을 지켰거나 아우구스투스에 대해 반대했지만 신세대들은 새 시대의 영감을 받아들였다. 이때 베르길리우스는 무의미한 내전이 종식된 데에 안도하고 아우구스투스에게 감사했다. 아우구스투스는 국내의 평화와 안정을 이룩했으며 로마인들에게 민족적 긍지와 용기, 절약, 의무 등 새로운 덕목을 고취시켰다. 이처럼 아우구스투스 체제가 약속해 주는 로마의 재건에 열광을 느낀 베르길리우스는 평소 준비해온 로마 건국을 찬양한 장편서사시『아이네이스』를 집필하기 시작했다.

　이 시대(BC 31~AD 14)는 라틴문학의 황금기이기도 했다. 아우구스투스 황제는 새로운 제국의 시와 산문의 발달에 알맞은 사회적, 지적 풍토를 이루어 놓았다. 이러한 분위기에서 역사가 리비우스는『로마 건국사』를 쓰고 호라티우스는 "조국을 위해 죽는 것은 기쁘고도 영광스러운 일"이라고 주장했다.

　특히 베르길리우스는 지중해를 통일한 조국 로마에 역사적 후광을 부여하고 그리스에 대한 민족적 우월성을 입증하기 위해 신화적인 전설을 만들어냈다. 아이네아스는 그리스의 적이었던 트로이인이고 전쟁 뒤 그의 행적에 관한 뚜렷한 전설이 없었으므로 위대한 로마를 건설하기에 적합한 인물로 부각되었다. 그리고 아이네아스의 아들 아스카니오스는 율리우스라고도 불렸으므로 율리우스 카이사르와 그의 조카인 아우구스투스 황제는 아이네아스의 후손을 자처했다. 오비디우스는 한 술 더 떠서 『변신 이야기』로 로마 황제를 신격화시켰다.

로마 건국 서사시

'아이네아스의 노래'란 뜻의 『아이네이스』는 9,900행 12권으로 되어 있고 각 노래마다 줄거리가 요약되어 있어 작품의 이해를 돕고 있다. 전반부는 주인공 아이네아스가 그리스군에게 패배한 후 유민이 되어 고국 트로이에서 로마에 정착할 때까지의 방황을 그렸고 후반부는 새 조국을 건설하는 과정에서 일어나는 전쟁을 다루었다. 앞의 6권은 '방랑'이라는 점에서 『오디세이아』와 비슷하고 뒤의 6권은 '전쟁'이라는 점에서 『일리아스』와 비슷하다. 트로이 멸망 후 아이네아스의 오랜 망명, 끝없는 표류, 이탈리아에 도착, 전쟁과 정착, 그 밖에도 많은 사건과 인물들을 위대한 선배 시인인 호메로스에게 차용해왔다. 그런 이유로 『아이네이스』는 호메로스의 표절이라는 비난을 받기도 했다.

로마신화는 그리스신화의 복제판이기 때문에 신들의 이름만 다소 다를 뿐 내용에는 큰 차이가 없지만 『아이네이스』는 저자가 로마인이므로 고유명사가 로마식으로 표기되어 있다. 그러나 그것이 그리스 명칭에 익숙한 독자들에게 혼란을 줄 가능성이 있어 여기서는 로마식을 원칙으로 하되 괄호 안에 그리스 명칭을 병기했다. 예를 들면 유피테르(제우스), 베누스(아프로디테) 등으로 표기했다.

주요 내용

트로이는 그리스군의 공격으로 함락되었다. 미의 여신 베누스(아프로디테)의 아들이자 트로이의 총대장 헥토르에 이어 제2인자인 아이네아스는 전쟁 중에 아내를 잃고 부친과 아들, 그리고 살아남은 트로이인들과 함께 로마 건국의 천명天命을 받고 트로이를 탈출한다. 일행을 태운 21척의 배는 7년 동안 바다를 떠돌다가 이탈리아 땅에 접근하게 되었으나 여신 유노(헤라)의 방해로 목적을 이루지 못하고 북아프리카의 카르타고에 닿는다. 유노는 이 마지막 남은 세력을 파괴하여 로마 건국을 방해하려는 것이었다.

카르타고에서 아이네아스는 디도 여왕의 환대를 받는다. 이렇게 작가는 교묘하게 로마와 카르타고 두 민족의 연합을 시도한다. 디도는 베누스의 의도대로 아이네아스에 매혹되어 호화스런 잔치를 베풀고 트로이 함락과 그 후의 표류 이야기를 청해 듣는다.

트로이는 그리스군의 목마 계략에 걸려들었고 아이네아스는 필사적으로 싸웠으나 역부족이었다. 그는 아내인 클레우사의 망령亡靈의 예언에 따라 트로이인들을 이끌고 조국을 떠난 것이다. 그들은 아폴로 신으로부터 "영원한 어머니를 찾으라."는 명령을 받고 이것을 크레타 섬으로 해석하고 국가 건설을 시도했으나 현지에서 역병이 돌아 실패한다. 그 후 그들은 참된 어머니의 땅은 이탈리아라는 사실을 알게 된다. 이탈리아로 향하는 도중 그들은 헬레누스와 그 아내 안드로마케의 환영을 받고 시칠리아 섬에서 아이네아스의 부친 안키세스를 잃게 된 경위를 말한다.

아이네아스의 이야기를 들은 여왕 디도는 여신 베누스와 유노가 이끄는 대로 아이네아스를 깊이 사랑하게 되었다. 아이네아스도 그녀를 사랑하게 되었다. 디도는 아이네아스를 위해 사냥대회를 개최했다. 그날 여신 유노가 보낸 폭풍우로 동굴에 피신한 두 사람은 깊은 사랑에 빠졌다. 그러나 아이네아스는 유피테르(제우스)로부터 부여받은 로마 건국의 사명을 다하기 위해 디도의 간청을 물리치고 탈출을 도모했다. 그를 잃은 디도는 슬픔에 잠긴 나머지 저주 속에 자살했다.

아이네아스 일행은 부친의 제사를 지내기 위해 다시 시칠리아 섬에 돌아와 부친 1주기 추도경기를 개최했다. 그러나 경기에 출전하지 못한 여자들은 유노의 충동을 받아 배에 불을 질렀다. 배 네 척이 불에 타고 말았지만 아이네아스의 기도 덕분에 유피테르가 내린 비에 다른 배들은 무사하여 그는 소수의 부하를 데리고 이탈리아로 향하게 되었다.

긴 항해 끝에 일행은 쿠마에 상륙했다. 아이네아스는 무녀巫女 시빌라에게 부친의 넋을 만나게 해달라고 간청하여 그녀를 따라 하계로 내려갔다. 그는 여왕 디도와 부친 안키세스의 넋과 상봉했다. 안키세스는 앞으로 위대한 로마 건국은 아이네아스로부터 비롯될 것임을 말하고, 건국자 로물루스로부터 아우구스투스 황제에 이르기까지의 로마의 미래 지도자들에 대해 언급했다.

아이네아스는 지상으로 되돌아와 티베리스 강으로 출발했다. 이 땅의 지배자 라티누스 왕에게는 라비니아라는 딸이 있어 구혼자의 발길이 끊이지 않았다. 그러나 다른 민족 출신과 결혼해야 한다는 신탁에 의해 왕은 아이네아스에게 주기로 약속한다.

그러나 여신 유노(헤라)는 이 사실을 기뻐하지 않고 구혼자 중 한 명인 투르누스 왕자를 충동질하여 트로이인과 이탈리아인 사이의 전쟁을 부채질했다. 아이네아스는 꿈에 나타난 티베리스 강의 신의 경고에 따라 에우안데르를 찾아가 도움을 청했다. 에우안데르는 파라티누스 언덕의 도시(로마)를 보여주며 원군과 동맹을 약속하면서 격려해 주었다.

여신 베누스(아프로디테)는 대장장이신 불카누스(헤파이스토스)로 하여금 만들게 한 무기를 아들 아이네아스에게 주었다. 그 방패에는 미래 로마의 역사 사건이 예언되어 있었다. 그러나 아이네아스가 원군을 구하러 떠난 사이에 적장 투르누스는 트로이군의 배에 불을 지르고 진지를 포위

했다. 이어 양군 사이에 격전이 벌어졌다. 투르누스는 한때 트로이 지역까지 공격해 들어오기도 했지만 오히려 큰 타격을 입고 그 자신은 강을 헤엄쳐 가까스로 탈출했다.

아이네아스는 동맹군을 이끌고 티베리스 강을 내려가 용감하게 싸웠다. 격전으로 양군 모두 피해를 입었다. 도중에 잠시 휴전이 있기도 했다. 그러나 끈질기게 싸움을 걸어온 투르누스도 용감한 여전사女戰士 카밀라가 전사하자 점차 힘이 쇠퇴하기 시작했다. 이를 계기로 아이네아스 편의 전력은 강화되어 계속 이탈리아의 거리에 불을 질렀다.

투르누스는 아이네아스에게 1대 1 승부를 청하여 두 장군은 힘을 겨루게 되었다. 그야말로 용호상박의 싸움이 계속되어 좀처럼 승부가 나지 않다가 아이네아스가 던진 창에 투르누스는 중상을 입었다. 목숨만 살려달라고 애걸하는 투르누스를 보자 아이네아스는 동정심이 생긴다. 그러나 그가 입고 있는 갑옷이 옛 친구의 것임을 보고 분노하여 죽이고 만다. 이 서사시는 미완성인 채로 여기서 대단원의 막을 내린다.

호메로스와 단테의 가교 역할

『아이네이스』는 여기서 막을 내리지만 로마의 건국신화는 계속된다. 아이네아스는 라틴 원주민과 트로이인들의 단결을 위해 트로이인들로 하여금 라틴식 이름을 갖도록 하고, 그의 후손들은 대대로 왕위를 이어가며 라틴인들을 지배했다. 그의 13대 후손 알바의 왕 프로카스 때 두 자식간에 반목이 일어나 동생 아물리우스가 형인 누미토르를 몰아내고 왕이 된다. 아물리우스는 후환을 없애기 위해 누미토르의 아들을 살해하고 외동딸 레아 실비아는 베스타 신전의 무녀로 만들어 누미토르의 가계를 단절시키고자 했다.

그러나 레아 실비아가 베스타의 신전에 바칠 물을 얻기 위해 전쟁의 신 마르스(아레스)의 숲에 갔을 때 갑자기 늑대가 나타나 동굴 속으로 피신하게 되었고, 이때 그녀의 아름다움에 반한 마르스가 나타나 교합한 결과 실비아는 처녀의 몸으로 쌍둥이를 출산하게 된다. 이에 아물리우스는 크게 노하여 실비아와 아이들을 강물에 던져 죽이려 했다.

그러나 신하는 차마 어린 아이들을 죽일 수 없어 광주리에 담아서 티베리스 강에 띄웠다. 다행히 티베리스 강이 범람하여 쌍둥이를 실은 광주리가 무화과나무에 걸리고 늑대가 배가 고파 울고 있는 두 아기를 발견하게 된다. 늑대는 두 아이에게 젖을 물리고 동굴로 데리고 가서 양육을 하게 된다. 어느 날 양치기가 동굴 속에 있는 두 아이를 발견하고 데려다 키웠는데 이 형제가 로마를 건국한 로물루스와 레무스였다.

형제는 양치기로부터 출생의 비밀을 듣고 분개하여 아물리우스를 살해하고 아버지를 복위시켰다. 그 후 로물루스는 도시 건설을 둘러싸고 레무스와 의견이 맞지 않아 싸움을 하게 된다. 마침내 레무스를 물리친 로물루스는 로마 시市를 창건하였고, 그가 전설의 로마 제1대 왕이다.

『아이네이스』는 로마 건국의 이념과 과정을 노래한 장엄하고 감동적인 인간 정신의 산물이다. 작가는 트로이에서 출발하여 카르타고와 시칠리아를 거쳐 티베리스 강(오늘날 테베레 강)에 도착하는 아이네아스의 여정을 통해 그의 애국심과 영웅심, 그리고 신에 대한 복종심을 그리면서 이러한 그의 성품이 로마 건설의 바탕이 되고 있음을 암시하고 있다.

『아이네이스』를 엮어가는 3명의 인물, 즉 아이네아스, 디도, 투르누스는 비평가들 사이에 끊임없는 혼동과 추측을 불러왔다. 많은 독자들은 아이네아스의 다소 냉담한 성격에 거부감을 느끼고 열정적인 디도와 격렬한 투르누스에게 공감할 수도 있다. 흔히 말하듯, 로마 시인이 창조한 인물 가운데 유일하게 세계문학사에 길이 남은 인물은 디도다. 카르타고의 여왕으로서 로마적 생활방식과 대조를 보인 그녀는 독자들에게 너무나 진한 연민과 공감을 불러일으켜 아이네아스가 그러한 희생을 치르면서까지 로마를 건설해야 하는지에 회의를 느끼게 한다.

그러나 작가 베르길리우스의 시선은 아이네아스에게 집중되어 있는 듯하다. 아이네아스는 개인적, 국가적인 품격의 형상화이다. 그는 무엇보다도 경건하여 신의 소박한 신봉자이며 무한한 공감을 주는 인간의 벗이다. 처음에는 절망에 빠지기도 했지만 역시 그는 용감했다. 많은 고난과 역경을 겪으면서 민족의 시조로서 무거운 책임을 지고 힘겨운 문제를 잘 극복해 나간다. 정치가이며 군주로서 민족의 흥망을 다스리며 국가 백년대계의 지고한 동기를 갖고 있다. 이러한 그의 모습에서 아우구스투스 이래의 '팍스 로마나'의 위대한 정신적 바탕을 느낄 수 있다.

'모든 길은 로마로 통한다'는 말에서 알 수 있듯이 로마는 인류의 이상향처럼 인식되어 왔다. 수많은 시인, 묵객, 정치가, 철학자들이 로마를 동경하며 로마에서 영감을 얻어 새로운 구상을 할 수 있었다. 지금도 로마에 가면 사람들은 황홀감과 경이감으로 시간 가는 줄 모른다고 한다. 이 위대한 로마, 기적적인 로마의 건국 서사시가 바로 『아이네이스』이다.

호메로스가 구전설화를 집대성하여 인류 최초의 서사시를 원형적인 수법으로 완성하자 베르길리우스는 호메로스를 취사선택하여 인간 예술의 극치를 이루어냈다. 따라서 호메로스가 천연적인 정신의 위대함과 사건이 처리를 원형적으로 보는 데 비해 베르길리우스는 인간예술의 기교를 최대한 활용하여 로마형의 새로운 서사시 장르를 이룩한 것이다.

이 책은 당시 로마의 교과서에 실려 학생들이 즐겨 암송하는 시가 되었고 단테에게는 『신곡』의 모티브를 제공해 주었다. 뿐만 아니라 오늘날 우리가 읽는 소설이나 시에 나타난 애정의 표현이나 사건의 구성, 기교의 활용이 여기서 비롯되었음을 보면 고전의 위대함을 새삼 깨닫게 된다.

❖ 추천도서
『그리스 로마 서사시』, 강대진 지음, 북길드, 2012
『아이네이스』, 천병희 옮김, 도서출판 숲, 2007

— Metamorphoses —

변신 이야기

월계수가 된 다프네, 수선화가 된 나르키수스

오비디우스 지음

서양문학의 원천인 그리스·로마신화에 대한 가장 충실한 안내서이자 그리스·로마신화에서 신이 인간이나 동물로 바뀌는 변신에 관한 내용 246편을 모은 신화집이다. 풍부한 상상력에 의한 회화적 묘사와 수려한 문체는 시공을 초월하여 끊임없이 서양인의 영감을 자극해 왔다. 아울러 인간의 본성을 탐사하는 탁월한 심리 분석서일 뿐만 아니라 천지창조부터 로마가 어떤 과정을 거쳐 아우구스투스 시대에 이르렀는가를 보여주는 로마사이기도 하다.

"중세는 그리스도교와 오비디우스의 시대"라는 말이 있는데 이는 오비디우스가 그려낸 그리스·로마의 신화체계가 서양 중세의 작가와 시인, 그리고 화가에게 상상력의 원천이 되어왔다는 뜻이다.

로마 고전문학의 황금시대인 아우구스투스 시대에 활약한 오비디우스(Ovidius, BC 43~AD 17)는 호라티우스, 베르길리우스와 함께 로마의 3대 시인으로 불린다. 오비디우스는 진지하고 엄숙한 다른 두 사람에 비해 인간성에 대한 이해는 깊지는 않았지만 시에 대한 기교와 상상력이 넘쳤던 것으로 알려져 있다.

로마의 술모 태생인 오비디우스는 자신의 시에서 고향의 아름다운 들판을 애정 넘치는 어조로 여러 차례 언급하고 있다. 유복한 명문가에서 태어난 그는 형과 함께 로마로 유학을 가서 법률과 수사학을 배웠다. 이 무렵 로마는 아우구스투스의 천하통일로 '팍스 로마나Pax Romana'라는 인류 역사상 유례가 없는 평화와 번영의 시대를 구가하고 있었다.

오비디우스는 여기서 뛰어난 수사학자들에게서 배웠는데 특히 화려한 기교를 가진 것으로 알려진 아우렐리우스 푸스쿠스의 영향을 받았다. 그의 시에 대한 재능은 뛰어났는데 뒷날의 술회에 따르면 의회나 법정에서 할 연설문을 쓰려 해도 "말이 저절로 시가 되었다."고 한다.

그러나 자식의 출세를 바라는 아버지의 기대를 저버릴 수 없어 공부를 계속하기 위해 아테네로 유학했다. 당시 아테네는 상류층 젊은이들이 교양을 쌓기 위해 즐겨 찾는 장소였다. 돌아오는 길에 친구인 젊은 시인 아이밀리우스 마케르와 함께 소아시아에서 시칠리아 섬에 이르는 긴 그리스 여행을 했다.

귀국 후 예정대로 법조계로 들어가 공직에 있었으나 딱딱한 직업이 적성에 맞지 않아 시인들의 모임에 참가했다. 거기서 그는 풍족한 유산과 빛나는 기지, 그리고 노련한 사교술로 일약 사교계의 스타가 되었다

오비디우스의 시작詩作 활동은 먼저 당시 유행하던 연애시 분야에서 빛을 보기 시작했다. 코린나라는 여성을 중심으로 한 연애의 노래인『사랑』이 출세작이 되었다. 이어 신화와 전설로 유명한 15명의 여인이 그의 애인에게 보내는 편지 형식을 통해 여성의 연애심리를 묘사한『헤로이데스(용감한 여인들)』로 인기를 끌었다.

그러나 그 뒤에 쓴 대표적인 연애시『사랑의 기술』은 그의 명성은 높였지만 풍기를 문란케 한 책이라 하여 일부에서 비난을 받기도 했다. 그는 이 책에서 사랑에 대한 점잖은 교과서적인 가르침을 비웃으면서 "보아주는 이 없는데 곱게 핀 꽃이 무슨 소용이 있느냐."는 식으로 구체적인 연애 기술, 활달한 사랑법을 가르친다. 남성에게는 여성을, 여성에게는 남성을 유혹하는 방법을 가르친『사랑의 기술』은 한쪽에게는 '명쾌한 탁견'으로, 다른 한쪽에게는 '경망한 말장난'으로 받아들여졌다.

이는 당시 아우구스투스 황제가 추진하던 개혁과 근본적으로 배치되는 것이었다. 그 후 오비디우스는 이 시의 주장을 장난조로 철회한 『사랑의 치료법』을 발표했지만 문제해결에는 크게 도움이 되지 못했다.

그 뒤 연애시와 결별하고 장편 서사시 집필에 몰두하여 대작 『변신 이야기』 15권을 거의 완성했고, 또한 아우구스투스 황제에게 헌정할 목적으로 로마에서 전승되던 이야기와 종교행사를 제재로 한 『달력』을 쓰던 중 AD 8년에 갑자기 황제로부터 흑해 연안의 토미스(오늘날 루마니아 콘스탄차)로 추방령을 받았다. 그의 『사랑의 기술』의 영향으로 황제의 외동딸과 그녀의 딸인 율리아(동명이인임)가 방탕해져 로마의 미풍양속을 해치자 이에 모욕감을 느낀 황제가 괘씸죄를 적용한 듯하다.

수도 로마에서 화려한 사교계와 안락한 삶에 젖어 살던 오비디우스에게 추방지에서의 생활은 매우 비참했다. 그러나 여러 차례 시도한 탄원도 보람 없이 10년 동안 그곳에서 지낸 뒤 세상을 떠났다.

신화는 대단히 풍부한 내용을 담고 있어 세계의 정신사에서 중요한 역할을 해왔고 지금도 하고 있다. 문학과 사상의 보고인 신화는 이성과 신앙의 중간에서 고유의 생명력을 갖고 살아가는 존재이다. 특히 그리스 신화를 모르고 서구의 문학작품을 감상하기는 쉽지 않다. 그리스신화를 모르고 단테의 『신곡』과 밀턴의 『실락원』, 괴테의 『파우스트』를 완전히 이해할 수 있을까?

여기서 우리가 그리스·로마신화를 인류의 공동유산으로 받을 수 있게 된 과정을 살펴보자.

첫 번째 공로는 호메로스의 장편 서사시로 돌려야 할 것 같다. 호메로스는 두 편의 장편 서사시 『일리아스』와 『오디세이아』에서 그리스신화를 체계적으로 서술하지는 않았지만 그리스의 신과 영웅들을 생생하게 묘사함으로써 신화에 활력과 생명력을 불어넣고 있다. 또한 헤시오도스는 『신들의 계보』에서 신권의 주재자인 우라노스와 크로노스, 그리고 제우스 사이에 벌어진 피비린내 나는 권력투쟁을 묘사하고 올림포스 신족과 그 자손 및 영웅의 계보를 정리했다.

그리스신화는 이후에도 『호메로스 찬가』, 핀다로스의 『경기승리가』 등의 서정시로 노래되어 아이스킬로스, 소포클레스, 에우리피데스 등 그리스 3대 비극시인에게 제재를 제공한다. 즉 그들은 비극을 통해 신화와 전설을 그대로 전했을 뿐만 아니라 충분한 이성적 고찰에 의해 심화시킴으로써 후세에 커다란 영향을 끼쳤다.

그러나 오늘날 우리가 아는 그리스신화에 대한 지식은 오비디우스의 『변신 이야기』에서 체계화된 것이다. 이 책이 불러일으킨 예술적 영감은 소설, 시, 그림, 조각 등의 전 분야를 망라하고 낭만적인 연애를 동경하게 했다. 그는 이 작품에서 뛰어난 재치와 수사적 표현, 그리고 풍부하고 독특한 상상력을 충분히 발휘했다. 신들의 세계를 엿보고 이를 많은 사람들에게 전하려 했던 오비디우스의 의도가 엿보이기도 한다.

그동안 국내에서 출간된 그리스·로마신화 관련 서적들이 기본 텍스트로 삼고 있는 토머스 불핀치의 『전설의 시대(Age of Fable)』(1855) 역시 대부분 이 책을 인용하고 있다.

『변신 이야기』는 15권으로 이루어진 장편 서사시로 여기저기 산재해 있는 그리스·로마신화 가운데 변신에 관한 이야기 246편을 수집하여 집대성한 신화집이다. 이 이야기들은 혼돈이 질서로 변한 '천지창조'부터 카이사르가 죽은 뒤에 별로 변하는 이야기(내전이라는 혼돈이 아우구스투스의 평화라는 질서로 바뀐 마지막 변형임)까지 연대순으로 기술되어 있다.

『변신 이야기』는 풍부한 상상력에 의한 회화적 묘사로 가득하여 독자를 신화의 세계로 이끈다. 신화의 집대성이라 할 수 있는 이 책의 이야기는 모두 신이나 인간이 모습을 바꾸어 동물이나 식물로 변하는 이야기들로, 서구문화의 밑그림이라 할 신화 이야기들은 모두 『변신 이야기』에서 근거한다.

우리는 이 책에서 특히 그리스도교의 인식체계에 물들기 이전의 고대인의 순수한 세계관과 인간관을 읽는 재미를 느낄 수 있다. 아울러 하늘이 열리던 아득한 때와 우리가 살고 있는 현재 사이에 가로놓인 기나긴 시간을 뛰어넘는 신선한 경험도 해볼 수 있다.

작품에 맨 먼저 등장하는 서사부터 시작하여 맨 마지막의 결사에 이르는 동안 등장하는 변신 이야기, 즉 신이나 인간이 모습을 바꾸어 동물이나 식물로 변하는 재미있는 내용 가운데 흥미롭고 매혹적인 몇 가지를 살펴보자.

> 서시序詩
> 새로운 몸을 얻은 형상들을 노래하라고 내 마음이 나를 재촉하는구나.
> 신들이시여, (그런 변신들도 그대들에게 비롯된 만큼)
> 그대들은 이 계획에 영감을 불어넣어주시고, 우주의 태초에서
> 우리 시대까지 이 노래가 막힘 없이 이어질 수 있도록 인도해주소서.

월계수가 된 다프네

태양신 포이부스(아폴론)는 사랑의 신인 쿠피도(화살이 가득 찬 화살통을 가진 날개 달린 소년)에게 자신의 활솜씨를 자랑하며 쿠피도의 가느다란 활을 조롱한다. 화가 난 쿠피도는 그에 대한 복수로 두 개의 화살을 쏜다. 하나는 황금촉 화살이고 다른 하나는 납촉 화살인데, 황금촉 화살을 맞으면 연심戀心이 생기고 납촉 화살은 미움이 생기는 것이다. 쿠피도는 황금촉 화살은 포이부스의 심장에, 그리고 납촉 화살은 다프네의 심장에 쏘았다. 연심에 불타는 포이부스는 다프네에게 열렬히 구애했으나 다프네는 끝까지 거부한다. 쿠피도를 무시한 대가로 포이부스는 짝사랑의 고통을 맛보아야 했고 다프네는 포이부스가 따라다니는 것을 죽기보다도 더 싫어했다.

한번은 다프네를 뒤쫓던 포이부스가 다프네에게 바싹 따라붙자 다프네는 아버지에게 변신의 기적을 탄원한다. 그러자 다프네는 월계수로 변신하여 포이부스를 피할 수 있었다. 이에 포이부스가 탄식하면서 월계수로 승리의 관을 만들어 쓰겠다고 약속하자 월계수는 이에 화답하여 고개를 숙였다.

아버지의 마차를 모는 파에톤

태양신 포이부스의 아들 파에톤은 아버지가 무슨 소원이든 들어주겠다고 하자 아버지의 마차를 하루만 빌려달라고 한다. 포이부스는 주의를 환기시키면서 어쩔 수 없이 자신의 전차를 내주었다. 네 마리 말이 끄는 전차의 고삐를 쥐고 신이 난 파에톤은 아버지가 준 주의를 까맣게 잊고 하늘에서 온갖 말썽을 부린다. 이런 파에톤을 보고 화가 난 유피테르(제우스)가 벼락을 내려 그를 전차에서 떨어뜨려 죽였다. 요정인 그의 누이들은 이를 슬퍼하다가 포플러 나무가 되었다.

나르키수스와 에코

수다쟁이 요정 에코는 미청년 나르키수스를 사모했다. 에코는 유피테르(제우스)가 다른 여자들과 밀회를 즐길 때마다 그의 아내인 유노(헤라)가 온다고 제우스에게 알려주곤 했는데 이에 화가 난 유노는 에코에게 남보다 말을 먼저 할 수는 없고 상대방의 마지막 말만 따라할 수 있게 만들어 버렸다. 그리하여 에코는 나르키수스에 대한 자기의 사랑을 전달하지 못하게 되자 하루가 다르게 여위어가고 마침내 육체는 사라지고 목소리만 남게 되었다. 실연의 고통으로 몸부림치던 에코는 복수의 여신인 람누시아(네메시스)에게 복수를 빈다. "제가 그를 사랑했듯이 그 역시 누군가를 사랑하게 하시되 그 사랑을 이룰 수 없게 하소서. 이로써 사랑의 아픔을 알게 하소서."

람누시아는 에코의 간청을 받아들여 나르키수스에게 헬리콘 산의 샘에 비친 자기 모습을 들여다보는 운명을 주게 된다. 나르키수스는 그 샘을 들여다보면서 물속에 비친 자신의 모습을 사랑한 나머지 고통 속에서 몸부림쳤다. 마침내 그는 젊음의 혈기도 시들고 육신도 사라지게 되어 한 송이 수선화가 되었다.

한편 나르키수스를 사랑했으나 의사소통이 되지 않아 사랑의 결실을 맺지 못한 에코는 죽은 뒤 메아리만 남겼다. 여기서 나르시시즘(narcissism, 자아도취)과 에코(echo, 메아리)란 단어가 생겼다.

결사結詞

이제 내 일은 끝났다. 유피테르 대신의 분노도, 불길도, 칼도, 탐욕스러운 세월도 소멸시킬 수 없는 나의 일은 이제 끝났다. 내 육체밖에는 앗아가지 못할 운명의 날은 언제든 나를 찾아와, 언제 끝날지 모르는 내 이승의 삶을 앗아갈 것이다. 그러나 육체보다 귀한 내 영혼은 죽지 않고 별 위로 날아오를 것이며 내 이름은 영원히 사라지지 않을 것이다. 로마가 정복하는 땅이면 그 땅이 어느 땅이건 백성들은 내 시를 읽을 것이다. 시인의 예감이 틀리지 않다면 단언하거니와 명성을 통하여 불사不死를 얻는 나는 영원히 살 것이다.

서양예술의 상상력의 원천

사실 변신설화는 서양에만 있는 것은 아니다. 우리나라에도 곰이 사람으로 변하는 단군신화도 있고 『전우치전』의 전우치는 비범한 도술로 변신을 거듭하기도 한다. 해모수 신화의 해모수와 하백, 김수로왕 신화의 김수로와 석탈해 등은 자기 능력을 과시하여 상대방을 굴복시키기 위해 변신을 거듭한다. 그러나 서양의 그리스신화만큼 양적으로나 질적으로 풍부하고 다양하지는 않다.

『변신 이야기』는 12,000행이 넘는 6행시로 이루어진 라틴문학의 진수를 보여주는 작품이다. 끊임없이 서양의 작가와 시인들의 영감을 자극해 왔던 이 작품은 그 자체만으로도 그리스·로마 신화집 역할을 하고 있다. 사실 변신이라는 주제는 오비디우스의 독창적 선택은 아니다. 라틴문학 전통에는 민담이나 신화에서 따온 변신의 주제만을 모아 놓은 여러 권의 저작이 있었다. 그중에서도 기원전 2~3세기 무렵에 활약했던 니칸드로스의 작품인『변신 이야기』가 오비디우스의 작품에 중대한 영향을 끼친 것으로 알려지고 있다.

오비디우스의 작품을 지배하고 있는 분위기는 전성기의 영광을 누리던 아우구스투스 시대 귀족사회의 정조다. 작가는 일련의 '사랑'을 중심으로 한 작품들을 통해 얻은 자신감으로『변신 이야기』집필에 착수한다. 따라서 작품의 말미에서 밝히고 있는 것처럼 이 작품은 작가의 '불멸'에 대한 욕망에 의해 쓰였다. 예를 들면 아우구스투스 황제를 신성화하기 위한 노골적인 의도가 엿보이는 카이사르의 신격화라는 마지막 에피소드에 작가는 자신의 운명도 살짝 끼워놓고 있다.

그러나 오비디우스의 작가로서의 자질은 탁월하다. 천지창조부터 로마의 현재에 이르기까지 오비디우스가 연대별로 편집해놓은 신화들은 생동감이 넘쳐흐른다. 특히 그의 자질은 여성을 묘사하는 대목에서 눈부시게 빛난다. 한 연구자가 지적하는 것처럼『변신 이야기』의 빼어남은 "우주적 현상과 개인의 운명 앞에서 거의 관능적인 방법으로 느끼는 감탄"에 있다. 하루하루가 그저 그런 현대인에게 '운명 앞에서의 감탄'은 너무나 신선하다. 현대인이야말로 더더욱 '변신'을 필요로 하는 존재가 아닐까. 상업주의에 물든 가짜 신화들의 틈바구니에서 현대인은 이미 로봇이나 다름없다.『변신 이야기』는 진정한 의미에서의 '신화'의 덕성, '근원으로의 회귀'에 대한 우리의 갈망을 일깨운다.

오비디우스는 그리스·로마신화의 안내자로서 후대에 막대한 영향을 미쳤다. 특히 『변신 이야기』는 그리스신화의 풍요로움에 가장 쉽게 접근할 수 있는 매력적인 통로를 제공했다. 그래서 중세는 오비디우스의 시대라고도 했으며 르네상스 이후 문학이나 회화의 모델이나 소재가 되었다. 특히 초서의 『캔터베리 이야기』, 셰익스피어의 장편 서사시 『비너스와 아도니스』, 희극 「한여름밤의 꿈」 등은 여기에 원천을 두고 있으며 밀턴, 괴테 등도 그를 좋아했다.

◇ 추천도서
『그리스 로마 서사시』, 강대진 지음, 북길드, 2012
『원전으로 읽는 변신 이야기』, 천병희 옮김, 도서출판 숲, 2005
『변신 이야기』, 이윤기 옮김, 민음사, 1994

— La Divina Comedia —

신곡

그리스도교 문학의 최고봉, 중세문학의 보석

단테 지음

중세의 모든 학문을 총괄하고 그리스의 호메로스와 로마의 베르길리우스가 쌓은 장편 서사시의 전통을 계승하여 저술한 불멸의 고전. 단테가 로마의 대시인 베르길리우스와 함께 지옥과 연옥을 방문하여 인간들의 죄와 벌의 천태만상을 목격하고 '구원의 여인'인 베아트리체의 안내로 천국의 비전을 보는 것을 중심 플롯으로 하는 『신곡』은 중세의 세계관을 총체적으로 집약하고 있다.

 호메로스, 셰익스피어, 괴테와 더불어 세계 4대 시성詩聖으로 일컬어지는 단테(Dante Alighieri, 1265~1321)의 『신곡』은 밀턴의 『실락원』이나 존 번연의 『천로역정』 등과 더불어 최상의 그리스도교 문학으로 불린다.
 단테는 르네상스의 요람이며 유럽 중세학의 중심지였던 피렌체에서 귀족 출신으로 태어났으나 아버지 대에 와서는 가문이 많이 기울었다. 세례명은 두란테Durante인데 나중에 생략하여 단테Dante로 고쳤다.
 단테의 어머니는 단테가 5살 때인 1270년 무렵에 세상을 떠나고 다음 해에 아버지는 재혼을 해서 계모의 손에 키워진 단테는 모성애를 알지 못한 채 동경의 마음만을 키웠다. 어머니에 이어 10대에 아버지까지 돌아가시자 어린 나이에 부모를 모두 잃은 단테는 책임감이 강하고 학구열에 불타는, 그리고 자신에게 엄격한 젊은이로 성장했다.

『신곡』에서 로마의 시인 베르길리우스가 단테에게 지옥과 연옥을 안내하는 데서도 나타나듯 단테는 그리스·로마 고전작가들의 문장을 규범으로 삼았다. 그러나 동시에 새로운 사조에도 민감했다. 그는 당시 이탈리아 각 지역에서 일어난 속어시俗語詩에 눈을 돌렸고 사랑을 주제로 하는 새로운 시작법詩作法을 익혀 그 분야에서 1인자를 자임했다.

단테의 생애에 큰 영향을 준 베아트리체는 9살 되던 해에 처음 만났다. 훗날 "그때부터 사랑이 나의 영혼을 지배했다."고 회고했을 만큼 그녀와의 만남은 강렬했다. 9년 후인 18살에 그는 그녀와 두 번째이자 마지막으로 마주치는데, 그녀가 인사를 하자 그는 "나보다 뛰어난 하나의 신"이라는 생각이 들었다고 한다. 현실에서는 맺어질 수 없는 꿈속의 연인이기에 그 사랑은 더 깊었고 어느덧 성모 신앙과도 같은 마음의 지주가 되었다. 24살에 요절한 그녀는 단테의 영원한 연인이 되고 신앙의 대상으로까지 승격되었다.

단테의 역작 『신생新生』은 베아트리체가 죽은 뒤인 1292년에 쓰인 작품인데, 그는 작품의 끝머리에서 그녀에게 품은 지극한 사랑에 부응할 예술 작품을 쓰겠다는 결의를 피력하고 있다. 따라서 베아트리체는 그에게 있어서 창작의 원동력이 되었다.

단테의 청춘시대는 이처럼 교우와 학문과 시와 슬픈 사랑 속에서 지나갔다. 그러나 필생의 대작 『신곡』의 집필을 시작하기 전에 그의 앞길에는 뜻하지 않은 기구한 운명이 기다리고 있었다. 단테가 피렌체 공화국의 정치에 참가한 것은 1295년 카피타노 델 포폴로(13세기 이탈리아 도시국가에서 귀족에 대항해 부유한 평민들이 자신들의 권익을 보호하기 위해 만든 압력단체인 '포폴로'의 대장)와 관련을 맺으면서부터였다. 동시에 단테는 통령 선출 심의위원회 고문을 겸했고 의사, 약제사 조합에도 가입했다. 이것은 귀족 출신자가 공적인 정치활동을 하는 데 필수 조건이었다. 이듬해에는 100인 위원회 위원이 되고 그 뒤 3년간 도시의 요직을 두루 역임했다.

단테에게 운명의 해라고 할 수 있는 1300년은 그가 『신곡』 서두에서 노래한 '인생의 반'을 맞이한 해이다. 그의 나이 35살이 되던 그 해 6월 14일, 그는 도시국가의 최고 지위인 통령에 선출되었다. 공직에 참여한 지 불과 5년밖에 되지 않은 그로서는 파격적인 승진이었다.

그 무렵 피렌체에서는 집권세력인 겔프당이 백파와 흑파로 분열되어 또다시 격심한 혼란으로 빠져들었다. 백파에 속해 있던 단테는 통령의 임기가 끝나자 2명의 피렌체인과 함께 로마에 사신으로 파견되었다. 그 동안에 국내 상황이 급변했다. 흑파가 정권을 잡아 백파를 추방하기 시작한 것이다. 단테도 예외는 아니었다. 1302년 1월 27일, 그는 정치적 반역자로 기소되어 벌금과 공직 추방, 그리고 2년간 국내에 들어올 수 없다는 판결을 받았고 출두를 요구받았다. 그러나 단테는 출두하지 않았다. 이에 3월 10일에 그에게 영구추방이 결정되고, 또한 시 정부에 체포될 경우 화형에 처한다는 가혹한 조처가 취해진다.

이런 이유로 단테는 그리운 고국 땅을 두 번 다시 밟지 못했다. 1302년 봄은 단테에게 참으로 쓰라린 시기였다. 고국에 돌아가 마음의 준비라도 한 뒤 처벌을 받았다면 좀 나았을 텐데 여행길에 추방 통보를 받았던 것이다. 이때부터 단테의 고독한 표랑생활이 시작되었다.

단테는 이 무렵 대서사시 『신곡』의 완성에 전념하고 있었다. 추방 후 얼마 되지 않아 붓을 들기 시작한 걸작은 「지옥」, 「연옥」으로 진행되어 마침내 「천국」의 가경佳境으로 접어들었다. 마지막 편은 특히 신학적인 논의를 초래할 만한 대목인 만큼 용의주도한 학문적 준비가 필요했다. 그러나 맑은 심경에 도달한 시인은 한 걸음 한 걸음 나아갔다. 작품을 통해 삶의 지침을 제시하기 위해 당시의 공식 언어이자 일부 계층의 전유물인 라틴어를 포기하고 대중들의 언어인 이탈리아어로 『신곡』을 썼다.

1315년에 피렌체 공화국은 단테가 개심의 뜻을 보이고 일정 기간 금고형에 응한다면 은사를 내리겠다는 뜻을 전해왔다. 그러나 단테가 이를 거부하자 또 다시 그의 죄상을 추인함과 동시에 자식들에게도 영구추방령을 내렸다. 그러나 만년의 단테에게는 조용한 안주의 땅 라벤나가 기다리고 있었다. 1317년 여름 이후 그가 죽을 때까지 귀도 노벨로 공의 작은 궁전이 그를 따뜻이 예우해 주었던 것이다.

1321년 여름에 사소한 사건이 발단이 되어 이웃 나라 베네치아 공화국과 불화가 시작되자 귀도 노벨로 공은 그 화평 교섭을 단테에게 요청한다. 단테는 교섭을 끝내고 돌아오던 길에 말라리아에 걸려 귀국 후 얼마 되지 않은 9월 13일 밤, 라벤나에서 파란만장한 일생을 마쳤다. 필생의 대작『신곡』은 죽기 직전에 탈고되었다.

단테의 무덤은 현재까지 라벤나의 성 프란체스코 수도원 부근에 있다. 그가 태어난 피렌체에는 이른바 '단테의 집'이 있지만 그의 필적이 담긴 종이 한 장조차 없다고 한다. 그래서 피렌체는 라벤나 측에 유해를 돌려달라고 요구했으나 라벤나는 "너희들은 단테를 싫다고 쫓아내지 않았던가? 단테는 진정 라벤나의 시인이다."라고 거절했다고 한다.

주요 내용

『신곡』은 단테가 작중의 인물로 등장하여 하나님의 은총으로 지옥과 연옥, 천국 등 내세의 영혼의 세계를 두루 편력하면서 내세의 이상한 모습을 모두 목격하고 거기서 심판을 받고 있는 명사名士들의 모습을 상세히 그리고 있다.

35살 되던 해 성 금요일 전날 밤, 숲에서 길을 잃고 어둠 속을 헤매던 단테는 언덕 위에 비치는 빛에 다가가려 했으나 3마리 야수가 길을 막아 올라갈 수 없었다. 그때 로마의 시인 베르길리우스가 나타나 그를 구해주고 길을 인도했다. 그는 우선 단테를 지옥으로, 다음에는 연옥의 산으로 안내하고 이 산의 꼭대기에서 단테를 베아트리체에게 인도했다. 베아트리체를 따라간 단테는 천국에 이르러 성 베르나르의 안내로 천상에서 삼위일체의 신비를 맛보게 된다. 전 일정은 7일 6시간이다.

「지옥」편은 9개 지옥으로 분류되어 있으며 「연옥」편은 하의 연옥, 상의 연옥, 지상낙원 하의 연옥(제1환도~제7환도)으로, 그리고 「천국」편은 제1천~제10천으로 구성되어 있다.

1. 「지옥」편 : 단테는 「지옥」편을 다음과 같이 시작한다.

> 우리네 인생길 반 고비에 / 올바른 길을 잃고서, 나는
> 어두운 숲속에 처해 있었다. / 이, 거칠고 사납던 이 숲이
> 어떠했노라 말하기 너무 무서워 / 생각만 해도 몸서리쳐진다.
> 죽음 못지않게 씁쓸했기에 / 나 거기서 깨달은 선善을 말하기 위하여
> 거기서 본 다른 것들에 대해 이야기하리라.

지옥은 어둠과 증오와 저주의 세계로 이곳에 있는 영혼들은 죽을 때까지 악과 이웃한 전력을 갖고 있다. 본격적인 지옥에 이르기 전에 지옥의 안뜰이라고 하는 컴컴한 들판이 있는데 이곳에는 태만한 자들이 있다. 이어 뱃사공 카론이 지키고 있는 아케론 강이 나타난다. 이 강은 지옥문을 지나 곧이어 펼쳐지는 지옥 안뜰과 본 지옥을 구분하고 있다.

(1) 제1지옥 : 그리스도가 오기 이전의 무신론자와 이교도들이 벌을 받는 곳으로 아담, 하와, 노아, 모세, 아브라함, 다윗왕 등은 특사를 받은 사람들이다. 호메로스, 헥토르, 소크라테스, 플라톤, 아리스토텔레스, 히포크라테스 등이 그 지옥에 있었다.

(2) 제2지옥 : 여기부터가 진짜 지옥이다. 이곳은 애욕의 죄를 지은 자들의 지옥으로, 카이사르와 안토니우스를 유혹한 클레오파트라, 트로이 전쟁의 원인이 된 미녀 헬레나 등이 여기에 있다. 크레타의 왕이었던 미노스가 공정하게 심사를 한다.

(3) 제3지옥 : 미식가와 폭식가의 지옥으로, 실컷 먹어도 양이 차지 않는 케르베로스라는 머리 셋 달린 개가 살을 찢고 있다.

(4) 제4지옥 : 재산을 모은 자와 낭비자가 모여 있는 지옥이다.

(5) 제5지옥 : 분노에 몸을 맡긴 자들의 지옥이다.

(6) 제6지옥 : 이곳부터 하부지옥이다. 독신죄瀆神罪, 이교도의 쾌락을 생활 최고의 원리라고 주장한 에피쿠로스주의자들이 벌을 받고 있다.

(7) 제7지옥 : 폭력을 행사한 이들이 미노타우루스의 감시하에 있다.

(8) 제8지옥 : 자신을 신뢰하지 않은 자를 사기친 죄인들이 있는데 10개의 골짜기로 나뉘어 있다.

(9) 제9지옥 : 반역죄, 폭정의 죄를 지은 자들이 있다. 예수를 배반한 유다, 동생을 살해한 카인, 단테의 정적인 황제당의 죄상을 다룬다.

2. 「연옥」편 : 연옥은 정죄와 희망의 왕국으로 영적 구원을 받을 희망이 있는 망령들이 천국에 가기 전에 수양을 하는 곳이다. 천사들은 이곳에서 칼로 단테의 이마에 P자를 새겨주었는데 이는 연옥에서 자기가 참회해야 할 죄(Peccata)인데 오만, 질투, 분노, 태만, 탐욕, 폭식, 애욕의 일곱 가지로 이런 죄들은 벼랑을 차례로 지나면서 하나씩 씻어진다.

이 모든 죄를 씻고 나면 영혼들은 구원을 받게 되고 이어 지상낙원으로 오를 수 있다. 이 연옥에서 정죄하고 있는 죄들이 지옥에서 벌받고 있는 것들과 비슷한 것임을 보고 당혹감을 느끼는 수가 있다. 그러나 지옥의 죄들은 뉘우치지 못한 자들의 것이고 연옥의 죄들은 구원받은 영혼들로서 천국에 올라가기에 앞서 이곳에서 정죄할 수 있는 죄인 것이다. 이 지상낙원은 지상에서의 완전한 행복을 의미한다. 인간은 하나님의 의지에 복종하며 교회와 군주국의 보편적인 권력들을 조화시킬 줄 안다면 이 행복을 누릴 수 있을 것이지만 엠피레오에 올라가기 전에 그들은 지상의 죄를 망각케 하는 레테 강에 몸을 씻고 선행의 기억을 새롭게 하는 에

우노에 강물을 맛보는 정화과정을 거쳐야 한다.

이제 마지막에 이르러 단테는 베르길리우스와 스타티우스에게 작별을 고하고 베아트리체의 안내를 받아 천국으로 오른다. 「연옥편」은 가장 철학적인 부분이어서 『신곡』 중에서도 가장 어려운 부분이다.

3. 「천국」편 : 빛과 춤과 노래와 완전한 덕이 있는 왕국이다. 여기 있는 영혼들의 본거지는 정화천이나, 단테가 도착하자 축복의 여러 계층을 알려주기 위해 각각 그들에게 적합한 지역으로 내려가 그를 맞는다.

천당은 10개의 천계로 구성되어 있는데 제8천에서 단테는 영혼의 구원에 가장 중요한 신학상의 질문을 받는다. 성 베드로가 믿음에 대해, 성 야고보가 희망에 대해, 성 요한이 사랑에 대해 각각 질문하는데 단테는 훌륭하게 합격하여 제9천으로 승천한다. 베아트리체는 여기서 '관조'의 상징인 성 베르나르에게 안내역을 넘겨주고 새로운 안내역 성 베르나르는 성모 마리아에게 단테의 염원을 무언중에 전달한다. 성모 마리아가 하나님에게 기도를 올리자 모든 사람이 기도하는 도중에 시성의 눈앞에 삼위일체를 나타내는 셋이면서 하나인 바퀴가 빛을 낸다. 그 바퀴 속에 하나님의 얼굴이 나타나 배례하며 법열에 취한다. 이렇게 하여 단테의 소망은 이루어지고 『신곡』의 여행은 막을 내린다.

그리스도교 최고의 서사시

그리스도교적인 시각에서 인간 영혼의 정화와 구원에 이르는 고뇌와 여정을 그린 『신곡』은 총 14,233행의 장편 서사시로 「지옥」, 「연옥」, 「천국」 등 3편으로 이루어져 있으며 각 편은 33장으로, 각 연은 3행으로 구성되어 있다. 「지옥」편 서두에 서장이 있어 총 100장이며 이러한 구성은 그리스도교의 삼위일체를 표방한다.

호메로스와 베르길리우스의 장편 서사시 전통을 이어받은 단테는 『신곡』에서 이성과 낭만, 현실과 환상, 시와 과학 등 중세 기독교 사상과 르네상스의 인본주의를 바탕으로 중세유럽의 문학, 철학, 신학, 수사학, 과학 등의 전통을 포괄하고 있다. 여기에 당시 권력의 당파싸움에 휘말려 피렌체에서 추방당한 자신의 경험에서 비롯된 당대의 정치 상황에 대한 날카로운 비판과 풍자가 더해져 작품의 가치를 높이고 있다.

『신곡』에 등장하는 수많은 인물 가운데 가장 중요한 존재는 베르길리우스와 베아트리체다. 단테의 환상여행에서 지옥과 연옥의 안내자 역할을 맡은 인물은 베르길리우스인데, 단테는 왜 하필 그를 택했을까? 그가 최고의 철학자로 생각했던 아리스토텔레스도 있었는데 말이다. 당시 많은 시인들과 대중들에게 가장 위대한 시인은 베르길리우스였고 그의 『아이네이스』는 절대적 위상을 차지하고 있었다. 따라서 단테도 그의 문학적 후광을 업고 자신과 작품의 명성을 높이려는 욕망에서 그를 안내자로 선택했던 듯하다. 베르길리우스는 어둠 속에서 방황하는 초라한 영혼을 인도할 만한 충분한 능력을 갖고 있었기 때문이다. 그러나 그의 역할은 연옥까지였다. 연옥의 지상 낙원에 이르러 그는 베아트리체에게 단테를 인도하고 사라진다.

그리고, 베아트리체! 단테가 그토록 동경해오던 거룩하고 온화한 여성! 그녀가 오랜 갈증에 시달린 단테 앞에 나타났다. 그녀는 단테를 하느님의 사랑과 완전한 평화로 인도하기 위해 나타난 것이다. 사실 베아트리체는 『신곡』 외에도 여러 작품에서 중요한 존재로 등장하는 단테의 영원한 여성이다. 단테의 초기 연구자였던 보카치오는 『단테의 삶』에서 베아트리체와 관련하여 다음과 같이 그리고 있다.

> 5월 초하루, 아름다운 꽃들이 화사하게 덮인 피렌체. 귀족인 포르티나리 가문은 축제를 열어 유명한 인사들을 초청한다. 그들은 가족들과 함께 와서 행복한 시간을 함께 보낸다. 알리기에리도 아들 단테를 데리

고 간다. 단테는 여기서 포르티나리의 귀엽고 예쁜 딸 비체(Bice, 베아트리체의 애칭)를 만나게 된다. 그들은 9살쯤 됐다. 어린 단테의 눈에 비친 비체의 모습은 천사 같았다. 축제의 주최자인 포르티나리의 딸인 데다가 워낙 아름다웠기 때문에 모든 사람들이 그녀를 칭송한다. 단테는 천사 같은 비체를 사모한다. 그로부터 비체를 보는 것만이 단테에게 기쁨이고 위안이고 행복이다. 그러나 비체는 다른 사람과 결혼한다. 단테는 마음으로만 그녀를 동경해왔고 이것은 시인의 가슴 속에서 분출하여 많은 시에 뿌리박는다. 비체를 처음 만난 후 9년이 지난 다음에야 단테는 그녀를 우연히 길에서 만난다. 마음의 여성인 그녀를 만난 단테는 커다란 기쁨에 사로잡힌다. 비체가 단테에게 다소곳이 인사한다. 이 인사에 단테는 희열을 느낀다. 방황하던 자에게 광명이 나타난 것이다. 그로부터 6년이 지났을 때 비체가 세상을 떠난다. 단테는 그녀의 죽음에 깊이 애도한다. 찢어질 듯한 마음의 고통이 시작된다.

19세기 이탈리아의 비평가인 데 상티스는 베아트리체를 "신성의 상징"이라고 했다. 베르길리우스를 '인간 지성의 상징'으로 평가하는 데에는 이견이 있지만 베아트리체를 사랑의 의미이자 그리스도의 모습과 유사하게 보는 데에는 이견이 없다. 하지만 『신곡』은 종교적인 성경이 아니라 하나의 문학작품으로 봐야 하고 적어도 베아트리체는 문학적 관점의 대상이어야 한다. 『신곡』이 아무리 성경의 길을 가려 해도 그것은 어디까지나 문학작품이며 작품에 나타난 그녀가 신성을 지닌 거룩한 여인이나 천사로 승화되었다 해도 그것은 어디까지나 문학의 테두리 속에서다.

 추천도서
『신곡』(전 3권), 박상진 옮김, 민음사, 2007
『신곡』, 한형곤 옮김, 서해문집, 2005

― Decameron ―

데카메론

중세를 벗고 근대를 입은 '십일야화'

보카치오 지음

단테의 『신곡』에 비해 『인곡』으로 불리는 작품. 이탈리아의 피렌체에 흑사병이 돌자 이를 피해 10명의 남녀가 교외의 별장에서 머물면서 하루에 1명이 1편씩, 열흘 동안 이야기한 것을 기록한 『데카메론』은 보통 사람의 육체적 욕망을 제재로 하고 있다. 외설과 교훈, 풍자와 관용, 로맨스의 세계와 현실의 세계를 교차하면서 중세에서 르네상스로 전환하는 시기의 모습을 생생하게 보여준다.

단테, 페트라르카와 함께 '3대 인문주의자'로 불리는 보카치오(G. Boccaccio, 1313~1375)는 서정시, 서사시, 장편소설, 단편소설 등 다방면에 재능을 발휘했다. 단테의 『신곡神曲』에 비해 '인곡人曲'이라 불리는 『데카메론』을 쓴 보카치오는 이탈리아의 피렌체 부근에서 부유한 상인의 사생아로 태어났다. 1325년에 아버지가 일하던 바르디 은행의 나폴리 지사에서 수습사원으로 일하기도 했으나 "그 6년간은 시간 낭비 외에 얻은 바가 없었다."고 회고했을 만큼 장사기술에 흥미를 갖지 못했다. 나폴리 시절에 그는 오히려 당대를 풍미하던 화가, 작가, 학자들과 교류하는 시간을 더 즐겼다. 그 후 나폴리 대학에서 법률 공부를 하다가 1322년에 아버지가 프랑스로 떠나자 라틴 고전과 프로방스 문학 연구로 방향을 전환하여 문학 공부에 열중했다. 1333년에 나폴리 로베르토 왕의 딸인 마리아를 만나는데 이후 그녀는 피암메타라는 이름으로 보카치오의 작품들에 등장한다. 보카치오에게 있어 피암메타는 단테에게 있어 베아트리체만큼의 존재는 아니었지만 그의 문학에 큰 영향을 준 것은 사실이다.

보카치오는 비슷한 시기에 페트라르카의 시를 접하고 그의 문학과 사상에 매료되어 일생동안 그를 정신적 지주로 삼았다. 1347년에 이미 고인이 된 단테의 존재를 알게 된 후 평생 그를 존경했으며 『단테의 삶』(1364)을 집필했다. 1348년에 그는 유럽을 강타한 흑사병으로 아버지와 계모를 비롯해 수많은 친구들이 죽어가는 모습을 지켜봐야 했다. 흑사병의 참상을 목격한 그는 다음 해인 1349년부터 1353년까지 『데카메론』을 집필했다. 이 작품은 속어를 사용하여 인간의 욕망과 사랑, 삶과 죽음을 유쾌하고도 사실적으로 묘사해 민중들 사이에서 큰 인기를 얻었다. 1350년에는 청년시절부터 만나고 싶었던 페트라르카를 처음으로 직접 만나게 되었다. 1363년부터는 자신의 신앙이 약해졌다는 생각이 들어 정신적인 구도생활에 들어갔으나 페트라르카의 권유로 고전연구를 계속했다. 1373년에는 피렌체 당국의 요청으로 성 스테파노 성당에서 단테의 『신곡』을 강연했다. 1374년에는 가난과 질병에 시달리며 아버지의 고향인 체르발노로 돌아갔는데 그곳에서 페트라르카의 죽음 소식을 듣고 충격을 받아 『신곡』 강의도 중단하였다. 후에 그는 페트라르카 추모 소네트를 쓴 후 1375년에 자신의 집에서 사망했다.

주요 내용

1348년 무렵 흑사병이 피렌체를 휩쓸자 수많은 사람들이 목숨을 잃었고 화려하던 도시는 폐허가 되었다. 살아남은 사람들은 도시를 버리고 피신하는 수밖에 없었다. 이렇듯 시체만 뒹구는 도시의 어느 성당 안에 모인 7명의 귀부인(팜피네아, 피암메타, 필로메나, 에밀리아, 라우레타, 네이필레, 엘리사)은 살아갈 궁리를 모색하던 끝에 피난을 가기로 한다.

하지만 여자들만이 가기에는 어려운 점이 많아 남자들을 대동하기에 이르게 되고 이들이 토의하던 도중에 3명의 잘생긴 청년(디오네오, 필로스트라토, 판필로)이 성당을 찾아온다. 여자들에게 설명을 들은 청년들이 동의하여 10명의 남녀가 교외에 있는 피에졸 언덕의 별장으로 가게 된다.

별장에 도착한 그들은 무엇을 하며 시간을 보낼 것인가를 궁리하다가 한 사람씩 돌아가면서 이야기를 하기로 한다. 그들은 매일 1명씩 돌아가면서 왕이 되어 이야기의 주제를 정한다. 그리고 수난일과 토요일을 제외한 열흘 동안 고난 끝에 행복을 얻는 이야기, 역경을 이겨낸 연인의 이야기, 재치로 위기를 모면한 이야기, 기발하게 상대를 조롱한 이야기 등 각 날의 주제에 맞는 100편의 이야기를 주고받는다. 이야기가 끝나면 춤과 노래로 하루를 마무리한다.

계급과 성의 굴레를 벗은 근대적 인간의 탄생

100가지 이야기들 중에서 양적으로 가장 많은 것은 섹스의 해방과 기쁨, 성직자의 모순과 부패에 대한 조소, 낡은 지배계급에 대한 서민의 평등한 감정이다. 여기에 나타난 여성의 매력은 그때까지 천상적天上的이고 신비스런 베일을 벗겨버리고 육욕과 직결되는 매력일 뿐 아니라 간통조차 인간의 자연스러운 성정으로 용인되고 있다.

또 신의 권위로 서민에겐 금욕과 인내를 강요하면서도 성직의 특권으로 현세적인 인간의 욕망에 도취되어 있던 교회나 신부의 타락과 기만성이 통렬히 폭로되어 있다. 『데카메론』은 당시에도 너무 음란하다는 비난이 있었는데 그에 대해 보카치오는 "세상의 부인들이 좀 더 도덕적인 화제를 갖고 있었다면 나도 좀 더 도덕적인 것을 썼을 것이다."라는 말로 응수했다. 이 말로 미루어 이 책이 에로틱한 사랑의 모험이나 음란한 이야기로 채워져 있는 까닭도 수긍이 간다.

『데카메론』은 고매한 이상과 도덕으로 독자를 교화하려는 의도가 없다. 중세의 절대적 가치를 상징하는 수도사가 꾀를 써서 부녀자와 불륜을 맺고, 하인이 주인을, 아내가 남편을 신랄하게 조롱하며 악인이 성자로 둔갑하기도 하지만 작가는 이에 대해 도덕적 기준을 적용하거나 시시비비를 가리려 하지 않는다. 그저 등장인물들의 입을 통해 이런 이야기들을 전하고 웃고 즐긴다. 또한 도덕적, 종교적 원칙을 고수하는 인물이 오히려 구태의연한 이미지로 묘사되고 있으며 원칙보다 자신의 선택을 믿고 모험을 택하는 인물에게 골탕을 먹는 경우도 심심찮게 등장한다. 성적 욕구를 채워 주지 못하는 남편을 모른 체하고 자신을 납치한 해적을 남편으로 맞이하는 아내도 있다. 이는 영혼의 구원만을 강조하던 중세적 가치에 정면으로 맞서는 것이며 계급과 성의 굴레에서 벗어나 자신의 운명을 개척하는 근대적 인간의 탄생을 예견하고 있는 것이다.

> 우아한 부인 여러분! …… 죽음에 이르는 전염병, …… 하느님의 아들이 태어나신 지 1348년이 되던 해, 이탈리아의 여러 도시 가운데 가장 빼어나고 고귀한 도시인 피렌체에 치명적인 흑사병이 돌았습니다. …… 그 휘몰아치는 전염병 앞에서는 어떤 인간의 지혜도, 대책도 소용없었지요. …… 이 전염병에서는 의사의 조언도 치료도 소용없었습니다. 아무도 무슨 병인지 몰랐고 그때까지 그 병을 연구한 의사도 없었습니다.

『데카메론』의 첫째 날 이야기는 이렇게 시작된다. 작가의 말처럼 1347년에 발생해서 1348년에 절정에 달했다가 1351년 무렵에 사라지기 시작한 흑사병은 당시 유럽 사회에 엄청난 충격을 주었다. 중세 인구의 1/3이 사망하면서 13세기의 꽉 찬 유럽이 14세기에는 텅 빈 유럽이 되었다. 페스트의 쓰나미 앞에서 유럽인들은 정신적 공황 상태에 빠졌다. 정상적인 생활을 하던 사람이 갑자기 피를 토하고 쓰러지는 상황에서 기독교와 교회의 권위는 추락했고 죽음의 공포 앞에 일상생활은 해체되었다. 이런 불안을 극복하기 위해 유대인들을 습격하여 신의 분노를 풀거나 서로 채찍질을 가하는 종교적 광신자들도 생겨났다. 사람들은 불안 속에서 무리를 지어 거의 광란의 상태로 미칠 듯이 춤추며 퇴폐에 탐닉하는 집단적 히스테리 현상까지 보였다. 이런 참상을 35살에 목도한 보카치오는 『데카메론』에 그 참혹한 광경을 사실적으로 묘사했다. 그 속에서 독자들은 인간의 삶이 쉽게 소멸되는 만큼 자신의 불행을 언제라도 뒤집는 낙천적인 개인들을 곳곳에서 만날 수 있다. 이것은 당시 이탈리아 르네상스의 일반적인 특징이었다.

『데카메론』은 『신곡神曲』과 비교되어 '인곡人曲'으로 불릴 만큼 단테의 흔적이 곳곳에서 발견된다. 이 작품도 『신곡』처럼 100가지 내용으로 구성되어 있고 보카치오는 단테처럼 라틴어 대신 이탈리아 속어를 사용했다. 『데카메론』에서 작가가 독자에게 직접 말을 거는 작법도 『신곡』의 영향을 받은 것이다. 작품 속에서 작가가 독자에게 직접 말을 거는 경우 흔히 작가의 존재는 숨어 있기 마련이었는데, 보카치오는 작품 곳곳에 직접 등장하여 작가와 10명의 화자, 그리고 각각의 에피소드 속에서 말을 하는 인물들로 이루어진 중층적 대화 구조로 이야기를 엮어 나간다. 이런 작법은 후대에 초서가 『캔터베리 이야기』를 쓰는 데 직접적인 영향을 주었으며 셰익스피어를 비롯한 후대의 작가들에게 많은 영향을 주었다.

◈ 추천도서
『데카메론』(전 3권), 박상진 옮김, 민음사, 2012
『데카메론』, 장지연 옮김, 서해문집, 2007
『데카메론』, 한형곤 옮김, 동서문화사, 2007

— Hamlet, Othello, King Lear, Macbeth —

햄릿, 오셀로, 리어 왕, 맥베스

비극의 교훈, "대가 없이 진실 없다"

셰익스피어 지음

연극이라는 매체를 통해 인간 내면세계의 극한을 추구했고 시적 표현으로 가득 찬 최고의 운문을 보여준 셰익스피어. 영국이 인도와도 바꾸지 않겠다고 한 셰익스피어는 인간의 내면을 우리가 상상할 수 없을 정도로 다양하고 예리하게 그렸다. 언어의 마술사인 작가의 절묘한 표현과 철학적 주제가 잘 어우러진 이 작품들은 '진실을 얻기 위해서는 반드시 최대의 대가를 치러야 하는 인간의 장대하고 비극적인 세계'를 제시하고 있다.

인간의 본질을 통찰하는 빛나는 언어 구사와 왕성한 시적 상상력, 그리고 탁월한 성격 창조에 있어 독보적이었던 윌리엄 셰익스피어(William Shakespeare, 1564~1616)의 생애에 대해서는 정확한 기록이 많지 않다. 하지만 출생, 결혼, 사망 등 기본적인 사실을 확인하는 것은 어렵지 않다.

영국 르네상스의 정점인 엘리자베스 1세 때 영국의 중부지방에 있는 워릭셔의 스트랫퍼드 어폰 에이번에서 그는 태어났다. 아버지는 반농반상으로 한때는 공직에도 있었으며 어머니는 농민의 딸로 셰익스피어는 그들의 장남이었다. 1568년에 아버지가 읍장으로 선출되어 유복한 시민의 아들로 유년시절을 행복하게 보내며 마을의 문법학교에서 공부했으나 13살에 집안이 몰락하여 대학에는 진학하지 못했다. 18살에는 8살 연상인 해서웨이와 결혼하여 세 남매를 두었으나 모두 요절하여 18세기 이후 그들의 자손은 단절된 것으로 추측된다. 셰익스피어의 소년시절에 대해서는 더 이상 기록이 없고 연극과의 관계도 분명치 않으며 런던으로 나온 이유나 연대도 자세하지 않다.

런던시절 배우로서의 생활은 1580년대 말로 추정된다. 그는 런던의 극장 고용원이 되어 어깨 너머로 연극이나 문학에 대한 소질을 익혔다. 레스터 백작 밑에서 일을 하다가 엘리자베스 1세 사망 이후 배우단에 가담하여 무대에도 출연하는 한편, 상연용 각본을 가필하는 극단 전속작가로 근무하다가 차차 독립하여 희곡작가가 되었다. 1590년부터 약 20년 동안 극작에 전념하여 37편의 희곡, 2편의 서사시, 한 권의 시집을 발표하는 등 극작가로서의 명성을 크게 떨쳤다.

그러나 1608년부터 창작력이 쇠퇴하여 1611년에 『폭풍우』를 끝으로 붓을 꺾고 은퇴하여 고향에서 평화로운 여생을 보내다가 1616년 4월 23일 생을 마감한다. 그는 '온화한 셰익스피어'라고 불렸지만 인간 심리의 통찰에는 넓은 안목을 가졌고 완성과정에 있던 근대영어의 잠재력을 극도로 발휘하여 최고의 시극미詩劇美를 창조했다. 19세기 영국의 역사가인 토마스 칼라일이 『영웅숭배론』에서 "인도는 잃을 수 있어도 셰익스피어는 잃을 수 없다."고 말할 만큼 영국이 자랑하는 인물이다.

셰익스피어의 작품은 시대별로 4기로 구분할 수 있다.

1. 제1기 습작시대 : 선배 배우의 영향을 받은 시대로 3부작 역사극 『헨리 6세』를 셰익스피어의 처녀작으로 보고 있다. 그 속편에 해당하는 『리처드 3세』는 엘리자베스 1세 때 영국에 많은 영향을 준 요크가와 랭커스터가의 싸움인 장미 전쟁(1455~1485)의 최종 단계를 그린 것으로 주인공 리처드 3세를 창조한 것은 주목할 만하다.

또 로마의 희극작가 플라우투스의 작품을 번안한 『실수의 희극』과 익살극 『말괄량이 길들이기』, 당시 인기 있던 유혈비극의 로마사극 『타이터스 앤드로니커스』 등이 초기 작품이다.

　1592년부터 3년에 걸쳐 런던에 유행한 흑사병 때문에 극장은 폐쇄되었고 셰익스피어는 그동안 두 편의 서사시 『비너스와 아도니스』와 『루크리스의 겁탈』을 사우샘프턴 백작에게 바쳐 그로부터 인정받았다. 극장이 폐쇄된 후 런던극단의 대규모 재편성은 그에게 유리한 기회를 제공했고 그는 평생 이 극단을 위해서 희곡을 쓰게 되었는데 최초의 작품은 『로미오와 줄리엣』이다.

　2. 제2기 역사극과 희극의 완성기 : 1590년대 후반으로, 인간에 대한 통찰이 나타나는 시기로 대표적인 작품은 다음과 같다.
　『리처드 2세』: 시인 기질이 있으며 자기도취적인 국왕이 수많은 고난을 겪고 비극의 주인공으로 성장해 가는 과정을 그린 역사극.
　『한여름 밤의 꿈』: 아테네 교외에서 밤의 숲을 무대로 환상의 세계를 그린 낭만적인 희극.
　『헨리 4세』: 셰익스피어의 대표적인 역사극으로, 리처드 2세의 왕위를 찬탈함으로써 성립한 헨리 4세 치하의 음모와 혼란의 어두운 시대를 배경으로 하고 있다. 이 작품에서 방탕생활을 하는 무뢰한이자 늙은 기사 폴스테프는 햄릿과 함께 셰익스피어가 창조한 성격 중에서 가장 흥미로운 인물로 평가받고 있다. 폴스테프가 핼 왕자와 함께 벌이는 만행은 도덕적으로는 비난받아 마땅하지만 그 인간적인 매력 때문에 18세기 이래 셰익스피어 성격론의 중심이 되어왔다.
　『베니스의 상인』: 감미로운 연애희극 속에 탐욕스러운 유대인 고리대금업자인 샤일록을 등장시켜 사회 통념에 따라 악인의 운명을 겪게 하면서도 소수 피압박 민족의 슬픔과 분노를 강하게 호소하여 인간에 대한 온정과 공정한 사회의 관찰의 시각을 보여준다.
　『당신 좋으실 대로』: 아덴 숲을 무대로 궁정에서 쫓겨난 공작과 가신

家臣의 목가적인 생활을 배경으로 젊은 남녀의 연애를 낭만적으로 그린 걸작 희극.

『십이야』 : 1600년 무렵의 작품으로 셰익스피어 최고의 희극으로 평판이 높다. 낭만적인 사랑과 결혼에 대한 이야기를 소재로 한 서정적인 분위기와 익살, 재담, 해학 등 희극적인 요소를 갖추고 있다. 「십이야」를 전후하여 셰익스피어는 로마의 역사에서 소재를 얻어 『줄리어스 시저』를 썼는데 이때부터 몇 년간을 비극시대라고 부르기도 한다.

3. 제3기 4대 비극의 탄생시기 : 복수의 비극을 그린 『햄릿』, 질투의 비극을 그린 『오셀로』, 야심의 비극을 그린 『맥베스』, 어리석음의 비극을 그린 『리어 왕』을 '셰익스피어 4대 비극'이라고 부른다. 이 4가지 비극은 각각 소재도 다르고 다루는 방법도 다양해서 4대 비극에 대해서 반드시 일괄적으로 말할 수는 없지만 모두 '진실을 얻기 위해서는 반드시 최대의 대가를 치러야 하는 인간의 장대하고 비극적인 세계를 제시하고 죽음과 관련시켜 인간적인 가치탐구'를 시도하여 세계 연극사상 최고의 비극을 창작했다.

그러나 이 시기의 셰익스피어는 비극뿐만 아니라 『끝이 좋으면 다 좋아』와 같은 희극도 썼는데 결말이 희극적이지만 줄거리를 억지로 끌고간 부자연스러움과 또한 작품 전체에 어두운 그림자가 드리워져 있고 도덕성에도 혼미함이 보여 문제희극이라고도 한다. 이 시기의 마지막 비극으로는 『안토니오와 클레오파트라』 등이 있다.

4. 제4기 전기극의 시대 : 폭풍우가 지난 다음의 체념과 화해의 심경을 반영한 전기극의 시대로 『겨울 이야기』, 『폭풍우(템페스트)』 등이 있다.

이밖에도 서사시로 『비너스와 아도니스』, 『루크리스의 겁탈』이 있고 특히 시집 『소네트집』은 정묘한 서정 속에 그의 내면생활이 담담하게 펼쳐져 있어 영국 소네트의 정화로 높이 평가되고 있다.

『햄릿』

주요 등장인물

햄릿 : 부왕의 독살에 대한 복수의 일념으로 방황과 고통 속에서 살다 죽는 덴마크의 왕자.
거트루드 : 남편인 왕을 독살하고 시동생과 결혼하는 부정한 인물.
클로디어스 : 햄릿의 숙부. 형수와 간통하고 형을 독살한다.
오필리어 : 햄릿을 사랑하는 재상의 딸로 실성한 상태에서 익사한다.

줄거리

덴마크의 왕자인 햄릿은 얼마 전 갑자기 죽은 햄릿 왕과 왕비 거트루드의 아들이다. 왕비는 남편이 죽고 얼마 후 왕위를 물려받은 시동생 클로디어스와 결혼하는데 이는 아들 햄릿에게 있어 부친의 죽음만큼이나 견디기 힘든 일이었다.

어느날 부왕의 망령이 아들을 찾아와 숙부인 클로디어스가 거트루드를 유혹하고 자신을 독살한 것이라는 말과 함께 복수를 부탁한다. 감수성이 예민한 햄릿은 그 망령이 자신을 미치게 만들려는 악마인지도 모른다고 생각하여 복수하기를 주저한다.

그는 숙부의 의심스런 눈길을 피하기 위해 미친 척하며 사랑하는 여인 오필리어에게도 차갑게 대한다. 마침 그곳에 유랑극단이 들어오자 햄릿은 숙부를 떠보기 위해 국왕 살해의 연극 대본을 써서 상연케 한다. 「곤자고의 살해」라는 극중극劇中劇에서 곤자고 공작의 귀에 공작의 조카가 독약을 부어넣는 장면이 나오자 클로디어스는 안색이 변하여 자리를 박차고 나가버린다. 그 후 햄릿은 기도를 올리고 있는 무방비 상태의 숙부를 발견하지만 기도 중에 죽은 자는 천국에 간다는 생각 때문에 숙부를 죽일 수 있는 절호의 기회를 놓치게 되고 이로 인해 후에 햄릿 주변의 죄 없는 사람들이 무참하게 죽어가는 비극이 발생한다. 햄릿은 자신이 어머니와 언쟁하고 있는 것을 문 뒤에서 숨어서 엿듣고 있던 오필리어의 아버지를 숙부로 오인하여 그를 죽이고 이에 충격을 받은 오필리어는 실성한 상태에서 물에 빠져 죽는다.

이윽고 이 일로 햄릿을 의심하게 된 클로디어스는 그를 영국으로 보내고 영국 왕에게 그를 죽여달라고 부탁하지만 뜻을 이루지는 못한다. 오필리어의 오빠 레어티즈는 아버지의 원수를 갚기 위해 귀국하고 왕은 감언이설로 그를 속여 독을 바른 칼로 왕과 왕비가 지켜보는 가운데 햄릿과 펜싱시합을 하게 한다. 햄릿은 상처를 입지만 그 칼을 빼앗아 레어티즈에게 치명상을 입히고 죽어가는 그의 입을 통해 왕의 음모를 알게 된다. 그러는 사이 왕비는 국왕이 햄릿에게 마시게 하려고 준비해 둔 독주를 마시고 숨이 끊어지며 햄릿 역시 국왕을 죽인 뒤 숨을 거둔다.

햄릿, 문제적 캐릭터

"약한 자여 그대 이름은 여자니라.", "사느냐 죽느냐, 그것이 문제로다.", "한 마리 새가 땅에 떨어지는 것도 신의 섭리다." 등의 명대사로도 유명한 『햄릿』은 중세 이래 덴마크 사람들에게 구전되어 오던 왕자의 슬픈 전설을 소재로 하여 영국문학은 물론 세계문학 속에 항상 새로운 문제를 제공해 주며 시간이 흐를수록 새로운 매력이 발견되는 작품이다.

『햄릿』에 관한 연구논문이 방대한 만큼, 복수비극, 성격비극, 사랑의 비극, 문제비극, 정치극이라고 다양하게 불리는 이유도 제각기 다른 관점에서 본 해석의 차이 때문이리라. 여기서 한 가지 짚고 넘어가야 할 것은 햄릿이 복수할 수 있는 절호의 기회가 왔는데도 머뭇거리면서 결행하지 못하는 이유가 무엇인가, 하는 것이다. 이 문제는 오늘날까지도 가장 논쟁거리가 되고 있다. 그 점에 대하여 햄릿이 사색적일 뿐 성격의 담대성이 없었다는 성격적 무능설, 삶에 대한 비판의식이 너무나 예리해 행동이 미처 따르지 못했다는 비관론, 또는 도탄에 빠진 덴마크를 우선 구해야 되겠다는 구국사명설, 햄릿은 복수를 부도덕하다고 생각하여 고민에 빠졌다는 양심설, 심지어 숙부이지만 지금은 부왕이 된 왕에 대한 시기심으로 어명에 복종하고 싶지 않았다는 오이디푸스 콤플렉스설 등 매우 다양하다.

위에서 언급한 것처럼 햄릿이라는 인물의 성격은 쉽게 풀 수 없는 문제를 남아 있으며 이 인물의 특징은 19세기 이래 돈 키호테의 행동형(투르게네프의 분류)과 대조되어 문학사에서 빼놓을 수 없는 중요한 위치를 차지하고 있다. 일찍이 햄릿은 괴테와 콜리지가 지적한 대로 "순수하고 내성적이며 우울한 성격"이라는 평가가 주류를 이루어왔으나 요즘은 냉소적이고 공격적인 '강한 햄릿'의 해석이 유력해지고 있다. 햄릿이 우리에게 감동을 주는 또 하나의 이유는 그의 음악과 이미지가 결합된 빛나는 대사. 햄릿이 마지막 대사 "남은 건 침묵뿐이로다."를 읊으며 숨질 때 관객들은 고요하고 한없이 숭고한 심정에 젖게 되며 그 순간 우리의 영혼은 저 높은 곳을 향해 비상한다.

『오셀로』

주요 등장인물

오셀로 : 베니스 정부에 근무하는 귀족 출신으로 무어인. 단순하고 소박한 낭만적 이상주의자로 이아고의 간계에 속아 사랑하는 아내를 죽이고 자살한다.

데스데모나 : 오셀로의 아내. 순진하고 아름답지만 남편인 오셀로 손에 죽는다.
이아고 : 교활하고 야망이 많은 오셀로의 기수로 오셀로를 부추겨 아내를 죽이게 하는 인물.
카시오 : 충실한 군인이자 오셀로의 부관.
브라반시오 : 원로원 의원이자 데스데모나의 아버지.

줄거리

베니스 공국의 원로 브라반시오의 딸 데스데모나는 흑인 장군 오셀로를 사랑하여 부친의 반대를 무릅쓰고 결혼한다. 때마침 투르크 함대가 키프로스 섬을 향한다는 보고를 받고 오셀로는 그 섬을 지키기 위해 아내를 데리고 키프로스로 출발한다. 오셀로의 기수 이아고는 바라던 부관 지위를 카시오에게 빼앗기자 앙심을 품고 복수를 계획한다.

키프로스 섬에 도착한 날 밤 이아고는 주정이 심한 카시오에게 일부러 술을 먹여 소동을 일으키게 하여 파면당하게 하는 한편, 데스데모나를 통해 카시오의 복직운동을 하도록 권유한다. 그 뒤 오셀로에게는 카시오와 데스데모나가 밀애 중인 것처럼 보고하여 오셀로가 그녀에게 주었던 귀한 손수건을 아내를 시켜 훔쳐오게 하여 카시오의 방에 떨어뜨려두어 거짓 증거를 만든다. 인간 심리의 약점을 이용한 이아고의 교묘한 거짓말을 믿어버린 오셀로는 데스데모나를 침대 위에서 목을 졸라 죽인다. 그러나 모든 진실이 밝혀지자 오셀로는 슬픔을 이기지 못해 자살하고 이아고는 가장 잔혹한 처형을 받게 된다.

사랑과 죽음의 볼레로

이탈리아의 작품인 『베니스의 무어인』을 소재로 한 『오셀로』는 가정의 비극에 초점을 맞추고 있다. 이 작품은 『햄릿』이나 『리어 왕』의 경우처럼 주인공이 겪는 갈등으로 인해 나라가 흔들리고 주인공의 죽음과 더불어 사회질서도 회복되고 주인공의 영혼도 구제된다는 내용과는 달리 주인공의 운명과 국가의 운명은 아무 관계가 없으며 흑인 중년 남자와 백인 처녀 사이의 결혼이 비극의 신호탄이 된다.

비평가 토마스 라이머가 지적한 대로 『오셀로』는 다음과 같은 교훈을 준다. ① 신분을 초월한 축복받지 못한 결혼의 비극, ② 여자들은 손수건을 잘 관리할 것, ③ 남편들은 질투를 하기 전에 과학적인 증거를 잡아야 한다. 사실 두 남녀의 결혼에 문제가 있긴 했으나 악의 화신인 이아고가 개입하기 전까지는 완전히 조화된 세계였다. 흔히 오셀로를 사랑의 비극이라고 평하는 것은 흰 눈처럼 완전무결한 사랑이 오래된 탑처럼 무너져 가는 실상이 작품의 주제이기 때문이리라.

질투심에 불타는 오셀로는 연약한 꽃잎처럼 잠든 데스데모나의 얼굴을 보는 순간 사랑의 감정과 배신감이 부딪쳐 내적 투쟁이 일어나고 결국 자신의 삶의 보람이자 등불이었던 아내를 죽인다. 그러면 이아고는 왜 그와 같은 음모를 꾸몄을까? 그것은 '동기가 없는 악' 즉 이아고는 악 자체를 사랑하기 때문에 악을 행한다는 콜리지의 말에 공감하지 않을 수 없다.

그러나 오셀로의 영혼을 어둡게 했던 절망은 마지막 순간에 비로소 구원받는다. 그가 데스데모나의 시체 위에 쓰러져 통곡하며 이아고의 흉계를 깨달았을 때, 데스데모나가 목숨이 다할 때까지 오직 자기만을 사랑했다는 것을 각성했을 때, 자기의 과오를 뼈저리게 느끼고 여지없이 패배했음에 눈을 떴을 때 오셀로는 사랑의 살인자인 이아고에게 승리하는 것이다. 즉 절망 속에서 죽은 맥베스와 달리 오셀로의 죽음은 죽음으로써 영혼을 구제받고 있으며 그를 사로잡고 있던 질투의 올가미를 벗어나 깨끗한 영혼의 소유자가 되어 우리 앞에 찬연하게 떠오른다.

『리어 왕』

주요 등장인물
리어 왕 : 성미가 급한 왕으로 두 딸에게 배신당하고 생을 마친다.
고너릴 : 리어 왕의 첫째 딸로 가식적이고 욕심이 많은 공주.
리건 : 리어 왕의 둘째 딸로 아버지를 배신하는 공주.
코델리어 : 리어 왕의 셋째 딸로 진실하며 아버지를 사랑하는 공주.
켄트 백작 : 리어 왕의 충직한 신하로 끝까지 왕을 섬긴다.
글로스터 백작 : 리어 왕의 충직한 신하.
에드먼드 : 글로스터의 사생아로 의리가 없고 사악한 인물.

줄거리
영국의 전설상의 왕인 리어에게는 세 딸 고너릴, 리건, 코델리어가 있었다. 그는 늙었기 때문에 딸들에게 국토를 나누어주려 했다. 두 언니가 마음에도 없는 아부를 하는 것을 보고 성실한 코델리어는 화가 나서 일부러 매정하게 답함으로써 추방당한다. 리어 왕은 두 딸의 성에서 교대로 머물기로 했으나 양쪽 모두에게 심한 학대를 받자 궁정의 광대와 충신 켄트 백작 두 사람만을 데리고 폭풍우가 몰아치는 광야에서 두 딸을 저주하며 광란한다. 한편 프랑스 왕비가 된 코델리어는 부왕의 참상을 듣고 아버지를 구하기 위해 군대를 이끌고 영국으로 가지만 리어와 함께 포로가 되고 그녀는 죽는다. 리어는 딸의 사체를 보고 슬퍼하여 절명한다. 남은 두 딸은 불륜의 사랑으로 신세를 망치고 고너릴의 남편 앨버니 공작이 왕위에 오른다.

고난과 고통 속에 마음의 눈을 뜨다
『리어 왕』은 두 번 읽을 용기가 나지 않는 4대 비극 중에서도 가장 처절한 작품으로 셰익스피어는 이 작품에서 아버지와 자식 간의 애정과 신뢰에 관한 문제를 다원적으로 전개시키고 있다. 등장인물은 어느 정도 보편성을 띠고 있는데 충성과 미덕의 인물(켄트 백작, 글로스터 백작, 셋째 딸)은 악을 극복하고자 하는 의식의 전환을 보여 주고 배은과 악덕의 인물(에드먼드, 첫째 딸, 둘째 딸)은 구제할 수 없는 지경에 이른다. 이 작품에서는 선만 파멸되는 것이 아니라 악도 비참하게 끝을 맺는다.

리어 왕의 처절한 비극의 원인은 무엇보다도 지혜의 부족이다. 한 국가의 왕에게는 가식과 진실, 명과 암, 옥과 돌을 구별할 수 있는 명철한 지혜가 요구됨에도 불구하고 이러한 분별력이 결여되어 비극을 자초했다. 리어 왕의 비극은 명철함의 결핍에만 있지 않다. 프랑스군을 이끌고 온 코델리어의 선의가 이루어지지 않고 간악한 에드먼드의 군대가 승리하는 데에도 있다.

결국 광증에 빠져 폭풍우가 휘몰아치는 황야를 헤매는 리어 왕의 모습은 글자 그대로 참담하다. 그가 황야에서 보고 들은 것은 천둥소리와 번갯불이며 비바람과 무한히 펼쳐진 어둠과 하늘이다. 이러한 자기분열의 고통 속에서 이윽고 인간 의식의 부싯돌은 빛을 발하게 된다. 일종의 깨달음인 것이다. 허식에 눈이 가리어 인간 실존에 눈이 어두웠던 그는 비로소 명철함을 얻게 되고 신의 섭리까지도 의식하게 된다.

리어 왕이 광증에 빠지고서야 인생을 올바르게 관조하게 되었듯이 글로스터 백작 역시 두 눈을 뽑히고 맹인이 되서야 적자인 에드거의 효심을 깨닫는다. 다시 말하면 위선에 눈이 멀어 진실을 모르다가 뼈를 깎는 고통 속에서 마음의 눈을 뜨는 새로운 인간으로 태어나는 것이다.

이상에서 볼 수 있듯이 인간의 위대함과 숭고함은 가혹한 고난과 시련을 통해 이루어질 수 있다는 삶의 진리를 셰익스피어는 리어 왕의 죽음을 통해 절실하게 느끼게 해준다.

『맥베스』

주요 등장인물

맥베스 : 스코틀랜드의 장군. 마녀의 예언대로 왕위에 오르게 되나 또 다른 예언대로 왕위를 잃고 비참한 최후를 맞는다.

맥베스의 아내 : 남편을 사주하여 왕위에 오르게 했으나 죄책감으로 괴로워하다가 결국 자살한다.

뱅코 : 맥베스의 동료 장군. 예언에 겁을 낸 맥베스의 손에 죽는다.

맬컴 : 던컨 왕의 아들로, 맥더프와 힘을 합쳐 맥베스를 물리치고 스코틀랜드의 왕이 된다.

줄거리

스코틀랜드의 장군 맥베스와 뱅코는 개선 도중 3명의 마녀를 만나게 되는데 그녀들은 맥베스를 "코다의 영주, 미래의 왕", 뱅코를 "자손이 왕이 되실 분"이라고 부른다.

맥베스는 첫 번째 예언이 쉽게 들어맞자 그 다음 예언도 하루 빨리 이루고 싶다는 야망을 품게 되어 마침내 남편만큼이나 욕심이 많은 아내와 손을 잡고 일을 도모한다. 국왕 던컨 부자가 손님으로 자신의 성에 방문한 것을 호기로 삼아 맥베스는 잠자던 던컨 왕을 살해한다. 그리고 도망친 왕자들에게 혐의가 돌아가게 흉계를 꾸며 맥베스는 왕위에 오른다. 그는 자신의 비밀을 알고 있기에 눈엣가시로 여겨지는 뱅코 부자를 없애기 위해 자객을 보낸다. 하지만 뱅코만 살해되고 그의 아들은 도망친다.

그 후 뱅코의 망령에 시달리고 귀족들에게도 의심을 사게 된 맥베스는 다시 마녀들을 찾아가 자신에게 예언을 내려줄 것을 청한다. 마녀들은 맥베스에게 맥더프 영주를 조심하라고 이르며 여자에게서 태어난 자는 맥베스를 쓰러뜨리지 못할 것이며 버넘 숲이 던시네인 언덕을 향해 움직이기까지는 괜찮다고 말해준다. 맥더프가 잉글랜드에 있는 왕자 맬컴 곁으로 도망쳤다는 소식을 들은 맥베스는 그의 처자들을 모두 살해한다. 이로 인해 귀족들의 반감을 사게 되고 맥베스의 부인은 죄책감으로 인해 스스로 목숨을 끊고 만다.

맬컴 왕자를 옹립한 잉글랜드군이 진격해 들어오고 스코틀랜드의 귀족들까지 합세한다. 그들이 버넘 숲에 있는 나뭇가지들을 꺾어 몸을 숨기며 성으로 접근하기 시작했을 때 맥베스는 버넘 숲이 이동하기 시작했다는 보고를 받는다. 그리고 그는 전장에 나가 맥더프를 만나는데 맥더프는 여자에게서 태어난 것이 아니라 찢어진 어머니 태내에서 꺼내진 자라는 말을 듣는다. 절망에 빠진 맥베스는 결국 맥더프의 손에 의해 처치되고 맬컴이 왕좌에 오른다.

야심의 비극, 양심의 비극

4대 비극 중 가장 마지막 작품인 『맥베스』는 스코틀랜드의 역사극에서 모티브를 취한 것으로 1606년 덴마크 왕이 영국을 방문했을 때 상연하기 위해 쓴 것이다. 외형상으로 볼 때 가장 짧으며 단일한 내용, 급속한 전개로 이루어져 있으며 공포와 절망 속에서 죄를 더해가는 주인공의 내적 갈등과 고독이 표현되어 있는 대사의 시적 완성도가 높은 훌륭한 작품으로 평가되고 있다.

이야기는 살인에서 시작하여 살인으로 끝나며 피가 피를 부르고 무대 한쪽이 피바다를 이룬다. 어떤 이는 "『맥베스』를 실제로 상연해서 세계가 피의 바다로 되어 있는 느낌이 없다면 그 작품은 실패작"이라고 말한다. 특히 이 작품에서는 작중 인물들에 대한 심리적 경향이 매우 특이하게 장식되고 있는데 주인공인 맥베스와 그의 아내에 대한 성격묘사가 그러하다. 맥베스는 애초에 야심은 있었지만 이를 실천할 능력이 부족하고 마음이 약하여 고민한다.

자신이 왕위를 찬탈하는 것이 반역죄임을 알고 있고 그로 인한 인간적인 번민에 사로잡히지만 그의 아내는 이와 반대로 양심이라고는 전혀 없는 사리사욕이 많은 인물이다. 그러나 정작 맥베스가 왕위에 오르자 상황은 정반대로 전개된다. 양심이 남아 있던 맥베스는 미래의 상황에 불안을 느끼고 위험인물들을 처단하며 그의 아내는 죄책감에 시달리다 결국 몽유병 환자가 되어 비참한 생의 종말을 고한다.

한 마디로 이 비극은 야심의 비극인 동시에 양심의 비극이다. 장군인 맥베스가 던컨 왕을 죽이고 왕관을 쓰지만 자신의 내부에서 일어나는 양심의 반격과 신하들의 반란으로 무참히 죽는다는 인과응보의 비극이다. 이처럼 인간이 분수에 넘치는 지나친 야심을 갖게 되면 그것이 파멸의 원인이 될 수 있다는 교훈을 주는 『맥베스』가 그리스적이라는 극평가들의 지적은 타당한 것 같다. 왜냐하면 그리스 3대 비극시인의 작품들 역시 공통적으로 인과응보의 원리를 다루고 있기 때문이다.

❖ 추천도서
『셰익스피어 4대 비극』(전 4권), 최종철 옮김, 민음사, 2012
『셰익스피어 4대 비극, 5대 희극』, 김재남 옮김, 북앤북, 2012
『한 권으로 읽는 셰익스피어 4대 비극, 5대 희극』, 셰익스피어 연수회 옮김, 아름다운 날, 2007
『셰익스피어 연구』, 이경식 지음, 서울대학교 출판부, 2005

― Gulliver's Travels ―

걸리버 여행기

모험담 속의 날카로운 혀

스위프트 지음

디포의 『로빈슨 크루소』와 함께 18세기 전반기 영국문학을 대표하는 소설로, 그동안 어린이용 동화로 소개되어 왔으나 사실은 비현실적인 명분에 집착하여 국민들의 생활이나 복지에는 무관심한 정치인들의 정쟁을 묘사한 신랄한 풍자작품이다. 인간의 도덕적 약점에 대한 작가의 신랄한 풍자와 인간혐오사상이 전편에 흐르고 있음에도 불구하고 면면히 유지되고 있는 유토피아 추구의 기조가 흥미롭다.

『걸리버 여행기』는 스위프트(Jonathan Swift, 1667~1745)가 "세상을 즐겁게 하기 위해서가 아니라 화나게 만들려고 쓴 책"이다. 풍자문학의 대가인 스위프트는 아일랜드의 수도 더블린에서 출생했다. 유복자로 태어나 큰아버지의 배려로 더블린의 트리니티 칼리지에 입학했다. 그러나 그는 재학 중 방종하고 게을러 학교 측의 특사特赦로 겨우 졸업했다. 런던으로 나와 모친 쪽의 먼 친척인 당시 정계의 거물이었던 윌리엄 템플 경의 집에서 비서로 일했다. 그 집에서 여러 고전과 역사를 배웠으며 여러 정치가와 접촉하며 정치에 관심을 갖게 되었다. 그의 지적 성숙은 여기서 이루어졌다.

그가 스텔라라고 불렀던 에스더 존슨이라는 어린 소녀를 사랑한 것도 거기에서였다. 그는 그녀를 가르쳤으며 다른 누구도 사랑하지 못할 정도로 그녀를 사랑했다. 그들이 비밀리에 결혼을 했는지는 분명치 않지만 그들의 관계가 서로에게 만족스러웠다는 것만은 분명하다.

한때 아일랜드로 돌아가 목사가 되었으나 1690년 무렵부터 시문에도 손을 대기 시작했다. 1704년 익명으로 출간된 풍자소설 『지어낸 이야기』 중 「책들의 전쟁」과 「설교단의 이야기」는 초기 대표작이다. 전자는 '고대와 근대 어느 쪽의 문화가 더 나은가'라는 당시 논쟁에서 고전 찬미파를 지지했다. 「설교단의 이야기」는 가톨릭과 프로테스탄트, 영국 국교회의 싸움을 아버지로부터 상속받은 웃옷을 차지하려고 싸우는 세 아들에 비유하여 풍자한 작품으로 당시 정세에 어두운 오늘날의 독자들에게는 둘 다 읽기 어려운 작품이지만 작자의 풍자능력은 탁월하다.

이후 풍자와 논쟁능력이 인정되어 당시 휘그, 토리 양당의 정치논쟁이 격심한 가운데 정치 저널리즘에 등장할 기회가 주어졌다. 그러나 공명에 대한 야심으로 집필상의 원칙이 없었으며 때마침 정치적 환경의 변화도 있었고 의지했던 템플 경도 세상을 떠나 정계에 대한 야심을 포기한다.

1713년 이후에는 더블린의 성 패트릭 교회 수석사제가 되었다. 그때도 남과 어울리기를 싫어했고 이것은 더욱 통렬한 풍자의 길로 나아가게 했다. 대표작 『걸리버 여행기』는 주인공 걸리버가 차례로 여러 나라에 표착하여 이상한 경험을 한다는 줄거리이며 매우 기발한 착상으로 오늘날에도 여전히 세계 각국에서 널리 애독되고 있다. 이 작품도 인간에 대한 스위프트의 혐오를 바탕에 두고 있다.

스위프트는 아일랜드 출신으로서 영국에서의 활동에 한계를 느끼고 1714년 이후 아일랜드로 가서 은둔했다가 돌변하여 영국으로부터의 자유와 독립을 쟁취하려는 문필의 투사가 되었고 그 때문에 아일랜드의 영웅으로 추앙받기에 이르렀다. 아일랜드의 낙후성을 주로 영국 정부 탓으로 돌리면서도 동시에 아일랜드인 스스로가 자신들의 운명을 개선하기 위해 노력해야 한다고 주장했다. 스위프트가 묻혀 있는 성 패트릭 성당의 벽면에는 그가 직접 쓴 라틴어 비문이 새겨 있다.

> "신학박사이자 이 성당의 참사회장인 조너선 스위프트의 시신이 이곳에 묻혀 있다. 이제는 맹렬한 분노가 더 이상 그의 마음을 괴롭힐 수 없으리라. 나그네여, 떠나시오. 그리고 가능하다면 전력을 다해 지고의 자유를 얻으려 한 이 사람을 본받으시오."

영국문학사에서 18세기 전반기를 오거스터스 시대라고 한다. 이는 문예운동이 활발하던 영국의 앤 여왕 시대를 호라티우스, 오비디우스, 베르길리우스 등이 활약한 로마의 아우구스투스 시대에 비유한 것이다. 스위프트의 『걸리버 여행기』와 디포의 『로빈슨 크루소』가 이 시기의 대표적인 소설이다.

『걸리버 여행기』가 집필되던 당시 영국은 산업혁명이 서서히 자리를 잡기 시작하고 의회파가 왕당파를 누르고 권리장전 선포와 의회정치를 실시하기 시작했다. 이리하여 사실상의 군주제가 폐지되기 시작하는 그야말로 질풍노도와 같은 격변의 시대였다. 이 작품의 원본은 상당 부분이 영국이 정치적 상황을 신랄하게 풍자하고 있어 적지 않은 삭제를 당하는 등 수난을 겪어야 했다. 스위프트가 친구인 찰스 포드에게 보낸 편지를 보면 처음부터 작품의 위험성을 예견하고 있었음을 알 수 있다.

> "나는 여행기를 마무리하고 고치고 다시 고쳐 쓰고 정서하는 데 시간을 보냈습니다. 새로 보탠 것과 함께 모두 네 부분으로 완결을 보았습니다. 세상이 이 작품을 받아들일 만한 자격을 갖추고 있기를 바랍니다. 하지만 무엇보다도 인쇄업자가 감옥에 갇히는 것을 각오할 용기를 갖게 되면 출판해 볼 생각입니다."

사실 어느 시대, 어느 사회나 검열문제는 있어왔다. 작가는 검열을 의식하면서 썼기 때문에 어느 정도 검열과 타협한 상태에서 작품을 진행시켰다고 할 수 있다. 검열이 없었다면 좀 더 직접적으로 당시 영국 사회의 정치적, 종교적, 윤리적 타락을 신랄하게 공격했을 것이다.

줄거리

걸리버의 모험을 통해서 본 세태의 비판과 부조리에 대한 저항을 담고 있는 이 작품은 1726년에 출판되었는데 출간 즉시 성공을 거두었고 독자들을 즐겁게 하기도 하고 화나게 하기도 했다. 배의 의사인 걸리버의 난파표류기로 된 4부작 소설이다.

제1부 소인국 : 케임브리지 대학 의학도인 걸리버는 항상 바다를 항해하고 싶은 마음이 간절하던 차에 3년 반 동안이나 항해할 수 있는 기회를 가질 수 있었다. 바다여행 후 런던에서 병원을 차리고 결혼도 했다.

이후 그는 다시 배의 의사가 되어 6년이나 떠돌아다니며 즐거운 나날을 보낸다. 그리고 다시 돌아와 가정에 충실하다가 바다여행을 떠난다. 도중에 풍랑으로 배가 산산조각이 났으나 그는 운 좋게 어느 섬에 닿아 쓰러져 잠들고 만다.

잠에서 깨어나 보니 온몸이 밧줄로 꽁꽁 묶여 있고 그의 몸에는 6인치도 안 되는 작은 인간들이 40, 50명이나 기어다니고 있었다. 그가 왼팔에 힘을 주어 밧줄을 끊자 그 조그마한 병사들이 일제히 활을 쏘아 온몸이 따끔거렸다. 그는 잠든 체하여 화살을 멈추게 했다.

소인국의 수도로 옮겨진 걸리버는 소인국 사람들의 말을 배우게 되자 우선 몸을 동여맨 쇠사슬을 풀어줄 것을 요구했다. 이에 임금은 회의를 한 후 소원을 들어주겠다고 했다. 그 후 걸리버는 소지품 검사를 받게 되었다. 손수건, 담뱃갑, 작은 수첩, 시계, 칼, 권총 등이 있었는데, 소인국에서는 이 물건들이 신기하기만 했다.

제1부의 압권은 소인국간의 감정 대립과 선쟁에 관한 부분이다. 소인국에는 두 개의 당파가 서로 다투고 있었다. 굽이 높은 구두를 신는 당파와 낮은 굽을 신는 당파가 다투고 있었다. 그들이 싸우는 이유는 달걀을 깨는 방법 때문이었다. 달걀을 깨는 전통적인 방법은 밑이 넓은 쪽이었는데 현재의 국왕 할아버지가 소년시절 관습대로 달걀을 깨다가 손가락을 다쳤던 것이다. 이렇게 되자 그의 아버지였던 당시 국왕은 달걀을 깰 때는 밑이 좁은 방향으로 깨도록 명령을 내렸다. 이 명령을 두고 지지파와 반대파가 대립했고, 반대파들은 반란을 일으켜 이웃 나라 블레퍼스크로 이주해 버렸다.

제2부 거인국 : 고향에 돌아온 걸리버는 가족과 행복한 나날을 보냈으나 본래 바다를 좋아하는 천성 때문에 다시 바다로 향했다. 그러나 음료수가 떨어져 어느 섬에 머물게 되는데, 풀과 나무들을 구경하던 걸리버를 두고 배가 출항해버린다.

여기는 거인국으로 그들은 키가 18미터나 되지만 단순하고 생각하기를 싫어한다. 거인국에서는 비교적 작은 편인 개, 고양이조차도 걸리버의 생명을 위협할 정도로 크고 힘이 세다. 그들의 폭력에서 가까스로 살아남는 걸리버의 모험이야말로 소년소녀가 가장 흥미진진하게 읽을 만한 동화 속의 소재들이다.

그러던 어느 날 한 사람이 찾아와 주인에게 걸리버를 이용해 돈을 벌 수 있는 방법을 말해준다. 그리하여 걸리버는 수도로 옮겨져 쇼를 하게 되고 궁중에까지 알려져 왕후가 걸리버를 농부로부터 사들인다. 그러나 궁중의 대학자들과 걸리버는 논쟁을 벌이게 되고 왕의 총애를 받게 된다. 그는 또 왕에게 유럽의 정세를 알려주어 감탄을 사게 되고 후에 왕이 파리로 행차할 때, 다시 영국으로 돌아온다.

제3부 하늘을 나는 섬의 나라 : 세 번째 항해에서 걸리버는 해적들에게 잡혀 섬으로 끌려간다. 이 섬나라 주민들은 1~2부와는 달리 몸집은 거의 정상인에 가깝지만 행동은 전혀 다르다. 그들은 지나치게 사색에 몰두해 옆 사람이 뭐라고 말하든 거의 반응을 보이지 않는다. 그래서 절벽이 나타나면 떨어지고 기둥이 나타나면 머리가 부딪히며, 거리에서는 다른 사람들에 의해 밀려서 아무런 대책 없이 하수구로 떨어진다. 그래서 대화를 하기 위해 시종을 거느리고 다니는데, 그들이 머리를 때려주는 도구로 대화하는 상대방의 머리를 때려야만 비로소 옆에 사람이 있다는 것을 알아차릴 정도이다. 그때서야 비로소 대화가 가능하다.

그들은 매우 사색적이어서 수학과 물리 방면에는 특별한 재능을 갖고 있다. 빵조차도 원뿔이나 원기둥, 평행사변형 등 수학적인 도형 모양으로 자르고 옷 한 벌을 맞출 때도 자와 컴퍼스를 갖고 길이를 잰다. 그것은 나일 강의 삼각주를 측량할 때의 기하학과 동일한 방식이다. 그들은 여자의 아름다움을 묘사할 때도 사다리꼴, 원, 평행사변형 등 기하학적 용어를 구사한다. 그들은 매우 과학적인 것처럼 보이지만 사실은 매우 비합리적이어서 개인의 상상력이나 공상, 창조적인 발명 등의 단어가 아예 없을 정도다. 그들이 하는 일이란 매일 걱정하는 일뿐이다. 예를 들면 수학적인 계산에 의하면 130년 뒤에 혜성이 분명히 지구를 파괴해버릴 것이라는 걱정에서 벗어나지 못한다.

제4부 말들의 나라 : 걸리버는 선장이 되어 네 번째로 출항하는데, 이번에는 선원들이 반란을 일으켜 선실에 갇혔다가 미지의 땅에 버려진다. 이 나라에는 인간의 모습을 한 추한 짐승인 '야후'와 말馬과 비슷한 형상인 '휴이넘'이 살고 있다. 걸리버는 말馬나라의 언어를 배우고 그 나라의 지도자들을 만나 자기 신세와 영국과 유럽의 실정을 이야기하고 이곳 사정을 자세히 알게 된다. 말나라는 모든 것이 합리적으로 운영되는 이상

적인 곳이었다. 이성이 존중되고 거짓이 없고 악이란 단어조차 없다. 결혼, 출생, 죽음 등 모든 사건이 순리대로 처리되고 인구는 국가 차원에서 조절되며 자녀교육은 국가가 맡고 있는 곳. 걸리버는 여기가 바로 유토피아라고 감탄하며 깊은 애착을 가진다. 그러나 더러운 야후들에게는 심한 혐오를 느낀다.

풍자문학의 백미

사실 이 책에서 제4부가 당대 유럽의 모습을 가장 정확하고 통렬하게 비판하고 있다. 상호간의 사소한 의견 차이로 국가 간에는 전쟁이, 개인 간에는 거짓말과 도둑질이, 가진 자와 없는 자 사이에는 착취가 나타나는데 그것이 사실은 잘못된 사회통념에서 비롯된 것임을 걸리버는 깨닫게 된다. 당대의 현실을 신랄하게 꼬집은 제4부의 내용은 이 책을 오랫동안 금서禁書 목록에 오르도록 만들었다.

사실 『걸리버 여행기』는 여러 사람들에 의해 끔찍하고 신성모독적이라고 평가받아왔다. 어느 작가는 이 책은 비교적 재미있고 교훈적이지만 제4부의 내용은 읽어서는 안 될 것이라고 권고한 바 있다. 작가의 풍자가 너무 진솔해 그 사회와 그 사회에 몸담고 있는 개인의 치부가 너무도 적나라하게 드러나 있어 그것을 모두 보여주는 일이 너무 끔찍하고 비교훈적이라고 느꼈기 때문일 것이다.

위에서 살펴본 바와 같이 스위프트는 소인과 거인, 지나치게 사색적인 사람과 괴물인 야후를 각각 그리면서 가장 바람직한 사회는 무엇인가를 강력하게 발언하고 있다.

제1편 소인국에서는 영국의 앤 여왕 치하의 실정失政에 대한 시사적인 풍자가 넘쳐흐르고, 제2편 거인국에서는 그의 조국인 아일랜드 국민의 행동과 이상국가에 대한 자신의 생각을 펼치고 있어 스위프트의 냉철한 통찰력을 엿볼 수 있다. 제3편에서는 토론에는 열심이지만 실지로 응

용에 머리를 쓰지 않는 학자들을 비웃으며 왕립 아카데미를 풍자하고 있다. 제4편에서는 인간이 지니고 있는 본성들을 통렬하게 비판하고 있다. 결국 당시 영국의 정치, 사회, 종교 등 사회 전반에 대한 풍자를 통해 결코 동물과 다를 것이 없는 인간 사회를 그려냈던 것이다.

또한 『걸리버 여행기』는 신랄한 인간혐오를 드러낸 것으로 평가되기도 한다. 비평가들은 스위프트의 재능이 인간의 본성 중 가장 추악한 부분을 폭로하는 데 발휘되기는 했지만 그 재능만은 칭찬하지 않을 수 없다고 평가하기도 한다. 문학가로서의 스위프트의 문체는 분명하고 단순한 어휘, 복잡하지 않은 문장구조, 경제적이고 함축적인 언어가 특징이다. 그는 기교와 장식을 피했다. 표현하고자 하는 분노가 강하면 강할수록 그의 문체는 더욱 긴장되고 절제되었다.

『걸리버 여행기』에 얽힌 가장 흥미로운 사실은 '신중하고 심오하고 암울한' 풍자인 이 작품의 재치가 지워진 채 아동용 도서가 되는 과정에서 생긴 아이러니다. 19세기에서부터 현대에 이르기까지 『걸리버 여행기』에서 잔인한 재치 부분을 마구잡이로 삭제해버림으로써 아동용 소설로 만들어 낸 것은 바로 비평가들이었다. 이들은 어린이들에게 흥미 있는 부분만 모아 편집해버렸다. 스위프트의 재치는 어느 부분이든 삭제를 하면 전체적인 효과에 치명상을 입게 된다. 다행히 이제 우리나라에서도 완역본이 출간되어 독자들의 욕구가 충족될 수 있게 되었다. 그동안 소인국과 거인국만 알려져 있던 점을 감안하면 참으로 다행한 일이다.

◈ 추천도서
『걸리버 여행기』, 임정원 옮김, 열림원, 2011
『걸리버 여행기』, 송낙헌 옮김, 서울대학교 출판문화원, 2010
『걸리버 여행기』, 박용수 옮김, 문예출판사, 2008

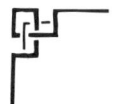 

오만과 편견

― Pride and Prejudice ―

19세기 영국 중산층은 어떻게 살았을까

오스틴 지음

19세기 초 영국 중류사회의 단면을 풍자적으로 보여주는 여성작가 제인 오스틴의 작품. 19세기를 전후한 영국 중산층의 결혼관과 가치관을 묘사한다. 엘리자베스와 다아시라는 두 주인공이 '오만'과 '편견'의 줄다리기를 하면서 인간성이 완성되어 간다는 이야기를 통해 가정과 여성의 삶, 그리고 결혼을 통한 시대적 반향과 내면의 성찰을 함께 드러낸 오스틴 문학의 정수다.

영국 근대문학을 대표하는 여류 소설가인 제인 오스틴(Jane Austin, 1775~1817)은 햄프셔 주의 스티븐턴에서 신앙심이 깊고 온화한 아버지와 유머가 풍부한 어머니의 둘째 딸로 태어났다. 학교교육은 거의 받지 않고 주로 집에서 교육을 받았는데 문학적 감성이 뛰어난 가족들의 영향으로 처음에는 풍자적인 습작을 쓰다가 점차 본격적인 소설을 시도하기에 이르렀다.

어머니는 재치 있는 여성으로 즉흥적으로 시와 이야기를 지어내는 재주로 유명했다. 이 대가족이 즐긴 오락은 연극이었는데 오스틴 일가와 이웃들은 스티븐턴 극단을 만들어 여름휴가 때는 목사관 헛간을 소극장으로 개조해 연극을 공연하기도 했다. 이처럼 활기차고 애정이 넘치는 집안 분위기는 그녀의 창작욕을 자극했고 아버지의 은퇴와 죽음으로 인한 충격으로 한동안 방황하기도 했으나 제2의 고향인 초턴에서 작품활동을 재개하여 경이적인 활동을 한다.

1811년에 이전의 원고를 고쳐서 출판한『분별과 다감』에서 이성과 낭만적 감성 사이의 갈등을 풍자했고 젊어서부터『첫인상』으로 구상해 두었던 소설을 다듬어서 1813년는『오만과 편견』으로 출판했다. 그 뒤『맨스필드 공원』(1814),『엠마』(1815)를 연속 출판했다. 그러나 1816년부터 건강이 점점 악화되어 결국 1817년 5월에 눈을 감았다. 사후에 출간된『노생거 사원』은 18세기 후반에 유행하여 낭만주의를 선도한 고딕소설(중세를 배경으로 한 괴기소설)의 과잉을 풍자한 작품이다.

평생 독신으로 지낸 오스틴은 주로 18세기 후반의 중류계급에서 일어나는 일상생활 중에서도 특히 남녀의 결혼을 둘러싼 문제를 극적이고 사실적으로 다루었다. 그녀의 방어적이고 풍자적인 문체는 소재의 빈약함과 작품 공간의 협소함을 극복함으로써 많은 독자층을 확보했다. 특히『오만과 편견』은 두 남녀 주인공의 미묘한 심리적 갈등을 섬세하게 묘사한 것으로 유명하다.

그녀의 작품에서는 시골의 중상류층 남녀의 연애와 결혼 이야기, 그리고 여주인공이 자신의 과오를 깨닫는 과정이 밀도 있게 다루어진다. 소재가 좁은 편이고 동시대의 작가 월터 스콧과 같은 화려한 표현도 없지만 18세기 특유의 도덕의식을 바탕에 둔 인생비평, 제한된 세계를 묘사하면서 날카로운 비판을 포함한 탁월한 인물 창조, 이야기를 극적으로 전개하는 절묘한 서술방법 등으로 영국소설사상 독보적인 위치를 차지하고 있다.

이런 오스틴을 두고 19세기의 영국의 역사가인 매콜리나 시인 A. 테니슨은 셰익스피어에 견주기도 했으며 20세기를 대표하는 여성작가 버지니아 울프도 "셰익스피어라는 사람 자체는 그 작품에서 종잡을 수 없는데, 오스틴의 경우도 그와 흡사하다."고 평했다. 그의 평을 보면 그녀의 인물

됨이 아무리 다정하고 허물이 없었다 해도 성격상 종잡을 수 없는 면도 있었던 듯하다.

오스틴이 살았던 18세기 말에서 19세기 초는 영문학사상 고전주의에서 낭만주의 문학으로 옮겨가는 과도기였다. 이 시대에는 자연의 풍경을 묘사하거나 감상적인 탐미주의로 흐르고 있었는데, 오스틴은 그러한 낭만주의와는 거리를 두고 18세기의 고전적 정서를 강하게 지닌 그녀만의 독특한 문학세계를 구축해나갔다. 그녀는 풍경 묘사보다는 짜임새 있는 구성과 정교한 인물 묘사를 통해 무조건 중세를 동경하거나 병적인 감상에 젖어 있던 당시 젊은 여성들의 심리를 비웃었다.

이 시기는 정치적으로는 프랑스 대혁명과 나폴레옹 전쟁, 경제적으로는 산업혁명이 있었으며 이에 따른 각 분야의 급격한 변화가 있었다. 문학사적으로는 낭만주의라는 새로운 문학관과 인생관이 일기 시작했다. 이성이 모든 것을 지배하고 전통의식과 더불어 질서와 상식, 보편타당한 합리성이 인생이나 문학에 있어서 목표가 되었던 18세기의 고전주의에 비해 낭만주의라는 새로운 움직임은 개인의 감정과 상상력이 모든 판단의 기본임을 천명하고 콜리지와 워즈워스의 서정적인 발라드를 발판으로 한 시대를 풍미한다. 초기 낭만주의의 기수들은 대부분 시인들로서 이들의 낭만 정신은 자연에 심취한 워즈워스, 시간적으로나 공간적으로 먼 이국 정서를 동경한 콜리지, 아득한 이상사회를 건설하려는 혁명 정신을 강조한 셸리, 미를 추구한 키츠 등으로 특징지을 수 있다.

그러나 이런 시대적 문학조류 속에서 작가생활을 했음에도 불구하고 오스틴은 그런 영향을 별로 받지 않은 이색적인 작가였다. 그녀는 오히려 18세기 초의 고전주의로 회귀하는 듯한 문학세계를 펼쳤다. 그녀는 당시 유럽을 뒤흔든 역사적인 사건의 의미 해석이나 서술보다는 평범한 일상의 삶의 묘사에 주력했으며 과거에 대한 동경, 꿈과 관념의 감상주의적 경향보다는 이성적인 현실의 세계를 지향했다. 이처럼 오스틴의 생애와 작품세계는 그녀가 살았던 19세기 초 영국의 정치 상황이나 사회의 제반 문제와는 무관해 보인다.

현대 비평가들은 오스틴의 소설이 지닌 빈틈없는 짜임새와 겉보기에 평범한 사건과 제한된 배경을 가진 이야기를 통해 존재의 희비극을 드러낼 수 있게 한 기법상의 성취를 높이 평가한다.

『오만과 편견』은 진실한 사랑이란 무엇인가를 생각하게 하는 소설로, 사람을 재산과 신분으로 평가하는 사회적 통념에 반대하는 주인공 엘리자베스가 다아시의 '오만'에 '편견'을 보이다가 사회의 편견에 편견을 가졌음을 깨닫고 재산이나 신분과 무관하게 한 사람의 가치를 평가하는 법을 배우게 된다는 내용이다. 작가의 아이러니컬한 서술이 작품의 재미를 더해준다.

주요 등장인물

제인 : 베네트가의 큰딸로 솔직하고 포용력이 있는 정적인 인물.
엘리자베스 : 베네트가의 둘째 딸로 생기발랄하고 재기가 넘치며 인습에 맹종하지 않는 동적인 미인으로 '편견'을 버리고 참된 사랑을 얻는다.
다아시 : 명문가의 남자로 약간은 '오만'하나 정직하고 자상한 인물.
리디아 : 단순한 성격의 소유자로 꿈과 동경에 싸여 있는 인물.
베네트 부인 : 즉흥적이며 사소한 일에도 마음을 두는 인물.
베네트 씨 : 과묵하면서도 사색적이며 자식을 사랑하는 인물.
빙글리 : 원만한 성격의 소유자로 자신의 주관이 강한 인물.

줄거리

"상당한 재산을 가진 남자에겐 틀림없이 아내가 필요할 것이라는 것은 보편적인 사실이다." 소설은 이런 말로 시작된다. 어느 작은 마을의 베네트가家에는 베네트 씨 부부와 다섯 딸이 함께 살고 있다. 베네트 씨는 냉소적이며 농담을 즐기는 편이지만 바탕은 온화한 사람이다. 베네트 부인은 삶의 의미를 딸들의 결혼에 두고 있는 여자다. 큰딸인 제인과 둘째인 엘리자베스는 혼기가 되었기 때문에 어머니는 자나 깨나 딸들의 결혼만을 생각한다. 마침 근처의 네더필드라는 곳에 독신 청년 빙글리가 찾아든다. 그의 수입이 4~5천 파운드나 된다는 이야기를 들은 베네트 부인과 가족은 솔깃해 한다. 이윽고 빙글리를 환영하는 마을 무도회가 열리고 베네트 부인은 딸들을 데리고 참석한다.

이 무도회에서 빙글리의 친구인 다아시와 엘리자베스가 운명적인 만남을 갖는다. 용모가 훤칠하고 부유한 미남 청년인 다아시는 뭇사람의 시선을 한 몸에 받는다. 그러나 엘리자베스는 그의 '오만'한 태도에 화를 낸다. 더군다나 다아시에게서 그녀가 예쁘지 않기 때문에 같이 춤을 출 수 없다는 말을 듣고 자존심이 상해 두 사람의 관계는 더욱 악화된다. 그 후부터 엘리자베스는 다아시와 관련된 모든 것에 '편견'을 갖고 적대감을 키운다. 반면 다아시는 그녀에 대해 처음에는 무관심했지만 차츰 그녀의 재치와 기지에 끌리고 마침내 그녀를 사랑하게 된다.

자존심과 진실한 자아실현의 의지를 지닌 엘리자베스는 어머니나 세상 사람들이 품고 있는 돈 많은 청년이 제일이라는 편견에 동조하지 않으며 특유의 독립성과 지성으로 진실한 삶과 사랑을 이루려 한다. 이러한 그녀의 성격은 네더필드의 빙글리의 집으로 언니 제인을 데리러 가는 장면에서 잘 나타난다.

어느 날 빙글리에게서 제인에게 놀러 오라는 초대장이 온다. 빙글리의 초대장을 본 어머니는 제인보다 더 좋아한다. 그리고 네더필드의 빙글리의 집으로 가자, 어머니는 비가 와서 그곳에 하룻밤이라도 더 묵게 되기를 내심 바란다. 실제로 제인이 비를 맞아 감기에 걸렸다는 소식이 온다. 이 소식을 들은 엘리자베스는 어머니의 만류에도 불구하고 언니를 데리러 간다. 엘리자베스의 이런 행동에 빙글리의 여동생 캐롤라인을 비롯한 주위 사람들은 괜한 짓이라고 냉소적인 반응을 보인다. 다아시 역시 그녀의 행동에 놀라면서 무모한 일이라고 생각한다.

한편 캐롤라인은 다아시에게 호의를 품고 다아시와 오빠인 빙글리가 베네트가의 딸들과 가까이하는 것을 방해한다. 그러나 엘리자베스의 보이지 않는 아름다움에 끌려가고 있던 다아시는 캐롤라인에게 냉정한 태도를 보인다. 다아시는 런던의 재산가 아들로 귀족으로 자랐기 때문에 오만한 태도가 남아 있다. 그는 엘리자베스에게는 호의를 가졌지만 그녀의 부모나 마을 여자들에게는 경멸의 감정을 품는다. 하지만 그런 다아시에게 엘리자베스는 계속해서 반감을 갖는다.

그즈음 베네트가의 먼 친척이 되는 콜린스라는 젊은 목사가 찾아온다. 그는 아들이 없는 베네트가의 재산을 상속할 사람이다. 그는 조그만 교회의 목사직을 갖고 있으며 아내 될 사람을 고르기 위해서 이곳에 온 것이었다. 이 청년은 몹시 경박한 인물이어서 대단한 선심이나 쓰듯이 베네트가의 딸들 중 하나와 결혼해주겠다고 의기양양하게 말한다. 베네트 부인은 그 제의에 맞장구를 치고 엘리자베스를 설득시키려고 한다. 어느 날 콜린스는 엘리자베스에게 구혼을 하나 그녀는 일언지하에 거절한다. 콜린스는 기대가 빗나가자 엘리자베스의 친구인 샬롯 루카스와 결혼해버린다.

엘리자베스의 동생들은 근방에 주둔하고 있는 군인들과 내왕하고 있었는데, 그중에는 위컴이라는 청년이 있었다. 위컴은 명랑한 성격인데다 호감을 가질 수 있는 인물이기도 해서, 엘리자베스는 다소 호의를 갖게 된다. 그녀는 위컴으로부터 자신은 다아시와 가까운 사람이며 다아시의 냉대로 불행하게 되었다는 말을 듣는다. 원래 의협심이 있는 엘리자베스는 더욱 다아시를 미워하고 위컴을 동정한다. 그러나 이것은 위컴의 모함으로, 후에 위컴은 엘리자베스의 동생인 리디아와 도망을 간다.

이즈음 다아시는 뜻밖에 엘리자베스에게 청혼을 한다. 그는 자존심이 꺾이는 것은 억울하지만 엘리자베스의 동의를 얻을 수 있을 것으로 생각한다. 그를 흠모하는 다른 여자들처럼 그녀도 자신의 사랑과 부유함을 기꺼이 받아들일 것이라고 생각해 버린 것이다. 그러나 엘리자베스는 그의 오만함을 알고는 거절해버린다. 동시에 제인으로부터 빙글리를 갈라놓은 일과 위컴을 냉대한 일에 대해 비난한다. 두 사람이 서로 길러온 '오만'과 '편견'이 절정에 이르게 된 것이다.
	결국 다아시는 잘못된 생각을 뉘우치고 겸허한 마음으로 엘리자베스에게 편지를 쓴다. 거기에는 위컴에 대한 상세한 비리와 그 동안의 오해에 대한 솔직한 마음이 담겨 있다. 편지를 받고 엘리자베스 역시 마음의 변화를 느낀다. 또한 샬롯과 콜린스가 결혼하여 행복하게 사는 모습을 보고 엘리자베스는 다소 놀라면서 문득 깨닫는다. 그것은 지금까지 스스로 타인의 기분을 측정하고 타인의 특성과 개성을 판단하는 데 일가견이 있다고 자부심을 가졌던 것에 대한 부끄러움이다. 이 점은 그녀가 다아시의 편지를 읽으면서, 자신의 편견을 깨닫게 되는 것과 상통한다. 결국 그녀는 "이 순간까지 나는 나 자신을 까맣게 모르고 있었다."고 자신의 잘못을 인정하면서 자아발견의 성숙한 단계에 들어서게 된다. 다아시의 타고난 오만도, 엘리자베스의 편견도, 참된 사랑에 의해 극복되고 두 사람은 비로소 진실한 사랑을 맺게 된다.

일상의 영역을 문학으로 끌어들이다

	『오만과 편견』은 다아시와 엘리자베스가 '오만'과 '편견'의 줄다리기를 하는 동안 두 사람의 인간성이 완성되어 간다는 이야기를 주된 내용으로 하고 있다. 즉 다아시가 오만이라면 엘리자베스는 편견이라고 할 수 있는데, 서로 교차되는 두 인물이 어느 한 가지만이 아니라 양자를 모두 지니고 있는 것으로 보아야 할 것이다. 그들을 중심으로 다섯 명의 딸을 결혼시키는 것이 평생의 과업인 베네트 부인, 아첨꾼 목사 콜린스, 그리고 위풍당당한 귀부인 캐서린 등등의 인물 군상을 등장시킴으로써 생생한 중류사회의 드라마를 보여준다.

『오만과 편견』은 작가 자신의 경험을 주요 토대로 하고 있으며 작품의 무대나 등장인물도 그녀의 삶에서 비롯되었다. 오스틴의 소설 무대는 18세기 말 그녀가 태어난 영국 남부의 고요한 시골 마을이고 등장인물도 대부분 작은 시골 마을에 사는 귀족과 목사, 군인 등이다. 그들이 빚어내는 평범한 생활상이 작품의 주된 줄거리를 이룬다. 이러한 소설의 일상성은 그녀가 "시골 마을의 서너 집안일이 바로 작품 소재다."라고 조카에게 쓴 편지에서도 잘 나타나고 있다. 그런 의미에서 오스틴의 소설을 '가정소설'이라고 부르기도 한다.

영국 최초의 여성작가인 오스틴의 소설 중심에는 언제나 가정이 있다. 상상력의 영역으로서의 일상적 삶을 받아들이기 위해 그녀만큼 스스로를 혹독하게 단련시킨 작가는 없었다. 그녀는 등장인물의 행동 자체보다 그런 행동을 유발한 동기라든가 인생에서 일어나는 일들, 즉 가정생활, 사랑, 결혼 등을 경험하는 동안에 이루어지는 내적 성장을 섬세하게 그렸는데, 이것은 오스틴 작품의 내면적 탁월성을 말해준다.

그녀의 소설의 저변에 면면히 흐르는 회의적이고 냉소적인 아이러니는 발전과 영광이라는 화려한 얼굴 뒤에 감추어진 영국 중류계급의 퇴폐적 치부를 풍자적으로 형상화하고 있다. 특히 『오만과 편견』은 오스틴의 문학세계가 가장 잘 반영된 것으로 상업적으로도 성공하였으며 질적, 양적인 면에서 그녀의 천재적인 역량이 발휘된 작품이다. 특히 이 소설에는 가정과 여성의 삶, 그리고 결혼을 통해 시대적 반향과 내면의 자아성찰을 함께 드러낸 오스틴 문학의 특성이 가장 잘 집약되어 있다.

『오만과 편견』에서 작가는 지극히 일상적이고 평범한 가정사와 결혼, 사랑의 과정을 풍자와 아이러니 수법을 통해 전달하고 있다. '오만과 편견'이라는 제목이 의미하듯이 소설은 결국 외양과 실제 차이를 두 주인공이 미처 깨닫지 못하고, 오만과 편견의 줄다리기를 하는 과정을 아이러니와 풍자적 방법으로 보여줌으로써 독자로 하여금 두 주인공의 자기발견의 과정을 꿰뚫어보게 한다.

작품 전체에 흐르는 작가의 명랑하고도 위트 있는 유머와 풍자 속에서 우리는 삶의 실체와 진실을, 그와 더불어 당시 영국사회의 인간상과 시대상을 감지할 수 있다. 특히 평범한 사건 뒤에 숨어 있는 심리적 깊이를 파헤치는 작가의 재능은 비범하다. 작품의 배경이 극히 제한되어 있음에도 불구하고 스토리를 이끌어가는 원동력은 바로 이런 심리적 상태를 관찰하는 힘이다. 이처럼 작가가 담담한 필체로 인생의 깊이를 포착하고 은근한 유머를 담은 작품으로 승화시킬 수 있었기 때문에, 영국의 한 여성작가에 머물지 않고 세계문학의 대표적인 작가로 평가받을 수 있었던 것이다.

◈ 추천도서
『오만과 편견』, 고정아 옮김, 시공사, 2012
『오만과 편견』, 신현철 옮김, 현대문화센터, 2006
『오만과 편견』, 윤지관 외 옮김, 민음사, 2003

― Great Expectations ―

위대한 유산

진정한 신사는 어떻게 만들어지는가

디킨스 지음

불행한 어린 시절을 보낸 주인공의 신분상승 과정을 통해 주인공이 꿈꾸는 진정한 '신사'의 본질은 막대한 재산과 인위적 교육에 있는 것이 아니라, 인간에 대한 진정한 애정에 있음을 그리고 있다. 한 마디로 말해 여러 사회적 요인에 의해서 인간의 삶이 어떻게 영향을 받을 수 있는가를 문학적으로 보여주는 걸작 고전이다.

영국이 낳은 가장 위대한 소설가로 평가되는 디킨스(Charles Dickens, 1812~1870)는 소박한 평민에서 교양 있는 사람들, 빈민에서 여왕까지 폭넓은 독자를 거느려 생전에도 대단한 인기를 누렸다. 그는 하인下人 출신인 조부, 그리고 해군경리국에 근무하는 하급 관리의 장남으로, 남부 영국의 군항 포츠머스교외에서 태어났다. 아버지 존은 호인이었으나 금전개념이 희박하여 남의 빚을 갚지 못해 투옥되기도 했다. 그래서 디킨스는 소년시절부터 빈곤의 고통을 겪었으며 학교에도 거의 다니지 못하고 12살부터 공장에 나갔다. 어린 시절 한때 살았던 채텀은 '잉글랜드의 정원'이라 불리는 아늑한 도시로 어린 심성에 깊은 인상을 주었고, 훗날 채텀에서 살았던 때를 거의 유일하게 행복했던 시절로 회고할 정도였다.

자본주의 발흥기였던 19세기 전반의 영국 대도시는 점차 번영해갔다.

그러나 번영의 뒤안길에는 심각한 빈곤과 어린이와 부녀들의 열악한 노동조건이라는 모순이 가려져 있었다. 이러한 사회의 모순과 부정을 직접 체험한 디킨스는 빈곤의 늪에서 벗어나려 필사적으로 독학을 하면서 변호사 사무소의 사환, 법원 속기사를 거쳐 신문기자가 되어 의회의 기사난 풍속의 견문 스케치를 쓰게 되었다. 그는 소년시절부터 고전을 탐독하면서 일찍부터 문학에 눈떴는데 여기에 기자생활로 인한 많은 여행은 세상에 대한 풍부한 관찰과 식견을 더해 주었다.

1833년 어느 잡지에 단편을 투고하여 채택된 데 힘입어 단편, 소품 등을 여러 잡지에 발표했고 1836년 이들을 모은 『보즈의 스케치집』이 출판되어 24살의 신진작가로 화려하게 문단에 데뷔했다. 다음 해에 완결한 장편소설 『피크위크 클럽의 기록』은 4명(도중부터 5명)의 인물이 여행을 하면서 곳곳에서 우스꽝스러운 사건을 일으키는 단순한 줄거리였으나 그의 뛰어난 유머로 폭발적인 인기를 얻었고 다음 작품인 『올리버 트위스트』도 베스트셀러가 되어 작가로서 지위를 굳혔다.

그 뒤 영국과 미국의 각계각층의 독자들의 호응에 보답하여 『니콜라스 니클비』, 『골동품 상점』, 『크리스마스 캐럴』 등 중편과 장편을 연이어 발표함으로써 문명文名을 떨쳤다. 이렇듯 문명이 높아진 것은 몸소 체험으로 알게 된 사회 밑바닥 생활상과 그들의 애환을 생생하게 묘사함과 동시에 세상의 부정과 모순을 용감하게 지적하면서도 유머를 섞어 비판한 점에 있는데 그의 소설로 인해 미성년자 학대와 재판의 비능률이 개선되기도 했다.

1850년에 완결한 자전적인 작품 『데이비드 코퍼필드』를 쓸 무렵부터는 작품의 질이 조금씩 변하여 후기 특성이 두드러지기 시작한다. 다음 작품 『황폐한 집』이 그 좋은 예로 이전의 작품처럼 주인공 한 사람의 성장과 체험을 중심으로 사회 각층을 폭넓게 바라보는 이른바 파노라마적 사회소설로 바뀌었다. 작품 속에서 앞을 가로막는, 개인의 힘으로는 해결이 불가능한 사회체제의 벽에 가로막혀서인지 장기인 유머도 어딘지 쓴 웃음으로 바뀌었고 무력감, 좌절감이 전편에 흐르게 되었다.

그러나 그의 창작력은 조금도 쇠퇴하지 않아 공장파업을 다룬 『고된 시기』, 버나드 쇼가 "『자본론』보다 위험한 책"이라고 평한 어두운 사회소설인 『어린 도릿』, 프랑스 혁명을 다룬 『두 도시 이야기』, 다소 자전적인 『위대한 유산』 등의 장편 외에 많은 단편과 수필을 썼다. 또 잡지사 경영과 편집, 자선사업 참가, 연극 상연, 자기 작품 공개 낭독, 여행 등 쉴 새 없이 정력적으로 활동하다가 건강이 악화되었으나 쉬려 하지 않았다. 또한 1858년에는 20년 이상 함께 살며 10명의 아이를 낳은 아내와 별거하는 등 정신적인 고통도 겹쳐 1870년, 추리소설풍의 수수께끼로 가득 찬 『에드윈 드루드의 수수께끼』를 미완성으로 남긴 채 세상을 떠났다.

전 세계의 애도 속에 영국의 국립묘지 격인 웨스트민스터 사원에 안장되었다. 디킨스의 소설은 일부에서는 "독자에게 영합한 감상적이고 저속한 소설"이라고 비난받았으나 인간미와 유머가 풍부한 수많은 등장인물은 영원한 생명력을 지녀 죽은 뒤 1세기에 걸쳐 여러 나라말로 옮겨져 셰익스피어와 함께 영국문학을 대표하는 작가로 사랑받고 있다.

빅토리아 여왕(재위 1837~1901) 시대에 영국은 부르주아 계급의 생활수준이 급속히 향상되고 과학기술이 획기적으로 발전하는 등 경제대국으로 발돋움했다. 문학사적인 측면에서 빅토리아 시대는 이성보다 감성, 형식보다 내용을 중시하는 낭만주의로 시작하여 현실을 객관적, 과학적인 태도로 묘사하고 산업혁명의 어두운 면을 고발하는 사실주의로 끝났다.

빅토리아 시대의 주요 소설가로는 디킨스를 필두로 『허영의 시장』을 쓴 새커리, 『올턴 로크』를 쓴 킹슬리, 조지 엘리어트, 하디 등이 있다. 이 중 디킨스는 가장 널리 알려진 작가로 사회비판과 항거의 기풍이 전 작품 속에 흐르고 있다. 그는 중산층의 일상생활과, 특히 지나친 사회악과 사회 불의에 항거하는 개인, 가난한 사람들의 투쟁을 매우 생생하게 묘사했다. 디킨스는 낙관주의와 진보에 대한 신념을 갖고 현재의 산업제도에서 유래하는 빈민굴과 빈자의 비참한 생활을 사실적으로 묘사했는데, 이 점에서 낭만주의적인 요소와 사실주의적인 요소가 혼합되어 있음을 알 수 있다. 디킨스는 영국문학의 위대한 민주주의자로 평가되기도 한다. 대표적인 몇 작품을 간단히 살펴보자.

『데이비드 코퍼필드』는 디킨스의 정력이 절정기에 있던 때의 작품으로 서문에서 "나는 나의 모든 책들에서 이 책을 가장 좋아한다."고 기록하고 있다. 주인공 데이비드가 어린 시절의 어려움을 딛고 작가로 성공하는 이야기를 줄거리로 하고 있는 이 작품은 디킨스 특유의 유머가 전편에 스며들어 쓸쓸하고 슬픈 이야기를 밝게 처리하고 있다. 작품에 얽힌 재미있는 일화도 있다. 어느 날 디킨스가 실수로 동네 꼬마의 인형을 망가뜨려서 새 인형을 사주었다. 이에 대한 답례로 꼬마의 어머니가 좋은 책이라며 디킨스에게 한 권의 책을 선물했는데 펼쳐보니 자신이 쓴 『데이비드 코퍼필드』였다는 것이다.

『두 도시 이야기』는 근대 시민운동의 핵이었던 프랑스 혁명을 배경으로 변호사 시드니 커튼과 그 주변에 등장하는 많은 인물들의 파란만장한 삶을 역동적으로 그리고 있으며, 디킨스 작품 가운데 드물게 역사소설이다. 제목인 두 도시는 런던과 파리를 가리킨다. 18년간 바스티유 감옥에 유폐되었던 의사 마네트는 석방되어 런던으로 가서 점차 이성을 되찾는다. 한편 그의 딸 루시를 사랑하여 결혼한 프랑스 귀족은 예전에 자기 집에 있던 충실한 하인을 구하려고 본국으로 돌아갔다가 혁명 정부에 의해 사형을 선고받는다. 이때 은밀히 루시를 사모하던 시드니 커튼이 대신 희생하여 그를 구해낸다는 내용이다. 개인이 조직에 대하여 투쟁하는 과정에서의 저항과 사랑, 또는 삶의 고난과 역경 속에서도 굽히지 않는 신념 등을 주제로 하고 있는 『두 도시 이야기』가 연재될 당시 독자들은 주인공들의 운명이 어떻게 전개될 것인지 너무 궁금해 하여 기차역까지 몰려나와 신문이 나오기를 기다렸다고 한다.

『피크위크 클럽의 기록』은 피크위크 클럽 회장인 피크위크 씨를 중심으로 4명의 회원이 정처 없이 떠돌아다니며 보고 들은 것들을 보고하는 형태의 소설로, 18세기 이래로 전해 내려온 이른바 악한소설의 수법을 따르고 있다. 소설의 착상은 디킨스의 생각이 아니라 당시 어느 만화가의 연재 그림에서 덧붙여 쓰기 시작한 것이었다. 작품에서 피크위크 씨가 고용한 마부 샘 웰러의 터무니없는 커다란 웃음소리 등은 이 소설을 영국소설사상 가장 생기 있고 독창적인 해학소설로 손색이 없게 만든다.

『올리버 트위스트』는 우리나라 독자들에게도 잘 알려져 있는 작품으로 고아원에서 자란 소년 올리버가 런던에 나오자마자 도적단의 마수에 걸려 갖은 고생을 하다가 후에 죽은 아버지 친구의 양아들이 된다는 줄거리다. 구성은 디킨스의 다른 작품에 비해 다소 조잡하지만 정의감과 선의에 넘치는 사회의 순화를 그린 박력 있는 작품으로 평가되고 있다.

주요 등장인물

핍 : 가난한 고아로 성장해 신분상승의 강박 속에서 정신적 방황을 겪다가 이성과 사랑을 되찾는 인물.
에스텔러 : 미스 해비셤의 양녀로 가난한 핍의 사랑을 물리치고 드러믈과 결혼하나, 실패하고 다시 핍과 사랑하게 되는 여인.
미스 해비셤 : 결혼하는 날 아침에 남자한테 버림받고 평생 웨딩 드레스 차림으로 남자에 대한 복수심을 불태우는 여인.
탈옥수 : 자신을 유배시킨 신사들에게 복수하기 위해 가난한 핍에게 도움을 주어 신사로 자라게 하는 죄수.

줄거리

『위대한 유산』은 고아로 자란 주인공 핍이 자기 일생을 이야기하는 식으로 전개된다. 주인공 핍은 부모가 없는 고아로, 누이의 손에서 길러지는데 대장장이인 매형 조 아래서 견습공 노릇을 하며 외롭게 살아간다. 성격이 매우 고압적이고 포악한 누이는 핍에게 언제나 큰소리를 쳤고 따뜻한 애정이라고는 손톱만큼도 보여주지 않는다. 그러던 어느 날 묘지에서 슬픔에 겨워 울고 있던 핍은 위압적이고 협박조인 말투를 가진 탈옥수를 만난다. 그는 자기에게 먹을 것을 가져다주지 않으면 죽이겠다고 협박했다. 핍은 겁에 질려 자신의 행위가 잘못된 것임을 알고도 누나 집에서 먹을 것을 구해다준다.

한편 핍이 사는 마을에는 보통 사람들과는 비교할 수 없는 거부巨富가 살고 있었다. 거부의 이름은 미스 해비셤이고 그녀가 기거하는 집은 거대한 저택인 서티스 하우스였다. 그녀는 결혼식 날 아침에 남자에게 배신당하고 지금은 낡아버린 웨딩 드레스를 입은 채 조용한 나날을 보내고 있었다. 그런데 그녀의 집에는 양녀 에스텔러가 있었다. 핍은 에스텔러와 함께 놀아 주는 유일한 친구였다. 에스텔러는 마치 여왕처럼 핍에게 군림했고 핍은 자신이 비천한 신분임을 자각하고 모멸감과 수치감으로 운명을 비관하기 시작했다.

그러던 어느 날, 해비셤의 변호사 재거스가 핍이 막대한 유산을 물려받을 것이며, 또 신사교육을 받으러 런던으로 떠나야 한다고 말했다. 그것은 꿈이 아니라 현실이었다. 핍은 새로운 마음으로 출발한다.

갑자기 돈이 생긴 핍은 허영심으로 가득차게 되었고 속물적인 인간이 되어 버렸다. 그는 이제 그를 진정으로 사랑하는 매형 조가 찾아와도 반갑게 맞이하지 않았고 자신의 옛일을 까맣게 잊어버리고 있었다. 어느 날, 런던의 사교계에 우아한 숙녀로 성장한 에스텔러가 눈부신 모습으로 등장한다. 그녀의 곁에는 언제나 그녀를 따르는 남자가 즐비했고 그녀는 그중에서도 아둔하기 이를 데 없는 드러믈과 친해졌다. 이러한 사실을 알게 된 핍은 질투와 슬픔의 날들을 보내야만 했다.

그러다가 폭풍이 세차게 불던 어느 날, 옛날에 그를 협박하던 탈옥수가 핍을 찾아와서 자신의 모든 것을 털어 놓았다. 그는 자신을 모함하여 유배시킨 신사들에게 복수하기 위하여 유배지에서 갖은 고생을 다하며 돈을 벌어 핍에게 신사교육을 시켰다는 것이다. 자신을 도와주던 은인이 해비셤이 아니라 탈옥수임이 밝혀지자 '위대한 유산자'의 꿈은 사라지고 핍은 깊은 고통의 나락으로 떨어지는 기분이었다. 훌륭한 신사가 되어 아름다운 에스텔러와 결혼하려 했던 꿈이 일순간에 무너져버렸다. 신사가 된 핍의 모습을 보기 위해 죽음을 무릅쓰고 몰래 숨어들어왔던 탈옥수는 이제 빨리 국외로 피해야 했다. 그러나 탈출에 실패하고 붙잡힌 그는 감옥 안에서 마지막으로 핍의 모습을 보고 평온하게 숨을 거둔다. 탈옥수의 죽음을 지켜본 핍은 인간 본래의 순수성을 회복하기 시작한다.

미스 해비셤은 양녀 에스텔러를 이용해 핍에게 상처를 줌으로써 자신이 입었던 사랑의 상처에 대해 복수한 것이었다. 핍은 그녀의 계획대로 상처를 크게 입었고 그녀는 이런 핍의 모습을 보고 양심의 가책을 느껴 회한과 눈물로 용서를 구했다. 그러던 어느 날 난롯불이 그녀의 옷자락에 붙어 집이 모두 타 없어지게 되었다. 핍은 그녀를 구하기 위해 불로 뛰어들었다가 중상을 입는다.

한편 그와 함께 신사의 과정을 밟은 허버트는 부친으로부터 진짜 '신사'란 무엇인가를 배운다. 마음으로부터 신사가 아닌 사람은 태도에서도 진짜 신사가 될 수 없다고 허버트는 믿고 있다. 하류계급 출신의 핍이 에스텔러를 쫓아다니는 동안, 허버트는 일부러 돈 한 푼 없는 클라라와 약혼함으로써 자신이 속해 있는 계급의 위선에 도전한다.

그러나 이 작품에서 진정한 신사는 시골 대장간에서 정직한 직업인으로 묵묵히 살아가는 핍의 매형 조다. 모든 것을 한꺼번에 잃어버려 의지할 곳이 없는 핍을 유일하게 간호해주는 사람은 다름 아닌 조였다. 조는 비록 대장장이이기는 하나 내면에는 진정한 '신사'만이 가질 수 있는 온화함이 넘쳐흐른다. 그는 핍의 영원한 보호자다. 자신을 비난하고 떠난 핍이 런던에서 죄수, 에스텔러, 빚과 열병으로 고생할 때 그는 천사같은 마음으로 보살폈다.

조와 함께 진실한 인간의 모습으로 등장하는 인물이 비디인데, 그녀는 시골학교 선생으로 조의 부친이 부상당했을 때 집안 사람들을 돌보아주어 결국 조의 아내가 된다. 핍이 오랜 방황 끝에 고향으로 돌아왔을 때, 매부 조와 비디 사이에 난 딸의 이름이 '핍'이라는 것을 안 그는 그 이름이 자기에 대한 사랑의 표현임을 알게 된다. 핍은 매형에게서 위대하고 진실한 참인간을 보고, 비로소 자신이 진정한 유산을 물려받았음을 깨닫는다.

빅토리아 여왕도 사랑한 작가

소년기의 핍은 누나 때문에 불행했고 미스 해비셤으로 인해 야심을 갖기도 했으며, 에스텔러로 인해 좌절을 맛보기도 했다. 또한 변호사가 가져온 '막대한' 유산 소식에 유혹당하기도 했다. 핍은 이러한 유혹과 좌절을 맛보면서 점차 사람들에 대한 애정의 깊이를 깨달아 간다.

우리는 이 책을 읽어가는 동안 디킨스의 독특한 풍자 속에서 진정한 인간의 모습을 발견할 수 있으며 진정한 신사의 본질은 물질적 풍요나 인위적인 교육이 아니라 인간에 대한 따뜻한 사랑이 바탕이 되어 길러진다는 것을 깨닫게 된다. 『위대한 유산』을 읽으면서 이런 감동을 느낄 수 있는 것도 디킨스의 '위대한 유산'을 물려받았기 때문 아닐까.

그는 정부 관리의 아들로 비교적 평온한 신분을 보장받고 자라났으나 가계의 파탄으로 인해 극심한 고통을 체험하게 되었다. 그가 하루아침에 구두약 공장의 노동자가 된 것에서 우리는 그가 파란만장한 인생을 살아왔음을 알 수 있는데, 이러한 그의 경험과 어린 시절의 아름다운 추억이 작품의 모티브가 되었다.

디킨스가 문학사에서 평가받는 점은 작가 자신이 성장과정에서 체험한 금전문제나 사회 부조리 문제들을 자신의 작품에서 예리하게 지적한 데 있다. 그는 해학과 사회적 모럴에 대한 반항적인 작품도 서슴없이 썼다. 그가 살았던 시대는 산업혁명 이후에 갖가지 사회악이 난무하는 한편 물질적 풍요에 대한 갈구가 강하던 시기였는데, 그의 시선은 거기에 머물렀다. 작품 초기에 나타나던 개인적인 차원에 머물던 악의 양상이 점차 사회적인 차원으로 발전했고 그에 따라 인간과 사회를 좀 더 깊이 있게 그려낼 수 있었다.

영국문학사에서 디킨스만큼 널리, 그리고 오랫동안 사랑받는 작가도 흔치 않다. 당시 모임석상 등에서 "디킨스를 읽지 않았다."고 말하면 대화에서 소외당하기 일쑤였다고 한다. 그는 죽기 직전에 빅토리아 여왕을 단독으로 알현하는 영예를 얻었고 대중들로부터 많은 사랑을 받았다. 다른 작가들이 생전에 얻지 못한 인기를 그는 살아 있는 동안에 얻었고 중년 이후로는 경제적으로도 풍족했다.

이런 사실들은 디킨스의 문학적 역량이 한 시대의 단편적인 모습이 아니라 인간의 존재에 대한 탐색이었음을 밝히는 좋은 근거가 된다. 디킨스의 작품을 두고 자가당착적인 분위기가 농후하다고 지적하는 비평가들도 있으나 그가 이룩한 문학의 성과는 현대로 접어들어도 감소하기는 커녕 오히려 증대되고 있다.

◈ 추천도서
『위대한 유산』(전 2권), 이인규 옮김, 민음사, 2009
『위대한 유산』, 왕은철 옮김, 푸른숲주니어, 2006
『위대한 유산』, 김태희 옮김, 혜원출판사, 2005

— Wuthering Heights —

폭풍의 언덕

나쁜 남자, 나쁜 여자, 그리고 광란의 사랑

E. 브론테 지음

셰익스피어의 『리어 왕』, 멜빌의 『모비 딕』과 더불어 '영어로 쓰인 3대 비극'으로 꼽히는 이 로맨스풍의 작품은 주제와 기법 면에서 당대의 소설들과는 판이하지만 소설사에서 견고한 지위를 차지하고 있다. 요크셔의 외딴 집에 살고 있던 언쇼 집안과 린튼 집안에 히스클리프라는 부랑아가 몰고온 파문을 그리고 있다. 요크셔의 황야를 무대로 펼쳐지는 격정과 증오를 다룬 작품으로 풍부한 상상력이 돋보인다.

『제인 에어』의 작가를 언니로 두었고 평생 단 한 편의 작품을 남긴 여성작가 에밀리 브론테(Emily Bronte, 1818~1848). 영국의 소설가 자매로도 유명한 '브론테 자매'란 자매 가운데 셋째인 샬롯 브론테, 넷째인 에밀리 브론테, 다섯째인 앤 브론테를 말하는데 야구의 타자에 비유하면 트리오(3, 4, 5번)에 해당한다. 따라서 에밀리 브론테의 생애는 그녀의 자매들과 분리해서 생각할 수 없다.

에밀리 제인 브론테는 1818년 7월 잉글랜드 북부 요크셔 주 손턴에서 영국 국교회 목사의 딸로 태어났다. 아버지 패트릭 브론테는 아일랜드 출신으로 케임브리지 대학을 나온 유능한 성직자였으나 넉넉지 못한 수입으로 많은 가족을 부양하기는 힘들었다. 더욱이 그의 교구는 요크셔 지방에서도 가장 빈한하고 황량한 마을 하워스였다. 거친 자연에 둘러싸인 황량한 이 고장의 구릉은 기복을 이루고 있어 벌판에는 항상 거센 바람이 휘몰아쳤다. 그러나 에밀리와 자매들은 일찍부터 이곳의 거친 자연을 사랑했으며 그 황량하고 쓸쓸한 풍경을 나중에 작품의 무대로 삼았다.

하워스로 이사온 뒤 1년 반이 지난 1821년에 어머니가 암으로 세상을 떠났다. 막내딸인 앤 브론테가 태어난 지 1년도 채 되지 않았고 에밀리도 아직 3살밖에 되지 않았을 때였다. 그래서 에밀리 자매들은 이모인 엘리자베스 브랜웰에 의해 양육되었다.

1824년 6살이 된 에밀리는 세 언니를 따라 코원브리지의 기숙학교로 보내졌다. 그 학교는 가난한 목사 딸들의 교육을 위해 세워졌기 때문에 학비는 매우 싼 편이었으나 비위생적이고 불결한 시설로 인해 건강이 나빠진 학생들이 속출했다. 브론테 자매들도 건강이 나빠져 집으로 돌아왔는데 다음 해 초여름에 첫째, 둘째 언니가 병사하고 말았다. 세상일에 무관심한 아버지도 이에 놀라 에밀리와 샬롯을 집으로 데려왔다. 이 기숙학교는 후에 샬롯 브론테가 정열적인 고아를 주인공으로 쓴 『제인 에어』에 분노에 찬 필치로 묘사되어 있다.

아버지는 자녀의 교육이나 사랑에는 무관심했다. 고작해야 식사 때 이따금 아일랜드의 전설이나 들려줄 정도였고 대개는 서재에서 혼자 보내곤 했다. 이모 역시 엄격한 성격으로 아이들을 별로 좋아하는 편이 아니었다. 그래서 에밀리는 언니 샬롯과 가까이 지냈고 언니를 통해 어머니의 사랑을 느끼며 성장했다.

1831년 샬롯은 로헤드에 있는 기숙학교에 입학하여 집을 떠난 뒤 18개월 후 사숙 과정을 끝마치고 돌아와 에밀리와 앤을 가르쳤다. 1835년에는 언니 샬롯이 로헤드의 기숙학교에 조교사로 부임하게 되었다. 따라서 에밀리도 이 학교에 입학했으나 향수병에 걸려 석 달 만에 귀향했다. 에밀리에게는 냉랭한 인간사회보다는 황야의 자유로움이 더 맞는 듯했다.

당시 하워스로 돌아가고 싶다는 일념으로 에밀리는 40여 편의 시를 썼다. 그러나 이 시들은 그저 쓰고 싶은 마음에서, 쓰지 않으면 견딜 수 없을 것 같은 충동에서 썼을 뿐, 그것을 발표할 생각은 전혀 없었다.

1845년 가을, 샬롯은 에밀리가 미처 간수하지 못한 시 작품을 우연히 발견하고 감명을 받아 발표할 것을 권했다. 샬롯의 끈기 있는 설득으로 1846년 세 자매의 시를 모은 시집 『커러, 엘리스, 그리고 액턴 벨의 시집』을 자비로 출판했으나 단 두 권밖에 팔리지 않았다. 그러나 브론테 세 자매는 시집의 판매와는 관계없이 집필을 계속하여 1847년에 에밀리의 처녀작이자 유일한 소설인 『폭풍의 언덕』과 샬롯의 『교수』, 앤의 『애그니스 그레이』가 완성되었다. 그들은 이 소설들을 런던의 여러 출판사에 보냈으나 모두 출판을 거부당했다.

1847년 샬롯의 두 번째 소설 『제인 에어』가 런던의 유명한 출판업자 스미스의 눈에 들어 10월에 출판되어 커다란 반응을 얻었다. 이에 자극받은 뉴비 사는 『폭풍의 언덕』과 『애그니스 그레이』를 출판했다. 그러나 『폭풍의 언덕』은 너무나 야만적이고 동물적이며 구성이 허술하다는 평가를 받았다. 정당한 평가를 받기 시작한 것은 19세기 말엽부터였다.

『제인 에어』로 성공을 거둔 스미스 엘더 사에서 세 자매에게 호의적인 태도를 보여 불우했던 브론테 가에 행운이 찾아오는 듯했다. 그러나 1848년 9월 재주는 출중했으나 술과 아편으로 폐인이 되다시피 한 오빠 브랜웰이 결핵으로 사망하자 원래 심신이 허약했던 에밀리는 오빠를 잃은 충격과 장례식 때 걸린 감기 때문에 폐결핵이 악화되어 그해 12월에 거실 소파 위에서 조용히 숨을 거두었다. 그때 그녀의 나이는 겨우 서른, 자신의 유일한 작품이 유명해질 것도 모른 채였다.

주요 등장인물

원한에 사로잡힌 히스클리프가 언쇼와 린튼의 가족을 점차로 파멸시키고 전 재산을 빼앗는 복수전이 펼쳐지는 가운데 주인공과 캐서린의 열렬한 사랑을 주제로 한 『폭풍의 언덕』의 등장인물은 다음과 같다.

힌들리 언쇼 : 언쇼 집안의 아들로 거칠면서도 심약한 성격을 지니고 있는 인물.

히스클리프 : 언쇼 씨가 주워온 아이로 캐서린을 사랑하나 이루지 못하자 이에 대한 복수극을 펼치는 거친 성격의 소유자.

캐서린 언쇼 : 언쇼 씨의 딸이자 힌들리의 누이동생. 정열적이고 순수한 감정을 지닌 여성이지만 현실적인 면이 있어 옛정을 버리고 불행한 가계사를 만드는 인물.

에드거 린튼 : 귀족적이며 신사적인 품격의 소유자로 캐서린에게 청혼하여 결혼하지만 히스클리프의 복수극에 휘말려 희생된다.

이사벨라 린튼 : 에드거의 여동생으로, 철없는 눈 먼 사랑으로 인해 히스클리프에게 비인간적으로 이용당한다.

헤어튼 언쇼 : 힌들리 언쇼의 아들로 거칠게 자라 히스클리프에게 이용당한다.

넬리 딘 : 포근한 모성애를 지닌 언쇼 집안의 가정부로 섬세한 재치와 포용력이 있는 인물.

록우드 : 드러시크로스 그레인지 저택에 세들어 살다가 가정부 넬리 딘으로부터 폭풍의 언덕에 관한 모든 이야기를 듣는 인물.

줄거리

염세주의자인 록우드 씨는 번화가에서 멀리 떨어진 드러시크로스 저택에 세들어 살게 되는데, 그 저택의 주인인 히스클리프에 대해서 가정부인 넬리에게 이야기를 듣게 된다.

주워온 아이 히스클리프는 언쇼 씨의 정을 듬뿍 받으며 자라난다. 그런 이유로 친아들인 힌들리와의 사이는 좋지 않았으나 딸인 캐서린과는 친하게 지내고, 그들은 청순한 애정을 갖게 된다. 언쇼는 히스클리프를 미워하는 힌들리를 못마땅하게 생각하고 있었는데, 하인 조제프의 권유로 대학에 보낸다. 얼마 후 언쇼 씨는 병을 얻어 세상을 떠난다. 언쇼 씨가 죽자 평소 히스클리프를 미워하던 힌들리는 그를 하루아침에 머슴의 위치로 전락시켜버리고, 원래 허약하던 힌들리의 아내가 아이를 낳고 세상을 떠나자 히스클리프를 더욱 가혹하게 대한다. 히스클리프가 이런 상황에서도 참을 수 있었던 이유는 캐서린을 사랑했기 때문이다.

한편 캐서린은 이웃인 에드거 린튼과 그의 여동생인 이사벨라와 친해지는데 히스클리프는 그것이 불만이었다. 결국 히스클리프가 염려했던 대로 캐서린과 에드거 린튼은 결혼을 약속하고 만다. 캐서린은 린튼의 집안이 좋다는 이유로 결혼을 승낙하긴 했지만 진실로 사랑하는 히스클리프 때문에 고민한다. 그런 고민을 알고 있는 히스클리프는 가출을 하고 만다. "저 자질구레한 사내가 80년 동안 전력을 기울여 사랑해도 나의 단 하루의 사랑에도 미치지 못해."라고 생각하면서.

3년 뒤, 상당한 재력가가 되어 돌아온 히스클리프는 냉혹한 복수를 시작한다. 캐서린의 마음은 여전히 히스클리프에게 있었고 이러한 사실을 아는 에드거 린튼은 히스클리프와 다투게 되는데, 이를 본 캐서린은 실성하게 된다.

한편 힌들리는 부인이 죽은 후 술과 도박으로 폐인이 되다시피 하고 잔뜩 빚을 지게 되는데 히스클리프는 이것을 이용하여 결국 워더링 하이츠의 주인이 된다. 그리고 그는 에드거 린튼의 동생 이사벨라를 유혹하여 그녀와 결혼하고 캐서린에게 접근하여 에드거를 괴롭힌다. 캐서린은 임신 7개월 만에 딸 캐시를 낳고 죽는다. 히스클리프는 캐서린의 죽음을 슬퍼하면서도 복수를 계속한다. 힌들리가 죽자 히스클리프는 그의 아들 헤어튼에게 그가 받은 고통을 복수한다.

히스클리프의 곁을 떠나버린 이사벨라가 런던에서 아들 린튼을 낳고 12년 뒤에 죽자 그는 그 아이를 워더링 하이츠로 데리고 와 린튼가의 재산을 목적으로 캐시와 결혼시킨다. 그러나 병약한 린튼은 어느새 죽고 히스클리프가 워더링 하이츠와 드러시크로스 그레인지를 모두 차지한다. 에드거도 어느새 조용히 죽어간다. 복수에 성공한 그는 한밤중에 집을 나가 즐거운 모습으로 돌아오기도 하고 가까이에 누군가가 있는 행동을 하며, 밤마다 밖으로 나가 캐서린의 무덤에 갔다 오곤 했다. 결국 히스클리프는 복수심을 모두 불태워버린 나머지 캐서린의 망령과의 완전한 합일을 꿈꾸며 일부러 나흘을 굶은 후 편안하게 죽는다. 마지막으로 언쇼가와 린튼가에 남은 헤어튼과 캐시 사이에 사랑이 싹트며 3대에 걸친 사랑과 복수는 막을 내린다.

바이런처럼 사랑하고 호프만처럼 복수하다

위에서 본 것처럼 주인공 히스클리프는 집시와 같은 풍모를 한 매력적인 사나이로, 매너 또한 신사적이다. 그러나 그 외모나 매너의 배후에는 번갯불 같은 격렬한 성격과, 그리고 예의도 교양도 없는 잔인성이 숨어 있다. 평온한 겉모습과는 달리 이면에 원색적인 정열을 감춘 사내, 이것이 히스클리프다. 그는 말하자면 무한한 동적 에너지의 화신이고 그런 의미에서 초인이다. 따라서 그의 애증도 또한 인간적인 영역을 초월해 있다. 사랑은 죽은 애인의 무덤을 파서 그 시체를 포옹하리만큼 강렬하고, 또한 사랑하는 사람과의 일체감 속에서 죽음을 선택할 수 있을 만큼 격렬하다. 그리고 증오는 두 가족을 몽땅 파멸의 나락으로 몰아넣을 만큼 강렬하다.

히스클리프와 운명적인 사슬로 맺어져 있는 캐서린도 또한 인간적인 테두리를 초월한 존재이다. 히스클리프 못지않게 강렬한 성격과 뜨거운 마음을 갖고 있는 그녀는 영약하고 차가운 달빛과 같은 평범한 사내에게는 만족하지 못한다. 번갯불 같은 뜨거운 영혼을 가진 히스클리프만이 그녀에게 완전한 충족을 줄 수 있는 것이다. 달빛에 지나지 않는 에드거를 선택한 그녀의 과오는 너무나 비극적이지만, 그럼으로 인해 히스클리프와 캐서린의 사랑은 영원성을 가진다.

영국의 대문호 서머싯 몸이 세계 10대 소설로 선정했던 『폭풍의 언덕』이 발표 직후에는 별로 호평을 받지 못했다는 점은 흥미롭다. 몇 년 뒤에 나온 미국의 『모비 딕』에서도 알 수 있듯이, 너무 깊이 있는 작품은 종종 동시대인들이 이해하지 못하는 면이 있음을 보여주는 한 예라 하겠다.

『폭풍의 언덕』은 따뜻한 면은 거의 없고 폭풍과 같은 사랑, 증오, 보복을 위한 일념, 잔학성이 작품 전반을 압도한다. 또한 노골적이고도 거친 문장과 격렬함을 싸고 감추는 상냥함이 결여되어 있어 초기의 비평은 이것을 야만스러운 것, 반 그리스도교적인 속악한 작품이라고 소개했다. 이런 남성적인 색채 때문에 에밀리의 오빠인 브랜웰이 썼다는 오해를 받기도 했다.

『폭풍의 언덕』의 진정한 가치는 19세기 말에서 제1차 세계대전 전에 걸쳐 차츰 인정되기 시작하여 '진정한 천재', '셰익스피어의 여동생'으로 평가받게 되었다. 빅토리아 시대의 소설 가운데 발표 당시 평이 나빴다가 현재 걸작으로 꼽히는 작품은 『폭풍의 언덕』 외에는 지금까지 없다.

워더링 하이츠Wuthering Heights는 요크셔 지방 말로 '바람이 몹시 부는 언덕'을 뜻한다고 한다. 『폭풍의 언덕』은 황량한 요크셔의 황무지를 배경으로 히스꽃이 만발한 폭풍의 언덕, 워더링 하이츠에 자리 잡고 사는 언쇼 가와, 그곳에서 4마일 떨어진 곳에 사는 린튼 가를 중심으로 전개되는 이야기를 양가에서 하녀로 살아 온 넬리의 입을 통해서 들려주는 형식을 취했다. 사랑에의 집념과 복수심의 상징인 주인공의 내면 심리가 요크셔의 자연과 융합되면서 시적 상징성으로 승화된다.

에밀리 브론테가 『폭풍의 언덕』에서 묘사하고 있는 세계는 복잡하고 혼란스럽게 보이지만, 사실은 대단히 구체적인 현실의 세계다. 이 작품의 의의는 자기의 정념에 끝내 충실히 살다 죽어가고, 온 정성을 다해 사랑하고 미워한 히스클리프에게서 자아의 최상의 순수한 아름다움을 발견할 수 있다는 것이다. 이 작품에서 두드러지는 것은 주인공들의 무섭고 격렬한 애증이다. 캐서린과 힌들리의 오만함과 난폭함, 그리고 이기심, 문명에 길들여지지 않은 인간의 자연적 모습이라는 상징적 의미를 담고 있는 히스클리프의 강한 의지력은 거의 악마적이다. 에드거의 나약함, 이사벨라의 어리석음, 히스클리프, 캐서린을 그려내는 에밀리는 그들의 악을 충분히 이해하고 있다.

1926년에 발표된 C. P. 생거의 소론 「폭풍의 언덕의 구조」를 통해 에밀리 브론테의 놀라운 구성력과 주의 깊은 집필이 남김없이 증명되었다. 작가는 히스클리프의 언쇼가와 린튼가의 재산횡령에 대해서 주의 깊게 법률적으로 처리함으로써 합법적인 사실성을 획득했고, 또 사건의 발생 시기도 정확히 계산했다. 이것은 에밀리 브론테가 자신이 다루고 있는 작품에 대해서 충분한 사전지식을 갖추고 있음을 의미한다.

『폭풍의 언덕』은 사상적으로는 바이런적 격정이 담긴 낭만주의를, 구성 면에서는 호프만의 괴기소설이나 공포소설의 영향을 받았다. 낭만주의가 처음으로 개화된 일면을 갖는 이 작품은 강렬한 이성에 의해 계산된 사실주의에 뒷받침되어 그 힘을 충분히 발휘하고 있다. 그와 동시에 언니인 샬롯의 작품과 더불어 여성의 입장에서 빅토리아 시대의 도덕에 대한 반역, 강렬한 자아정신의 존중을 나타낸 작품으로도 주목을 받고 있다.

궁벽한 시골에 묻혀 마치 극지의 꽃처럼 짧은 삶을 살다간 한 불행한 여성에 의해 기적적으로 탄생한 『폭풍의 언덕』은 구체적 현실의 세계와 그것을 초월한 정신세계를 그리고 있다. 자연계와 초자연계가 융합하고 있는 영혼의 세계이며, 여기서는 죽음 자체도 최후가 아니라 영혼의 개방이며 사자의 망령은 생자의 영혼과 신비스럽게 교류하고 있다. 마지막 장면에 히스클리프가 캐서린의 망령을 보면서 황홀경 속에서 죽는 것 같은 것이 그 예이다. 사랑이 바로 증오로 바뀔 수 있고 그 두 감정이 동일한 요소에서 온다는 것도 재미있는 인간 심리의 내면이 아닐까? 이 소설은 인간의 본질을 탐구했다는 점에서 높이 평가받을 만하다.

◈ 추천도서
『폭풍의 언덕』, 김정아 옮김, 문학동네, 2011
『폭풍의 언덕』, 공경희 옮김, 푸른숲주니어, 2006
『폭풍의 언덕』(전 2권), 김종길 옮김, 민음사, 2005

— Tess of the D'urbervilles —

테스

사형대에 선 순결한 여인

하디 지음

부호의 아들에게 순결을 빼앗기고 끝내는 살인을 범하고 사형을 당하는 청순한 테스를 탁월한 필치로 그려낸 작품으로, 인간의 운명을 좌우하는 우주의 맹목적인 '내재의지'에 대한 작가의 '비관주의적 운명관'이 펼쳐진다. 테스라는 한 젊은 여인이 세파에 시달리며 겪어야 하는 일련의 고초는 독자들로 하여금 삶의 의미에 대한 원초적 물음을 진지하게 던지지 않을 수 없게 한다.

디킨스와 함께 빅토리아 시대 영국 문학사의 쌍벽을 이루는 인물인 하디(Thomas Hardy, 1840~1928)는 영국 남부의 도세트 주에서 태어났다. 건축업자인 부친은 음악을 즐겼으며 어머니는 왕성한 독서가로 하디는 어려서부터 책을 좋아했고 고독을 사랑했다.

그는 출생하는 순간 사산으로 오인할 만큼 허약한 체질이었는데 이러한 신체적 조건은 그의 비관주의적 사상의 원초적 원인이 되었다. 하디는 가정적으로 행복한 환경에서 자랐으나 신체적 허약함 때문인지 우울한 소년시절을 보낸다. 그러나 음악과 시에 대한 감수성은 예민하여 이시절 하디는 뒤마의 소설과 셰익스피어의 비극을 즐겨 읽으며 문학에 대한 열정을 키워나갔다.

16살에 부친의 직업을 이어받기 위해 도체스터 교회 건축사인 존 힉스의 제자로 들어가 그에게서 건축의 기초와 라틴어, 그리스어를 배웠다. 그 무렵의 하디는 책벌레라 불릴 만큼 독서에 열중했으며 특히 로마의 시인들을 좋아했다. 한편 하디는 그곳에서 두 번의 교수형을 목격하는데, 그것은 『테스』에서 테스가 사형당하는 장면으로 재현할 정도로 그에게 강렬한 충격을 주었다.

스무 살에 하디는 옥스포드 출신의 모울을 알게 되어 그에게서 학문적으로나 사상적으로 상당한 영향을 받는다. 특히 『아가멤논』, 『오이디푸스 왕』 등 그리스 비극에 심취했다. 전지전능한 신의 장난에 의해 나약한 인간의 운명이 결정되는 장면들을 목격하고 이때부터 그의 정신세계에는 비관주의적 색채가 각인되었다. 그러나 무엇보다도 청년 하디를 사로잡은 것은 다윈의 진화론과 쇼펜하우어의 염세철학이었다.

29살에 첫 소설 『가련한 남자와 숙녀』를 썼으나 31살에 쓴 『최후의 충고』가 사실상 그의 처녀작이 되었다. 하디가 영국 문단에 확고한 지위를 갖게 된 것은 35살에 쓴 『광란의 무리를 떠나서』이다. 이 작품은 이른바 '웨섹스 소설'의 첫 작품으로 자연과 인간 감정이 초래하는 비극적 결과들을 목가적 풍경 속에서 열정적으로 그려냈다.

『광란의 무리를 떠나서』가 호평을 받자 그는 건축을 떠나 결혼을 한 다음, 고향에 맥스 게이트라는 저택을 짓고 평생 문학에 전념했다. 하디는 맥스 게이트에서 살면서 계절마다 아름답게 변화하는 자연과 그 속에서 소박하게 살아가는 사람들에게 무한한 애정을 느꼈다. 그는 고향인 웨섹스(Wessex, 도세트의 옛 이름) 지방을 배경으로 많은 작품을 남겨 그의 소설을 '웨섹스 소설'이라 부른다.

이후 '웨섹스 소설'들인 『테스』, 『비운의 주드』, 『귀향』, 『숲 속의 사람들』, 『푸른 숲의 나무 그늘 아래서』 등이 창작된다. 하디 문학의 주제와 특성이 집약되어 있는 웨섹스 소설 중에서도 특히 뛰어난 작품이 『테스』와 『비운의 주드』이다.

그의 예술적 정점이라 할 수 있는 『테스』는 진지한 양심세계와 심오한 도덕성이 조화를 이룬 작품으로 그를 세계적인 작가로 만들었다. 그러나 출판 당시에는 "비도덕적이고 반 그리스도교적인 통속소설"이라는 혹평을 받았다.

그의 마지막 장편소설인 『비운의 주드』는 매우 비범한 작품으로 그의 천재성이 남김 없이 드러난 소설이었지만 암담한 결말과 비극적 스토리로 인해 『테스』보다 더 심한 혹평을 받았다. 사상적 깊이와 예술적 완성도가 뛰어났음에도 기존 윤리관과 가치관에 막혀 정당한 평가를 받지 못했던 것이다. 결국 하디는 『테스』와 『비운의 주드』에 쏟아진 혹평을 계기로 소설의 세계를 단념하고 못다 한 문학의 열정을 시의 세계에서 실현하게 된다.

하디가 소설에서 시로 전환하게 된 것은 자신의 소설에 대한 사회의 비난에도 그 이유가 있었지만 보다 근원적인 원인은 시에 대한 그의 타고난 애정 때문이기도 했다. 시 분야에서 그의 필생의 대작은 나폴레옹과 그의 시대를 그린 철학적 대하 서사시인 『제왕들』이다. 이 작품은 삶의 온전함과 전쟁의 자제를 바라는 평화주의로 독자들에게 호소력을 얻고 있는데 이러한 연유로 말년의 하디는 생존한 영국작가 중 최고로 칭송받았다.

1928년 하디는 두 번째 부인이 지켜보는 가운데 88살을 일기로 생애를 마감했다. 그의 유해는 뒤늦게 그의 문학을 인정한 많은 사람들의 애도 속에 웨스트민스터 사원에 묻혔다.

하디가 살았던 19세기는 산업혁명이 농촌 중심의 영국 사회를 도시 중심의 산업국가로 개편하는 과정에 있었다. 또한 자유경쟁과 그에 따른 부의 증가와 불평등으로 영국 사회의 전통과 인습이 무너지던 시대였다. 이러한 변화 속에서 19세기 중엽부터 대두하기 시작한 다윈의 진화론은 서구사회를 지배하고 있던 그리스도교 사상을 근본적으로 뒤흔들어 놓았다. 다윈의 『종의 기원』은 당시 그리스도교 신념에 젖어 있던 하디에게도 충격이 아닐 수 없었다. 진화론과 과학적 사고방식을 집한 하디에게 더 이상 신의 섭리는 의미가 없었다. 이러한 생각은 쇼펜하우어 철학과 결합되어 '내재의지'라는 새로운 사상을 낳게 되었다. 이에 따라 하디는 인간은 자신의 의지에 관계없이 우주와 자연이 지배하는 맹목적인 내재의지에 의하여 행, 불행이 좌우된다는 비관주의적 운명관을 확립하기에 이르렀으며, 이는 그의 문학세계의 핵심사상으로 작용하게 되었다.

하디의 문학은 한 마디로 인간의 숙명적 부조리와 대결하는 비극의 문학으로 그에게 인생은 인간들의 진실된 욕망이 외면당한 채 파멸되는 과정에 불과하다. 인생이란 실의와 고난의 실체이며 인간의 행복이란 인간 비극에서 하나의 우연한 에피소드에 불과한 것이라고 생각했다. 그의 비관주의적 사상은 허무주의적라는 통념상의 비관주의가 아니라 인생을 깊고 뜨겁게 공감하고 절망 속에서 괴로워하며 인생의 진실과 고뇌와 비탄에서 구제의 방법을 찾아내려는 적극적인 태도의 사상이다. 다시 말해 비극을 통한 인간의 구원인 것이다.

하디 자신은 염세주의자보다 사회개선론자로 불리기를 원했다. 그러한 열망은 고통과 좌절의 체험을 통해서 사회의 모순됨을 인식하고 보다 나은 미래를 건설하고자 하는 개선의 의지를 갖는 소설 속 주인공들을 통해 잘 반영되어 있다. 하디는 작품 속에서 끝없이 닥쳐오는 불운의 회오리 속에서 괴로워하고 고통스러워하는 주인공들의 아픔을 공유하고, 운명을 극복하기 위해 끝까지 싸우는 인간의 모습을 그려 놓았다는 점에서 그를 염세주의자라기보다는 진정한 의미의 휴머니스트라고 불러도 무리는 없을 것 같다.

주요 등장인물

테스 : 순진하고 정직하여 사회적으로 희생되는 비극적인 여성.

알렉 : 테스를 유혹하여 테스의 삶에 비극을 초래한 난봉꾼.
에인절 : 테스와 결혼하지만 버렸다가 돌아오는 테스의 남편.

줄거리

하디가 『테스』를 발표한 것은 그의 문학이 원숙기에 접어든 1891년이었다. 이 작품에는 창작활동 초기부터 그가 집요하게 모색해 온 사회비판 정신이 보다 강하게 부각되어 있다. 『테스』는 하디의 비관적 운명론의 하나의 상징인 것이다. 『테스』는 운명의 장난에 휘말려든 한 순진한 아가씨의 불행한 이야기이다.

명문 더버빌의 후손이라는 자의식에 도취되어 술로 세월을 보내는 게으른 아버지와 무능한 어머니, 그리고 많은 동생들을 둔 테스는 집안 살림을 돕기 위해 먼 친척인 스토크 더버빌의 집을 방문한다. 그곳에서 양계일을 하던 중 테스는 바람둥이 청년 알렉에게 처녀성을 잃는다. 그 후 집에 돌아와 사생아를 낳지만 아이는 태어난 지 얼마 안 되어 세례도 받지 못하고 죽는다.

테스는 인생 최초의 비극을 경험하지만, 아직 삶에 대한 집착을 버리지 못하고 고향을 떠나 젖짜는 일을 시작한다. 그녀가 새 생활을 시작한 낙농장에는 농장 경영을 지망하는 에인절이라는 건실한 청년이 있었다. 목사의 아들인 에인절은 성직에 회의를 품고 농사를 짓기 위해 이곳으로 일을 배우러 와 있었던 것이다.

테스는 에인절의 뜨거운 사랑을 받고 자신이 처녀가 아니라는 사실 때문에 번민하게 된다. 그러나 에인절의 고매한 인품에 이끌려 그를 자기 자신보다 더 사랑하게 된 테스는, 그가 과거를 너그럽게 용서해 줄 것으로 믿고 마침내 결혼한다. 그러나 첫날 밤 과거를 고백하자 처녀성을 중시하는 에인절은 신부를 남겨둔 채 혼자 외국으로 떠나버린다.

테스는 다시 버림받은 몸이 되었으나 언젠가는 남편이 다시 돌아오리라는 희망을 잃지 않고 모진 고생을 참아낸다. 그 무렵 우연히 테스를 만난 알렉은 욕정에 사로잡혀 또 다시 그녀를 유혹한다.

한편 테스의 집에서는 아버지가 갑작스럽게 죽고 식구들은 집에서 쫓겨난다. 가족의 생계를 떠맡게 된 테스는 결국 지난날 자기의 인생을 짓밟았던 알렉의 원조의 손길을 물리치지 못하고 그의 정부가 된다. 그때 뜻하지 않게 테스를 버리고 떠났던 남편 에인절이 정신적으로 훨씬 성장한 모습으로 그녀를 찾아온다. 그토록 기다리던 남편이 돌아왔건만 기쁜 마음으로 재회할 수 없게 된 테스는 이성을 잃고 자신을 정부로 전락시킨 알렉을 과도로 찔러 죽인다.

그런 다음 테스는 에인절을 뒤따라가 처음으로 행복한 시간을 보낸다. 1주일 뒤, 그들의 짧지만 황홀했던 행복은 막을 내리고 테스는 뒤따라온 경찰에게 체포되어 처형된다. 작가는 "드디어 심판은 끝났다. 신들은 말하기를 '거느리는 자'는 마침내 테스에 대한 희롱을 마친 것이다."라는 말로 작품을 마무리한다. 결국 사회 전체가 그녀를 사형대 위에 올려놓은 것이다.

환경에 의해 결정되는 비극적인 운명

'순결한 여인'이라는 부제가 내포하고 있듯이, 테스는 피해자이며 죄인이 아니다. 그런데도 그녀는 운명의 힘에 쫓겨 마침내 무서운 살인죄를 저지르고 사형당하게 된다. 교수형이 집행되는 날 감옥의 탑 위에서 나부끼는 검은 깃발은 하디 문학의 상징이라고도 할 수 있다.

테스가 일자리를 옮김에 따라 변화하는 웨섹스의 경관과 평화롭고 전원적인 분위기는 테스가 겪고 있는 불행을 한층 심화시킨다. 이렇듯 서사적인 기교와 작가의 리얼리티가 융화됨으로써 하디는 "젊은 세대에 가장 큰 영향을 미친 위대한 작가"로 평가받으며 불멸의 명성을 떨칠 수 있었던 것이다.

『테스』는 한 여인의 슬픈 이야기쯤으로 이해해서는 안 된다. 이 작품에는 당시 영국 사회를 지배하던 인습의 모순이 예리하게 파헤쳐져 있고 비관적 운명관을 가진 작가의 사상이 전편에 흐르고 있기 때문이다. 하디는 곳곳에서 정신적인 정조를 강조하고 있다. 간음한 여자이자 살인녀인 테스를 서슴없이 순결한 여인으로 일컫는다. "테스의 본연의 순결성은 마지막까지 온전했다고 나는 아직도 생각한다. 하긴 그녀가 쓰러졌을 때 육체적인 순결성은 사라졌을지라도." 그토록 험난한 운명 앞에서 인간의 힘으로 최선을 다했다는 것만으로도 구원은 내려진 것이다.

『테스』에서 우리가 음미하고 넘어가야 하는 것은 첫째 육체의 순결성보다는 정신의 순결성을 높이 평가하고 있다는 점, 둘째 불가항력적인 운명이 연약한 인간에게 부여하는 재난에 대한 문제, 셋째 종교적인 문제로서 죄지은 자 대신 죄 없는 자가 끊임없이 받는 형벌이라는 비극을 보여준 것이라 하겠다.

『테스』가 발표되었을 때 〈타임〉지 비평가는 "하디의 최고 작품"이라고 갈파하는 동시에 "인습적인 관념을 다루는 데 대담하고 애틋한 비애감이 서리는 동시에 지극히 감동적인 비극감을 자아냈다."고 말했으며 시인 윌리엄 왓슨은 "『테스』를 읽으면 인간의 지적, 정서적 경험의 폭이 넓어진다."고 말했다. 웨스트민스터의 비평가는 "조지 엘리어트가 별세한 뒤 영국이 낳은 최고 역량의 작품"이라고 극찬했다.

추천도서
『테스』, 유명숙 옮김, 문학동네, 2011
『테스』(전 2권), 정종화 옮김, 민음사, 2009
『테스』, 이종구 옮김, 문예출판사, 2008

— A Portrait of the Artist as a Young Man —

젊은 예술가의 초상

전위의 펜, 의식의 흐름에 몸을 맡기다

조이스 지음

종교적 분위기에서 성장한 주인공 스티븐 디덜러스가 종교적 구속으로부터 탈출하여 자유로운 예술을 위해 예술의 신인 다이달로스의 도움을 기원하면서 파리로 떠날 때까지의 예술가로서의 성장과정을 그린 성장소설이다. 세계문학사에 '의식의 흐름'을 새겨넣은 대표적 모더니스트인 조이스는 이 작품에서, 새로운 소설기법을 사용함으로써 주인공의 인생에 대한 도약과 그의 예술세계 창조를 향한 웅비를 고무적으로 다루고 있다.

버지니아 울프, 마르셀 프루스트와 더불어 20세기 문학사에 '의식의 흐름'을 새겨 넣은 대표적인 모더니스트 조이스(James Joyce, 1882~1941)는 아일랜드 더블린의 중류층 가정에서 태어났다. 정치적이고 성악과 농담을 좋아하는 아버지와 가톨릭 신앙이 두터우며 피아노를 잘 치는 어머니로부터 독자적인 언어 감각과 음악성을 이어받았다. 6살 때 예수회에서 설립한 클롱고우즈 우드 칼리지 부속학교에 입학했으나 아버지의 실직으로 퇴교했다. 1893년 벨비디어 칼리지에 3학년으로 편입하여 5년 동안 줄곧 우수한 성적을 나타냈고 1896년 로마 시인 호라티우스의 영역본은 현재까지 남아 있는 그의 가장 오래된 글로 알려져 있다.

16살 되던 1898년에 예수회 학교인 유니버시티 칼리지의 영문과에 입학했고 고고한 상념에 사로잡혀 동료 학우들과의 교우를 거부한 채 대학

시절 동안 프랑스어, 독일어, 이탈리아어 등 3개 국어를 마스터하여 주위를 놀라게 했다. 조이스의 대학시절은 종교에 대한 최초의 회의와 함께 편협한 국수주의적 애국심에 대한 저항이 싹트기 시작한 시기였다. 이때 예이츠의 『캐슬린 백작 부인』을 공격하는 동료 학우들의 항의문에 서명을 거부하고 몇 편의 논문과 수필을 발표하여 서서히 비평적이고 심미안적인 문학적인 재능을 보이기 시작했다.

1903년 모친의 급환으로 파리에서 급히 귀국했으나 임종의 자리에서 기도해주기를 바라는 어머니의 바람을 이미 신앙을 버린 몸이라는 이유로 거절했는데, 그 일로 평생 양심의 가책에 시달렸다. 그해 아내가 될 노라를 알게 되었고 각지를 전전하며 영어교사 생활을 하며 생계를 꾸려 나갔다. 1903년부터 써왔던 『더블린 사람들』을 둘러싸고 아일랜드 출판사와 갈등이 생기자 두 번 다시 고국 땅을 밟지 않았다.

결국 『더블린 사람들』은 결국 1916년에 가서야 출판되는데, 작가로서 처음 쓴 단편 작품집으로서는 너무나 긴 진통 끝의 결실이었다. 그동안 조이스는 당대 아일랜드를 대표하는 시인 예이츠와 그의 소개로 알게 된 에즈라 파운드와 늘 교신했으며 많은 도움을 받았다. 특히 『더블린 사람들』과 『젊은 예술가의 초상』의 미국 출판은 에즈라 파운드의 적극적인 협조가 없었다면 불가능했을 것이다.

더구나 뒷날 알게 된 엘리어트 등 수많은 문인들이 그의 천재적인 예술성을 인정하지 않았더라면 조이스의 불운한 일대기는 세상에 빛을 보지 못했을 수도 있다. 그의 생활은 극도로 궁핍해져갔고 지독한 근시였던 탓에 거듭되는 안질과 열 차례가 넘는 수술은 조이스로 하여금 점점 더 깊은 자기결벽증의 폐쇄적 증상으로 빠져들게 했다.

그의 몇 편의 대작들은 실험적이며 전위적인 성격 때문에 발표되기까지 숱한 난관을 거쳤을 뿐만 아니라 복잡하고 난해하여 쉽게 감동을 얻기 힘든 상징예술의 정수가 되었다. 따라서 조이스의 문학을 이해하려면 먼저 '의식의 흐름'의 문체와 기법상의 문체, 그에 따른 보들레르적 상징과 구조, 또한 조이스의 독특한 심미안적 예술론을 먼저 이해해야 한다.

1922년 파리에서 『율리시즈』를 출판하고 1939년 마지막 작품 『피네건의 경야經夜』를 발표했다. 『피네건의 경야』의 경우 열두 번이나 고쳐 쓴 곳도 있다 한다. 1940년 제2차 세계대전 중 파리가 함락되자 가족들과 함께 취리히로 돌아와 그곳에서 죽었다. 오늘날 그의 작품만을 취급하는 두 개의 정기간행물 가운데 하나는 전적으로 『피네건의 경야』만을 다룬다는 사실을 그가 알면 기뻐할 것이다.

제임스 조이스, 버지니아 울프, 마르셀 프루스트 등은 '의식의 흐름'이라는 인간의 내면적 의식을 추구한 현대소설의 선구자들이다. 그들은 종래의 근대문학이 고수해왔던 사실주의, 자연주의라는 형식을 과감히 깨뜨리고 인간의 복잡미묘한 내부 의식을 그리는 데 몰두했다.

그들의 작품은 한편으로 난삽하고 실험적이어서 좀처럼 이해하기 힘든 문체로 구성되어 있는데, 그것은 프로이트의 정신분석학 이론을 바탕으로 한 새로운 상징주의와 정신주의를 추구했기 때문이다.

특히 조이스와 울프는 예리한 감수성과 함께 병적일 만큼 심한 결벽증을 가진 실험주의자였다. 이 두 작가의 생애를 유심히 관찰해 보면 겉으로는 외향적인 면모를 드러내고 다분히 사교적인 자세를 보여주지만 이것들이 사실은 이들의 내면적 갈등과 외형을 거부하는 정신적 고뇌를 반증하는 태도임을 알게 된다.

조이스와 울프가 교류했다는 기록은 없으나 두 사람이 교류하고 있던 문인들을 생각해볼 때 그 실험주의적인 문학세계에 서로 적지 않은 영향을 미쳤을 것으로 추측된다. 더구나 두 사람은 제1차 세계대전의 충격을 맛보았고 1900년대 초기의 세계적인 경제위기, 사회불안 등을 지켜보면서 인간의 본질적인 문제인 '삶과 죽음'에 관한 의식의 공감대를 형성하고 있었던 것으로 보인다.

줄거리

『젊은 예술가의 초상』은 주인공 스티븐 디덜러스가 가톨릭 교회와 결별하고 예술가가 자신의 천직임을 발견한다는 내용의 자전적 소설이다. 어린 시절의 불분명한 의식을 동화체로 시작하여 차츰 의식이 성장해가는 과정을 거쳐 결국 자신이 희망하는 자유롭고 창조적인 예술가의 생활을 위해 스스로 망명의 길을 택하는 순간까지 한 예술가의 의식의 성장을 그리고 있다. 이 작품은 내면화된 문체 즉 '의식의 흐름' 기법을 창시하였으며 마지막에 예술의 신에게 이야기하는 부분을 통해 작가는 아일랜드 민족을 인류와 직결시키는 자신의 생각을 과감하게 나타냈고, 이는 후일의 작품『율리시즈』의 서장序章에 해당한다.

제1장 : 소설의 첫머리는 스티븐의 유년시절이 잠시 환상처럼 일렁이고 난 뒤 바로 학교생활로 펼쳐진다. 스티븐은 운동장에서 친구들이 공을 차는 모습을 목격하게 되는데 여기서 이미 우리는 그가 겪은 친구들로부터의 소외를 엿볼 수 있다. 육체적으로 작고 연약한 그는 그의 급우들이 즐기는 거친 경기에 참여할 수 없다. 그는 몸집이 왜소하고 눈도 나쁜 데다 집안도 변변치 못해 친구들에게 놀림을 받는다. 그러나 이러한 놀림은 의외의 불운에 의해 오히려 역전의 기회를 갖게 된다.

라틴어 시간이었는데, 스티븐은 이전에 안경을 깨뜨려서 수업을 받을 수가 없었다. 그는 선생님의 허락을 받고 그날의 작문쓰기에서 제외되어 있었다. 그러나 마침 교육 감독으로 들어온 무서운 돌런 신부의 눈에 띄어 '게으른 꼬마 꾀보'로 취급당한 채 자초지종을 이야기할 새도 없이 혹독한 매를 맞게 된다. 수업이 끝나자 급우들은 교장에게 일러바치라고 충동질을 한다. 스티븐은 자기도 모르는 힘에 이끌려 교장실을 노크하고 교장 선생님의 위로를 받고 나온다. 그는 이 일, 즉 그들의 적에게 일격을 가한 용기로 인해 급우들에게 작은 영웅으로 환영을 받게 된다.

스티븐의 이러한 성장기는 특히 당시에 조국 아일랜드가 처해 있던 문제와 스티븐의 우상이자 애국자인 파넬(아일랜드 독립당의 당수였으나 간통사건으로 실각했음)의 죽음에 대해 파넬을 지지하는 아버지와 반대하는 신부들간의 대립에 중대한 영향을 받았다. 즉 그는 그가 예술이라는 목표를 추구하는 데 있어 종교는 한 가지 세속적 장애물이라고 자각했다.

제2장 : 이러한 환경 속에서 스티븐은 예술을 지향하는 젊은이로 성장해간다. 집안이 경제적으로 어려워져 학업을 계속할 수 없게 된 스티븐은 집에 머물면서 산책과 유희, 그리고 독서로 시간을 보낸다. 그는 고독의 기쁨을 즐기며 시를 쓰고 싶은 충동을 자주 느낀다. 스티븐은 이제 중학교인 벨비디어 칼리지로 되돌아왔다.

여기서 그의 고독은 급우들에 의해 한층 더해진다. 교실 밖에서 친구들과 타협하기를 거절하고 이러한 거절은 친구들의 야유에 의해 한층 고조된다. 예를 들면 급우들과 위대한 시인을 두고 '테니슨이냐, 바이런이냐'라는 문제로 다투었다. 테니슨을 선호하는 친구들에 맞서 그는 한 예술가의 위대성은 개인적인 도덕률이나 이단에 무관하게 평가되어야 한다고 주장했다.

스티븐은 그의 가족이나 주위 사람들과 화합하지 못하고 그들과의 거리가 점점 멀어져가는 것을 느낀다. 그 대신 마음속에서 타오르는 욕망의 불꽃이 그를 압도하려 하자 이 격렬한 갈망을 억제하려 무척 애를 쓴다. 그리하여 그는 밤거리를 헤매다가 불가피하게 매춘부와 성적 체험을 하게 된다. 동정童貞의 상실은 순수하고 결벽한 스티븐의 양심을 크게 짓이겨 놓았다.

제3장 : 그러나 뉘우침은 즉시 찾아왔다. 종교적 묵도기간에 신부는 지옥과 영원한 저주에 대해 무서운 설교를 행한다. 신부의 설교 한 마디

한 마디가 양심을 파헤치자 그는 견딜 수 없어 신부에게 사실을 고백했다. 이처럼 엄숙한 기도주간을 통하여 오염되었던 그의 몸과 마음은 씻기고 청순한 금욕생활에 들어간다. 이러한 종교적인 충격은 이 작품 뒷부분의 예술론과 함께 의식의 절정을 이룬다. 이때부터가 그의 예술가로서의 소양에 굳건한 발판을 마련하게 되는 셈이다.

제4장 : 스티븐은 어느 날 신부로부터 신학교 진학을 권유받는다. 그러나 그는 자신이 신부로 적당치 않음을 의식하면서 제의를 거절한다. 그는 자신의 운명이야말로 어떠한 종교적, 사회적 구속에도 얽매이지 않으며, 자기 자신의 지혜를 스스로 획득해야 한다고 생각한다. 그러기 위해 종교적 세계로 은퇴하는 것보다는 세상에 참여해야 한다고 다짐한다. 신神과의 불화로 하늘에서 지상으로 떨어진 타락천사인 루시퍼와 부친인 다이달로스의 충고를 무시하고 하늘을 너무 높이 날다 지상에 추락한 이카루스의 운명을 실감하면서 그는 종교를 버리고 예술에 종사하기로 결심한다. 신부가 아니라 그리스신화의 명장名匠 다이달로스로서, 즉 예술가로서의 길을 소명으로 받아들인다. 그는 예술가로서의 숙명을 명상하면서 행복에 넘쳐 홀로 바닷가를 거닌다.

제5장 : 이렇게 그의 생활은 미에 대한 열렬한 추구와 신앙인으로서의 성스런 몸가짐을 가꾸면서 자기의 미래를 탐색한다. 이 무렵에 친구인 린치와 예술과 미에 대하여 주고받은 대화는 그의 예술에 대한 감각과 사유를 단적으로 표현하고 있다. 그 후 스티븐은 성직에 대한 심한 회의에 빠지게 된다. 아일랜드의 교회 및 신부의 생활과 자기의 예술관의 괴리를 느끼고 드디어 아름다움만을 추구할 수 있는 예술, 자유로운 예술의 획득을 위해 파리로 떠날 결심을 한다. 그리고 스티븐은 자신의 일기에 예술의 신 다이달로스에게 다음과 같은 기도를 적어 넣었다.

"늙으신 아버지시여, 늙으신 기술자이시여, 지금 그리고 영원토록 저를 도와주소서."

이리하여 그리스신화의 명장 다이달로스에게 자신의 아버지가 되어줄 것을 요구하고, 그를 구속하고 있던 전통과 인습의 그물로부터의 최후의 해방을 선포한다. 어린 새가 둥지를 떠나며 자초한 망명이 시작되는 순간이다.

20세기 대표적인 모더니즘 작품

『젊은 예술가의 초상』은 종교적인 가정에서 출생하여 한 때는 신학생이 되려다가 예술의 미에 눈을 뜨게 되어 마침내 그것에 인생을 걸게 된 작가 조이스의 정신적 성장 단계를 다정다감한 청년 스티븐을 통해 진지하게 묘사하고 있다.

『젊은 예술가의 초상』은 문학사에서 근대의 사실주의, 자연주의 문학과 현대문학의 한 분기점을 이루는 중요한 위치를 차지하고 있다. 산문시와도 같은 함축미와 일관된 상징, 정교하게 짜인 횡적 구성, 형식적인 전통을 거부하는 이지적인 실험정신은 인간의 내면을 꿰뚫는 현대소설의 귀감이다.

『젊은 예술가의 초상』은 조이스의 성장 과정을 다룬 일종의 자서전적인 정신사가 의식의 축을 이루고 있다. 이 작품은 한 예술가의 의식의 세계를 '의식의 흐름'이라는 새로운 기법을 추구하여 소설 기법의 새로운 장을 열었다는 평을 받고 있다. 그것은 이전의 소설들의 주된 흐름인 사실주의나 자연주의의 현실적 묘사에서 벗어나 인간 존재의 내면을 투영하고 있는 점에서 두드러진다. 그의 작품들은 이처럼 등장인물들의 성격 창조보다는 주인공의 내면의 의식세계를 밀도 있게 추적하면서 현대소설의 새로운 지평을 연 셈이다.

현대소설은 인간의 현실적 삶이 이루어지는 사회 반영인 근대소설과는 달리, 인간의 심리 세계로 그 시선이 전환되었다. 따라서 제임스 조이스의 소설들에서 일관된 사건이나 성격, 구성을 파악하기는 매우 어렵다. 작품 속에 흐르는 의식의 양태를 독자들이 나름대로 종합하고 정리하여 일관적 흐름을 파악해야 한다.

『젊은 예술가의 초상』에서 주인공 디덜러스의 성장기에 대한 파악도 '의식의 흐름'을 통한 정리가 필요하다. 그것은 유년시절부터, 신부들에 의해 교육되는 엄격한 학교생활, 대학에서의 예술에 대한 심취와 자기각성, 인격 형성, 그리고 유학길에 오르는 시간적 흐름이 주인공의 의식의 변화에 초점이 맞춰져 기록되어 있기 때문이다. 따라서 이 작품은 이러한 주인공의 의식 변화와 내성적 성격의 변화에 소설적 형식의 기법이 가미되어 있는 셈이다.

『젊은 예술가의 초상』은 미국의 시인 에즈라 파운드(T. S. 엘리어트의 스승)의 도움으로 〈에고이스트〉지에 연재되었고 1916년에 미국에서, 1917년에 영국에서 각각 출판되었다. 조이스는 뛰어난 구성력과 그 날카로운 통찰력으로 주인공 스티븐 더덜러스의 '영원히 미숙한' 정신을 통해 형식주의와 종교나 맹목적인 애국에 대담한 반기를 들고 역시 '미숙한' 채로 그의 심미안적 예술관을 피력하고 있는 것이다.

◇ 추천도서
『젊은 예술가의 초상』, 장경렬 옮김, 시공사, 2012
『젊은 예술가의 초상』, 성은애 옮김, 열린책들, 2011
『젊은 예술가의 초상』, 이상옥 옮김, 민음사, 2001

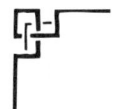 

― Women in Love ―

사랑하는 여인들

원초적 본능, 인간을 해방하라

로렌스 지음

성性의 해방을 통해 인간 의식의 새로운 국면과 진정한 인간관계를 확립하고자 했던 로렌스는 이성과 과학기술로 상징되는 현대문명을 고발하면서 인간의 원시적인 본능과 생명력을 강조했는데 이런 점에서 그의 작품은 현대문명의 비평서적인 성격을 띠고 있다. 두 쌍의 대조적인 사랑 방식을 통해 조화롭고 평등한 남녀 관계를 추구하는 '가장 희망적인 현대작가'의 모습을 볼 수 있다.

『채털리 부인의 사랑』으로 우리에게 잘 알려진 로렌스(David Herbert Lawrence, 1885~1930)는 영국 중부지방의 한 탄광촌에서 태어났다. 그는 배움이 부족하고 거의 본능적인 삶을 살아가는 아버지와 돈독한 신앙과 독서를 즐기는 교양 있는 여교사 출신의 어머니 아래서 자랐다. 어머니는 남편보다 자식들에게 기대를 걸고 자녀교육에 헌신했다.

어머니는 다섯 형제 가운데 유난히 허약한 체질이었던 로렌스에게 깊은 애정을 기울였다. 조숙했던 로렌스는 학교 성적도 우수하여 고교시절을 장학생으로 보냈고 졸업 후 공장에서 몇 달 동안 일하다가 폐렴을 앓기도 했다.

이 무렵 그는 작은 농장을 왕래하다가 그 주인집 딸인 제시 쳄버즈를 알게 된다. 지적이고 교양 있는 그녀와 이후 10년 동안 사귀면서 그는 정신적으로 크게 성장했고 본격적인 작가의 길을 가게 된 데에도 그녀의 영향이 컸다. 몇 년 간의 교사생활을 거쳐 26살에 처녀 소설인 『하얀 공작』을 출간했는데 의외로 독자들의 반응이 좋자 교사직을 그만두고 창작활동에 더욱 열중한다.

그 무렵 제시 챔버즈와 헤어지고 대학 친구인 루이 버로우즈와 갑자기 약혼했다. 이는 어머니의 지나친 집착으로 인해 아들이자 연인이라는 이중역할을 감당하기 벅찼던 로렌스의 심리적 반작용에서 나온 듯하다. 후에 어머니가 죽자 그는 약혼도 파기하고 자전적 소설 『아들과 연인』을 쓰기 시작했다.

로렌스의 삶에서 결정적인 사건은 1912년 은사인 위클리 교수의 부인인 프리다와의 만남이었다. 프리다는 로렌스보다 4년 연상인 32살이었고 세 자녀를 두고 있었다. 그녀는 14살 연상인 남편과의 단조로운 결혼생활에 권태를 느끼고 있던 중 자택을 방문한 남편의 제자 로렌스와 눈이 맞았다. 지적이고 개성이 강한 프리다는 로렌스와의 사랑을 위해 10년 동안 함께 살아온 남편과 가정을 버리고 새로운 삶의 돌파구를 찾아 영국 해협을 건너 독일로 사랑의 도피 행각에 나선다.

1913년에 두 사람은 영국으로 다시 돌아왔는데 그해에 『아들과 연인』을 출간했다. 20세기 초엽의 영국의 한 탄광촌을 배경으로 삼은 이 소설은 로렌스의 자전적인 모습을 그린 작품이다. 이후 그의 작가로서의 길은 확고해졌다. 1914년 프리다와 정식으로 결혼하여 정신적 안정을 찾은 그는 새로운 작품활동에 들어갔고, 이 과정에서 프리다가 자신의 가정생활 경험과 프로이트의 심리학 이론을 들려주었다.

제1차 세계대전 동안 전쟁을 혐오한 그는 영국 각지를 유람하면서 세상의 공포를 피할 수 있는 이상향인 라나님Rananim 건설을 구상하기도 했다. 1916년에 야심작 『무지개』를 발표했는데 외설로 간주되어 당국의 탄압을 받았다. 당시의 윤리 상황에서 성性에 대한 그의 대담한 묘사는 충격적이었기 때문이었다. 이 작품으로 외설작가로 낙인찍혔으나 남다른 통찰력을 가진 작가만이 그려낼 수 있다는 것이 현대 비평가들의 평가이다.

로렌스 부부는 『무지개』 필화사건과 로렌스의 긴 수염, 프리다의 독일 국적 등을 이유로 1917년에 영국 당국으로부터 공식 이주명령을 받았다. 1919년 그는 영국에는 희망이 없다고 생각하고 이탈리아, 실론(오늘날 스리랑카), 호주, 미국, 멕시코를 거쳐 이탈리아에 도착했다. 그의 이런 방랑생활은 단순한 도피가 아니라 삶의 새로운 실마리와 한계에 직면한 서양문명세계를 벗어나 지성보다 원시적 본능이 살아 숨 쉬는 안식처를 찾고자 함이었다.

『무지개』의 후편에 해당하는 『사랑하는 여인들』은 미국 뉴욕에서 출간했다. 이 작품은 『무지개』에서 소개된 브랭웬 지방의 두 자매인 어슐러와 구드런의 인생을 계속 탐구한 작품인데 어슐러와 버킨, 구드런과 제럴드 등 두 쌍의 남녀관계가 창조적이고 파괴적인 양면을 표현하는 방식으로 전개된다.

그러나 이 작품이 1921년에 한 신문으로부터 심한 비난을 받자 유럽에 대한 그의 혐오는 더욱 커졌다. 이때 미국의 한 여성팬으로부터 미국에 와서 예술인촌을 세워보라는 제의를 받고 다음 해에 미국으로 건너갔다. 미국에 도착한 그는 자기 집에 온 듯 편안한 마음으로 다시 글을 쓰기 시작했다. 그러나 그의 팬들은 예술인촌에 무관심했고 건강마저 악화되어 여생의 대부분을 이탈리아에서 보내게 되었다. 마지막 소설인 『채털리 부인의 사랑』은 전례없는 외설 시비를 불러 발표 후 30년이 지난 1961년에야 명예를 회복할 수 있었다. 『채털리 부인의 사랑』은 제1차 세계대전에 참전하여 입은 부상으로 영원히 하반신 불구가 되어 휠체어 인생을 살아가는 29살의 클리포드 경卿과 사랑이 결핍된 결혼 생활의 희생양인 23살의 아내 콘스탄스 채털리 부인(코니), 그리고 따뜻함을 지니고 자연 속에서 고독하게 살아가는 산지기 멜로스와의 삼각관계를 그린 소설이다.

1928년부터 로렌스는 죽음과의 처절한 투쟁을 벌이며 이곳저곳을 전전하다가 1930년 45살에 결핵으로 운명했다. 유해는 프리다에 의해 화장되어 그가 사랑하던 미국 뉴멕시코 주의 타오스 산중에 묻혔다. 그는 자기가 산 시대와 타협을 거부한 독창적인 작가였다.

로렌스 작품의 일관된 주제는 '성의 해방을 통한 인간 구원'이다. 그의 대표작인 『아들과 연인』, 『무지개』, 『사랑하는 여인들』 등은 사랑하는 남녀가 세련된 정신적 욕구와 원시적이고 본능적인 욕망과 사이에서 느끼는 갈등을 그리고 있다. 그는 작품에서 인간이 지적인 면에 너무 치우쳐 있어 육체적인 면을 도외시하고 있다고 보고 본능에 잠재해 있는 '불타는 생명력'의 발현을 추구했다.

그런 과정에서 성이라는 문제를 대담하게 다룰 수밖에 없었고 당시 금욕적인 청교도 정신이 생활 윤리로 지배하던 영국사회와 마찰은 불가피했다. 일체의 세속적 욕망을 멀리하고 오로지 천국을 위해 살라는 그리스도교의 교리와 본능에 충실한 삶의 회복을 외친 로렌스의 생명주의 철학은 합치될 수 없었다.

로렌스는 현대문명이 개성을 말살하고 획일화시켜 개성의 최후 표현인 인간의 성조차도 타락시켰다고 주장했다. 그의 성에 대한 관념은 결코 음란한 것이 아니라 신성하고 진지하다. 남녀간의 성행위를 통해 신비로운 우주의 생명력과 접촉이 가능하다고 볼 만큼 성에 대한 로렌스의 외경심은 종교적인 차원에 가까웠다.

그는 남녀 간의 인격의 표현은 참다운 성관계를 수반해야 하고, 참다운 성관계야말로 가정의 행복과 건강의 원천이라고 생각했다. 그는 논리나 지성보다 피와 살이 더 중요하며 성을 죄악시하는 정신문명의 해독으로 진정한 인간문명이 왜곡되고 있다고 보고, 오히려 성에 대한 경건한 자세에서 인간의 해방과 구원을 얻으려고 했다.

그렇다고 남녀의 사랑에 있어 정신적인 면을 거부한 것은 결코 아니다. 당시의 이성 중심의 사회에 눌려 있던 본능과 감성을 해방시켜 활력이 넘치는 사회를 갈망했던 그가 사회를 정화시키고 재생시킬 수 있는 무기로 선택한 것이 본능에 충실한 성생활이었던 것이다.

주요 등장인물

버킨 : 작가의 사상을 대변하는 인물로 어슐러와 완벽한 사랑과 결혼을 꿈꾸는 장학관.
제럴드 : 구드런과 사랑과 결혼에는 성공하지만 원만한 관계 설정에 실패하는 사업가.
어슐러 : 교육자의 장녀로 태어나 버킨과 갈등하고 충돌하면서도 결국 결혼에 성공하는 여성.
구드런 : 어슐러의 동생으로 런던에서 미술을 공부한 후 귀국하여 제럴드와 결혼하는 여성.

줄거리

『사랑하는 여인들』은 로렌스기 자신이 최고작이라고 자평했을 만큼 애정을 가진 작품이다. 물론 비평가들의 평가는 좀 다르지만.
잉글랜드 중부지방에 사는 브랭웬가家의 두 자매인 어슐러와 구드런은 혼기가 되었음에도 평범한 결혼에는 소극적인 면을 띠고 있는 독립심이 강한 현대적인 여성들이다. 두 여성은 나름의 사고방식과 인생 경험을 갖고 살아간다. 언니 어슐러는 순수하면서도 낭만적인 여성으로, 동생 구드런은 아름다운 용모와 성취욕이 강한 여성으로 등장한다. 이들은 이 지방의 탄광 경영자인 크라치가家의 결혼식을 구경하러 가는데, 공립중학교 교사인 언니 어슐러는 그곳에서 장학관인 루퍼트 버킨이라는 청년과 사귀게 되고 런던에서 갓 돌아온 화가인 동생 구드런은 청년

탄광주이자 버킨의 친구인 제럴드에게 마음이 끌려, 이 두 쌍의 남녀는 각각 대조적인 입장에서 독자적인 애증愛憎의 드라마를 전개하게 된다.

먼저 버킨과 어슐러의 관계를 살펴보자. 현대문명의 양식에 반기를 들고 새로운 삶의 방식을 모색하는 버킨은 어슐러와의 관계가 평등의 기초 위에 성립되기를 희망한다. 즉 그는 '대립하는 남녀가 개성을 상실하지 않는 균형관계에 의해 사랑을 초월한 결합'이라는 이상을 실현하고자 한다. 자신의 의지에 남자가 굴복하기를 기대하는 어슐러는 처음에 그것을 이해하지 못하고 버킨의 구세주적인 태도에 반발하지만 이들은 변함없이 서로 견제하면서 조화를 이루어 결국은 결혼한다. 물론 결혼에 성공하기까지는 두 자아의 충돌과 갈등이 필요했다. 작가는 이들의 남녀관계를 이상적인 것으로 그리고 있다.

반면 제럴드와 구드런의 관계는 상대방에 대한 지배와 정복이라는 처절한 투쟁 양상으로 전개된다. 제럴드는 광산에서 기계적인 능률의 노예가 되어 자선사업이나 인간다운 사업 운영은 뒷전인 냉혹한 영국 실업가의 전형으로 표현된다. 그리고 그는 사랑이나 결혼을 단순한 관능의 차원에서 파악한다. 구드런은 제럴드의 남성적인 매력과 추진력에 매혹되지만 강한 자의식 때문에 두 사람은 상대방을 정복하려는 투쟁을 벌이고 결국 구드런의 우세로 끝나 그녀가 제럴드를 복종시키게 된다. 결국 이들은 두 고고한 자아가 순수한 평형을 이루지 못하고 일방적인 지배와 복종의 관계를 이룬다.

두 쌍의 젊은이는 스위스로 스키여행을 떠나고 제럴드에게 염증을 느낀 구드런은 거기서 만난 독일인 조각가인 뢰르케의 남성적인 매력에 흔들린다. 뢰르케는 제럴드처럼 기계주의를 옹호하는 부패한 영혼의 소유자로 구드런과 제럴드의 갈등을 재촉한다. 구드런과 뢰르케는 같은 예술가라는 동료의식으로 관계가 깊어진다. 눈 덮인 산에 구드런과 뢰르케가 함께 있는 것을 보고 상심한 제럴드는 혼자 산속을 헤매다가 죽는다. 버킨은 제럴드의 시체를 보고 울면서 "내가 그 친구에게 제의했던 것처럼 그는 나를 사랑해야 했었지."라고 말한다. 이는 '피를 나누는 우정' 즉 남자 사이의 영원한 결합을 의미하는 것인데 제럴드가 이를 거절하고 구드런을 택했기 때문에 그의 인생은 비극으로 끝난 것이다. 이야기는 버킨과 어슐러의 다음과 같은 대화로 막을 내린다.

"내가 당신에게 충분치 못했나요?"라고 그녀가 물었다. "못했지." 그는 대답했다. "여자에 관한 한 당신은 나에게 충분하지. 당신은 나에게 세상의 모든 여성을 의미하니까. 그러나 나는 당신과 나의 관계가 영원한 것처럼 영원한 남자친구가 필요했어." "왜 내가 충분치 못해요?" 그녀는 따졌다. "내게는 당신이면 충분한데. 나는 당신 외에 아무도 필요가 없는데." "당신만 있으면 그밖에 누가 없어도 평생을 살아갈 수 있지, 그러나 진정 행복한 인생을 살려면 나는 또 한 남자와의 영원한 결합도 원했었지, 다른 종류의 사랑 말이오."라고 그는 말했다.

조화롭고 평등한 남녀관계 추구

이상이 『사랑하는 여인들』의 대체적인 줄거리인데, 이 작품에서 버킨은 로렌스 자신을, 어슐러는 부인인 프리다를 상징하고 있다. 작가 자신의 모습과 사상을 대변하는 인물인 버킨은 기계화된 현대문명을 혐오하며 종교적인 생활을 하지만 특정 종교의 신에 의지하는 것이 아니라 완성된 개인과 개인의 사랑이라는 믿음을 갖고 있다. 그는 낭만적인 어슐러와의 직선적이 아닌 암시적인 사랑을 가꾸어간다.

버킨의 연인으로 등장하는 어슐러는 낭만적이고 관능적이며 모성애적인 사랑을 이상으로 생각한다. 버킨의 사상과 사랑에 대해 완전한 이해에는 도달하지 못하나 서로 비판과 견제를 통해 사랑을 가꾸어간다.

제럴드는 작가가 근대 지성의 상징으로 설정한 인물로, 합리적인 의지에 따라 사랑도 쟁취하고 사업에도 성공한다. 그러나 그러한 의식적인 의지와 합리성의 막다른 골목은 곧 화를 자초한다. 버킨과의 깊은 우정을 끝내 거부하고 구드런에게 공허함을 보상받지만 그것도 잠시뿐 사랑을 찾아 방황한다.

제럴드의 연인인 구드런은 런던에서 미술을 공부하던 시절 여러 예술가들과 보헤미안적인 생활을 하다가 귀향한 후 초라한 광산촌인 고향에 적응하는 데 어려움을 겪는다. 그녀는 제럴드와 결혼을 앞두고 여행을 하던 중 새로운 남자와의 만남으로 흔들리는 여성으로 묘사되고 있다.

로렌스는 이 작품을 통해 남녀가 서로 자아를 유지한 채 영원히 결합하는 사랑의 방식을 추구했다. 즉 남녀 간의 사랑은 한쪽이 다른 한쪽의 굴복을 강요하지 않고 완전한 조화 위에 이룩되어야 한다는 것이다. 이런 의미에서 그는 남성에 대한 여성의 복종을 강요하는 남성우위사상을 거부하고 남녀 간의 성의 부드러움과 따뜻함이라는 육체적 이론을 주장한다.

로렌스는 삭막한 현대문명에 경종을 울리고 인간의 본능 속에서 따스한 생명의 근원을 찾고자 했다. 그는 혼탁한 사회에서 자신을 보존하고 생명력 있는 존재로서의 인간과 인간의 만남을 그리려 했다. 나아가 그는 유럽의 청교도적인 분위기를 거부하고 원초적인 생명력이 살아 숨 쉬는 조화롭고 평등한 인간의 만남을 집요하게 탐색했다.

◈ 추천도서
『연인들』(전 2권), 정상진 옮김, 혜서원, 1992

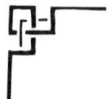 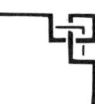

— The Scarlet Letter —

주홍 글씨

청교도적 죄의식의 진홍빛 얼룩

호손 지음

식민지적 열등감에 사로잡혀 있던 19세기 미국 문단에 찬란한 예술의 꽃을 피웠던 작가 호손의 작품. 간통을 했다는 이유로 가슴에 A자를 달고 다녀야 하는 여인과 간통죄로 괴로워하다 결국 죄를 고백하고 죽는 딤스데일 목사를 통해 엄격한 청교도 사회와 죄인의 고독한 심리를 잘 나타내고 있다. 청교도 사회의 비정함과 형식으로 치우친 신앙의 타락, 그로 인한 인간사회의 비극, 그리고 죄의식으로 얼룩진 인간 영혼의 어두운 심연이 매우 음울하게 그려져 있다.

「큰 바위 얼굴」의 작가로 우리에게 알려진 너새니얼 호손(Nathaniel Hawthorne, 1804~1864)은 뉴잉글랜드 지방의 매사추세츠 주 세일럼의 전통적인 청교도 가문에서 태어났다. 그가 태어난 세일럼은 그의 조상들과 관련된 무서운 내력을 지니고 있었다. 그의 조상들은 영국에서 미국의 세일럼에 정착했는데, 그중에는 미국 초기의 도덕적 혼란을 보여주는 마녀사냥 당시 가혹한 판결을 내리는가 하면 퀘이커교도 여성을 공개 처형한 사람도 있었다. 하나님을 경배하고 악마를 몰아낸다는 명분 아래 무고한 사람들을 박해하고 인간의 양심과 존엄성을 해친 조상들의 반이성적 행위는 평생 동안 그의 마음에 깊은 그늘을 드리웠다.

4살 때 선장인 아버지가 항해 중 객사하자 가족과 함께 외가로 가서 함께 살았다. 9살 때 공놀이를 하다가 다리를 다친 그는 3년간 학교도 가지·못하자 집안에서 스펜서나 밀턴 등의 고전을 탐독함으로써 육체적인 불행을 정신적인 풍요로 대신하고자 했다. 이처럼 어린 시절을 고독과 명상, 그리고 독서 속에서 보낸 그는 감수성이 예민하고 매우 과묵한 소년으로 성장했다.

17살에 보든 대학에 입학한 그는 후일 시인이 된 롱펠로, 대통령이 된 프랭클린 피어스와 친교를 맺었다. 대학시절에도 그는 고독을 즐기며 비사교적이었다. 대학졸업 후 고향인 세일럼으로 돌아가 무려 12년 동안 세상을 등지고 고독에 찬 은둔생활을 했다. 이 시기에 그는 방에 틀어박혀 광범위한 명상과 창작에 몰두했으며 작가가 되기 위한 길고 외로운 기간을 보냈다. 이때 호손은 항상 자기 마음속에 드리워져 있던 그늘의 정체를 파헤치고자 했다. 그는 세일럼과 청교도의 역사, 선조들의 행적에 열중했다. 그 결과 선조들에 대한 원죄의식과 청교도 정신에 비판적인 시각을 갖게 되고 이는 평생의 문학적 주제가 된다.

31살에 자신의 대학시절을 소재로 한 로맨틱한 소설 『팬쇼』를, 그리고 33살에는 「큰 바위 얼굴」이 수록되어 있는 『트와이스 톨드 테일즈』를 출판했으나 별다른 주목을 끌지 못했다. 세상은 아직 더 많은 독서와 고독을 그에게 요구했던 것이다. 그 무렵 세일럼의 치과의사 딸인 소피아를 만나 사랑에 빠지면서 호손은 고독한 생활에서 벗어나 다소나마 정신적 안정을 되찾았다. 영혼의 빛을 되찾은 호손은 소피아의 애정 속에서 가난하지만 매우 행복한 신혼생활을 보냈다. 소피아는 생계조차 꾸려나갈 수 없는 어려운 처지에서도 호손에게 격려와 비판을 아끼지 않은 훌륭한 내조자였다.

42살에 그들은 콩코드를 떠나 세일럼으로 돌아갔다. 아내가 임신하게 되고 생활도 몹시 궁색한 상황에서 친구 피어스의 주선으로 세일럼의 세관에 근무하기도 했다. 어느 날 그는 세관의 버려진 위층 방에서 금실로 A자 모양의 수를 놓은 주홍색 천 조각을 발견하는데, 이것은 그의 최대 걸작 『주홍 글씨』를 쓰는 실마리가 되었다.

　1849년 공화당 정부가 들어서자 민주당과 가까웠던 그는 실직하게 되고 뒤이어 어머니까지 세상을 떠나자 한때 실의에 빠지기도 했으나 이 불행이 중대한 전기가 되어 아내의 격려 속에 『주홍 글씨』를 완성했다. 『주홍 글씨』는 당시 대단한 호평을 받았고 이후 『일곱 박공으로 된 집』, 『블라이드데일 로맨스』 등 본격적인 창작활동을 전개했다.

　1853년 대통령으로 취임한 피어스에 의해 리버풀 영사로 임명된 그는 영국에서 4년을 보낸 후 이탈리아에도 머무르게 되는데 이 무렵 쓴 작품이 이탈리아를 무대로 한 『대리석의 목양신』이다. 1860년 여름 미국 보스턴으로 돌아온 그는 창작력의 쇠퇴와 더불어 건강도 점점 나빠졌다. 그 후 친구 피어스와 함께 여행을 떠난 그는 미완의 작품을 남겨 놓은 채 1864년 객지에서 사망, 콩코드의 묘지에 안장되었다.

　호손이 살았던 19세기 미국은 사회적으로는 노예제도와 남북 대립에 대한 비판적 논쟁이 격렬하게 일고 있었고 경제적으로는 산업화의 여파로 뉴잉글랜드에도 새로운 공장이 건설되었다. 정치적으로는 앤드류 잭슨 대통령이 미국의 민주주의 전개에 획기적인 역할을 하고 있었다. 이러한 사회변화 중에서도 가장 중요한 것은 종교적, 철학적 변화였다. 1세기 이상이나 뉴잉글랜드를 지배해오던 청교도주의적 신정神政정치에 분열이 생기고 인간의 이성을 강조하는 계몽사상이 퍼지기 시작한 시기였다.

　이에 따라 '유니테리언파'(프로테스탄트의 일파로 삼위일체설을 부인하고 하나님의 단일성을 주장하며 예수의 신성神性을 부인하는 파)와 '초월주의'가 출현했다. 교리보다는 윤리적 운동에 중점을 두는 유니테리언파는 그리스도교 속에서 인간성과 자유의지를 역설하는 자유주의의 영향을 받았다. 그리고 신, 인간, 자연을 우주 영혼의 공유자로 보며 자연은 신의 마음의 표현이고, 인간의 양심은 신의 음성이며 삼라만상은 그대로 신성神性을 지닌 것이라는 믿음이 새로운 이상사회 건설을 추구한 지식계급에 널리 확산되던 시대였다. 따라서 당시의 미국은 인간의 천성은 선하고 인간이 완전한 자유를 누릴 수 있다는 풍조가 지배적이었으며 사람들은 무한한 발전을 꿈꾸고 있었다.

이런 시대의 흐름 속에서 호손은 자신의 문학적 과제인 청교도 관습과 인간상에 대한 비판의식을 더욱 굳건히 확립하고 발전시켜 나갈 수 있었다. 특히 당대의 유명한 초월주의자들인 에머슨, 헨리 소로 등과 직접적인 교류를 가지면서 인간은 자신을 구속하는 과거와 관습으로부터 자유로워야 한다는 자유주의적 경향에 한동안 심취하게 되었다.

1841년 호손은 새로운 세계의 이상을 꿈꾸며 일단의 초월주의자들과 함께 '브루크 팜Brook Farm'이라는 유토피아적 농장 건설에 참여했다. 그러나 그곳에서의 생활을 통해 자신이 생각하고 있는 이상세계와 현실세계의 차이를 통감하고 곧 농장생활을 청산했다. 청교도적 죄의식과 비관론에 사로잡혀 있던 호손은 초월주의가 주장하는 이상적인 낙관론을 쉽게 받아들일 수 없었던 것이다. 그는 에머슨 등의 초월주의자들로부터 쏟아지는 비난에도 불구하고 다시 자신만의 침묵과 우울의 세계로 돌아갔다.

이렇듯 호손은 당시의 시대 조류인 자유주의와 초월주의를 받아들이면서도 그것에 무작정 휩쓸리지 않고 자신의 문학세계의 폭을 넓히는 계기로 삼았다. 그리고 생생한 현실 참여와 체험을 통해서 값진 예술의 꽃을 피울 수 있었다.

주요 등장인물
헤스터 프린 : 칠링워스와 결혼했으나 딤스데일 목사와의 사이에 사생아 펄을 낳은 여인.
딤스데일 : 존경받는 청년 목사지만 헤스터 프린과 불륜을 맺고 정신적 고통에 시달리다 참회하고 죽는 인물.

칠링워스 : 자신의 아내 헤스터가 불륜으로 처벌받는 장면을 목격하고 아내의 정부에게 복수를 계획하는 의사.

펄 : 헤스터가 간통으로 낳은 딸로, 헤스터에게 자신의 죄를 깨닫게 해주는 존재.

줄거리

이 작품은 청교도 사상이 지배하던 17세기의 보스턴을 배경으로, 삼각관계에서 발생한 간통사건과 이에 대한 청교도 사회의 냉혹한 제재를 다루고 있다.

주요 등장인물은 미모의 젊은 유부녀 헤스터 프린, 그녀 불륜의 관계를 맺은 덕망 있는 청년 목사 딤스데일, 아내를 빼앗긴 원한으로 복수의 칼을 가는 헤스터의 옛 남편 칠링워스, 그리고 불륜의 씨앗인 딸 펄이다.

영생을 얻기 위해 엄격한 종교적 계율 밑에서 현세의 쾌락을 멀리하고 엄숙하게 살아야 하는 당시의 청교도들에겐 성도덕이 특히 엄했다. 성이 개방된 지금과는 달라서 간음은 절대로 용서를 받을 수 없었다.

그래서 헤스터는 뉴잉글랜드의 한 교수대 위에 생후 3개월된 아기를 안고 앞가슴에 주홍색 A라는 글씨가 선명하게 수놓인 옷을 입고 군중들의 시선 속에 서 있다. A는 '긴통(Adultery)'의 머릿글자였다.

그녀는 주홍 글씨에 의해 영원히 일상적인 평안의 세계, 현실적인 선善의 세계로부터 추방되지만 오히려 자신의 행위를 용기 있게 인정하고 자신으로 인해 야기된 모든 비극을 꿋꿋이 감수하려고 한다.

영국에서 태어난 헤스터 프린은 그곳에서 나이가 훨씬 많은 노학자와 결혼했다. 비극은 그녀가 남편을 홀로 두고 먼저 식민지인 미국 땅에 건너온 데서 일어났다. 그녀의 뒤를 따라 곧 오기로 되어 있는 남편이 아무리 기다려도 오지 않았고 소식도 끊어졌다. 사람들은 그가 틀림없이 죽었다고들 했다.

그러는 사이에 헤스터는 지금 품 안에 있는 갓난아이를 낳은 것이다. 남편이 없는 사이에 임신하여 낳은 아이이니 정상적인 아이일 리는 없다. 때문에 엄격한 청교도들은 헤스터를 간통죄로 고소하여 형무소에 감금했고 재판 결과 다음과 같은 선고를 내렸다.

"헤스터 프린은 교수대 위에서 부정한 자식을 안고 3시간동안 구경거리가 된 뒤 앞으로 일생동안 죄의 상징인 A라는 글자를 가슴에 달고 살아야 한다."

그러면 헤스터의 간통 상대는 누구였을까? 그녀는 총독과 늙은 목사, 그리고 젊은 성직자인 딤스데일의 힐문에도 입을 굳게 다문 채 상대방의 이름을 밝히지 않았다.

수많은 군중 속에는 오랫동안 행방불명되었던 그녀의 남편도 끼어 있었다. 그는 미국으로 건너오는 도중 여러 가지 재난을 만났고 그동안 겪었던 어려움으로 얼굴도 크게 변한 상태였다. 그는 사랑하는 아내 헤스터의 간통 사실을 알게 되자 상대방에 대한 복수를 맹세한다. 이름도 칠링워스라 고치고 의사로서 이 도시에 머무르게 되었다.

반면 숨은 죄인인 딤스데일 목사는 외면적으로는 청교도 사회의 성스러운 목사요, 정신적 지도자로서 존경을 받지만 내적으로는 자신의 죄를 내적으로 고백하지 못하고 깊은 죄의식에 사로잡혀 하루하루를 처절한 고통 속에서 보내는 인물이다. 그는 은밀한 죄책감과 양심의 가책으로 자신을 점점 어둠의 골짜기로 몰아넣고 있었다. 이처럼 딤스데일이 스스로 죄를 고백하지 못하고 죄의식의 고통으로 신음하는 것은 그가 칠링워스나 다른 청교도 시민들처럼 대서양을 건너와 청교도 공동체의 이상을 실현하고자 했던 이상주의자였기 때문이다.

한편 이 작품의 또 다른 죄인인 칠링워스는 아내인 헤스터의 부정을 알고 무서운 복수를 결심한다. 늙은 그는 자기의 신분을 감추고 '냉혹하다'라는 뜻의 칠링워스라는 이름으로 사악한 정열에 사로잡혀 고립 속으로 빠져든다. 그는 펄의 아버지가 발견되지 않는 한 지상의 부정은 제거되지 않는다는 그릇된 신념을 가짐으로써 그 고통으로 인해 성격이 왜곡되어 버린다. 무서운 악마로 변신한 칠링워스는 악마의 마법에 끌리듯 성스러운 목사 딤스데일에게 접근하고 마침내 마음의 병을 고백하려 하지 않는 그의 가슴 속에서 주홍 글씨를 발견하게 된다. 드디어 칠링워스는 그가 바로 자신이 찾던 펄의 아버지요, 복수의 대상임을 알아낸다.

헤스터는 형기를 마치고 교외의 초가집에 조용히 살면서 삯바느질로 생계를 꾸려가고 있었다. 3살이 된 그녀의 딸 펄(마태복음의 '값진 진주'에서 따온 이름)은 친구도 없이 자유분방하게 자라고 있었다.

딤스데일은 헤스터와 나란히 형벌을 받고 싶었다. 그러나 헤스터가 그의 이름을 숨기고 싶어 했기 때문에 그 기회를 잃고 말았다. 그에게는 스스로 죄를 고백하고 형벌을 받을 용기가 없었다.

7년이 지난 5월의 어느 날 밤이었다. 딤스데일은 밤일에서 돌아오는 헤스터 모녀를 불러세우고 셋이서 손을 잡고 교수대 위에 서자고 제의했다. 그의 고민을 알게 된 헤스터는 칠링워스에게 딤스데일을 용서해달라고 간청하지만 복수의 화신이 된 남편은 거절했다. 이에 헤스터는 숲에서 목사를 만나 남편의 정체를 밝혔다.

축제일에 딤스데일 목사는 설교를 하게 되었다. 교수대 위에 서서 훌륭한 기념설교를 마친 딤스데일은 헤스터 모녀의 손을 잡고 청중들 앞에서 주홍 글씨를 보여주며 자기의 죄를 고백하고 숨을 거둔다.

딤스데일 목사의 죽음으로 칠링워스는 지상에서의 완전한 세계의 실현을 위해 인간 마음의 신성함을 짓밟는 용서받지 못할 죄악을 저지르게 된 셈이 되어 버렸다. 그의 존재의 의미는 어디까지나 딤스데일에게 달려 있었기에 복수의 대상을 잃은 칠링워스는 급격히 기력이 떨어져 1년 이내에 죽고 만다.

호손은 그에게 일말의 동정도 보이지 않는다. 왜냐하면 칠링워스는 지적 교만에 의해 인간성을 상실하고 인간 마음의 신성함을 파괴한 용서받을 수 없는 죄인이기 때문이다.

그러나 호손은 육욕과 위선의 죄를 지은 딤스데일에게는 인간으로서의 연민과 구원의 가능성을 열어 주었다. 칠링워스는 반反 인간적 심성으로 딤스데일의 영혼을 분해하다가 풀잎처럼 시들게 되지만, 딤스데일은 불꽃같은 설교를 성공적으로 마치고 죄의 고백과 함께 떳떳한 죽음을 맞이함으로써 칠링워스로부터 그의 영혼을 구한 것이다.

딤스데일의 구원은 오랜 고행과 참된 고백으로 이루어진 것이지만 그것은 살아 있는 주홍 글씨라고 할 수 있는 죄의 산물인 펄 없이는 불가능했다. 딤스데일이 헤스터와 펄을 껴안은 행위야말로 자신의 비밀을 고백한 행위이며 속죄와 구원을 동시에 얻는 행위였기 때문이다. 펄은 죄의 실체이지만 죄, 형벌, 사랑과 구원의 상징으로써의 역할을 완수함으로써 헤스터와 딤스데일을 구원에 이르게 하는 소임을 다하고 마침내 그녀의 눈물로써 죄의 상징에서 벗어난 펄은 기쁨과 슬픔 속을 걸어갈 수 있는 인간으로 다시 태어난다.

드러난 죄, 숨겨진 죄, 용서받지 못할 죄

『주홍 글씨』는 1640년대 보스턴 식민지 사회에서 일어난 일들을 소재로 하여 청교도가 지배하는 신정일치의 식민지 사회에서 억압되는 인간의 모습을 19세기의 시대정신을 통해 비판하고 있다. 호손은 유토피아적 신세계를 건설하려는 청교도인들의 불완전성을 파헤쳤다.

호손은 여기서 세 가지 형태의 죄, 즉 세상에 드러난 죄(헤스터 프린), 숨겨진 죄(딤스데일), 그리고 용서 못할 오만의 죄(칠링워스)를 다루고 있다. 동시에 칠링워스의 타락과 죽음의 파멸을 통해 에덴동산이 상징하는 이상주의의 꿈이 얼마나 위험하고 실현 불가능한 것인가를 보여주었다.

이에 반해 헤스터와 딤스데일은 처음부터 죄를 범한 불완전한 인간으로 묘사해 이들을 통해서는 죄를 범한 인간, 즉 불완전한 인간이 바로 참된 미국인의 형상이라는 것을 암시하며 동시에 기계문명 속에서 '정원의 신화'를 꿈꾸고 있는 작가와 동시대의 미국인들을 통렬히 비난하였다.

호손은 그의 작품들을 통해 도덕적 진실성을 밝히고자 했던 것으로 보인다. 비록 그의 문학세계가 죄악으로 인해 야기된 고립과 비극이라는 인간사의 어두운 내면에 중점을 두기는 했지만 오히려 호손 문학의 진정한 의의는 죄를 통한 구원의 완성에 있다고 볼 수 있다.

호손은 죄를 다루되 인간은 자신의 죄로 인해 보다 높은 차원의 구원을 얻을 수 있다는 깨달음을 역설적으로 전달했다. 그는 죄로 인한 비극적인 인간의 심리를 그리면서 고통받는 모든 죄인에게 동정심을 보냈으며 죄를 미워하기보다는 용서했던 따뜻한 감성의 인본주의자였다. 따라서 그의 근본사상과 그의 작품이 갖는 궁극적인 목적은 인정이 넘치는 인간과 죄 없는 밝은 세계에 대한 열망, 그리고 그것에 이르는 올바른 길을 제시하는 데 있었다.

이처럼 인간에게 우러나는 동정과 온화함에 대한 사고는 호손의 도덕적, 예술적 신념의 가장 중요한 핵심이었다. 그러므로 그의 상상이 아무리 어둡다 할지라도 문학의 세계에서 호손의 생명은 언제나 강렬한 것이었다. 그러기에 미국 최초의 문화적 르네상스기에 그 열기를 주도할 수 있었으며 미국을 넘어 세계적인 작가로 명성을 얻게 되었다.

◈ 추천도서
『주홍 글씨』, 곽영미 옮김, 열린책들, 2012
『주홍 글씨』, 양석원 옮김, 을유문화사, 2011
『주홍 글씨』, 조승국 옮김, 문예출판사, 2005

여인의 초상

여인의 눈, 대서양 너머를 응시하다

제임스 지음

헨리 제임스는 주로 유럽을 배경으로 미국과 유럽문화의 대조를 통해 유럽문화가 미국인에게 어떠한 영향을 미치는가를 그린다. 상냥하고 자립심이 강한 전형적인 미국 처녀로 자유로운 삶과 자아 발전의 꿈을 안고 유럽으로 건너온 주인공 이사벨 아처는 여러 구혼자들 가운데서 다소 위선적인 남자를 배우자로 선택하게 되고 그로 인해 그녀가 겪는 후회와 갈등을 통해 한 여인의 정신적 성숙 과정을 보여준다.

유럽 대륙의 지혜와 부패, 미국의 순수함과 활력을 문학적 주제로 삼아 '대서양 양편의 한 세대를 해석해낸 사람'으로 평가되는 헨리 제임스(Heny James, 1843~1916)는 미국 출신으로 만년에는 영국에 귀화했다. 그는 부유하고 교양 있는 아일랜드계 가정에서 태어났으며 그의 형은 하버드 대학 심리학 교수이자 실용주의 철학자인 윌리엄 제임스다. 이처럼 세계적인 문학가와 철학자가 한 집안에서 배출된 배경에는 무엇보다 아버지의 독자적인 교육방법이 있었다.

지성인이자 부유한 실업가였던 아버지는 당시 미국의 문화적 상황이 자녀교육에 부적합하다고 판단하여 어린 자녀들을 유럽의 런던이나 파리, 제네바 등지에서 교육을 시켰다. 아버지는 가정교사를 두고 미술관 견학, 연극 관람 등을 통해 폭넓은 소양을 기르도록 했다. 그때 제임스는 루브르 박물관에서 아폴론 회랑을 메운 그림들을 보고 예술적 완성이 나폴레옹의 세계 정복에 필적할 만한 창조적 행위임을 깨닫게 되었다.

1860년 다시 미국으로 돌아와 다음 해인 1861년에 화재진압 중에 부상을 입어 남북전쟁에 참전하지 못하게 되었다. 1862년에 하버드 법대에 입학했으나 1년 만에 중퇴하고 문학과 미술에 열중했다. 후에 제임스가 작가의 인물묘사 과정과 화가의 창작과정의 유사성을 지적한 것은 그의 미술적 소양을 바탕으로 한 것이다.

1869년에 홀로 유럽여행을 떠났으나 다음 해 3월에 평소 사모하던 사촌 여동생 미니 템플이 폐병으로 사망하자 심한 정신적 충격을 받았다. 1875년에 사실상 처녀 장편인 『로데릭 허드슨』을 발표하고 유럽에 영주할 것을 결심하고 우선 파리로 건너가 러시아의 투르게네프를 만나 그를 통해 플로베르, 공쿠르, 졸라, 도데, 모파상 등을 소개받아 소설 작법과 사실주의 이론을 배웠다. 1876년 이후에는 영국에 머물면서 이후 5년 동안 『미국인』, 『유럽 사람들』, 『데이지 밀러』 등을 발표하여 국제적 명성을 얻었다. 그때 테니슨, 글래드스턴, 브라우닝 등 유명인사들과 교류하며 문단의 중요 인물로 인정받는다.

제임스의 명성은 미국 여성에 대한 다양한 연구에 기초해 있었다. 초기 대표작인 『여인의 조상』(1881)에서는 유럽에 가서 자유와 자립을 존중하며 산다는 자신의 고결한 이상을 위해 온갖 유혹을 물리치며 사는 낭만적인 여성을 그렸다.

1882년에 미국에 계시던 부모를 모두 잃은 그는 이후 20년간 미국을 잊고 살았다. 이 동안 몇 개의 단편소설을 써보았으나 크게 호응을 얻지는 못했고 1890년대에 들어서면서 희극을 통해 무대에서의 성공을 시도했지만 실패했다. 20세기에 들어서면서 다시 소설로 돌아와 『비둘기의 날개』, 『사절使節들』, 『금배金杯』 등을 연이어 냈다. 이 작품들에서 제임스는 1870년대에 다루었던 유럽과 미국문화의 통합문제를 다시 추구했는데 이때가 제임스 문학의 절정이라 할 수 있다.

　1904년에 미국으로 돌아와 각지를 순회하고 영국으로 돌아가서『미국 정경』(1907)을 냈다. 그러나 그의 대부분의 작품들은 흥행 면에서는 부진한 편이었다. 1909년에 병석에 눕게 되었고 자서전 등 몇몇 작품을 집필하다가 1915년에 제1차 세계대전 때 영국에 협력을 거부한 미국을 비판하면서 영국 시민으로 귀화했고 1년 후인 1916년에 73살을 일기로 삶을 마감했다.

　제임스는 영미소설에서 몇 가지 중요한 선구적 작업을 시도했다. 우선 그는 심리학자이자 철학자였던 형 윌리엄 제임스의 이론을 바탕으로 하여 "마음의 분위기"를 불어넣은 심리분석 소설의 선구자이다. 그는 인간 경험의 외면적 양상을 그린 19세기 사실주의에 반기를 들고 인간의 내면적인 경험과 그 함축성들을 표현했다. 그리고 스토리 전개보다 성격 묘사에 중점을 두면서 행위의 내면에 스민 동기를 묘사함으로써 인간 심리의 다양한 면모를 드러내는 '심리적 사실주의'를 개척했다. 제임스는 이런 점에서 20세기에 나타나는 '의식의 흐름' 소설의 선구적 역할을 했으나 아직 무의식의 세계까지 들어간 것은 아니었다.

　이처럼 심리적 사실주의에 눈뜬 그는 소설을 하나의 격조 높은 예술의 형식으로 보고 소설 창작의 이론과 기교를 실천에 옮기려고 시도한 최초의 작가 겸 비평가였다. 그의 유명한 평론「소설 창작의 기예」는 소설가보다 비평가로서의 위치를 보여주는 작품으로 간주된다. 그는 소설가가 독자 위에 군림하는 교훈자적인 태도를 배격하고 소설가의 임무는 자신의 모습을 감추고 이야기가 저절로 풀려나가게 하여 독자들에게 작가의 도움 없이 스토리의 정황을 파악하고 있다는 느낌을 주어야 한다고 주장했다.

　또한 제임스 문학의 주제를 이른바 '국제 주제'라고도 부르는데 이것은 그가 국제 상류사회의 풍속을 작품의 주제로 많이 다루었기 때문이다.

그는 미국문화의 편협성을 간파하고 유럽에 사는 미국인들이 그 사회에서 직면하는 윤리적, 심리적 문제들을 파헤쳤다. 신세계의 순진성과 활력, 그리고 구세계의 지혜와 부패를 대비시키면서 활력이 넘치고 생기 있는 민주적인 미국이 유럽의 귀족문화와 대결하고 있다고 생각했다. 그는 미국의 향후 장래와 20세기의 세계 강국으로서 미국이 직면하게 될 여러 도덕적 문제에 대해 예언자적인 의식을 갖고 우려를 나타내기도 했다.

주요 등장인물

이사벨 아처 : 유럽에서 겪는 여러 가지 시련을 통해 성숙해가는 독립적이고 자유로운 미국 여성.
캐스퍼 굿우드 : 이사벨에게 세 번이나 청혼했다가 거절당하는 미국인 청년 실업가.
길버트 오스먼드 : 돈도 명예도 없지만 묘한 매력을 무기로 이사벨과 결혼하는 이중적 인물.

줄거리

1871년 여름, 템스 강을 굽어보며 서 있는 시골의 한 고풍스런 저택 마당에서 세 남자가 한가하게 차를 마시며 담소하고 있다. 이들은 30년 전에 미국에서 건너와 은행가로 성공한 주인 터체트 씨와 폐병을 앓고 있는 그의 아들인 랠프, 그리고 근처에 사는 독신 귀족인 워버튼 경卿이다. 차분하고 원만한 성격에 미남인 워버튼은 진보적이고 교양미 넘치는 영국 귀족이다. 그는 요즘 생활이 너무 단조로워 결혼을 해야겠다고 이야기한다. 이때 젊고 매력적인 여성이 홀연히 나타나는데, 그녀는 터체트 부인의 조카인 이사벨 아처였다.

이사벨 아처는 상냥하고 자립심이 강한 전형적인 미국 처녀로 자유로운 삶과 자아 발전의 꿈을 안고 보다 넓은 세계인 유럽으로 왔다. 그녀의 매력에 반한 워버튼은 그녀를 자기 집으로 초청하여 구혼을 하지만 이사벨은 세상 경험을 더 해보고 싶은 생각에 거절한다. 그와 결혼하면 자신의 이상이 질식할 것 같은 답답한 느낌을 받았기 때문이다.

이사벨에게는 젊은 미국 실업가인 캐스퍼 굿우드라는 구혼자가 있었다. 이사벨이 여행을 떠나기 전에 미국에서 구혼했다가 거절당하고 여기까지 그녀를 따라온 것이다. 그는 정중하면서도 적극성을 지닌 인물이었다. 그녀는 그의 열렬한 사랑을 다시 거절하면서 2년 후에 생각해 보자고 약속해준다. 그의 진취적이고 담백함은 마음에 들었으나 이것을 제외하면 너무 공허하다고 느꼈기 때문이다.

사촌인 랠프도 그녀를 흠모하고 있었다. 그러나 그는 청혼할 입장이 아니고, 더구나 폐병 환자인 그로서는 자신이 사모하는 사람이 자유롭게 운명을 개척해가는 모습을 지켜보는 것도 낙이었다.

이러던 차에 터체트 씨가 위독해지자 가족들과 주변 사람들이 간병을 온다. 그들 중에는 터체트 부인의 친구인 멀 부인도 있었다. 멀 부인은 중년 과부에 자식도 없고 미래도 없는 자신의 신세를 한탄하며 이사벨의 젊음과 지성을 부러워한다. 멀 부인은 자신의 남자친구인 길버트 오스먼드를 소개해주겠다고 말한다.

터체트 씨는 임종 시에 랠프의 설득으로 7만 파운드를 이사벨에게 남기고 숨을 거둔다. 랠프는 이사벨이 자유롭고 독립적인 일을 해야 한다고 생각하기 때문이다. 그러나 이사벨의 '경제적 자립'이 그녀를 불행한 결혼생활로 인도할지는 아무도 몰랐다. 수도원에 어린 딸 팬지를 맡기고 교외에서 고적하게 살아가는 미국인 예술애호가 길버트 오스먼드에게 머얼 부인이 이사벨 아처를 소개한다. 이사벨은 그의 별장에서 팬지와 오스먼드의 누이동생인 제미니 백작 부인과 함께 만났다. 이사벨은 오스먼드를 만날수록 그에게 매료되고 그의 딸인 팬지의 순수함에도 끌린다. 그러나 제미니는 이사벨의 앞날을 우려한다.

캐스퍼 굿우드는 이사벨의 약혼 소식을 듣고 뉴욕에서 달려와 사실을 확인한 다음 그녀를 떠난다. 이사벨의 약혼 소식을 들은 주변 사람들은 한결같이 그녀를 만류한다. 터체트 부인은 이사벨의 재산을 보고 멀 부인이 중간에서 농간을 부린 것이라고 분개한다. 그녀는 오스먼드가 "돈도 없고 명성도 없는 미미한 도락가"라고 혹평한다. 랠프도 이사벨이 하늘 높이 솟을 줄 알았는데 땅으로 떨어졌다고 불만을 갖는다.

그러나 예술품 감식가로 교양인인 척하는 오스먼드에게 환상을 가진 이사벨은 주위의 따가운 시선에 대해 오스먼드의 겸손함과 교양, 그리고 강직함 때문에 그를 택한 것이라고 강변한다. 팬지도 이들의 결합을 찬성하지만 시누이가 되는 제미니는 반가우면서도 이들의 미래가 반드시 행복하지만은 않을 것이라는 생각을 해본다.

마침내 두 사람은 결혼을 하고 로마에 보금자리를 마련한다. 그런데 이들의 저택은 오스먼드의 취향만을 살려서 분위기는 있었으나 이사벨은 어쩐지 마음이 편치 않았다. 결혼 2년째부터 이사벨은 자신의 진정한 모습을 잃고 남편의 울타리 속에서 살아가는 자신의 존재를 다시 생각한다. 한편 이사벨의 어린 시절 남자 친구인 로지어가 팬지를 만나 두 사람은 서로 사랑하게 된다. 로지어는 이사벨과 멀 부인을 통해 결혼을 요구하지만 오스먼드는 빈털털이인 로지어와의 결혼을 반대한다. 그즈음 워버튼 경이 이사벨을 친구로서 찾아왔다가 팬지의 매혹적인 모습에 호감을 갖게 된다. 오스먼드는 워버튼의 재력에 끌려 태도가 변하는데 그 모습에 이사벨의 환상은 깨지고 만다. 꿈에서 깨어난 그녀는 남편이 그녀에게 한 치의 자유도 허용치 않는 고압적인 남자요 재물에 눈이 어두운 속물임을 알게 된다.

어느 날 이사벨은 오스먼드와 멀 부인의 은밀한 대화 장면을 목격하고 이들의 관계를 의심한다. 이사벨은 이제 오스먼드에게 빠져 있던 자신을 후회한다. 팬지와 워버튼의 문제로 이들 부부 사이는 더욱 금이 가고 이사벨은 남편의 뜻을 존중하지만 팬지는 로지어와 결혼하겠다는 뜻을 굽히지 않는다. 워버튼은 스스로 물러가고 이에 대해 오스먼드는 이사벨의 역할이 미흡했음을 꾸짖는다.

건강이 악화되던 랠프는 죽기 전에 이사벨 누나를 보고 싶어한다. 이사벨이 출발하려 하자 오스먼드는 극력 반대한다. 남편과의 충돌로 마음이 심란해진 이사벨은 시누이인 제미니 부인과 터놓고 이야기를 한다. 제미니는 이사벨에게 동정심을 갖고 오빠의 과거를 말해준다. 오스먼드는 첫 아내가 죽은 뒤 멀 부인과 6, 7년 정도 내연의 관계를 가져왔으며 팬지는 그들의 소생이라는 것이다.

새로운 비밀을 안 이사벨은 랠프에게 달려간다. 랠프와 마지막 이야기를 나누며 이사벨은 자기가 이용당했다는 사실을 인정하고 자기를 사랑한 그에게 실망을 주어서 미안하다고 사과한다. 그러나 언제나 관대한 랠프는 "이사벨, 그대가 미움을 받았다면 사랑도 또한 받았겠지요." 하며 용기를 준다.

랠프에게서 이사벨이 학대받고 있다는 말을 듣고 찾아온 캐스퍼 굿우드는 이사벨에게 자기를 사랑하고 있다는 사실을 인정하라며 그녀를 껴안는다. 이제 세 번째 청혼인 셈이다. 그러나 이사벨은 이마저도 거절하고 자신의 운명에 과감히 맞서며 다시 이탈리아로 돌아간다.

비극적인 경험과 정신적 성숙

작가는 초기 작품들에서 신대륙 가치의 상징이던 순진, 소박, 미숙과 구대륙의 가치이던 세련, 교양, 퇴폐의 대립을 다룸에 있어, 미국적 이상에 기우는 경향이 있어 왔다. 그러나『여인의 초상』에서는 양 대륙의 문명적 가치관에 어느 정도 객관성을 유지하면서 적절한 융합 속에 새로운 가치를 탐색하는 모습을 보인다.

『여인의 초상』은 낭만과 감미로움이 교차하는 인간적 정경과 뉴욕 주의 올바니, 그리고 영국 시골의 가든 코트 저택과 로마의 필라초 로카네라 등 적절한 공간적 배치에 작중 인물들 사이에서 오가는 세련미와 교양미 넘치는 대화 등이 작품의 품격을 더한다.

거기에다 주인공 이사벨을 서양소설사상 불멸의 여주인공으로 탄생시킨 작가의 탁월한 창조력이 돋보인다. 이 작중인물 설정 단계에서 제임스가 고심하여 얻은 '자신의 운명과 과감히 맞서는 어떤 젊은 여성에 대한 구상'이 감동적인 이사벨을 탄생시켰던 것이다. 생기 있고 발랄하며 자신에 찬 이사벨은 작가의 사촌 여동생이었던 미니 템플을 연상케 한다. 이사벨은 당차고 지적이지만 세상물정에는 어두운 면도 있다. 다소 허황된 낭만주의에 젖어 있는 이사벨은 "어두운 밤에 잘 보이지 않는 길을 마차를 타고 질주하는 것이 내가 생각하는 행복이다."라고 장담한다. 이러한 성격상의 '결함'은 훗날 선택의 '실수'를 정당화시켜 주면서 그녀를 고전적 의미의 비극의 여주인공으로 만들게 된다. 풍요로운 인생의 꿈을 안고 온 그녀 앞에 기다리는 것은 선택뿐이었고 이 선택의 과정에서 그녀가 완벽한 조건을 갖춘 구혼자들 대신에 위선적인 오스먼드를 반려자로 택하는 것은 그녀의 이러한 기준에 근거한 것이다.

이사벨은 남편이 재산만을 노리는 속물임을 깨닫지만 자신의 선택을 책임지기 위해 굿우드가 제안한 마지막 안식처를 거부하고 남편에게 돌아온다. 자신의 잘못된 선택으로 인한 고통을 감수하기로 결심한 것이다. 여기서 오는 고통이란 단순한 고통을 넘는 성숙한 인간으로서의 발전이다. 즉 정신적 성숙을 위하여 반드시 거쳐야 하는 비극적인 경험을 거친 후에야 인생의 의미를 알게 되고, 마침내 자신을 포함한 세계에 대한 안목을 갖게 된다.

❖ 추천도서
『여인의 초상』(전 3권), 최경도 옮김, 민음사, 2012
『여인의 초상』, 서숙 지음, 이화여자대학교출판부, 2011

허클베리 핀의 모험

현대 미국문학의 신호탄

트웨인 지음

『톰 소여의 모험』과 함께 우리에게 익히 알려진 미국의 대표적 소설이다. 『톰 소여의 모험』의 후편격으로 '미시시피 강의 오디세이'라고도 하는데, 미시시피 강을 배경으로 한 허클베리 핀의 모험과 파란만장한 삶을 통해 주인공의 타고난 순수함과 선량함이 타락한 사회와 벌이는 갈등을 보여준다. 죽음과 삶, 자유와 구속, 개인과 사회라는 명제를 재미있고 감명 깊게 그려내고 있다.

"현대 미국문학은 마크 트웨인의 『허클베리 핀의 모험』에서 비롯되었다." - 헤밍웨이

영국의 버나드 쇼가 일찍이 마크 트웨인(Mark Twain, 1835~1910)의 저작이 장래 미국 연구가들에게 있어 불가결한 요소가 되리라고 예언했듯이 트웨인의 생애와 작품은 미국을 아는 데 중요한 의미를 가진다.

마크 트웨인의 본명은 새뮤얼 랭혼 클레멘스이며 미주리 주 플로리다에서 태어났다. 가난한 개척민의 아들로 태어나 4살 때 가족을 따라 미시시피 강가의 허니벌로 이사했으며 12살에 아버지를 여의었다. 그 후 인쇄소 견습공이 되어 일을 배우기도 하고 방방곡곡을 떠돌아다녔는데 이런 생활은 모험을 좋아하는 그의 성격에 많은 영향을 주었다.

마크 트웨인은 1857년 미시시피 강의 증기선 파일럿이 되었다. 허니벌로 이사한 뒤부터 이 시기까지의 생활과 경험은 후일 작가 형성에 커다란 영향을 주었다. 훗날 그 자신도 이때를 "일생동안 나에게 커다란 영향을 준 시기였다."고 술회했다. 필명인 '마크 트웨인'은 '깊이가 두 길밖에 안 되어 가까스로 항해할 수 있는 강'을 뜻하는 뱃사람들의 용어다.

1861년 남북전쟁이 일어나 수로가 폐쇄되자 마음을 바꾸어 네바다로 가서 은광 발굴과 투기에 열중했다. 또한 저널리즘에 투신해 서부의 유머문학의 명수로 인기를 모았다. 1867년에 발표된 『캘러베라스 군郡의 뛰어오르는 개구리』란 걸작으로 명성을 얻었다. 그 뒤 신문사 특파원으로 유럽과 성지聖地를 도는 관광여행단에 참가하여 그때의 여행기를 정리해 1869년에 『시골뜨기와 외유기』를 출판했다. 이 작품은 미국인이 유럽에 대해 가졌던 비굴한 태도를 버리고 구대륙의 부패하고 위선적인 사회, 문화를 비판하며 건전한 미국의 문화와 민주주의를 옹호하는 내용으로 이루어져 있는데 그의 뛰어난 유머와 어울려 베스트셀러가 되었다.

1870년에 동부의 부유한 탄광주의 딸인 올리비아와 결혼하여 하트퍼드에 정성스럽게 지은 큰 집으로 이사했다. 그 뒤 20년간 가족과 함께 살았는데 이때가 그의 생애 가장 행복하고 생산적인 시기였다. 『톰 소여의 모험』, 『왕자와 거지』, 『미시시피 강의 생활』, 『허클베리 핀의 모험』 등의 작품이 이때 만들어졌다.

그러나 서부에서 자란 야성적인 그는 고상한 취미와 교양을 갖춘 아내와 성격 차이가 있었고 동부사회의 '고상하고 품위 있는' 문화전통 및 그가 C. D. 워너와 공저한 『도금시대』에서 그린 당시의 황금만능주의와 도덕적 타락 등에 위화감을 느껴 인간과 사회에 회의적인 생각을 갖게 된다. 더욱이 1896년 큰딸을 뇌막염으로 잃고 뒤이은 아내의 죽음 등 개인적인 불행이 겹치자 그는 구제될 수 없는 염세관과 허무사상에 빠져들었다. 이러한 생각은 1906년 익명으로 발표된 작품 『인간이란 무엇인가』와 미완성 유작인 『이상한 소년』에 잘 나타나 있다.

초기의 그는 미국인의 정신과 왕성한 생활 체험을 신선한 문장으로 구사한 매우 낙관적인 작가로 독자들에게 받아들여졌다. 그러나 말년에는 허무사상으로 빠져들게 되었는데 이와 같은 그의 생애는 19세기 후반부터 20세기 초반에 걸친 미국 사회의 변모를 상징한다고 할 수 있다.

마크 트웨인은 하트퍼드의 화려한 저택에 살면서 그의 소년시절을 토대로 한 3부작을 썼는데 『톰 소여의 모험』, 『미시시피 강의 생활』, 『허클베리 핀의 모험』이 그것이다. 이 작품들의 소재는 허니벌 주변의 미시시피 강변에서 실제로 일어난 일이라기보다는 오히려 그가 어린 시절과 소년기에 익혀왔던 정경과 인생에 대한 기억에 토대를 둔 것으로 보는 편이 더 가깝다. 추억은 흔히 추악하고 달갑지 않은 세부적인 것들을 지워버리고 회상적인 허구 속에 목가적인 것만을 남겨두는 일이 많다.

『톰 소여의 모험』은 어린 시절의 갖가지 두려움과 기쁨을 가득 담고, 톰 소여라는 발랄한 소년을 주인공으로 삼고 있는데 청소년 도서로서는 가장 뛰어난 작품으로 평가된다. 한 마디로 삶의 기쁨이 담겨 있는 소설이다. 『미시시피 강의 생활』은 미시시피 강의 묘사와 인상을 모은 것으로 참신한 관찰과 기억 속에서 그린 일종의 자서전이다. 첫 작품 이후 9년 만에 나온 『허클베리 핀의 모험』은 두 작품을 잇는 속편續編이라 할 수 있다. 그러나 이 작품은 결코 소년만을 위한 작품이 아니라 일종의 민중 서사시의 위치에 올라섰으며 미시시피 강을 미국의 크나큰 상징으로, 그리고 인간이 끝없이 대결해야만 하고 또 거기에 유일한 믿음을 걸 수 있는 상징으로 만들어 놓은 작품이다.

필자는 이 작품의 내용을 살피는 데 있어 상당한 용기가 필요했다. 왜냐하면 이 책의 첫머리에서 "이 이야기의 동기를 찾고자 하는 자는 고소될 것이며, 교훈을 찾고자 하는 자는 추방될 것이며, 줄거리를 찾고자 하는 자는 사살될 것이다."라고 작가가 밝히고 있기 때문이다.

주요 등장인물

허클베리 핀 : 술주정꾼 아들로 태어나 주변의 구박을 받지만 흑인 노
           예인 짐을 자유롭게 해주기 위해 노력하는 소년.
톰 소여 : 허클베리 핀과 함께 온갖 모험을 즐기다가 악한의 정체를 폭
       로하고 금화를 찾아내는 소년.
짐 : 순박하고 희생적인 흑인. 톰 집안의 노예였지만 해방된다.

줄거리

톰 소여와 허클베리 핀이 동굴 속에서 도적이 숨겨둔 거액의 돈을 발견하자 가난하고 작은 마을인 세인트 피터즈버그에 일대 소동이 벌어진다. 톰과 허크는 순식간에 부자가 되었으며 부랑아인 허크는 더글러스 미망인의 집에서 살며 엄격한 교육을 받게 된다. 이것은 야성적으로 자란 허크에게는 견딜 수 없는 고역이었다. 그즈음 1년 이상 행방불명되어 강에서 익사한 것으로 알려졌던 허크의 주정뱅이 아버지가 나타난다. 아버지는 허크의 돈에 눈독을 들이고 마을에서 온갖 난동을 부린다.

결국 허크는 아버지에게 강 상류로 끌려가 그곳에 있는 낡은 오두막에 감금된다. 허크는 이제 학교에 가는 대신 아버지와 숲에서 사냥을 하거나 강에서 고기잡이나 하면서 시간을 보냈다. 아버지는 술에 취하기만 하면 허크에게 주먹이나 칼을 휘두르곤 했다.

때마침 미시시피 강의 범람기가 되어 도망칠 절호의 기회를 얻는다. 허크는 산돼지를 잡아 피를 오두막에 발라두고 떠났는데 이는 아버지가 없는 사이에 도둑들이 자신을 살해한 것처럼 보이기 위해서였다. 허크는 잭슨 섬으로 도망친다. 그곳에는 놀랍게도 더글러스 미망인의 여동생 집에 있던 노예 짐이 숨어 있었다. 추적의 손길이 뻗쳐오자 허크와 짐은 뗏목을 타고 미시시피 강을 내려가기 시작한다.

그러나 허크는 기선과 충돌하여 짐과 헤어지게 되고 육지로 올라가 마

을의 젊은 두 연인의 슬픈 사랑, 짐과의 재회 등 잇달아 여러 사건을 겪는다. 그러다가 허클베리 핀은 군중에게 쫓기는 두 사람을 뗏목에 태우게 되는데 그들은 젊은 '공작'과 늙은 '임금'을 자처하는 사기꾼들이었으며 허크와 짐을 하인으로 부렸다. 그들은 도시에 들어갈 때마다 회개한 해적이라고 하고 모금한 의연금을 모아 착복하는가 하면, 연극을 한다고 입장료를 받아서 도망치기도 한다.

두 악당은 다시 엄청난 일을 저지른다. 조그만 읍 가까이에서 증기선을 기다리던 그들은 그 읍의 피터 월크 씨가 조카딸 셋과 상당한 재산을 남기고 죽었다는 소문을 듣는데, 두 명의 동생 하비와 윌리엄이 영국에서 오기로 되어 있으나 아직 도착하지 않았다는 사실을 알게 된다. 그들은 하비와 윌리엄으로 가장하고 허클베리 핀을 하인으로 데리고 간다. 그들은 쉽게 조카딸들을 속여 유산을 전부 받게 된다. 그러나 첫째 조카딸이 마음에 든 허클베리 핀이 몰래 사실을 이야기하여 마지막 단계에서 계획은 좌절되고 만다. 게다가 진짜 동생들이 나타나 그들은 간신히 도망쳤다.

마침내 허크는 겨우 그들의 손아귀에서 빠져나와 뗏목으로 돌아왔으나 짐의 모습이 보이지 않았다. '임금'이 어느 농가에 짐을 팔아버린 것이다. 하지만 그 농가는 마침 톰 소여의 이모네 집이어서 때마침 그곳에 와 있던 톰과 공모하여 짐을 탈출시키는 대작전을 벌인다. 하지만 짐을 데리고 도망치던 도중 톰은 다리에 총상을 입고 뗏목을 타고 도망을 치긴 했으나 톰의 상처를 치료하기 위해 의사를 찾아갔다가 짐은 다시 체포되는 신세가 된다.

그곳에 톰의 이모 폴리가 도착한다. 그녀는 더글러스 미망인의 동생이 죽으면서 짐을 자유인으로 해방시킨다는 유언을 했다고 말한다. 허크의 아버지 역시 홍수로 저 세상 사람이 되어 있었다. 허크에게도 그토록 그리던 자유가 찾아온 것이다. 일이 이렇게 되자 톰의 이모인 폴리가 허클베리 핀을 맡아 교육하고 뒷받침해주려 하나 허클베리 핀은 그 제안을 받아들이지 않고 자유로웠던 원래 상황으로 돌아간다. 즉 문명세계 대신 서부의 자유로운 천지로 떠나 버리는 것이다.

미국적인, 너무나 미국적인 국민작가

『톰 소여의 모험』의 속편격인 『허클베리 핀의 모험』은 작가의 소년시절의 추억을 배경으로 펼쳐지고 있다. 구대륙의 문화 전통에서 멀리 떨어진 남서부 미주리 주의 이름 없는 개척촌에서 자란 마크 트웨인은 미국 국민의 독자적인 체험과 성격을 신선한 언어로 표현한 작가로 생전에 대중적인 인기를 얻은 국민작가였다.

제목 그대로 허클베리 핀의 모험담인 이 작품은 어린이에게도 유익한 책이다. 허크는 책임감이 있으며 동정심이 많은 소년이지만 자신이 게으르고 쾌락과 고독을 좋아한다는 사실을 잘 알고 있다. 그러나 거기에는 허크의 맑은 눈에 비친 문명사회의 허위가 그려져 있으며 그 속에 살고 있는 인간의 본질도 간파하고 있다. 작품 전체를 통해 거대한 강과 주변의 숲이 목가적으로 묘사되어 있으며 허클베리 핀에 관한 풍성한 이야깃거리와 은연중에 나오는 유머가 곳곳에 배어 있다. 그러나 계속되는 모험을 꿰뚫고 있는 것은 인간에 대한 인간의 매정함, 즉 인간의 잔인성이라는 주제이다.

한편 문학사적인 측면에서 이 작품은 주인공 허클베리 핀을 통해 미국 서부인의 자유인으로서의 의식과 사회적 인습과 위선에 대한 통렬한 풍자에 숨어 있는 인간 통찰을 담고 있다. 그리고 방언의 생동감 있는 구사와 속어의 거리낌 없는 사용도 『허클베리 핀의 모험』의 매력을 더하는 요인이 되고 있다.

마크 트웨인 역시 단순한 유머작가나 풍자작가로서만이 아니라, 시집 『풀잎』으로 유명한 미국의 민중시인 월트 휘트먼과 더불어 유럽문학의 모방이 아닌 진정한 의미의 미국문학을 탄생시킨 미국적인 작가로 평가받고 있다.

또한 마크 트웨인은 미 제국주의의 대외확장정책을 날카롭게 비판했다. 그는 실제로 만년에 미국의 대외 확장 정책과 약탈정책에 대하여 견책하는 정문론과 잡문을 많이 썼다. 그는 직접 아시아와 아프리카의 여러 식민지를 둘러보고 침략정책의 실질을 확인했으며 1900년 가을에 해외여행에서 돌아와 "나는 반反 제국주의자다. 독수리가 남의 나라에 발톱을 거는 것을 나는 반대한다."라고 공개적으로 선언하기도 했다. 그러나 자산계급 민주주의자인 마크 트웨인은 무산계급에는 도달하지 못했다. 그는 만년에 자산계급이 내세운 '민주'와 '문명'에 환멸을 느꼈으며 보다 나은 인류의 광명한 전도는 보지 못하고 비관과 실망의 정서들을 보여주면서 생을 마쳤다.

❖ 추천도서
『허클베리 핀의 모험』, 김욱동 옮김, 푸른숲주니어, 2008
『허클베리 핀의 모험』, 백낙승 옮김, 펭귄클래식코리아, 2007
『허클베리 핀의 모험』, 김욱동 옮김, 민음사, 1998

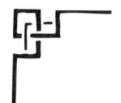

– A Farewell to Arms –

무기여 잘 있거라

포화 속에 꽃핀 사랑

헤밍웨이 지음

게리 쿠퍼와 잉그리드 버그만이 주연한 영화를 통해 널리 알려진 이 작품은 전쟁과 사랑이라는 주제를 통해 종교, 문화, 역사가 그 의미를 상실한 20세기 초, 미국의 뿌리 잃은 세대의 비극적 삶을 다룬 헤밍웨이의 대표적 소설이다. 방향 감각을 잃은 이들의 삶은 부조리할 수밖에 없고, 용기를 갖고 인간의 위엄을 지키며 이 부조리한 삶을 냉철하게 수용하는 길밖에 없다고 작가는 암시한다.

'잃어버린 세대(Lost Generation)' 작가 헤밍웨이(Ernest Hemingway, 1899~1961)는 미국 일리노이 주 오크파크에서 산부인과 의사인 아버지와 신앙심이 돈독하고 음악을 좋아하는 어머니 사이에서 장남으로 태어났다. 내성적인 어머니보다는 야성적인 아버지를 닮아 고교시절에는 축구, 육상, 권투 등 모든 스포츠를 즐겼고 문학에도 관심을 두어 셰익스피어, 디킨스, 스티븐슨 등의 작품을 탐독했다. 그 무렵 시카고에서는 라트너라는 작가가 미국 중부지방의 사투리를 자유자재로 구사하며 간결한 문장, 빠른 스토리 전개로 인기를 끌고 있었는데, 그는 헤밍웨이에게 큰 충격을 주었다. 그는 라트너의 모든 것을 흡수했다.

고교를 졸업하던 1917년, 미국은 제1차 세계대전 참전을 위해 지원병을 모집하고 있었다. 그는 지원하려 했으나 아버지의 반대와 시력장애로 단념해야 했다. 곧 이어 〈스타〉 지 기자가 되어 뜨거운 종군열로 이탈리아 전선에 참여한다. 그는 밀라노 전선에서 전쟁의 실상을 처음으로 체험하고, 폭우가 쏟아지는 진흙탕 속을 달리는 병사와 피난을 떠나는 난민들의 모습에 강한 인상을 받는다. 1918년 7월에 부상을 입은 그는 영웅적 행위에 대해 훈장을 받고 밀라노에 입원했는데 그곳에서 적십자사 간호사와 사랑에 빠졌지만 연상인 그녀는 그와의 결혼을 거절했다. 그 일은 열아홉 청년 헤밍웨이에게 잊을 수 없는 추억이 되었고 결국 『무기여 잘 있거라』의 모티브가 된다.

파리 특파원 시절 스콧 피츠제럴드, 에즈라 파운드, 거트루드 스타인 여사 등 일류 문인들에게 간결한 문장을 바탕으로 한 엄격한 문장수업을 받았다. 1925년 출간된 『우리들의 시대』는 헤밍웨이 문학의 성장 과정에서 볼 때 그때까지의 습작 시기에 종지부를 찍는 작품이다. 이 책을 분수령으로 그는 가장 창작력이 활발하고 의욕적인 시대를 맞이한다. 1926년에 파리와 스페인을 무대로 찰나적, 향락적인 남녀의 전후戰後 풍습을 묘사한 첫 장편 『해는 또 다시 떠오른다』를 출판하여 '잃어버린 세대'의 대표작가로 지위를 굳혔다. 1928년에는 제1차 세계대전의 체험을 배경으로 퇴고에 퇴고를 거듭하여 『무기여 잘 있거라』를 펴냈는데 단숨에 베스트셀러가 되었음은 물론 곧바로 연극화, 영화화되었다.

당시 미국은 1929년 대공황으로 사회불안과 노사대립이 격화되어 작가들도 사회문제에 무관심할 수 있는 상황이 아니었다. 헤밍웨이도 변화하는 사회 상황에 적응하여 『빈부』를 발표한다. 1932년에 동아프리카를 여행하고 쓴 단편 「킬리만자로의 눈」은 자전적 요소가 강하다.

1936년 스페인 내전이 일어나자 그는 정부군을 돕기 위해 특파원으로 참전했고 전쟁은 파시스트의 승리로 끝났는데 이를 배경으로 『누구를 위해 종은 울리나』를 1940년에 발표했다. 1939년 제2차 세계대전이 발발하자 〈콜리어〉 지 특파원으로 노르망디 상륙작전에 참가했다.

말년에는 쿠바에 가서 낚시를 즐기곤 했는데 이 경험을 토대로 『노인과 바다』를 썼다. 이 작품은 그의 사상과 예술 추구의 작가정신이 그대로 반영된 작품이며 헤밍웨이 문학의 총결산이라 할 수 있다. 이 작품으로 1953년에는 퓰리처상, 1954년에는 노벨문학상을 수상했다.

1953년에 아내와 함께 스페인에서 투우를 즐기고 아프리카로 가서 수렵을 하던 중 비행기 사고로 중상을 입어 노벨상 시상식에는 참석하지 못했다. 요양 중 의문의 엽총자살로 62살에 생을 마쳤다. 평생 네 번의 결혼을 했고 결혼할 때마다 거주지를 옮긴 것은 유명한 일화다.

1920년대의 문학 사조는 냉소주의와 비극적 운명에 대한 비관론이 지배적이었는데 이러한 사조는 이른바 '잃어버린 세대'로서 깨어진 이상을 갖고 전쟁을 끝내고 돌아온 젊은이들을 대변했다. 이러한 '잃어버린 세대'를 표현한 작가들로는 소설가 헤밍웨이, 시인 엘리어트, 극작가 오닐 등이 있다. 제1차 세계대전이라는 엄청난 전쟁에 휘말려 환멸과 절망과 좌절에 빠진 지성인들을 '잃어버린 세대'라 칭했다. 헤밍웨이의 생애에서 본 것처럼 그는 전쟁이 일어나는 현장에서 죽음을 목도하고 스스로 죽음의 고비를 넘나드는 위험을 자초하곤 했다. 그의 문학에서 죽음의 문제는 어디서나 나타난다. 그의 초기 단편 「인디언 부락」에서조차 탄생과 죽음의 장면이 나오는 것을 보면 당시 '잃어버린 세대'가 겪어야 했던 정신적인 갈등을 짐작할 수 있다. 헤밍웨이의 대표작을 간단히 살펴보자.

『해는 또다시 떠오른다』는 전쟁으로 인한 환멸과 허무에 허덕이던 시대에 예술가들을 그리고 있다. 그들은 현재의 감각적 도취로 그것들을 잊어버리려 애쓰지만 파리의 환락가도, 스페인의 투우장의 열기도, 폭음과 분방한 성생활도 권태와 불안에서 벗어나게 해주지는 못한다. 즉, 그들의 방황은 정신적 안주를 찾아 헤매는 방황이었으나, 끝내 황무지의 퇴폐 속에서 맴돌 뿐이었다. 한 마디로 이 작품은 잃어버린 세대의 젊은이와 작가들의 도피적 개인주의 경향을 보여준다.

『누구를 위해 종은 울리나』는 스페인 내전을 배경으로 미국 청년 로버트 조던이 겪는 사랑 이야기다. 전형적인 미국의 지식인 청년을 상징하는 조던은 스페인 내전에 참전하여 정부군에 가담하여 싸운다. 그곳에서 그는 아름다운 스페인 처녀 마리아를 만나 사랑에 빠진다. 이 작품에서는 개인과 사회와의 관계를 긍정하여 인간이 져야 할 인류의 공동운명에 대한 책임감과 연대의식을 강조한다. 헤밍웨이의 작품은 셰익스피어에 이어 두 번째로 많이 영화화되었는데 「노인과 바다」, 「킬리만자로의 눈」, 「무기여 잘 있거라」 등이 그것이다. 특히 1952년에 영화화된 「누구를 위해 종은 울리나」는 대성공을 거두어 당시 28살의 배우 잉그리드 버그만의 화장기 없는 청순한 얼굴과 짧은 머리는 관객들에게 깊은 인상을 주었고 이들의 키스신은 멜로영화의 교본으로 남아 있다.

『노인과 바다』는 쿠바 해안에 사는 한 늙은 어부가 바다에 나가서 자기의 고깃배보다 더 큰 고기를 발견하고 이틀 낮밤을 그 고기와 싸운 끝에 겨우 잡아서 돌아오나, 새벽에 항구로 돌아왔을 때는 상어떼의 습격으로 머리와 뼈만 남은 채 배에 매어져 있을 뿐이었다는 이야기다. 줄거리는 단순하지만 죽음이라는 한계상황에서도 '희망을 버리는 것은 죄악'이라고 말하는 노인의 말을 통해 고난을 이겨낸 인간의 전형과 패배를 모르는 인간 정신의 아름다움을 보여준다. 탁월한 문체와 심오한 사상을 담고 있는 헤밍웨이의 만년의 대표작이다.

주요 등장인물

『무기여 잘 있거라』는 제1차 세계대전 당시 이탈리아와 스위스를 배경으로 전쟁과 사랑과 죽음을 묘사한 작품으로 전쟁의 허무함과 고전적인 비련悲戀을 주제로 하고 있다. 전 세계에 반향을 불러일으킨 전쟁문학의 걸작으로 주인공 프레데릭 헨리의 고백 형식으로 쓰인 장편소설이다.

프레데릭 헨리 : 죽음의 전쟁을 거부하고 사랑에 몸을 던진 탈주병.
캐서린 : 영국 출신의 지원간호사로 청순하고 지순한 아가씨.

줄거리

『무기여 잘 있거라』는 반전사상을 내포한 허무주의에 바탕을 둔 작품으로『해는 또다시 떠오른다』를 사상적으로 심화시킨 작품으로 볼 수 있다. 제1차 세계대전을 배경으로 미국인 중위 프레데릭 헨리와 영국의 지원간호사 캐서린 버클리의 절박한 사랑을 그린 작품이다. 극한 상황에서의 사랑과 그 결말의 허무함은 작품의 비극적 분위기를 고조시킨다.

이 작품은 전쟁에 강요당한 슬픈 이별의 이야기다. 전쟁, 아니 미래에 걸었던 꿈이 깨지는 이야기요, 사랑에 걸었던 모든 것이 죽음과 허무로 끝나는 이야기다. 소설이 전체 5부로 구성된 것은 셰익스피어의 모든 비극이 5막으로 구성된 것과 일맥상통한다.

영광이니 희망, 명예 등 전쟁을 낭만적으로 생각하고 이탈리아군에 지원 입대하여 위생부대 수송 장교로 근무하던 미국 청년 프레데릭 헨리는 장기전에 차차 권태와 환멸을 느끼던 차에 현지에서 알게 된 야전병원 간호사에게 마음이 끌린다. 캐서린 버클리라는 간호사는 약혼자가 전사하자 이탈리아로 병원근무를 지원하고 나온 영국 처녀였다. 둘은 이탈리아에서 서로 언어가 통할 수 있었다. 이렇듯 가볍게 시작된 만남은 어느새 강한 그리움으로 변한다.

헨리는 작전에 나갔다가 부상당하고 후방 병원으로 이송되어 그녀와 재회한다. 내일을 기약할 수 없는 전쟁 분위기는 서로의 사랑을 재촉한다. 헨리는 이 사랑을 통해 절망에서 벗어나 광명을 찾고 숱한 아쉬움을 안고 외롭게 과거만 되씹던 캐서린에게도 영과 육이 합일된 이 사랑이 삶의 전부가 되고 만다.

그러나 헨리가 퇴원하게 되자 다시금 이별은 불가피했고 캐서린은 임신을 하게 되고, 헨리는 원대복귀 도중에 전군 후퇴의 난장판 속에 끼어들어 전쟁의 추악한 비리를 목격한다. 카포레토 지구의 후퇴 장면이 건조한 문체로 인상 깊게 전개된다. 혼란통에 자기 부대를 찾지 못한 장교들이 헌병대에서 이탈죄로 무조건 총살당하는 판국에 끼어든 헨리는 자기 차례가 되기 직전에 강물로 뛰어들어 위기를 모면한다. 그는 젖은 군복을 벗어던져 '모든 공포와 임무를 강물에 흘려보내고' 캐서린을 찾아 밀라노로 간다. 그는 자신만은 전쟁을 그만두자는 '개별강화'를 맺고 군대생활과 결별한다.

탈영장교 신세가 된 헨리는 캐서린을 데리고 비오는 밤 보트로 국경 호수를 건너 중립국 스위스로 탈출한다. 빗속에 노를 젓는 긴박한 순간 순간이 담담하게 그려진다. 그들은 스위스 산중에서 사랑과 평화를 즐기지만 캐서린은 병원에서 출산을 하다가 죽고 아이도 사산되고 만다. 혼자 남은 헨리가 빗속을 걸어나오는 것으로 이야기는 끝난다.

포화 속의 로미오와 줄리엣, 전쟁문학의 백미

이 작품은 작가 자신의 전상戰傷과 실연으로 끝난 연애 체험을 바탕으로 한 현대판 「로미오와 줄리엣」으로 불리며 『서부전선 이상 없다』와 더불어 전쟁문학의 백미로 꼽힌다. 위에서 본 것처럼 이 작품은 실로 현대 인류의 비극을 파고들어 인간의 조건 자체를 재음미해 보고 인간해방의 길을 찾아보려는 안타까운 소망의 소산이라 할 수 있는데, 이렇게 볼 때 이 소설은 20세기의 문제작으로 엄청난 비중을 갖게 된다.

또한 이런 거대한 문제를 흥미로운 이야기 속에 담아 놓은 헤밍웨이의 재능이 돋보인다. 하드 보일드적인 문체와 상징적 배경이라는 두 가지 수법으로 한 줄의 낭비도 없이 묘사한 걸작이다. 불필요한 수식이나 형용사를 모두 배제하고 리듬감과 속도감이 넘치는 신선한 문체, 이러한 필법은 이른바 '헤밍웨이체'라 하여 영어 산문 문체에 일대 혁신을 일으켰고, 이는 그에게 노벨문학상이 수여되는 근거가 되었다.

헤밍웨이는 『무기여 잘 있거라』를 쓰기 전에는 자연주의적 사실주의 작가로 간주되었으나 이 작품에 의해 작가의 로맨티시즘이 새삼 주목을 받았고 더욱 최근에는 작품 속에 나오는 상징 수법이 주목되고 있다. 재난이 닥쳐올 때, 불행이 예감될 때는 비가 오고, 산의 눈은 몸의 건강과 마음의 건전을 상징하고, 산은 평화와 신성을, 평야는 전쟁과 재앙을, 도시는 타락을 상징하고, 춘하추동 사철의 변화는 그 철에 어울리는 독특한 분위기를 조성하며 훌륭한 효과를 내고 있다.

또한 심리 묘사를 극도로 피하고 거의 시종일관 외면 묘사에 치중했으며 카메라와 같은 비정함으로 자연과 인간의 움직임을 포착했다. 많이 쓰인 대화도 간단명료하여 생동감이 넘친다. 동시에 전쟁의 비인간성과 가혹함, 낡은 미덕에 대한 불신, 개인과 사회와의 배반, 현대인이 빠져 있는 불행 및 비참함을 사실적으로 묘사하고 있다. 극한 상황에서 순애純愛와 결말의 허무감으로, 비극으로서의 여운을 최대한 살리고 있는 걸작이다. 또한 작품의 하이라이트인 카포레토의 퇴각 장면은 세계전쟁문학 중의 으뜸으로 일컬어지고 있다. "조상彫像에 이별을 고하고 있는 듯했다. 한참 후에 병실을 나와 병원을 뒤로 하고 빗속을 걸어 호텔로 돌아왔다."라는 마지막 구절은 몇 십 번이나 퇴고한 유명한 문장이다.

『무기여 잘 있거라』는 현대 미국문학의 대표작 가운데 하나이며 헤밍웨이의 영향력은 프랑스의 카뮈를 비롯하여 이탈리아와 소련, 동유럽까지 미치고 있다. 창작에 대한 집념을 버리지 않고 항상 체험의 세계를 넓히면서 그는 삶과 죽음, 개인과 사회와 인간의 처지를 깊이 생각하며 예술을 닦아나간 대소설가였다.

◈ 추천도서
『무기여 잘 있거라』, 이종인 옮김, 열린책들, 2012
『무기여 잘 있거라』, 김성곤 옮김, 시공사, 2012

음향과 분노

인간의 심층심리를 파헤친 난해한 명작

포크너 지음

20세기 초 미국 남부 귀족사회의 명문 콤슨가의 붕괴를 조이스의 '의식의 흐름'의 영향을 받은 포크너가 특유의 기법으로 그린 소설이다. 혈육간의 서로 다른 관점을 지닌 네 사람의 화자가 자신의 이야기를 전개하는 수법으로 구성되어 있으며, 인간의 심층심리를 고도의 기법으로 파헤쳤다. 매우 난해하여 순조롭게 읽히지는 않지만 읽은 후에는 읽어낸 데에 대한 값진 보람을 느끼게 해준다.

헤밍웨이와 함께 20세기 미국의 대표작가로 꼽히는 포크너(W. Faulkner, 1897~1962)는 미시시피 주 뉴올버니의 작은 도시에서 태어났다. 1902년에 미시시피 주립대학이 있는 옥스퍼드 시로 이사하여 생애 대부분을 그곳에서 보냈다. 그의 집에는 디킨스 등을 비롯한 방대한 양의 영국 고전이 소장되어 있었는데, 정상적인 교육을 받지 못했던 그는 독서를 통해 상상력을 키워 나갔다. 당시 포크너는 이웃집 소녀인 에스텔 올드햄과 사랑에 빠져 그녀와 결혼할 생각으로 할아버지의 은행에서 일했지만 그녀는 다른 사람과 결혼하여 동양으로 떠나버린다.

한편 또 다른 이웃이었던 필립 스톤이 포크너 가족의 법률고문이 되면서 그의 독서에 많은 조언을 해주었고, 옥스퍼드에 알려져 있지 않던 상징주의나 모더니즘 전통의 많은 책들, 예를 들면 보들레르, 베를렌, 말라르메 등의 작품을 소개해 주었다. 그는 또한 제임스 조이스, 오스카 와일드, 엘리엇 등의 글도 읽었다.

1918년에 헤밍웨이 등 '잃어버린 세대' 다른 작가들처럼 포크너 역시 제1차 세계대전에 참전하지만 부상을 입고 중위로 명예제대했다. 제대 후에는 미시시피 대학에 특별 학생으로 1년간 다녔고 뉴욕의 서점에서 잠깐 일하기도 했으며 옥스퍼드로 돌아와 목수일도 했다. 대학교 우체국장도 하며 2년간 여러 가지 잡무에 종사했다. 그가 교내 우체국에서 사퇴하던 1924년에 대표적인 시집인『대리석의 목신牧神』을 간행했다.

1925년에 포크너는 뉴올리언스에서 살면서 당시 명성을 날리던 셔우드 앤더슨과 친교하게 되었고 포크너의 협조를 얻어 뉴욕에서 처녀작『병사의 보수』를 간행했다. 포크너의 문체는 세기말적 사조에서 큰 영향을 받고 있었는데 당시 미국에선 이 사조가 아직 무르익지 않았었다. 두 번째 작품은『모기』인데 말보다 행동이 중요함을 강조한 풍자소설이다.

1929년 포크너는『사토리스』를 씀으로써 작가의 위치를 정립한다. 이 작품은 사토리스 가문 또는 포크너 가문의 조상 때부터 자기 세대에 이르기까지의 전설적인 이야기이며, 소위로 참전한 경험이 있는 '잃어버린 세대'의 한 사람인 젊은 베이야드를 중심으로 전개된다.『사토리스』는 이후 포크너가 쓴 여러 작품의 원천이 된다.

그해 6월에 포크너는 결혼에 실패하고 중국에서 돌아와 있던 옛 연인 에스텔 올드햄과 결혼하여 생활이 안정되었다. 그의 대표작들은 대개 이 시기에 창작되었다. 그해 10월에는 대표작『음향과 분노』가, 1930년에는『성단聖壇』이 간행되었는데 이 소설은 영화화되어 절찬을 받기도 했다.

포크너는 본국인 미국보다 프랑스에서 더 호평을 받았다. 앙드레 말로는『성단』의 서문을 썼으며 사르트르는 포크너에 관한 평론을 썼다. 1946년엔 포크너에 대한 연구가 시작되었고 잡지마다 포크너에 관한 평론이 실렸으며 1949년에는 노벨문학상을 수상했는데, 그는 수상식에서 자멸의 위기에 처해 있는 세계에서 인간이 살아남으리라는 유명한 연설을 남긴다. 노벨상 이외에도 퓰리처상 등 많은 상을 받았으며 헤밍웨이보다 1년 뒤에 생을 마감했다. 문학사에서 포크너의 죽음은 미국소설의 새로운 국면을 만든 한 세대가 사라졌음을 의미한다.

포크너는 작품의 난해성으로 인해 독자들에게 무책임한 선동가, 정신착란자, 심지어 영어를 마스터하지 못한 사람이라는 비난을 듣기도 했다. 이는 그의 작품이 무지와 악덕, 퇴폐에 대한 강한 흥미로 이루어져 있으며 갈 데까지 간 남부 사회에 대한 환멸, 절망을 반영한 정신착란, 자살, 살인을 소재로 다루고 있기 때문일 것이다.

포크너의 작품을 이해하기 위해서는 작품의 계보를 이루고 있는 요크나파토파 신화에 관한 설명이 필요하다. 요크나파토파 고을은 미시시피 주의 북부에 위치하고 있는 가공적이며 실제적인 지방이다. 그는 이 북부 미시시피의 지리와 주민과 연혁 등에 관한 상세한 묘사를 하는 동시에, 또한 자기의 작품 속에서 가감, 변형하여 요크나파토파란 군으로 내세우고 있다. 포크너가 불가사의한 남부의 실상을 묘사하려고 설정한 요크나파토파 지방을 이해하려면 작가의 세 번째 작품인 『사토리스』에서 1951년에 발표한 『수녀를 위한 진혼가』에 이르는 9편의 장편과 단편 30여 편을 읽어야 그 일관된 주제와 유기적인 세계를 이해할 수 있다.

요크나파토파 신화에 나타난 내용을 주제 면에서 분류하면 다섯 가지로 나눌 수 있다. 첫째는 남부의 전설적인 이야기, 즉 인디언의 생태와 남북전쟁 이야기며 이것을 나타낸 작품으로는 『수녀를 위한 진혼가』, 『불멸의 인간상』, 『압살롬! 압살롬!』 등이 있다. 둘째는 남북전쟁 이후 구세대의 몰락과 사회 변천을 묘사한 것으로 『음향과 분노』와 『사토리스』 등이 여기에 속한다. 셋째는 백인의 빈한한 생태와 그들의 강인하고 무지하고 교활한 점을 묘사한 것으로 『내가 누워서 죽을 때』, 『마을』, 『8월의 햇빛』 등이 그것이며 넷째는 현 남부 사회의 퇴폐상을 그린 것으로 『성단』과 『8

월의 햇빛』등이 속한다. 마지막으로 남부 사회의 근저에 흐르는 흑인 문제를 다룬 것으로『무덤으로의 침입자』,『모세여, 내려가 주십시오』,『8월의 햇빛』등이 있다. 이런 주제를 갖고 요크나파토파 군을 설정하여 작품을 써낸 의도는 분명치 않지만 그중 하나는 자기의 고향에 대한 예리한 비판이라 할 수 있다. 무지몽매한 흑인들에 대한 백인들의 학대와 비인간적인 봉건 노예제도에 대한 비판이 그것이다. 그 결과로써 일어난 남북전쟁, 이에 따르는 봉건제도의 파괴 등에서 우리는 포크너의 역사관 내지는 그의 남부(과거)에 대한 부정적인 태도를 엿볼 수 있다.

그러나 포크너의 태도는 그렇게 단순하지 않다. 이러한 비판적 태도 이외에 한 가지 분명한 것은 그가 자기 고향에 무조건적인 애착심을 갖는다는 점이다. 남부인의 긍지와 향수를 풍기는 대화는 그의 작중인물의 이야기 속에서 쉽게 찾아볼 수 있다.

주요 등장인물
캐시 : 몰락한 콤슨가의 타락한 딸로 방종한 성생활을 일삼는 인물.
벤지 : 1부에서 30년간의 집안사를 이야기하는 콤슨가의 셋째 아들.
퀜틴 : 2부의 주인공으로 여동생인 캐시와 근친상간을 했다는 환상 때문에 자살하는 큰아들.
제이슨 : 3부의 주인공으로 여동생 캐시와 그녀의 딸을 증오하는 탐욕스러운 둘째 아들.

줄거리
미국 남부의 명문 콤슨가家의 몰락 과정을 그리고 있는 이 작품은 4부로 구성되어 있는데, 그 가운데 3부는 콤슨가 삼형제의 독백을 통해 가족사가 전개되고 마지막 부분은 작가 자신의 객관적 묘사로 마감하는 새로운 기법으로 미국 남부의 풍속을 담아냈다.

제1부 : 1928년 4월 7일. 콤슨가의 셋째 아들인 33살의 백치 벤지의 머릿속에 콤슨가의 몰락 과정이 그려지고 있다. 이때 벤지의 의식은 갈팡질팡하여 독자를 혼란스럽게 한다.

벤지는 어렸을 때부터 백치였는데, 지금 그는 흑인종인 러스트의 보호를 받으며 골프를 구경하러 갔다가 화원의 울타리에 있는 대못에 옷이 걸려 위험에 직면했을 때 러스트가 구출해준 옛날을 회상하고 있었다. 그는 자신의 의식에서 일어나는 현실의 모습과 지나간 과거의 일들을 하나씩 회상하기 시작했는데 이러한 그의 회상 속에서는 부유했던 콤슨가가 몰락해 가는 모습들이 나타나기도 한다. 남부 농원의 귀족인 콤슨가는 붕괴의 위기를 맞고 있었다. 세 아들과 외동딸이 살고 있기는 하나 집안은 몰락할 대로 몰락해 버린 뒤였다. 이것은 하늘의 저주라고 해야 할 비극적인 운명이었다.

제2부 : 1910년 6월 2일. 제1부보다 18년 전으로 거슬러 올라가서 벤지의 큰형 퀜틴의 움직임과 그의 머릿속에 떠오르는 여러 가지 생각, 주로 여동생 캐시에 관한 일들이 '의식의 흐름' 기법에 따라 묘사되고 있다. 특히 2부에서는 하버드 대학생인 장남 퀜틴이 강에서 투신자살하기까지의 의식이 서술되고 있다. 자살하기 직전까지 퀜틴의 마음을 괴롭히던 것은 여동생 캐시였다. 그녀는 성도덕을 무시한 채 15살 때부터 여러 남자를 거치며 잠자리를 가졌고, 결혼식 한 달 전에 사생아를 임신했지만 그 사실을 숨기고 돈 많은 은행가인 하버트와 성대한 결혼식을 올린다. 퀜틴은 어려서부터 누이동생을 매우 사랑했고 이런 동생의 행동을 미워하면서도 근친상간의 죄를 짓지나 않았는가 하는 마음의 가책을 느낀다. 그는 복수를 하기 위해 아이의 아버지인 상대 남자를 불러냈으나 결국 그를 죽이지 못하고 자신이 강으로 뛰어든다.

제3부 : 1928년 4월 6일, 이 부분의 주인공은 제이슨으로 현재의 콤슨 가는 퀜틴의 동생인 제이슨이 맡고 있었다. 그는 마을의 작은 가게에서 일하는 점원으로 병을 앓는 어머니와 동생 벤지, 그리고 캐시의 사생아인 퀜틴(자살한 퀜틴과 동명)과 함께 살고 있었다.

오래 전부터 그는 콤슨가에서 일해오던 흑인 하인 딜시와 함께 살면서 갖은 생활고를 겪고 있었다. 제이슨은 형제 중에서 가장 이기적이었는데 자라면서 점점 퀜틴의 성격을 닮아가는 조카 퀜틴을 보며 자신의 신상에 무슨 해가 미칠 것 같아 매우 불안해 했다. 그래서 제이슨은 사생아 퀜틴에게 무자비하게 행동했으며 캐시가 보내는 양육비까지 훔쳐 내서 저축한다. 이에 퀜틴은 그 돈을 훔쳐내어 곡마단패와 달아나고 제이슨은 그의 뒤를 쫓지만 결국 찾지 못하고 돌아오고 만다.

제4부 : 1928년 4월 8일. 제1부의 하루 뒤의 일이다. 이 부분은 등장인물을 통해서가 아니라 작자 자신의 눈으로 사건을 객관적으로 묘사하고 있다. 특히 그 집의 흑인 하녀인 딜시를 중심으로 한 객관적인 묘사로 일관되는데 이 흑인 할머니는 작가가 찬미하는 미덕을 구현하고 있는 인물로서, 그녀의 인내와 애정은 자기중심적인 콤슨가 사람들과 현저한 대조를 이룬다. 그녀는 동정심이 강하고 책임감이 있으며 건전한 윤리관을 가진 인물이다. 4부는 1928년 4월 28일 부활절 예배를 보는 것으로 마무리되고 있다.

복잡한 실험적 기법의 난해한 명작

포크너는 이 작품에서 처녀성을 잃고 집안의 체면을 위해 다른 남자와 결혼했으나 이혼당하고 아이까지 빼앗기며, 친정에서도 받아주지 않는 외동딸 캐시의 삶을 축으로 콤슨 일가의 붕괴를 선명하게 그리고 있다. 이 작품에서 사용된 '의식의 흐름'과 '내적 독백' 등은 과거와 현재를 넘나드는 복잡한 실험적 기법인데 이 기법으로 『음향과 분노』는 포크너 최고의 걸작으로 평가된다.

또한 이 소설은 전통을 수호하려는 퀜틴과 콤슨 부인, 산업주의에 편승하여 물질주의를 지향하는 제이슨, 애정의 손길이 결핍된 환경에서 자란 캐시 등 남부 사람들의 모습을 통해 남부의 산업화에 따르는 전통적 가치관의 붕괴와 새로운 절대적 가치관의 부재상태를 그리고 있다.

한편으로 이 작품은 지극히 난삽하고 어려워 읽기 힘든데, 이는 작가 포크너가 제임스 조이스 류의 '의식의 흐름' 기법과 프로이트 심리학 등을 원용하여 당시로서는 극히 독창적인 창작 기교를 구사하였기 때문이다. 우선 4개의 장이 시간적으로 서로 뒤엉켜 있고 주인공의 의식의 흐름이 인물들의 움직임과 함께 어지러울 정도로 교체되므로 같은 수법을 쓴 어느 소설보다도 동적이다. 뿐만 아니라 각 장의 주인공들은 백치, 자살 직전의 청년, 물욕적인 30대 남자 등 성격과 상황이 전혀 다르므로 각각 사용하고 있는 문체나 기교에도 상당한 차이가 있으며 각기 독특한 색조로 구분해서 묘사되고 있다.

앙드레 지드는 이 작품을 "20세기 초 미국 남부 귀족 사회의 명문인 콤슨 일가의 몰락 과정 속에 혈육간의 서로 다른 관점을 지닌 네 명의 화자話者가 자신의 이야기를 전개하는 수법으로 구성된, 인간의 심층심리를 고도의 기법으로 파헤친 난해한 명작이다."라고 평가했다.

※ 추천도서
『음향과 분노』, 정인섭 옮김, 북피아, 2010
『음향과 분노』, 오정환 옮김, 동서문화사, 2010

— Gargantua et Pantagruel —

가르강튀아와 팡타그뤼엘

본능적으로 안락하고 행복하자

라블레 지음

16세기 프랑스 인문주의자인 라블레가 지은 『가르강튀아』와 『팡타그뤼엘』 등 전 5권은 거인 가르강튀아와 그의 아들 팡타그뤼엘 및 동료들의 모험을 다룬 익살스럽고 풍자적인 이야기다. 르네상스 정신을 구현한 이 우스꽝스러운 패거리들의 여행과 모험을 통해 중세적인 어리석음과 미신을 신랄하게 비판하고 있다. 그러나 출간 당시에는 외설스럽고 반反종교적인 작품이라 하여 금서가 되었고 라블레는 당국으로부터 탄압을 받기도 했다.

몽테뉴와 더불어 16세기 프랑스 르네상스 문학의 대표자인 라블레(F. Rabelais, 1494~1553)는 풍부한 익살과 기지로 새로운 시대를 연 풍자작가이자 인문주의자이다.

투렌 지방의 부유층 집안에서 태어나 1520년에 수도사로 수도원에 들어가 철학과 신학을 공부하는 한편, 당시 이단으로 간주되던 고대 그리스어를 독학하고 그리스의 역사가 헤로도토스의 작품을 라틴어로 번역하기도 했다.

그러다가 1527년 무렵에 수도생활을 그만두고 재속在俗신부가 된 뒤 파리 등지에서 의학 공부를 시작했다. 1530년 몽펠리에 대학 의학부에 등록한 그는 곧 의사 자격시험에 합격했고 그 대학 의학부 사상 최초로 고대 의서를 그리스 원전에 근거한 강의를 했다. 1532년에는 리옹에 가서

'인생은 짧고 의술은 길다'라는 격언이 수록되어 있는 『히포크라테스 격언집』과 갈레노스의 『육아법』을 직접 편집했다. 그 후 리옹 시 시립병원 의사에 임명되었고 1537년 몽펠리에 대학에서 의학박사 학위를 받고 사체死體를 이용한 해부학을 강의했다.

그즈음 네덜란드의 인문주의자 에라스무스를 사사하기도 했고 1532년에는 지은이를 알 수 없는 통속소설 『거인 가르강튀아의 위대하고 귀중한 연대기』가 성공한 것에 자극을 받아 첫 번째 장편소설 『제2서 팡타그뤼엘』을 가명으로 출판했다. 이 소설은 라블레의 이후 작품들보다 길이가 짧고 지적 깊이도 부족했지만 그때까지 프랑스의 문학 장르에서도 이와 유사한 문학작품은 찾아볼 수 없었다.

그는 『제2서 팡타그뤼엘』에서 민중적인 웃음과 인문주의 및 스콜라 철학과 신학을 적절히 이용하여 프랑스어 산문을 구사했다. 이 책은 대체로 호평을 얻었지만 인문주의자들 중에는 라블레가 경솔하게 학자의 정도에서 벗어났다고 비판하는 사람도 있었고 파리 대학 신학부의 한 교수는 "추악한 책"이라고 혹평하기도 했다.

이후 라블레가 새 작품을 세상에 내놓을 때마다 신학부는 발매금지 처분을 내렸고 그는 망명하지 않을 수 없었다. 그러나 다행히 인문주의자이자 종교적 관용적 정책의 추진자였던 국왕 측근인 장 뒤 벨레 형제의 보호를 받을 수 있었고, 그들과의 교류는 그의 시야를 정치, 문화, 종교, 사회 등 각 방면으로 넓혀주는 계기가 되었다. 그는 이제 다방면에 해박한 지식을 갖춘 휴머니스트로서 예리한 비판정신의 소유자가 된 것이다.

『제2서 팡타그뤼엘』이 호평을 받자 1534년에는 2서의 전편에 속하는 『제1서 가르강튀아』를 썼다. 이 작품을 『제2서 팡타그뤼엘』과 비교해 보면 차이가 뚜렷한데, 라블레는 『제1서 가르강튀아』에서 참된 자기를 발견했다고 해도 과언이 아니다. 『제2서 팡타그뤼엘』이 『제1서 가르강튀아』보다 먼저 발표되었음에도 불구하고 책의 제목에서 제1서와 제2서의 순서가 바뀐 것은 가르강튀아가 팡타그뤼엘의 아버지이기 때문이고 『가르강튀아와 팡타그뤼엘』은 제1서부터 제5서를 통칭한다.

1530년대 후반 이후는 칼뱅주의 성립과 발전에 따른 이단에 대한 탄압이 격화된 시기였다. 복음주의 신앙을 지키면서 공식적인 문화의 경직과 기만을 익살화한 라블레는 당연히 교회로부터 위험인물로 여겨졌으며 그가 장대하게 표현한 생의 찬가가 교조주의화한 칼뱅파의 마음에 들리가 없었다. 1546년에 쓴 『제3서 팡타그뤼엘』과 1552년에 쓴 『제4서 팡타그뤼엘』은 작가의 원숙함이 드러나며 동시에 그런 시대를 꿋꿋하게 살아나간 그의 어려웠던 생애의 그림자가 짙게 깃들어 있다. 라블레는 투옥되었다는 소문이 나돈 직후에 죽었으며 제5서는(제3서~제5서는 별도의 제목이 없음) 사후인 1564년에 출판되었다.

고전문화의 부흥을 매개로 한 '인간과 세계의 재발견'이라 할 수 있는 르네상스는 맨 먼저 이탈리아에서 시작되어 활짝 꽃피었다. 이렇게 찬란한 이탈리아의 르네상스 문화를 가장 먼저, 그리고 가장 적극적으로 수용한 나라는 프랑스다. 그리스의 문학예술은 로마를 거쳐 이탈리아에 전수되고 이어 프랑스에 영향을 미쳤다.

프랑스인들은 이탈리아에 활짝 핀 문학과 예술, 풍요로운 삶 등 고대 문화의 향기에 심취했다. 여러 차례에 걸친 이탈리아 원정에서 프랑스인들은 그곳의 찬란한 문화에 매혹되어 문학과 예술의 수입에 열을 올렸고 수많은 건축가와 조각가, 화가, 학자들을 초빙하여 프랑스 문예부흥기를 이룩했다. 레오나르도 다 빈치가 세상을 떠난 곳도 프랑스였다.

더욱이 프랑수아 1세가 세운 왕립학사원에는 신학문에 매료된 젊은 학자들이 구름처럼 모여들어 본격적으로 고전을 연구하기에 이르렀고 이탈리아처럼 라틴어와 그리스어를 배우는 것이 학자들의 덕목이자 교양의 필수조건이 되었다.

이탈리아 문예부흥은 특히 조형예술에서 빛났으나 프랑스의 문예부흥은 문학 방면에서 진가를 발휘했는데 16세기 전반은 라블레, 후반은 몽테뉴가 대표했다. 의학을 공부한 수도 성직자로서 고전 연구에 몰두한 라블레는 『가르강튀아와 팡타그뤼엘』에서 '하고 싶은 대로 하라'는 단 하나의 규칙으로 젊은 남녀가 평등하고 자유롭게, 오직 즐거움만을 위해 생활하는 이상향을 그렸다.

라블레의 사상은 이와 같이 현세적인 쾌락과 행복을 중시하는 인간적인 본능에 도덕적 기준을 두고 있다. 이것은 인간의 존재가치, 즉 인생의 의미가 인간 중심의 판단기준에 따라 사고되고 평가되어야 한다는 의미가 깔려 있다. 따라서 그의 우화적인 연대기가 시사하는 바는 인간의 자유와 자아실현을 막는 어떠한 제도나 관념도 타파되어야 한다는 것이다. 가장 가치 있는 것은 인간의 자연성, 즉 본능적으로 안락하고 행복하고자 하는 인간성의 존중이다. 그것은 현세적인 삶의 향유뿐만 아니라 무한한 자유와 지식에 대한 욕구, 새로운 세계에 대한 호기심과 탐구정신으로 이어진다.

또한 라블레는 이탈리아의 인문주의자들은 물론 에라스무스 등과 교우하며 삶의 지혜와 지식을 배워 교화함으로써 프랑스에 르네상스의 불길을 댕긴 진정한 선구자가 되었다.

줄거리

제1서 : 거인국의 왕 그랑그제의 왕자 가르강튀아는 태어나면서 "응애."하고 우는 대신 "술 줘." 하고 운 호걸이다. 일정한 나이가 되자 가정교사에 의해 교육을 받았다. 그를 가르친 최초의 두 교사는 중세풍의 구식교육을 하였다. 그 결과 가르강튀아는 머리가 이상해져 바보가 되어버렸다. 부왕은 화가 나서 아들을 포노크라트('맹렬한 공부'라는 뜻) 씨에게 맡겼다. 그는 가르강튀아를 파리로 데려가 우수한 신식교육을 실시했고 가르강튀아는 점차 총명함을 되찾았다.

그 사이에 그의 고국은 이웃 나라 왕 피크로콜의 침략을 받게 되었다. 가르강튀아는 부왕의 부름을 받고 급히 귀국했다. 이 거인 왕자 앞에는 피크로콜의 포탄 따위는 하루살이 정도로밖에 느껴지지 않았다. 그러나 이 전투에서 뛰어난 역할을 한 것은 가르강튀아의 신하 중 한 사람으로 호탕한 성격에 몰골은 괴이하게 생긴 데다 끝없는 먹보인 장 신부神父였다. 전쟁에서 승리한 가르강튀아는 포로를 방면하고 승리의 주역인 장 신부에게 텔렘 수도원을 선물했다. 수도원에는 훌륭한 용모와 명문 가문의 청춘남녀들이 '멋대로 행하라'라는 유일한 계율에 따라 공동생활을 하고 있는데, 작가는 수도원을 유토피아(이상향)로 묘사하고 있다.

제2서 : 가르강튀아는 나이 48살에 아들을 낳아 팡타그뤼엘(목마르다라는 뜻)이라 이름지었다. 이 아이는 어려서부터 대단한 식욕과 날카로운 지성을 보였다. 그는 각지의 대학을 편력한 후 파리에서 살게 되었다. 그곳에서 그는 교활하고 겁이 많은 파뉘르즈('뛰어난 명인'이라는 뜻)를 신하 겸 친구로 사귀게 되었다. 파리에서 지내던 그에게 고국이 디프소드의 침략을 받았다는 소식이 전해지자 팡타그뤼엘은 디프소드 정벌을 위해 출전한다. 팡타그뤼엘의 용기와 능력(목마르게 하는 능력)을 능가하는 파뉘르즈의 활약이 그려진다.

제3서 : 제3서는 내용적으로 가장 심오한 부분이다. 여기서 팡타그뤼엘은 거인의 특성을 잃고 스토아 철학과 그리스도교의 교리를 따르는 당대의 이상적인 인간상으로 구현되고 파뉘르즈는 이제 검은 것을 흰 것으로 보이게 만드는 솜씨를 갖게 된다. 파뉘르즈는 결혼을 할 것인가 말 것인가 망설이는데 그 이유는 아내에게 배신당하거나 얻어맞지는 않을까 하는 걱정 때문이었다. 그가 깊이 생각한 후 결혼하겠다는 뜻을 밝히자 팡타그뤼엘을 비롯한 많은 사람들이 그 문제를 놓고 토론을 벌인다. 그 토론은 극히 반 여성적이어서 여성을 비웃는 결혼론이 전개된다. 그러나 결국 결정적인 해답을 얻지 못하여 작중 인물들은 '행운의 신神' 디브 브티유의 신탁을 구하기 위해 배를 타고 끝없는 여행길에 나선다.

제4서 : 제4서는 팡타그뤼엘과 파뉘르즈의 대항해에 대한 묘사로 시작된다. 이는 유명한 '파뉘르즈의 양羊'의 이야기며, 폭풍을 만났을 때의 파뉘르즈의 겁 많은 본성 폭로, 그리고 여러 가공의 섬들을 항해하면서 벌어지는 풍자로 독자들에게 웃음을 준다. 이 작품은 '대항해 시대'의 반영으로 정확한 지식과 자료를 제법 갖추고 있다. 여기서는 사법관과 구교도 및 신교도 등이 풍자와 독설의 대상이 되고 있다.

제5서 : 끝없는 편력 끝에 그들은 마침내 '행운의 신' 디브 브티유를 만나게 되고 그에게서 신탁을 받는데 그것은 단 한 마디, "마셔라!Trinch!"였다. 여기서 이 신탁을 두고 어떻게 해석할 것인가 하는 문제가 제기된다. 파뉘르즈와 장 신부는 '향기로운 술을 마시라'는 뜻으로 해석한다. 그러나 진리를 터득한 '팡타그뤼엘 주의자들'에게는 그것이 '지식의 온갖 샘물을 마셔라'는 뜻으로 해석된다. 즉, 텔렘 수도원의 유일한 법규인 이 '마셔라'라는 말은 결국 무지는 불행의 원인이므로 항상 사실에 직면하여 그것을 알기 위해 힘써야 하며 지식이 확대됨에 따라 인간의 행복과 사랑은 심오해지고 확대된다는 뜻으로 해석된다.

프랑스 사실주의의 원천

이 작품은 전체적으로 보아 구성이나 통일에 허술한 점이 많으나 거인 팡타그뤼엘의 자유분방한 삶의 태도와 인간에 대한 신뢰, 그리고 세계에 대한 새로운 인식은 라블레를 르네상스 초기 제일의 인문주의자로 만들고 있다. 이 작품은 우화적인 황당무계한 모험과 다양한 직업인들을 등장시켜 사건에 대한 그들의 의견을 개진함으로써 인간의 과오를 객관화시키는 방법, 그리고 결론을 독자들의 판단에 맡기고 신탁을 구하러 떠나는 팡타그뤼엘의 지혜는 커다란 호소력을 갖는다. 온갖 망상과 착오와 실수로 점철된 그의 파란만장한 삶의 모험과 파노라마는 마지막 장에 이르러 거인국에 도착함으로써 마무리된다. 그곳에서의 신탁은 허망하게도 단 한 마디 '마셔라'였다. 그것은 인간적인 본능에 충실하라는 의미로 이해될 수 있다.

라블레의 작품을 분석해 보면 일정한 형식에 의해 다듬어지지 않고 내용도 매우 복잡다단하다. 그래서 이 작품의 전편에 흐르는 작가정신을 포착하기가 쉽지는 않다. 그러나 우선 감지되는 것은 작가의 인간성에 대한 무한한 신뢰다. 르네상스 시대에 살았던 작가는 인간을 한없이 신뢰하고 행동하는 인간의 능력에 대해 무한한 가능성이 있다고 믿었다. 가르강튀아와 팡타그뤼엘의 어린 시절의 교육을 통해 느낄 수 있는 라블레의 교육관도 인간 신뢰에 기초를 두고 있고 그의 도덕관 역시 어디까지나 인간에 대한 무한한 신뢰인 것이다.

작가가 묘사하는 이상사회인 텔렘 수도원의 유일한 계율은 '멋대로 행하라'였다. 그에게 있어서 악은 자연을 훼손하고 자연에 어긋나는 것이었다. 이를 보면 그의 작품을 지탱하고 있는 또 하나의 기둥은 자연애라는 것을 알 수 있다.

라블레는 그의 작품에서 자연에 어긋나는 것과 자연을 훼손하는 것에 대해서는 집요하게 공격한다. 종교가 강조하는 도덕, 가톨릭의 금욕주의, 신구 양교의 옹고집, 금식 등이 모두 그의 공격대상이 된다.

이와 같은 인간성과 자연에 대한 찬미, 그리고 그것을 거스르는 것에 대한 맹공격을 펼침에 있어 라블레의 사상은 사실주의로 표현되었다. 그의 사실주의는 묘사할 대상물을 오밀조밀 관측하는 소심한 사실주의가 아니라 대상이 지니는 생명력의 자유롭고 완전한 묘사를 의미한다. 예술에서 라블레의 흥미를 끈 것은 미美보다는 에너지다.

그리하여 작가는 외관상 극히 중세적이라 할 수 있는 이 작품에 르네상스 시대의 근대성을 한껏 가미하여 이것으로 하여금 프랑스 르네상스 시대 소설의 최대 걸작 중의 하나가 되었다. 아울러 이 작품에 넘치는 인간성, 거짓에 대한 공격, 진리탐구 정신, 그리고 건강하면서도 호탕한 웃음의 정신은 중세적 세계관을 대담하게 비웃었다. 당시 종교적 사상 대립이 심화되고 이단에 대한 탄압이 심화되는 와중에서 집필된 이 작품은 노골적인 자기주장 대신 정교한 풍자와 은유가 넘치는 프랑스 르네상스의 봄과 가을을 표현한 대작이다.

라블레의 작품들은 여러 학문, 즉 스콜라 철학과 신학, 그리고 의학 및 법학 등 다양한 학문이 집약된 작품이다. 이와 더불어 그는 살아 있을 때 이미 인문학에 조예가 깊다는 평판을 얻었다. 그러나 종교적으로 일관성을 갖고 있지 않았기 때문에 그의 작품들은 금서 목록에 올라가 있었고 프랑스 밖에서만 출판될 수 있었다. 라블레의 작품들은 후세의 프랑스 작가, 예를 들면 볼테르와 발자크 등은 물론 스위프트, 킹슬리와 같은 외국 작가들에게도 많은 영향을 주었다.

추천도서
『팡타그뤼엘 3서』, 유석호 옮김, 한길사, 2006
『팡타그뤼엘 4서』, 유석호 옮김, 한길사, 2006
『가르강튀아와 팡타그뤼엘』, 유석호 옮김, 문학과 지성사, 2004

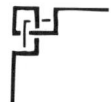 

― Les Essais ―

수상록

"나는 무엇을 아는가?"

몽테뉴 지음

"나는 무엇을 아는가?" 등의 구절로 유명한 이 작품은 몽테뉴가 오랜 관직 생활을 청산하고 독서와 사색에 몰두한 후 부담 없이 쓴 지혜의 서書이다. 특정한 일정한 논리나 순서 없이 주변에서 일어나는 사랑, 욕망, 죽음 등의 문제에 대한 보편적 진리를 추구하며 쓴 책으로, 스토이즘, 회의주의, 에피큐리즘을 거친 저자의 사상 편력이 담겨 있으며 그의 인간성 성찰은 후세의 도덕론자들에게 하나의 모티브를 제공했다.

"모두가 함께 행복해지지 않는 한 개인의 행복이란 있을 수 없다."고 말한 몽테뉴(Michel de Montaigne, 1533~1592)는 르네상스 말기에 나타나 당시까지의 인류 지성을 집약한 작가로 평가된다. 그는 변화가 심한 자기 자신에 대한 성찰을 통해 가장 보편적인 인간상을 제시하여 프랑스 르네상스 후반기를 대표한 사상가였다.

몽테뉴는 프랑스의 페리고르 지방의 신흥귀족 집안에서 태어났다. 아버지 피에르는 젊은 시절에 프랑수아 1세의 이탈리아 원정에 종군하여 이탈리아에서 르네상스의 진수를 체득하고 귀국했다. 귀국 후 그는 가세를 확장시키고 보르도 시장을 역임하기도 했다.

이탈리아의 르네상스를 체험한 아버지는 어린 아들의 교육에 세심한 주의를 기울였다. 우선 갓 태어난 그를 허름한 농가에 양자로 보내어 가난한 사람들의 세계를 이해하도록 했고 네댓 살이 되어 양자 기간이 끝나자 당시 지식인의 필수코스인 라틴어 교습을 위해 프랑스어를 전혀 모르는 독일인 가정교사를 초빙했다. 하인들도 어린 몽테뉴 앞에서는 라틴어만을 사용하도록 엄명을 내릴 정도였다. 덕분에 몽테뉴는 6살 때 라틴고전을 읽을 정도로 라틴어가 유창해졌고 그때서야 모국어인 프랑스어를 배우기 시작했다.

13살 때 그는 보르도 대학에서 철학과 고전을 공부했으며 16살 때 툴루즈 대학에서 법률을 공부했다. 21살부터 페리그 시市의 어용금御用金 재판소 참사參事가 되어 3년 동안 근무한 후 그 재판소가 폐지되자 보르도 고등법원의 참의가 되었다.

그곳에서 그는 인생의 귀중한 경험을 하게 되는데, 보에티와의 만남이 그것이다. 몽테뉴보다 몇 살 위인 그는 언어학자이자 문필가로서 금욕주의의 확고한 신념을 가졌던 반면, 몽테뉴는 아직 자신에게 걸맞는 역할을 모색하고 있는 젊은이였다. 두 사람은 독특하고 신비스런 방법으로 우정을 나누었고 이런 교류는 심원한 인간관계에 대한 몽테뉴의 열망을 충족시켜주었다. 그러나 4년 후, 몽테뉴가 "그가 곧 나"라고까지 말했던 보에티가 요절하게 되는데, 이 사건은 그에게 깊은 상처를 주었다. 보에티와의 우정이 지속되었더라면 몽테뉴는 『수상록』을 쓰지 않았을지도 모른다. 그는 친구를 잃은 슬픔을 달래려고 2년간 숱한 연애를 했으며 33살에 결혼도 했다.

36살에 아버지가 세상을 떠나자 그는 몽테뉴 가의 영주가 되어 막대한 재산과 넓은 영지를 물려받았다. 38살에는 영지로 은퇴하여 대부분의 시간을 서재에서 라틴고전 탐독과 명상으로 보냈다. 그 후 10년(1570~1580) 동안 『수상록』 1권과 2권을 쓰면서 시간을 보냈지만 파리의 궁정에도 자주 드나들었으므로 완전한 은둔생활을 한 것은 아니었다.

그 후 스위스, 이탈리아, 독일을 여행했으며 여행 도중에 일찍이 아버지가 역임했던 보르도 시장직에 선출되었다. 1585년까지 시장으로 재임하면서 구교와 신교간의 종교전쟁을 조정하기 위해 노력했다. 1588년에는 『수상록』을 대폭 증보 수정하고 제3권을 넣어 새로 간행했다. 그 후 성에 은거하면서 독서와 『수상록』 가필加筆로 여생을 보내다가 59살에 세상을 떠났다.

몽테뉴가 살았던 시기의 프랑스는 정치적, 종교적으로는 구교와 신교의 종교전쟁이 꼬리를 물었고 사회적으로는 흑사병이 나돌았던 혼란의 시기였다. 이런 혼란의 와중에도 몽테뉴는 냉철하고 객관적인 논리를 구사하여 시대적인 문제들을 하나씩 검토했다. 그는 『수상록』에서도 모든 관점에서 문제를 검토하면서도 최종적인 해답은 유보했다.

이탈리아 르네상스가 새로운 예술을 낳았다면 북방 르네상스는 새로운 종교를 낳았다. 종교전쟁은 유럽의 여러 나라가 절대주의 국가로 발돋움하는 도중에 '종교'라는 이름으로 행한 정치 분쟁이었다. 네덜란드 독립전쟁이 그러했고 프랑스의 위그노 전쟁과 독일의 30년 전쟁도 유사한 성격의 전쟁이었다.

프랑스에서는 신교도인 위그노와 구교도와의 대립이 왕위계승 문제라는 정치적 대립과 얽혀 30여 년에 걸친 내란으로 발전했다. 전쟁은 처음 프랑스왕의 신교도 탄압에서 비롯되었으나 영국, 네덜란드, 스위스, 독일이 신교도를 지원하고 에스파냐, 로마교황군이 구교도를 원조하는 등 여러 나라가 간섭하여 국제전쟁으로 확대되었다. 전쟁 말기에 왕위에 올라 부르봉 왕조를 개창한 앙리 4세가 낭트 칙령으로 신앙의 자유를 공인함으로써 내란은 종식되었다. 몽테뉴는 보르도 시장 재직시 양쪽으로부터 보르도 시를 보호하기 위해 헌신적인 노력을 다했으며 그런 덕분에 보르도 시는 무사할 수 있었다.

몽테뉴의 시장직이 거의 끝나갈 무렵 새로운 불행이 덮쳐왔다. 1585년 여름에 발생한 흑사병이 보르도 일대에 만연하여 당시 인구의 3분의 1이 죽은 것이다. 교외 지역에 거주하고 있던 사람은 모두 도시를 떠났고 몽테뉴도 가족을 데리고 이리저리 피난하지 않으면 안 되었다.

이런 상황에서 페스트로 죽어가는 농민들과 그들의 죽음에 임하는 태도에 몽테뉴는 깊은 감명을 받았다. "그때 우리는 단순한 서민들에게서 불굴의 본보기를 보았다. 그들은 삶에 대한 욕망을 버리고 죽음을 의연하게 맞이했으며 조금도 두려운 기색이 없었다."라고 그는 기록하고 있다. 이러한 사회적, 정신적 위기상황에서 인간에 대한 깊은 신뢰를 지닌 지혜로운 철학자 몽테뉴의 출현은 매우 다행스러운 일이었다.

『수상록』은 1572년부터 1592년까지 약 20년에 걸쳐 집필되었다. 책은 총 3권 107장으로 되어 있지만 각 장 사이에 논리적 연결은 없다. 또한 각 장의 제목은 반드시 그 장의 내용을 나타내는 것도 아니며 대부분 이야기의 실마리를 끌어내기 위한 구실이거나 이야기를 결말짓기 위한 경우가 많다.

『수상록』 제1권에는 로마의 세네카 등 고전의 영향을 받아 자연적 이성理性에 따르고자 하는 스토아적인 경향이 강하게 나타나고 있으며, 제2권에서는 자기 성찰이 깊어지면서 스토아적인 경향을 떠나 피론Pyron의 회의주의에 공감하게 된다. 그리고 제3권에서는 회의주의에 에피쿠로스학파적인 쾌락주의가 가미되어 이른바 자연주의적 경향을 강하게 띠게 된다. 결국에 그는 쾌락주의적 자연주의에 접근하게 되어 소크라테스를 스승 중의 스승으로 삼기에 이른다.

『수상록』에서 몽테뉴는 보편적인 인간성의 탐구라는 전제 아래 키케로, 오비디우스, 호라티우스, 베르길리우스, 세네카 등 로마의 철학자나 문학가의 말을 인용하며 자신의 성격, 행동, 체험, 주장을 솔직하게 적고 있다. 그는 항상 흔들리고 기복이 심한 하나의 인간, 즉 자신을 책 속에 그려봄으로써 자기 이상의 '보편적인 인간성'을 밝혀보려고 했다.

그는 독자에게 드리는 서문에서 "내가 묘사하는 것은 나 자신이다."라고 밝히면서 독자들이 자기를 여기 묘사된 그대로 자연스럽고 평범하고 꾸밈없는 별 것 아닌 자신을 보아주기 바란다고 당부하고 있다.

제1권 주요 내용

제4장 「참된 목표가 없으면 우리의 영혼은 그 열정을 그릇된 목표에 쏟는다」에서는 "바람은 울창한 숲이 그 진행을 가로막지 않으면 그 힘을 잃고 허공에 흩어진다."는 그리스의 철학자 루카누스의 말을 인용하면서 동요하는 영혼은 우리가 그 영혼에게 붙잡을 어떤 것을 제공하지 않으면 길을 잃고 방황하므로 우리는 항상 영혼에게 그것을 목표로 삼고 그것에 따라 행동할 수 있는 대상을 제공하지 않으면 안 된다고 기술하고 있다.

제14장 「행, 불행은 대체로 우리의 견해에 의해 좌우된다」에서는 빈부는 각자의 견해에 달려 있으며 모든 사람은 자신이 얼마나 행복 또는 불행하다고 생각하는가에 따라 그만큼 행복하게 살기도 하고 불행하게 살기도 한다고 말한다. 다른 사람들이 행복한 사람이라고 생각하는 사람이 아니라 자기 자신이 행복하다고 생각하는 사람이 진정으로 행복한 것이다. 그러므로 자기의 욕구를 적절히 조절하고 현재의 자기에 만족하며, 자신의 재산이 늘어나든 줄어들든 개의치 말고 자기의 마음에 맞는 일에 힘써 노력하는 사람이야말로 행복한 사람이라고 말하고 있다.

제19장 「우리의 행복은 사후가 아니면 판단해서는 안 된다」에서는 "어느 누구도 죽기 전에는 행복하다고 말할 수 없다. 우리는 항상 그의 마지막 날까지 기다려야 하며 그의 장례식을 치를 때까지는 그의 행복을 판단할 수 없다."는 로마의 시인 오비디우스의 말을 인용하면서 "운명은 때때로 우리가 지나간 세월 동안 쌓아올린 것을 한순간에 뒤엎을 힘을 갖고 있기 때문에 다른 사람의 생애를 판단함에 있어 나는 항상 그가 마지막 순간에 어떻게 행동했는가에 주의를 기울인다. 그러므로 나의 생애의 중요한 목적 중의 하나는 나의 생애가 끝날 때 훌륭하게 행동하는 것, 즉

평온하고 태연하게 처신하는 것이다."라고 말한다.

제20장 「철학을 하는 것은 죽는 것을 배우는 것이다」는 제1권에서 가장 뛰어난 장이다. 철학의 연구와 사색은 우리의 영혼을 우리에게서 끌어내어 우리의 영혼으로 하여금 육체 이외의 일에 분주하게 하며, 그것은 일종의 죽음의 연습이며 죽음의 모방이기 때문이라고 말한다.

제26장 「어린이 교육에 관하여」에서는 "인간의 모든 학문 중에서 가장 어렵고 중대한 문제는 어린 아이의 양육과 교육이다."라고 자신의 교육론을 서술하고 있다. 교사가 혼자서 모든 것을 생각하고 모든 것을 말하는 것은 바람직하지 않다면서 학생에게 생각하고 말할 기회를 주고 그 학생의 말에 귀를 기울이는 것이 바람직한 일이라고 서술하고 있다. 이어서 소크라테스는 먼저 학생들로 하여금 말하게 하고 나서 자신의 생각을 말했음을 상기시키면서 "대부분의 경우 가르치는 사람의 권위는 배우고자 하는 사람에게 장애가 된다."는 키케로의 말을 인용하고 있다. 그의 이러한 교육론은 후에 루소로 이어져 루소의 교육학 명저인 『에밀』에 영향을 주었다.

27장 「우리 자신의 능력으로 참과 거짓을 판단하는 것은 어리석은 것이다」, 28장 「우정에 관하여」는 그와 보에티의 우정을 말하고 있다. 33장 「생명을 희생시켜서라도 관능적 쾌락을 피해야 한다」는 초기에 금욕주의 철학인 스토아 철학에 심취했었던 그의 심경을 보여준다.

제2권 주요 내용

제5장 「양심에 대하여」는 "죄인의 가장 큰 형벌은 재판관인 자신으로부터는 결코 면제될 수 없다는 것이다."라는 유베날리스의 말을 인용하고 "양심이 우리를 공포로 채우듯이, 양심은 또한 우리를 확신과 신념으로 채운다."고 서술하고 있다.

제29장 「덕에 대하여」에서는 "한 인간을 아주 공정하게 판단하기 위해

서는 일상적인 생활 속에서 그를 관찰하지 않으면 안 된다."고 기술했다.

제31장 「분노에 관하여」에서는 "분노만큼 우리의 판단의 정확성을 감소시키는 감정은 없다……. 분노로 인해 우리의 맥박이 세차게 뛰고 우리가 흥분하고 있는 동안에는 꾸짖는 일을 뒤로 미루어야 한다. 우리의 분노가 가라앉아 평온해지면 사물은 정녕 다르게 보일 것이다. 분노에 싸여 있는 동안에 명령하고 말하는 것은 우리들 자신이 아니라 분노의 감정인 것이다."라고 분노의 악영향을 경계하고 있다.

제3권 주요 내용

제3장 「3가지 교제에 대하여」는 우정, 사랑, 독서의 기쁨을 기술하고 있다. 우정을 나누고 싶은 사람들로는 점잖고 재능 있는 사람들을 들고 있다. 그리고 아름답고 덕있는 여자들과의 사랑도 즐거움을 주는 것은 사실이지만 영혼의 측면에서는 전자만큼 즐거움이 크지 않다고 말한다. 그는 사랑이라는 교제에는 경계가 필요함을 강조하며 자신이 젊은 시절에 경험했던 두 차례의 성병을 언급한다. 세 번째는 책과의 교제를 들고 있는데 "책은 나의 인생행로에 변함없는 친구가 되어 나를 도와준다."라며 독서를 예찬하고 있다.

제8장 「대화의 기술」에서는 다른 사람들과의 대화에서 진리인 섯처럼 보이는 말도 즉석에서 받아들여서는 안 되며 한두 번쯤 그 말을 객관적인 시각에서 음미해 보고 그가 무슨 의도로 그 같은 말을 했는지 생각해 보아야 한다고 말한다. "학문은 그것을 이용하는 사람에 따라 왕의 홀笏이 되기도 하고 바보의 노리개가 되기도 한다."는 말도 여기에 나온다.

몽테뉴의 지적 편력

고전 지식의 집대성이라는 점에서 교양서로 환영받고 있는 『수상록』은 근대의 합리주의 정신과 과학적 사고에 영향을 주었고, 몽테뉴의 교육사상은 루소로 연결되어 한층 심화되었다. 또한 몽테뉴의 인간성 성찰방법은 이후 인문주의자들의 모델이 되었다.

흔히 "프랑스의 근대정신은 몽테뉴로부터 시작된다."고 말한다. 그것은 그가 『수상록』에서 자신을 철저하게 추구한 다음 나아가 한 개인을 초월하여 인간 존재 자체의 본질을 예리하게 추구하고 있기 때문이다. 그는 "인간은 각기 인간의 본질을 완전히 갖추고 있다."고 믿고 자기 성찰을 계속하여 현실의 구체적인 인간을 묘사함으로써 '보편적 인간'을 묘사하고자 했고, 현실적인 생生의 관찰을 통해 생의 '보편적인 모럴moral'을 탐구하고 했다. 여기서 우리는 몽테뉴의 위대한 모습을 보게 된다.

금욕주의 초기에 쓰인 에세이 중에는 도덕의 문제를 다룬 것이 많다. 제1권 14장 「행, 불행은 대체로 우리의 견해에 의해 좌우된다」, 19장 「우리의 행복은 죽은 후가 아니면 판단해서는 안 된다」, 20장 「철학을 공부하는 것은 죽음을 배우기 위해서다」, 39장 「고독에 관하여」, 42장 「우리들 사이의 불평등에 대하여」 등이 이 시기에 쓰인 것으로 이들 제목이 나타내고 있듯이 이들은 죽음, 행복, 불행 등 고대철학이 가장 일반적으로 다루었던 도덕적인 문제를 중심으로 하고 있다.

당시 그가 공감하고 있던 도덕론은 스토아 학파의 도덕론이다. 그는 존경하는 친구 보에티와의 교제를 통해 깨끗한 청교도적인 그의 자세에 감명을 받고 스토아적인 극기사상에 관심을 갖게 되었다. 스토아 철학에 의하면 도덕의 본질은 '이성'으로써 정념情念을 억제하는 데 있다. 그리고 정신에 의해 육체를 지배하고 의지의 힘에 의해 인간의 욕망을 억제하면 초연한 '무감동 상태apatheia' 상태에 달할 수 있어 참된 행복을 얻을 수 있다는 것이다.

그러나 『플루타르크 영웅전』의 저자인 플루타르코스와 회의주의 철학자인 섹스토스 엠페리코스의 저술을 읽은 후 스토아 철학으로부터 멀어진다. 플루타르코스의 『윤리론집』은 『플루타르크 영웅전』과는 달리 범인을 다루고 있어 그동안 그리스, 로마의 영웅들에게서 도덕적 교훈을 구하던 몽테뉴에게 자기 주위의 주변 인물들에게 시선을 돌리게 했다. 이로 인해 몽테뉴는 차츰 인간이란 얼마나 복잡하고 괴이한 존재인가를 깨닫게 되었다.

그러다가 섹스토스 엠페리코스의 『회의파 개설』을 읽은 후 사상의 전환기를 맞이한다. 피론으로부터 시작된 회의파 철학은 '사물은 본디 불확실한 것이므로 사물에 대한 우리의 판단에는 항상 부정과 긍정의 양론이 있다. 그것은 어디까지나 상대적인 것일 뿐이며, 절대적 진리를 파악한다는 것은 불가능한 일이다. 따라서 우리는 사물에 대해 부정도 긍정도 해서는 안 된다'고 주장한다. 이것을 몽테뉴는 "나는 무엇을 아는가?(Que sais je?)"라는 말로 표현했다.

그러나 제3권에 들어오면서 자연의 행복에 관심을 갖게 된다. 자연의 행복 중에서도 몽테뉴가 가장 중시한 것은 육체적 쾌락이다. 그는 한때 스토아 학파의 영향을 받아 '생명을 희생시켜서라도 쾌락을 피할 것'에 찬성했지만 나중에는 인간의 자연적 본성에 기초를 둔 육체적 쾌락을 피하는 것이 어리석은 것임을 깨닫는다. 그는 육체와 정신은 하나인데 이것을 둘로 나누어 어느 한쪽에 치중하면 오류가 생기기 마련이므로 자연의 가르침에 따르는 것이 인간으로서 올바르고 행복하게 사는 것이라고 말하고 있다.

이러한 사상적 편력을 거쳐 그는 점차 자신의 모습을 발견해 갔으며 이러한 자기 묘사가 『수상록』의 중심 과제가 된다. 그에게는 '너 자신을 알라'는 소크라테스의 말이 새로운 의미와 중요성을 지니고 다가왔다. 자기를 묘사한다는 것은 자신을 객관화하고 고정화하는 일이다. 몽테뉴는 『수상록』을 쓰면서 자기를 관찰하고 연구, 검토함으로써 이제까지 알지 못했던 자기를 발견하고 새로운 자아를 창조해갔다.

이런 의미에서 『수상록』이 몽테뉴를 만들고 몽테뉴가 『수상록』을 만드는 상호작용이 행해졌다고 할 수 있다. 자기를 묘사하고 자기를 아는 것은 몽테뉴에게는 훌륭하게 살기 위한 최선의 방법이 되었던 것이다.

한편, 몽테뉴의 주된 관심사는 언제나 자기라는 소우주를 완성해가는 것이었기에 일부 비판자들은 그를 이기주의자로 몰아세우기도 한다. 그러나 몽테뉴의 도덕이 개인주의적이고 자기중심적인 면이 있음은 부인할 수 없지만 도덕의 원리를 실제의 행동과 혼동해서는 안 된다. 왜냐하면 『수상록』 전체를 보면 그의 사상과 행동의 기저에는 개인주의를 훨씬 초월한 인간 존중을 바탕으로 한 박애주의와 회의주의로부터 얻은 합리주의가 있음을 부인할 수 없기 때문이다. 그런 의미에서 『수상록』은 개인을 초월한 넓은 의미의 인간 연구서이며 현대의 살아 있는 고전이다.

❖ 추천도서
『몽테뉴』, 권응호 옮김, 홍신문화사, 2008
『몽테뉴 수상록』, 손우성 옮김, 동서문화사, 2007

— Tartuffe —

타르튀프

악덕 종교가와 위선자를 꼬집은 풍속희극

몰리에르 지음

희극작가이자 배우로 평생을 연극에 바친 몰리에르가 거짓 종교가의 위선과 그 위선에 속아 넘어가는 어리석음을 그린 5막의 희극. 종교를 모독했다는 이유로 5년간이나 공개상연이 금지되었던 작품으로, 풍속희극의 단초를 제시하고 성격희극을 완성했다고 평가되고 있다. 삶 자체가 하나의 커다란 연극이었던 몰리에르는 이 작품 속에서 위선의 문제를 당시의 사회적 상황과 관련시켜 고찰함과 동시에, 인간 본성의 문제를 형상화함으로써 개인과 사회의 갈등이라는 현대적 문제를 선구적으로 제시하고 있다.

문화예술의 후원자였던 루이 14세 치하에서 활약한 코르네유, 라신과 더불어 프랑스 3대 고전작가로 불리는 몰리에르(Jean Moliere, 1622~1673)는 부유한 궁정 실내장식업자의 상남으로 태어나 최고의 교육을 받았다. 부친은 아들이 가업을 잇기를 희망했으나 경제적으로 안정된 삶을 포기하고 연극인의 길을 택한 21살의 회심回心 이후 몰리에르의 삶은 오로지 연극만을 위해 존재하게 된다.

학업을 마칠 무렵 재능 있는 여배우 마들렌 베자르와 함께 〈유명극단〉을 창립하여 예명을 몰리에르라고 했다. 그러나 극단은 흥행에 실패하여 빚만 잔뜩 지게 되었고 그는 한때 감옥에 갇히기도 했다. 극단은 결국 13년 동안의 지방 유랑길에 나섰고 지방 귀족의 도움으로 차츰 실력을 쌓아 리옹에 본거지를 둔 유력한 지방극단으로 성장했다.

그동안 그는 극단 경영자로 두각을 나타내는 동시에 이탈리아 즉흥극의 계통을 잇는 연기술, 작극법을 익힌 것으로 짐작된다. 1658년에야 파리에 진출하여 루브르 궁전의 루이 14세 앞에서 공연하여 인정을 받았다. 이로 인해 왕실 소유의 프티 부르봉 극장 사용을 허가받았다.

이듬해에 참신한 풍자희극『웃음거리 재녀才女』의 성공으로 기반을 쌓았고, 이어서 아르놀프라는 개성적인 인물을 창조한『여인학교』로 명성을 드높였다. 그는 '우수한 극시인'의 자격으로 국왕으로부터 연금을 받았고, 이들 작품의 성공으로 루이 14세의 총애를 받았으나 한편으로는 많은 적들을 만들었다. 사교계나 배우, 작가들이 악의에 찬 중상과 비판을 가해 오기도 했으나 그는 용감히 싸웠으며 이러한 투쟁 속에서도 극단원들의 생활을 보살피고 왕을 즐겁게 해주어야 했다. 이 눈부신 활동과 과로의 생활 속에서 그는 13년 동안 30여 편의 작품을 썼는데 대부분 5막극이었다.

1662년 마들렌의 여동생(또는 딸) 아르망드와 결혼했으나 21살이나 어린 젊은 아내와의 가정생활은 원만치 못했다. 1664년에는『타르튀프』를 발표하는데 거짓 신앙을 묘사했기 때문에 종교에 대한 모독이라 하여 신자들로부터 비난을 받아 상연이 금지되었다. 그 후 무대에 올린『돈 주앙』은 사태를 한층 악화시켰다. 이로 인해 교회 측에서는『타르튀프』를 5년,『돈 주앙』을 평생 동안 상연 금지시켰다.

당국과의 싸움으로 몰리에르는 극단을 혼자 이끌어갈 수밖에 없었다. 배우도, 작가도 확보할 수 없었던 그는 더 많은 작품을 씀으로써 작가의 부족을 메워나갔다. 드디어 1966년 그의 대표작으로 평가되는『인간 혐오자』를 발표했는데 처음부터 식견 있는 관객들로부터 걸작으로 평가되었다. 그 후에도『구두쇠』,『여학자』등의 작품을 발표했다.

의학 풍자희극인『상상병 환자』는 몰리에르의 마지막 작품인데 건강 악화에도 불구하고 주인공을 맡은 그는 연기 도중 발작을 일으켰으나 즉

홍 연기로 위장하며 버티어나갔다. 그러나 결국 무대 위에서 쓰러져 실려 나가고 각혈을 한 끝에 숨을 거두었다. 임종 때에 아내 아르망드의 모습은 보이지 않았고 신자가 아니라는 이유로 목사의 입회도 허락되지 않았다 한다.

몰리에르가 죽은 뒤 미망인 아르망드는 배우들을 이끌고 게네고 극장으로 옮겼으나 국왕의 명령으로 경쟁관계에 있던 오텔 드 부르고뉴 극장과 합병함으로써 〈국왕의 극장〉이 결성되었다. 이것이 현재 프랑스 국립극장인 코메디 프랑세즈의 전신이다.

몰리에르의 작품은 현재에 이르기까지 이 극장의 가장 중요한 레퍼토리로 상연을 거듭하고 있는데 이것은 그의 작품들이 시대 풍속에 대한 예민한 시각과 비판정신이 뒷받침되어 시대를 초월한 보편적인 인간상을 묘사했기 때문이다.

르네상스 시대 다음에 나타난 문학사조는 고전주의였다. 우리는 프랑스적인 것의 정수는 고전주의에서 발견할 수 있다. 프랑스의 고전주의는 고대와의 밀착에도 불구하고 나름대로 근대적이고 또한 엄밀히 말해 프랑스적이다. 문학을 한 인간이 자신의 정체성에 도전하는 치열한 지적 추구의 과정이라고 볼 때 프랑스 고전주의 역시 근대의 여명기에 프랑스인이 펼쳤던 지적 모험의 증언이자 인간과 세계에 대해 프랑스인이 가졌던 인식의 영원한 유형이라고 생각할 수 있다.

프랑스의 당시 집권자는 '태양왕' 루이 14세였는데 그는 화려한 궁정생활을 영위하여 유럽 군주들의 선망의 대상이 되었던 인물이다. 루이 14세는 6개의 궁전 중에서도 특히 파리에서 떨어진 베르사유 궁전을 좋아하여 그곳에 하나의 작은 우주를 꾸몄다.

베르사유 궁전에서는 왕을 중심으로 한 궁정 귀족들이 낮에는 산책과 사냥, 밤에는 연회와 무도회가 열리는 등 사치와 방탕한 생활이 계속되었다. 이곳에는 자연스럽게 미美와 기지, 사교와 에티켓, 연극과 문학이 집결되었다. 루이 14세는 청년시절에 소설과 시를 애독하고 춤과 운동에 열중했으므로 프랑스의 문학과 예술을 후원하여 번성케 하였다. 루이 13세 시절인 1635년에 프랑스 아카데미가 창설되고 동시에 작가가 지켜야 할 '삼단일 법칙'과 '순수성의 법칙' 등 문학법칙이 제정되었다. 삼단일 법칙이란 하루 동안에 동일한 장소에서 한 사건이 행해져야 한다는 규칙이고, 순수성의 법칙이란 비극은 비극적인 요소만으로, 그리고 희극은 희극적인 요소만으로 작품을 써야 한다는 규칙을 말한다.

이런 규칙 밑에서 이른바 프랑스의 3대 고전주의 작가, 즉『르 시드』의 작가 코르네유와『페드르』의 작가 라신, 그리고『인간 혐오자』와『타르튀프』의 작가 몰리에르가 탄생하게 된다.

코르네유와 라신이 비극의 대가였던 반면 몰리에르는 희극의 대가였다. 프랑스의 모든 희극적 전통은 몰리에르에게 흘러들어와서 새롭게 흘러나왔다. 그는 고대로부터 내려온 희극적 유산을 흡수하여 그것을 근대적으로 재창조하기에 성공한, 그리하여 오늘날에도 여전히 현재성을 잃지 않고 있는 희극의 최고봉이다.

몰리에르의 이러한 예술적 승리는 단순한 천재성의 결과만은 아니었다. 12년간의 긴 유랑극단 생활을 통한 연극적 수련을 거쳐 파리로 입성했을 때, 그가 내세운 희극은 당시의 규범주의자들의 요구에 배치되는 가히 혁명적인 것이었다. 몰리에르는 고상한 웃음과 로마네스크한 줄거리의 요구에 대해서는 당대 풍속에 대한 가차 없는 풍자를, 오락으로서의 희극 개념에 대해서는 현실참여로서의 희극 개념을 작품을 통해 보여주었고, 그럼으로써 더욱 더 역경 속으로 빠져들었다.

적대적인 연극인들의 끝없는 질시, 현학적인 문사들의 이론적 시비, 종교계의 도덕적 규탄이 끝없이 이어졌고, 몰리에르는 언제나 논쟁과 모함의 와중에 있었다. 그런 상황에서 그는 자신이 선택한 예술의 지향을 끝내 포기하지 않았고 현실의 벽을 뚫고 나가는 예술적 방법에 대한 탐구를 계속하면서 그것을 통한 반성과 갱신의 노력을 멈추지 않았다. 그의 작품들은 그런 삶의 형상물들이기에 역설적으로 일회적인 천재성을 뛰어넘는 풍요와 깊이를 획득하고 있는지도 모른다.

주요 등장인물
페르넬르 : 오르공의 어머니로 타르튀프에게 속는 인물.
오르공 : 엘미르의 남편으로 타르튀프에게 속는 인물.
엘미르 : 오르공의 아내로 타르튀프의 정체를 드러내는 인물.
다미스 : 오르공의 아들로 발레르의 여동생에게 구혼하려는 인물.
발레르 : 마리안의 애인.
마리안 : 오르공의 딸이자 발레르의 애인.
타르튀프 : 오르공과 페르넬르 부인을 속이는 가짜 신사.

줄거리

'위선자'란 부제를 가진 이 5막짜리 운문극은 거짓 신앙을 풍자한 내용으로 인해 공개 상연을 위해 5년 동안 투쟁해야 할 만큼 문제작이었다. 작가는 『타르튀프』에서 인간의 악덕과 당시의 파리 사교계를 활보하고 다녔던 위선자들을 가차 없이 풍자하고 타르튀프와 같은 위선자가 없어질 때 프랑스가 더욱 번영하리라는 점과 국왕이 그들의 도움 없이도 진실과 허위를 식별할 수 있음을 암시했다. 어쨌든 이 작품으로 인해 '타르튀프'라는 이름은 오늘날에도 '위선자'를 뜻하는 보통명사로 사용될 만큼 널리 알려져 있다.

제1막 : 돈 많은 소시민 오르공은 전처의 소생 둘을 데리고 젊은 엘미르와 재혼했다. 오르공의 집에는 얼마 전부터 종교가인 타르튀프가 동거하고 있었다. 그는 거지와 같이 떠도는 신세로 이 집에 들어왔으나 오르공과 오르공의 어머니는 그를 성인군자처럼 모시고 있었다. 그러나 다른 사람들의 눈에 비친 타르튀프는 위선자요, 사기꾼이었다. 시골에서 돌아와서도 오르공은 가족의 안부보다 타르튀프의 건강에 더 관심을 갖는 형편이었다. 주위에서 아무리 말해도 오르공의 생각은 바꿀 수 없었다.

제2막 : 광신자인 오르공은 딸 마리안을 그녀의 애인에게서 떨어지게 하여 타르튀프의 아내가 되게 하려고 생각한다. 마리안은 슬픔에 잠기지만 하녀인 도린이 마음 약한 그녀에게 용기를 주며 함께 저항하자고 말한다.

제3막 : 오르공의 후처인 엘미르도 타르튀프에게 마리안과의 결혼 의사를 포기하라고 말하지만 오랫동안 엘미르에게 마음을 두고 있던 타르튀프는 두 사람만 있는 자리에서 그 유명한 "아아, 믿음이 깊다고 해서 감정조차 없는 것은 아니지요, 어디까지나 나는 사내입니다."라고 그녀에게 구애한다. 그 현장을 우연히 보게 된 오르공의 아들 다미스는 타르튀프를 비난하며 오르공에게 모든 사실을 폭로한다. 그러나 오르공은 아들의 말을 믿지 않고 타르튀프의 교묘한 거짓말을 그대로 믿는다. 그는 오히려 아들을 꾸중하고 자기의 재산 전부를 타르튀프에게 증여한다.

제4막 : 딸과 타르튀프의 결혼을 서둘러 성사시키려는 남편 오르공을 보고 엘미르는 한 가지 꾀를 낸다. 그녀는 남편을 테이블 밑에 숨겨 두고 타르튀프를 불러들여 그의 구애에 응하는 척했다. 처음에는 의심을 품고 있던 타르튀프는 시간이 흐름에 따라 본색을 드러내어 엘미르를 품에 안으려 한다. 오르공은 그제야 자신이 속았음을 깨닫고 이 사기꾼을 쫓아내려 한다. 그러나 타르튀프는 뻔뻔스럽게 "자네가 이 집에서 나가주게."라고 말한다. 이제 이 집의 재산 전부는 타르튀프의 것이었다.

제5막 : 오르공은 자기 입장이 불리하게 될 수밖에 없는 정치적 비밀 문서가 들어 있는 상자도 타르튀프에게 넘겨준 터였다. 사기꾼은 그 문서를 국왕에게 공개하며 오르공을 고소했다. 오르공은 체포되기 전에 도망가야만 했다. 타르튀프는 경찰관을 데리고 거드름을 피우며 등장하여 국적國賊 취급을 한다. 그러나 경찰관이 체포한 것은 뜻밖에도 타르튀프였다. 타르튀프야말로 당국이 수사하고 있던 죄인이었기 때문이다. 경찰관은 "국왕 폐하는 사람의 마음을 꿰뚫어보시기 때문에 절대로 사기꾼의 술책에는 속지 않으신다."고 말한다. 왕은 오르공을 용서하고 마리안은 발레르와 결혼하게 된다.

5년간 공개 상연이 금지된 문제작

『타르튀프』는 1664년에 루이 14세가 베르사유 궁전에서 개최한 대제전 때에 처음으로 공연되었다. 악덕 종교가와 위선자를 신랄하게 꼬집은 이 작품은 종교인들의 반감을 사서 상연이 금지되었다. 몰리에르는 국왕에게 계속 탄원했으나 1669년이 되어서야 공개 상연이 정식으로 허락되었다. 어쨌든 이 작품은 통렬한 풍자극으로서 몰리에르의 걸작 가운데 하나이며 공연은 전대미문의 대성공을 거두었다.

이전의 희극이 줄거리나 대사, 몸짓 등 외부적인 수단으로 관객들에게 호소하려 했던 반면 몰리에르는 인물의 성격에 바탕을 두고 인간의 약점을 폭로함으로써 관객들의 웃음을 유도하려 했다. 성격의 묘사, 이것이 그가 추구했던 목적이었다. 그는 인간 정신의 이면과 동기, 그리고 원동력을 심리적 사실주의로 포착함으로써 당대 인간들의 평범함과 복잡함을 그려냈으며, 등장인물 하나하나에 강한 개성을 부여했다.

몰리에르의 작품에는 비극작가인 코르네유나 라신의 작품에서 발견하기 어려운 사회에 대한 비판의식이 보인다. 두 비극작가가 주로 인간의 고뇌와 격정을 묘사한 반면 몰리에르는 인간과 사회의 보편적인 악과 약점을 비판했다. 그는 관객이나 독자들을 웃기는 데에 만족하지 않고 거기에 날카로운 비판을 가한다. 그는 이러한 풍속의 비판적 묘사를 통해서 인간을 개조하고자 했던 것이다. 당시의 수많은 풍속을 풍자한 작가 가운데 몰리에르만이 뚜렷하게 지위를 확보하고 있는 이유도 그의 내부에 있는 강한 도덕적 욕구 때문이다.

그러나 군주제도나 교회의 권위, 그리고 귀족의 특권 등에 대해서는 공격적인 태도를 완화하는 보수적인 측면도 있었다.

그는 인간의 본능이 바르다고 믿었으며 라블레나 몽테뉴와 마찬가지로 자연은 선하며 또한 만능이라고 생각했다. 자연과 싸우는 것은 어리석은 짓이며 불행과 웃음거리를 동반하는 것이라 믿었고, 자연의 법칙에 따르는 젊은이들을 편들고 이를 막는 어른들을 조롱했다. 그러나 그는 본능에 한계를 두어 이성의 통제를 받아야 한다는 점도 놓치지 않았다.

이러한 점들이 그의 작품들로 하여금 그의 시대와 인간을 총체적인 관점에서 이해하도록 하고 이 총체적인 비전을 통해 시대의 한계를 뛰어넘는 독창성을 획득할 수 있게 했다.

◈ 추천도서
『타르튀프』, 신은영 옮김, 열린 책들, 2012
『타르튀프·서민귀족』, 덕성여자대학교 극예술비교연구회 옮김, 동문선, 2000

— Phèdre —

페드르

용서받지 못할 사랑이 부른 비극

라신 지음

코르네유, 몰리에르와 함께 프랑스의 3대 고전주의 작가인 라신의 대표작이자 프랑스 고전비극의 백미라 할 수 있는 작품. 절대적인 운명 앞에서 연약한 한 인간의 정열이 최후의 폭발점을 향해 어떻게 치달아가는지를 보여주는 작품으로, 밀도와 집중 그리고 엄밀한 구성이라는 프랑스 순수비극의 이상을 보여준다.

프랑스 고전비극의 완성자로 불리는 작가 라신(Jean Boptiste Racine, 1639~1699)은 재산과 영향력을 가진 최초의 프랑스 작가이다. 그는 평범한 시골 관리의 아들로 태어났다. 1살 때 어머니가, 이어서 3살 때 아버지마저 세상을 떠나 고아가 된 그는 할머니와 함께 파리 근처의 한 수도원에서 엄숙한 분위기 속에서 자랐다. 장세니즘(Jansénisme, 엄숙주의)을 신봉하는 금욕적인 수도사들이 운영하는 '작은 학교'에서 그리스와 라틴고전 교육을 받았다.

그 후 파리에서 1년 동안 법률 공부를 한 후 사교계에 드나들면서 우화작가인 라 퐁텐 신부 등과 친교를 맺었다. 수도원에서 받은 교육은 차츰 잊어버리고 교제의 기쁨을 알게 되었고 문학에 대한 야망을 키워나가게 되었다.

1660년에 루이 14세의 결혼을 축하하는 송시 「센 강의 요정」을 써서 국왕으로부터 상을 받았으며 문단의 원로인 샤플랭과 알게 되었다. 한동안 성직자의 꿈을 갖기도 했으나 문학에 대한 꿈을 버릴 수 없어 1664년 코르네유의 명성이 쇠퇴한 틈을 타 연극에 손대기 시작했다. 이후 1677년까지 희곡작가로서 라신은 바쁜 시절을 보낸다.

1664년에 희곡작가 몰리에르의 도움으로 그리스 전설에서 힌트를 얻어 왕권을 둘러싼 형제간의 권력 투쟁을 그린 최초의 비극 『테바이드』를 상연했으나 코르네유를 모방한 작품이라는 부정적인 평가를 받았다.

이듬해 연애비극 『알렉상드르』를 발표하여 성공을 거두었으나 이 연극을 상연한 극장은 당시 몰리에르의 희극을 무대에 올리고 있던 중이어서 몰리에르는 그에게 화를 내고 절교를 선언했다. 이때 몰리에르 극단의 인기 여배우인 뒤 파르크는 라신을 따랐고 그의 애인이 되었다. 그즈음 스승이었던 신학자 피에르 니콜이 "극작가는 공중公衆의 해독자"라고 비난하자 수도원과 결별했다.

1667년에 뒤 파르크를 주연으로 한 『앙드로마크』는 관중들에게 큰 감동을 주었다. 라신은 자신의 진가를 가장 정당하게 평가받을 수 있는 주제가 무엇인지를 이 작품 속에서 발견했다. 그것은 바로 정념적인 사랑의 맹목성과 비극적인 어리석음이라는 주제였다.

1670년에는 코르네유와 같은 주제로 로마 역사를 배경으로 한 『베레니스』를 발표하여 코르네유에게 승리를 거두었다. 코르네유의 희곡도 실패작은 아니었으나 라신은 일부러 경쟁자와 같은 작품을 상연함으로써 상대방의 약점을 노출시켰던 것이다.

1677년 수도원과 화해할 목적으로 쓴 『페드르』는 걸작임에도 불구하고 반대파의 모략으로 실패했다. 『페드르』의 실패는 전성기를 구가하던 그로 하여금 갑자기 연극계를 떠나게 만들었다. 연극계를 은퇴한 그는 젊은 시절의 신앙심을 되찾았고 수도원과도 화해했다. 수도자들의 권유로 평범하고 신앙심이 깊은 여인과 결혼했고, 자신의 비극 작품을 읽은 적이 없는 아내와의 사이에 2남 5녀를 얻었다. 그 무렵에 루이 14세의 사관史官이 되어 왕의 공적에 대한 공식역사를 쓰는 데 전력을 기울였고 왕의 역사를 기록하기 위해 원정을 수행했다. 그는 성실한 가장으로, 그리고 독실한 그리스도교인으로 조용히 만년을 보내고 세상을 떠났다.

프랑스 고전주의 문학은 그리스 고전의 엄격한 형식과 아름다움을 되살리자는 문학으로 1660년부터 200년간 지속된다. 비극은 코르네유와 라신, 희극은 몰리에르가 대표적인 작가다.

줄거리

『페드르』역시 그리스신화와 작품을 소재로 하고 있으므로 근원이 되는 신화의 내용을 살펴보자.

주인공 파이드라(페드르)는 크레타 섬의 미노스 왕의 공주이다. 미노스 왕은 제우스와 에우로페 사이에 난 아들로 형제들과 왕위 다툼 시에, 바다의 신 포세이돈에게 자신에 대한 신뢰의 표시로 멋진 황소 한 마리를 보내주도록 기원한다. 그러면 그 황소를 잡아 제물로 바치겠다고 약속까지 했다. 그러나 포세이돈으로부터 황소를 선물받은 미노스는 그 황소가 너무 멋진 탓에 다른 소를 제물로 바친다.

화가 난 포세이돈은 미노스의 아내를 황소와 정을 통하게 하여 반인반우半人半牛의 괴물 미노타우로스를 낳게 한다. 당황한 미노스는 천하의 명공인 다이달로스에게 미노타우로스를 가둬둘 미궁迷宮을 만들 것을 명한다. "만약 미궁에서 살아나오는 자가 있으면 너를 그곳에 가두리라." 라는 엄명과 함께.

그러던 어느 날 미노스의 아들이 아테네의 운동경기에 참석했다가 사망하는 일이 발생한다. 이에 분노한 미노스 왕은 단숨에 아테네를 정복하고 9년마다 처녀, 총각 각 7명씩의 조공을 요구한다. 왜냐하면 미궁 속에 사는 미노타우로스는 인간만을 먹고 사는 괴물이었기 때문이다. 이때 아테네의 왕자인 테세우스(테제)는 괴물의 제물로 자원한다.

크레타에 도착한 테세우스를 본 미노스의 딸 아리아드네는 첫눈에 그에게 반한다. 그리하여 아버지와 조국을 배반하고 테세우스에게 미궁에서 빠져나올 수 있는 방법을 알려준다. 아리아드네의 도움으로 미궁에서 괴물을 처치한 테세우스는 그녀를 데리고 돌아오다가 도중에 낙소스 섬에 그녀를 남겨 두고 홀로 왔다. 미노스 왕이 죽자 아리아드네의 오빠인 데우칼리온이 테세우스와 동맹을 맺고 아리아드네의 언니인 파이드라를 그의 아내로 준다.

아테네의 왕이 된 테세우스는 흑해 연안의 아마존 족 원정에서 히폴리테 여왕을 생포한다. 그리고 그녀와의 사이에 히폴리토스(이폴리트)라는 왕자를 얻는다. 후에 히폴리토스의 어머니가 죽자 히폴리토스는 의붓어머니인 파이드라의 애욕의 대상이 된다. 그녀는 히폴리토스에게 사랑을 고백했지만 순수하고 고결한 그의 관심은 처녀신인 아르테미스를 향하고 있었다. 이에 파이드라는 왕자가 자기를 유혹했다고 테세우스에게 거짓말을 한 후 목을 매어 자살한다. 테세우스는 히폴리토스에게 저주를 내린다. 테세우스의 저주를 받은 히폴리토스는 전차를 타고 해변을 달리다가 갑자기 나타난 괴물을 보고 말이 놀라는 바람에 전차에서 떨어져 죽는다.

> "그를 보는 순간 나는 얼굴이 붉어졌고, 창백해졌다. 나는 내 온몸이 얼어붙고 불타오르는 것을 느꼈다."

> "나는 죄를 지으면서 마음의 평정을 맛보며 태연하거나 얼굴을 붉히지 않는 파렴치한 여자는 아닙니다."

"불행한 인간에게는 죽음 따위가 조금도 두렵지 않습니다."

"네가 나를 미워하면 할수록 그만큼 나는 너를 더 사랑했던 것이다."

　5막 11장으로 구성되어 있는 이 작품은 그리스의 에우리피데스가 쓴 『히폴리토스』(이폴리트)와 로마의 세네카가 지은 『페드르』에 바탕을 두고 있지만, 페드르를 비롯한 주요 인물의 성격은 고대 비극과는 다소 다르게 묘사되어 있다.
　아테네의 왕 테제(테세우스, 아테네 민주주의 건설자)는 원정을 나간 후 행방불명이 된다. 독수공방하고 있는 젊고 아름다운 왕비 페드르(파이드라)는 왕의 전처 소생인 미남 왕자 이폴리트(히폴리토스)를 향한 정념에 사로잡혀 있다. 그동안 억눌러 오던 정념이 되살아나 극에 달하고, 그 정념만큼이나 강도 높은 죄의식에 사로잡혀 페드르가 거의 죽음을 눈앞에 두고 있는 상황에서 막이 오른다.
　하녀는 페드르에게 "왕비님께서는 저에게까지 원인을 숨기시는 병으로 제 팔에서 죽어갑니다."라고 말한다. 페드르는 그녀의 분신이나 다름없는 하녀에게까지 가슴앓이의 내용을 숨기다가 하녀의 유도심문에 걸려들어 "사랑으로부터 오는 모든 광란을 나는 겪고 있다."라고 말한다. 하녀는 감정의 분출을 억제하는 것도 죄가 된다며 감정에 충실하라고 부추긴다.
　페드르는 인륜에 어긋나는 자신의 사랑이 사랑의 신 비너스(아프로디테)의 저주에 의한 것임을 알고 숙명으로 받아들이고 있었다. 비너스는 자신을 섬기지 않고 순결한 처녀신인 다이애나(아르테미스)를 숭배하는 이폴리트를 벌하고자 파이드라를 복수의 무기로 선택한 것이다. 비너스는 그녀에게 너무 가혹한 사랑의 격정을 안겨 주었다. 그러나 왕자의 마음은 포로 상태에 있는 적의 공주인 아리시에게 향하고 있었다.

그러던 어느 날 공교롭게도 테제가 죽었다는 소식이 전해온다. 테제의 부음 소식은 절망에 빠져 있던 페드르로 하여금 다시 삶에 집착하게 만든다. 페드르는 사랑을 성취하려는 한 가닥 희망을 갖게 된다. 이러한 때 아리시는 왕자의 사랑을 알게 되고 그녀도 왕자를 사랑하게 된다.

드디어 페드르는 전갈을 보내 이폴리트를 만난다. 페드르는 왕위를 계승하는 이폴리트에게 타오르는 정염을 억제하지 못하고 간접적으로 자신의 마음을 전한다. 그러자 이폴리트는 "부인, 테제가 나의 아버지이며 당신의 남편이라는 사실을 잊으셨읍니까?"라고 환기시킨다.

이에 대해 페드르는 처음으로 "나는 너를 사랑한다."라는 말을 거침없이 실토한다. 이 장면은 서양문학사에 유명한 비극의 한 장면이다.

> "자! 그렇다면 페드르와 그의 광증狂症 모두를 알아차려라.
> 나는 사랑한다. 내가 너를 사랑하는 이 순간,
> 나 스스로 나 자신을 순결하게 여기고 있다고는 생각하지 말아라.
> 나의 이성을 교란시키는 이 광적인 사랑의 독소를
> 나의 비열한 자기 만족이 배양했다고 여기지도 말아라.
> 네가 나를 증오하는 그 이상으로 나는 나 자신을 혐오한다."
> 테제의 미망인이 감히 이폴리트를 사랑하다니
> 여기 내 심장이 있다. 네 손으로 쳐야 할 곳은 바로 그곳이다."
> —『페드르』2막 5장에서

자신을 칼로 죽여 달라는 페드르의 애원에 당황한 이폴리트는 그녀의 사랑을 거부한다. 페드르는 부끄러운 나머지 이폴리트의 칼을 빼앗아 자살을 시도하지만 하녀가 제지한다. 자신도 모르게 사랑을 고백하고 그것이 거부당한 굴욕감에서 몸부림치는 그녀는 테제가 죽었기 때문에 이폴리트를 사랑할 권리가 있다고 생각했던 것이다. 하지만 이것이 분명 불룬이라는 것도 알고 있었다. 결국 이룰 수 없는 사랑의 아픔은 이폴리트에 대한 혐오감으로 변하고 만다.

그러나 뜻밖에 테제는 죽지 않고 살아 돌아온다. 테제가 살아서 돌아온다는 소식을 듣고 페드르는 다시 절망에 빠져 자살을 기도한다. 이에 비너스 여신의 스파이 역할을 하는 하녀는 모든 죄를 이폴리트에게 뒤집어씌우라고 부추긴다. 돌아온 테제는 자신이 열렬한 환영을 받지 못한다는 사실에 내심 의아해 한다.

이폴리트는 부왕에게 자신의 결백만을 밝힐 뿐, 페드르가 유혹했다는 사실은 함구한 채 스스로 왕국을 떠나겠다고 한다. 이때 하녀는 왕에게 이폴리트가 페드르에게 사랑의 수작을 걸었다며 거짓을 고한다. 그 말을 듣고 격노한 테제는 이폴리트를 불러 꾸중하고 추방을 명한다.

추방명령에도 불구하고 이폴리트는 진상을 밝히지 않은 채, 자신이 사랑하는 여인은 오직 아리시뿐이라고 고백하지만 부왕의 분노는 끝내 풀리지 않고 급기야 바다의 신 포세이돈에게 왕자의 처벌을 간청하기까지 한다. 페드르는 양심의 가책에 못 이겨 이폴리트의 구명救命을 호소하지만 이폴리트가 아리시를 사랑한다는 말을 듣고 격렬한 질투에 싸여 침묵한다. 양심의 가책 속에서 방황하던 페드르는 자신을 부추기는 하녀를 쫓아버리고 만다.

아리시는 이폴리트에게 어째서 진상을 숨기냐고 따지지만 이폴리트는 그것은 부왕에 대한 모독이라고 말할 뿐, 끝내 진상에 침묵하면서 아리시에게 함께 국외로 망명할 것을 요구한다. 아리시는 이폴리트의 요구를 수락하지만 다시 테제에게 이폴리트의 무죄를 탄원한다. 왕은 하녀를 불러 다시 진상을 묻고자 하나 이미 그녀는 물에 몸을 던진 후였다.

왕은 다시 포세이돈에게 가서 자신의 청을 취소하라고 하지만 이미 때는 늦어 왕자는 파도에 휩쓸려 들어갔다. 독배를 마신 페드르는 돌아온 왕에게 진실을 밝히고 숨을 거둔다.

> "시간이 없어요. 나의 말을 들으세요. 바로 나에요. 그 순결하고 존경스런 아드님께 불순하고도 근친상간적인 눈길을 주었던 것은."
> —『페드르』5막 7장에서

그제서야 비로소 진상에 눈을 뜬 테제는 아리시를 이폴리트 대신 자식으로 간주하는 것으로써 신에게 지은 죄를 속죄한다.

이성과 정염의 갈등 그린 여성 심리극

『페드르』는 서양문학사에 인상적인 대사들을 많이 남겼다. 그중 2막 5장에 나오는 앞에 기술한 비극적 장면은 1962년에 줄스 닷신 감독의 영화 〈죽어도 좋아〉로 만들어져 영상시대 사람들의 마음속에도 비극적 사랑의 표상으로 새겨져 있다. 앞에 제시한 4개의 대사들은 주인공 페드르가 토해낸 것들이다. 이 작품의 초점은 주인공 페드르의 내면적 갈등에 있다. 페드르야말로 연애심리극에 뛰어난 라신이 창조해낸 최대의 여주인공으로 비너스의 증오를 받아 욕정의 포로가 되고 이것을 거부하려고 몸부림친다.

더구나 그녀가 자기의 죄를 항상 의식하고 그것에 필사적으로 항거하지만 결국 자신의 생명을 버리는 과정에는 장세니즘의 숙명관이 반영되어 있다. 인간의 내면에서 솟구치는 격정과 이를 절제하려고 애쓰는 감정과 이성의 갈등 속에서 자신의 애욕을 증폭시킨 하녀를 나무라며 자살을 결행하는 페드르의 죽음은 인간의 마음속에 자리 잡은 불순하고 정제되지 않은 감정이 엄정한 이성의 채찍을 맞고 꼬리내렸음을 상징적으로 표현한 것일 수도 있다.

페드르는 비록 불순한 애정을 품고 있는 여성이긴 하지만 엄격하게 자신을 제어하려 노력했으며 그 결과 끝내 파국에 이르는 모습에서는 연민의 정을 금할 수 없다. 특히 5막 7장에서 독배를 마신 페드르는 테제에게 이폴리트에 대한 사랑을 실토하는 죽음과 같은 고백을 한다. 독배는 그녀의 삶과 거짓의 너울을 한꺼번에 벗어던질 수 있도록 도와주어 죽음과 더불어 진실을 세상에 토해놓는다. 그녀의 마지막 말은 죽음이 그녀의 신체를 이미 잠식했음을 잘 표현하고 있다.

"그리고 죽음은, 내 눈에서 광채를 빼앗아, 그 눈들이 더럽혔던 태양에게 순수함을 되돌려줍니다."

페드르의 고백 위로 막이 내리면 무대도 관객도 침묵에 잠긴다.

❖ 추천도서
『페드르』, 송민숙 옮김, 지만지, 2011
『바자제·페드르』, 심민화 옮김, 책세상, 2005

— Les Confession —

고백록

프랑스 최초의 고백문학

루소 지음

아우구스티누스의 『고백록』, 톨스토이의 『참회록』과 더불어 '3대 고백록'으로 평가되며 볼테르를 비롯한 적들의 공격과 비난에 대하여 루소가 자신을 변호하고 정당화할 목적으로 쓴 자서전이다. 자신의 삶에 대한 성실한 기록인 동시에 위대함과 약점을 함께 지닌 인간의 영혼과 복잡한 심리에 대한 섬세한 증언이다. 인간은 자연 상태에서는 자유로우나 인간이 만든 사회제도에 의해 타락해간다는 루소의 일관된 생각이 깔려 있다.

이성의 시대를 마감하고 문명에 오염되지 않은 자연의 삶을 찬양했던 낭만주의의 선구자 루소(Jean Jacques Rousseau, 1712~1778)는 스위스의 제네바에서 시계공의 아들로 태어났다. 상냥하고 감수성이 풍부한 어머니는 그를 낳은 지 며칠 만에 사망했고 10살 때 아버지마저 세상을 떠났다. 숙부 밑에서 자란 그의 유일한 낙은 독서를 즐기던 어머니가 남겨준 상당한 양의 책이었다. 그러나 어린 시절 지나친 독서로 인한 두뇌비대증은 노년에 그를 정신이상으로 몰고간 원인이 되었다.

그는 16살에 제네바에서 가출하여 고향을 등지고 방황한다. 이때 바랑 부인을 만나게 되는데 그녀와의 만남은 그의 인생의 전환점이 되었다. 바랑 부인은 루소를 신교에서 구교로 개종시켰으며 사실상 어머니이자 연인 노릇을 했다. 그녀의 보살핌과 사랑 속에 루소는 여러 학문을 체계적으로 섭렵해나갔다. 1740년 무렵에는 잠시 가정교사 생활도 했는데 이때의 경험을 통해 교육문제에 평생 관심을 갖게 된다.

정규교육을 받지 못한 그는 1742년 파리로 나와 음악비평가로 생계를 유지했고 디드로, 볼테르 등 계몽사상가와 친교를 맺는다. 그런데 인간 이성에 의한 문명의 진보를 믿고 있었던 계몽사상가들은 이성에 어긋나는 당시의 전통과 제도를 신랄하게 비판하고 있었다. 이들과의 인연으로 루소는 그때까지의 지식을 집대성한 『백과사전』 편찬에 참여하여 음악 항목의 집필을 맡았다.

당시 루소는 잠깐 머물렀던 한 여관에서 글자도 잘 모르는 하숙집 하녀인 테레즈 르바쇠르를 만나게 되었는데, 그는 그녀와 20여 년 동안 동거하다가 56살에야 정식으로 결혼했다. 그는 이들 사이에서 태어난 5명의 아들을 모두 고아원으로 보냈는데 훗날 두고두고 후회하여 『고백록』에서 참회한다. 루소의 반대자들은 자녀를 돌보지 않으면서 교육론을 외치는 그의 이중성을 끈질기게 공격했다.

떠돌이 생활을 하던 루소는 1750년에 '학문과 예술의 발달이 풍속을 순화시키는데 기여했는가?'라는 주제의 디종 아카데미 현상 논문 공고를 보고 '구원의 빛'을 발견한다. 루소는 '학문과 예술의 발달이 인간의 심성을 타락시킨다'는 내용의 『학문예술론』을 써서 당선됨으로써 세상에 이름을 알린다. 이 논문에서 그는 발달된 문명이 끼치는 해악을 낱낱이 지적하여 "자연으로 돌아가라."라는 유명한 말을 남겼고 단숨에 파리 사상계의 스타로 떠올랐다.

또 1754년에는 사유재산제도가 인간을 불평등하게 만들었다는 『인간 불평등 기원론』을 발표하여 당시의 사회제도를 비판하고 같은 해『백과전서』 5권의 정치경제 항목을 집필하고 이것을 후에 『정치경제론』으로 독립 출간한다. 1762년에 『인간 불평등 기원론』과 『정치경제론』을 발전시킨 『사회계약설』과 교육에 관한 혁명적인 저서인 『에밀』을 발표했다.

이런 저작들은 인류사에 길이 남은 명저들임에도 당시 파리, 제네바 등에서 사회혼란을 야기하고 그리스도교의 가르침을 파괴한다는 이유로 금서가 된다. 이성에 의한 인류 사회의 무한한 진보를 믿고 있던 계몽사상가들에게도, 문명이 사회악의 근원이라는 루소의 주장은 용납될 수 없었기에 결국 그들과도 결별하게 된다. 실망한 루소는 파리를 떠나 제네바로 피신하려 했으나 제네바 정부 또한 그 책들에 대해 유죄판결을 내렸다.

제네바로의 피신이 불가능해지자 유럽 각지로 망명하지 않을 수 없었는데, 이때 깊어가는 고독과 피해망상에 시달리면서도 세상 사람들이 갖고 있던 자신에 대한 오해를 풀기 위해 자전적인 작품인 『고백록』을 완성했다. 그러나 루소의 사후에 출판된 『고백록』 역시 수많은 논란을 불러일으켰다. 루소는 자연 속에서 성장하여 한평생 자연을 찬양하면서 살다가 1778년 자신이 찬양하던 자연의 품으로 영원히 돌아갔다.

〈서울대 선정 동서고전 200선〉 목록에는 한 사람의 작품이 두 편 들어 있는 경우가 딱 두 사람이 있다. 한국의 정약용(『다산시선』, 『목민심서』)과 서양의 루소(『고백록』, 『사회계약론』)가 그들이다. 그만큼 루소는 신비롭고 다양성을 지녔던 인물이다. 정규교육이 전무한 그가 박해와 고난의 삶 속에서도 다양한 방면에서 업적을 남겼다는 것은 불가사의한 일이다.

그는 『학문 예술론』, 『인간 불평등 기원론』을 통해 당시 문명과 사회에 대한 비판을 시작하였고 『사회계약론』으로 자유민주주의 사상의 기초를 마련하고 소설 『신 엘로이즈』로 낭만주의 문학을 고취했다. 또한 『에밀』에서는 새로운 교육관을 제시했고 『고백록』에서는 근대적인 고백문학의 전형을 보여주었다. 한 인간의 힘이 어떻게 이토록 위대할까, 하는 느낌이 들 정도다.

물론 루소의 저작 가운데 당대나 후대에 가장 큰 영향을 미친 것은 『사회계약론』이다. 그런데 이 책 속에 전개된 그의 사상은 하루아침에 이루어진 것이 아니고, 그의 지적 수준이 깊어지고 삶의 폭이 넓어지면서 점점 심화되어간 것이다. 루소의 주요 작품과 그의 사상을 정리해본다.

『학문예술론』: 친구 디드로를 면회가던 중 발견한 아카데미 현상 논문 공고에 응모하여 당선된 논문을 출간한 것이다. 이 책에서 루소는 "학문과 예술의 진보가 인간의 풍속을 순화시키기는커녕 인간의 본래 덕성에 치명적인 해독을 주었다."고 주장했다. 그는 "자연 상태의 인간은 선했지만 사회를 만들면서 악이 생겼다."고 주장하고 지식과 문명의 발전이 사치를 조장함으로써 인간성을 타락시켰다는 것이다.

그는 지식인들과의 교류에서 인간의 본성이 타락해가고 자신의 내면적 순수성이 점차 사라져가는 것을 감지하고 "학문 예술의 빛이 지상에 떠오르면서 미덕이 사라지는 것이 눈에 보인다."고 실토했다. 그러므로 그는 학문과 예술로 대표되는 문명에 오염되지 않은 단순하고 자연적인 삶으로 돌아갈 것을 권고한다. 여기서 나온 것이 그 유명한 "자연으로 돌아가라."라는 말이다. 귀족 출신의 20세기 영국사상가인 버트런드 러셀이 "어떻게 이런 글이 당선되었는지 아직도 모르겠다."고 말한 것을 보면, 루소에 대한 완전한 이해는 아직도 멀기만 하다.

루소의 이러한 문명비판은 제2논문인 「인간 불평등 기원론」에서는 사회비판으로 전개된다.

「인간 불평등 기원론」: 역시 1753년 아카데미 현상 논문의 과제인 '인간 사이에서의 불평등의 기원은 무엇인가? 그리고 자연법에 의해 시정되는가?'에 응모한 글인데 여기서 루소는 『학문예술론』에서 전개한 사상을 더욱 발전시켰으나 지나치게 급진적이어서 당선되지는 못했다.

이 논문에서 루소는 자연인과 문명인, 자연 상태와 사회 상태를 독특한 필법으로 대비시키고, 그의 사상의 기본원리인 자연=본성=선善의 공식을 확립한다. 본문에서 "한 조각의 땅에 울타리를 쳐놓고 '이것이 내 땅'이라고 선언한 최초의 사람이 불평등을 창조한 사람이다."라고 말하여 인간 불평등의 기원을 사유재산으로 보았다. 즉, 자연 상태에서는 평등하던 인간이 공동생활을 시작하면서 토지에 대한 소유 관계가 발생함으로써 인간관계가 불평등해졌다는 것이다.

그 결과 빈부격차가 생겼고 부자들은 자신의 사유재산을 보호하기 위해 법과 정부를 만들어 지배자와 피지배자 사이의 불평등이 더욱 심화되었다는 것이다. 그는 결론 부분에서 인간이 자연 상태로 돌아갈 것을 다시 주장하고 있다.

루소가 이 논문을 당시의 지적 권위자였던 볼테르에게 보내자 학문 예술의 옹호자였던 볼테르는 "당신이 또 다시 인류를 공격하는 책을 감사히 받았습니다. ……… 이 책을 읽은 독자들은 네 발로 기어다니기를 원할 것입니다."라고 조소하는 답장을 보냈다.

『에밀』: '어린이 복음서'로 평가되는 책으로, 인위적인 사회제도에 의해 타락한 인간을 자연 그대로의 인간으로 교육시키려는 그의 교육관이 잘 나타나 있다.

첫줄에 서술된 "조물주의 손에서 나올 때는 선했던 존재가, 사람의 손에 의해서 타락하게 된다."는 명제는 루소 교육론의 핵심이 된다. 이런 논리에서 루소는 인간의 본성을 왜곡시키는 '사회제도와 정치제도, 그리고 교육'의 책임을 지적하고, 인간이 지닌 본래의 자유로운 감정을 인간의 마음에 가꾸어주고 사회 속에 살면서 사회에 의해 왜곡되지 않는 자연 그대로의 인간을 만드는 것이 교육의 목적이라고 생각했다.

루소가 추구하는 이상적인 인간상은 자연인인데, 이는 야만인을 뜻하는 것이 아니다. 루소가 말하는 자연인은 작은 욕심과 이를 충족시킬 수 있는 자기완성 능력의 소유자로 마음은 언제나 평화롭고, 능력 이상의 욕심으로 인한 불안과 초조가 없는 것을 말한다.

자연인을 위한 교육은 두 가지로 볼 수 있다. 하나는 아동기까지의 감성교육이며, 다른 하나는 그 이후 청년기까지의 이성교육이다. 감성과 이성은 서로 배타적인 관계가 아닌 선후문제이며, 감성은 이성 발달의 기초이고 이성은 감성의 성숙 단계여서 필연적인 협력관계를 이룬다. 따라서 자연인은 감성과 이성을 그 발달단계에 따라 적절하게 교육받은 사람이라는 것이다. 루소의 발달관계론은 피아제 등 현대 심리학의 인지발달이론의 선구가 된다.

20년 동안의 사색의 결과인 『에밀』은 지식 위주의 교육을 지양하고 사람을 사랑하고 도울 줄 아는 인간교육을 강조했다. 인간교육이란 보편성을 갖춘 인간, 즉 사람이 되는 교육이 직업교육의 기초가 된다는 것이다.

그는 교사들에게 학생에게 진리만을 가르치지 말고 학생의 지적 호기심을 자극하여 진리 발견의 방법을 가르치는 교육을 제시했다. 이를 '소극적 교육'이라 하는데 이것은 교육하지 않는 교육, 즉 현행교육의 적극적 교육과 대립되는 교육이다. 그는 미래의 행복을 위해 어린이의 현재의 행복을 희생시켜서는 안 되며 틀에 박힌 인간의 양성이 아닌 인간의 잠재력과 개성을 중시하는 교육이 바람직하다고 보았다. 소극적 교육은 성선설에 바탕을 둔 것으로 그리스도교의 원죄설과 대립되는 관점이기에 이 책은 분서焚書 처분을 받는다.

『에밀』이 출간되자 사람들 사이에서는 우유 대신 모유를 먹이고 전원에서 사는 것이 유행처럼 번졌다고 하며 칸트조차 이 책에 심취하여 규칙적인 산책 시간까지 잊었다는 일화가 있다.

『사회계약론』: 자유·평등·박애라는 프랑스 대혁명의 구호의 출처이자 근대 민주주의 사상의 지침서가 된 이 책은 「인간 불평등 기원론」에서 제기된 문제, 즉 자연 상태에서 인간이 누리던 자유와 평등을 그대로 지닌 채, 보다 나은 사회를 어떻게 이룩할 것인가에 대한 해답을 제시하기 위한 책이다.

그는 우선 인간이 처한 상태를 "인간은 본래 자유인으로 태어났다. 그럼에도 불구하고, 어디서나 인간은 쇠사슬에 묶여 신음하고 있다."고 보고 인간은 이처럼 불합리한 상태를 당연한 것으로 받아들이고 있다고 비판했다.

그는 "어느 인간도 자기와 동일한 인간을 지배할 권한을 갖고 태어나지 않는다."라는 말로 인간을 지배하는 기존의 사회질서를 비판한다. 그런 다음 인간 개개인의 자유와 평등이 보장되는 사회는 자유로운 사람들의 의사를 모은 만장일치를 통해서만 이루어질 수 있다고 했고, 이와 같은 사회를 건설하는 방법이 바로 '사회계약'이라는 것이다.

이런 사회계약을 맺기 위해서는 모든 사람이 자신의 모든 권리를 공동체 전체에 양도해야 한다. 그러면 사회 구성원들의 의사를 대표하는 '공동의지'가 생겨나게 될 것이고 이것이 곧 '일반의지'이다. '정부'는 이 '일반의지'를 행사하는 기구이고, 일반의지의 행사권이 '주권'이다. 그리고 이러한 주권에 참여하는 사람이 '국민'이다. 이 '일반의지'는 모든 사람의 의지가 모여진 항상 올바른 것이며, 언제나 '공공이익'만을 추구하는 것이다. 이 절대적인 '일반의지'에 복종케 함으로써 개인 및 전체의 자유와 평등을 보장받을 수 있는 것이다.

『신 엘로이즈』: 낭만주의 문학을 발전시킨 이 소설은 『사회계약론』이나 『에밀』과 달리 검열을 받지 않아 많은 사람들에게 읽혔다. 특히 독자 중에는 교양 있는 여성들이 많아 볼테르나 디드로와는 달리 루소가 박해를 받을 때면 많은 여성들이 그를 위기에서 구해주었다.

이 소설은 중세의 매력적인 신학자인 아벨라르와 그의 제자 엘로이즈의 정신적인 사랑을 모토로 하여 쓴 것으로, 스위스 귀족의 외동딸인 줄리와 그녀의 가정교사인 평범한 청년 생 프뢰와의 신분차를 뛰어넘은 사랑을 그리고 있다.

두 사람은 서로 사랑하지만 줄리의 부모의 반대로 결혼하지 못하고 줄리는 부모가 정해주는 사람과 결혼한다. 병들어 죽어가는 줄리는 생 프뢰에게 보낸 유서에서 "단 하루라도 더 살 수 있었다면 나는 아마 죄를 짓게 되었을 것입니다."라는 말을 남기고, 정숙한 여인으로 죽을 수 있는 기쁨을 고백한다. 이 작품은 당시 사회질서를 인정하면서도 자유로운 감정 표현을 나타냈다는 점에서 문학 발전에 기여했다.

자연 그대로의 진실한 인간 자화상

『고백록』은 일종의 루소의 자서전으로 제1부와 제2부로 나뉘어 있다. 제1부는 분망한 청춘의 방랑 생활을 그렸고 제2부는 박해와 추방의 수난사를 침통하게 묘사하고 있다. 풍부한 상상력을 마음껏 발휘하여 다채롭게 수놓은 이 인간백서는 전 인류에게 보내는 공개장이라 할 수 있다. 『고백록』의 내용은 앞서 기술된 그의 생애 부분과 대부분 중복되므로 서문 앞부분을 그대로 옮겨서 루소의 숨결을 직접 느껴보자.

내가 지금 하려고 계획하는 일은 이제까지 그 전례가 없었던 일이며, 앞으로도 아마 이런 일을 모방하는 사람은 없을 것이다. 나는 지금 한 인간을 벌거숭이 그대로 세상 사람들 앞에 내보일 생각이다. 그리고 이 인간은 다른 사람이 아닌 바로 나 자신이다.

나 이외에 아무도 없다. 나는 지금까지 내 자신의 마음과 인간에 대해 알고 있다. 나는 지금까지 내 자신과 같은 사람은 본 일이 없으며 나 같은 인간은 결코 없으리라고 생각한다. 나는 다른 사람들보다 훌륭한 인간은 아니지만, 적어도 보통 사람들과는 다르다. 대자연이 나라는 인간을 만들 때 사용한 주형을 깨뜨려 버린 것이 잘한 일인지 잘못한 일인지는, 이 책을 다 읽지 않고서는 판단할 수 없을 것이다.
최후의 나팔이여, 울릴 테면 언제든지 울려라. 나는 이 한 권의 책을 손에 들고 심판자인 신 앞에 나아가 소리 높여 이렇게 외치리라.

― 나는 이렇게 행동했고, 이렇게 생각했으며, 이렇게 살아왔노라. 잘한 일이거나 잘못한 일이거나 숨김없이 모두를 말했노라. 잘못한 일이라 하여 추호도 빼지 않았으며, 잘한 일이라 하여 조금도 보태지 않았노라. 혹시 부질없는 수식을 늘어놓은 데가 있다면, 그것은 다만 기억이 모자라서 생긴 틈을 메우기 위해서였노라. 진실이라고 생각되는 것을 진실한 것으로 삼은 일은 있지마는, 거짓을 참으로 삼은 일은 결코 없노라. 때로는 비열하고 천박한 인간으로서, 그러나 때로는 선량하고 너그럽고 숭고한 인간으로서, 사실 그대로를 폭로했노라.
당신 자신이 보시는 바와 같이 나는 내 가슴을 펼쳐보였노라. 신이여! 내 주위에 모든 동포들을 불러모으소서. 그리하여 그들로 하여금 내 이 처참함에 얼굴을 붉히게 하시라. 그리고 모든 사람에게 차례대로 한 사람 한 사람 당신 앞에 무릎을 꿇고 똑같이 성심껏 흉금을 털어놓게 하소서. 그리하여 단 한 사람이라도 감히 당신께 "나는 저 사람보다 선량했노라."라고 말하게 하소서.

루소는 마지막 작품인 『고독한 산책자의 몽상』에서 "철학자가 공부하는 것은 다른 사람을 가르치기 위한 것이며, 내가 공부하고 싶다는 것은 나를 알기 위한 것이지 사람을 가르치기 위한 것이 아니다. 그러므로 나는 철학자로 불리기를 원치 않는다."라고 말했다.
이처럼 루소는 그의 전 생애를 통해 순수한 자아의 확립과 이에 대한 타인의 인정, 그리고 이를 위해 자기를 수정처럼 투명하게 있는 그대로의 모습을 보여줄 수 없을까? 하는 문제를 추구했고, 이에 대한 대답이 『고백록』이라 할 수 있다. 자신의 내부세계를 알리기 위해 그는 누구보다 대담하게 자신을 드러냈고 숨김 없이 표현하고자 했다. 그러나 지나친 자아의식은 있어도 자기반성이 미흡하다는 점과 역사적 사실이 부정확한 대목도 발견된다.

하지만 문학사에서 이 책은 프랑스 최초의 고백문학 작품으로서 낭만주의의 원류로 인정되고 있으며, 한편으로 자연 풍경과 일상생활의 자세한 묘사는 그 후의 사실주의에 닿아 있다. 루소의 『고백록』은 현대적 의미의 자서전 문학의 효시로서 후세에 많은 영향을 미쳤다. 이 책에서 우리는 "나는 우리 동포들에게 자연 그대로의 진실한 인간을 보여주고 싶다."는 루소의 생생한 음성을 들을 수 있다.

자신의 서재에 유일하게 루소의 초상화를 걸어놓고 흠모했다는 칸트가 남긴 다음과 같은 말을 음미해보자.

> "자연계의 보편타당성의 법칙을 발견한 사람이 뉴턴이라면 정신적 보편타당성의 법칙을 발견한 사람은 루소다. 루소가 아니었더라면 나 자신의 인간에 대한 이해는 불가능했다."

❖ 추천도서
『고백록』(전 2권), 이용철 옮김, 나남출판, 2012
『고백』, 서익원 옮김, 지만지, 2012
『고백』, 김붕구 옮김, 박영률출판사, 2005

— Candide —

캉디드

"세상은 내버려두고 밭이나 갈아라"

볼테르 지음

18세기 유럽 사회의 부조리와 종교적 맹신에 저항하며 개혁과 진보를 역설했던 계몽사상가 볼테르가 자신의 철학적 입장을 밝히고 계몽사상의 보급을 확대하기 위해 저술한 책이다. 순진한 한 젊은 주인공으로 하여금 온갖 불행한 모험을 겪게 함으로써 세상의 부조리와 삶의 비극성을 부각시킨 후, 합리적이고 실천적인 삶의 방책을 제시한 책으로, 인간의 이성에 의한 이상사회 건설의 희망을 담고 있다.

20세기 프랑스의 작가 앙드레 지드는 "1만 권의 세계문학 가운데 만약 전쟁으로 10권의 책밖에 가질 수 없다면 성서와 셰익스피어, 도스토옙스키, 그리고 볼테르의 『캉디드』를 갖겠다."고 말했다.

18세기 계몽주의 시대의 산 증인인 볼테르(Voltaire, 1694~1778)는 왕권과 교회의 권한이 약화되고 인간의 자유로운 정신활동에 대한 열망으로 넘치던 시대를 살았다. 볼테르는 파리의 전형적인 중산층 출신으로 7살에 어머니를 잃고 교회학교에서 고전수업을 받았다. 그는 학교를 마친 후 당시 사교계의 중심이던 탕플Temple에 출입하면서 당대의 자유주의 사상가들과 교류하며 자유분방하고 신랄한 풍자정신을 배운다. 루이 14세가 죽은 후 섭정을 하던 오를레앙 공을 풍자한 시를 발표하여 1717년 바스티유 감옥에 투옥당하기도 한다.

11개월 만에 감옥에서 나온 볼테르는 서사시와 비극 작품을 잇따라 발표하여 명성을 얻는다. 특히 1718년에 『오이디푸스 왕』을 무대에 올려 라신의 후계자라는 극찬을 받았다. 그는 궁중에도 진출하여 왕족이나 귀족들과도 친밀한 관계를 맺는다. 그러나 볼테르의 분방함과 무례한 행동에 화가 난 기사와 결투를 벌이는 바람에 또 다시 바스티유 감옥에 수감되었다가 영국으로 망명한다는 조건으로 풀려나 영국으로 건너간다.

　프랑스보다 먼저 자유와 민주주의를 쟁취한 영국은 무한한 사상의 자유가 있었다. 영국에 도착한 볼테르는 뉴턴이나 로크 등의 사상적 성취가 바로 이러한 인간적 자유 때문이라고 생각한다. 영국에서 자신의 사상을 확고히 정립한 후 프랑스에 돌아와 영국에서의 사색을 담은 『철학서간』을 발표했는데, 이 책은 18세기 철학사의 이정표가 된다. 그러나 이 책은 구 체제를 향한 날카로운 비판을 담고 있어, 체포 위험에 처한 볼테르는 정부(情婦)였던 샤틀레 부인의 별장에서 10년간 은둔생활을 한다. 젊고 지적인 이 여인의 지극한 사랑 속에 그는 물리, 화학, 역사에 대한 연구와 극작에 전념할 수 있었다.

　10년 만에 파리로 돌아온 볼테르를 문학계와 정치계는 대대적으로 환영했다. 그는 왕실 사료편찬관에 임명되었고 1746년에는 아카데미 프랑세즈(프랑스학술원) 회원으로 선출되었다. 그러나 곧 왕실과 사이가 악화되어 그의 성공을 시기하는 자들이 적대감을 드러내자 오래 전부터 그를 초청해오던 프로시아의 프레데릭 2세의 궁정으로 떠난다.

　프레데릭 2세의 궁정에서의 생활은 처음에는 볼테르를 매혹시켰다. 냉소주의적이고 역설이 판치는 그곳에서의 자유로운 토론 분위기가 그의 기질에 잘 맞았던 것이다. 그러나 오래지 않아 프레데릭 2세와의 관계는 파국을 맞고 볼테르는 프랑스로 돌아온다.

　스위스와 프랑스 국경 지역에 있는 페르네 지방에 기반을 마련한 볼테르는 자유롭게 활발한 정치사회 개혁운동에 참여하게 된다. 그는 백과

전서파와 연대하여 투쟁을 이끌었는데, 특히 대중을 사로잡는 그의 문장력은 선전과 논쟁에 유리했다. 이 기간 동안 볼테르는 이성과 인류의 자유로운 정신을 수호하기 위해 많은 글을 썼고 직접 행동에도 나섰다.

1778년 마지막으로 파리를 방문했을 때, 파리 전체가 열광적으로 볼테르를 환영했다. 아카데미 프랑세즈는 이 거장을 회장으로 추대했고 그의 흉상을 제작하는 영광을 베풀었다. 그러나 파리의 흥분과 그의 무리한 공식 활동은 건강에 무리를 가져와서 파리에 온 지 석 달 만에 볼테르는 숨을 거둔다. 그의 유해는 현재 판테온에 루소와 나란히 묻혀 있다.

『캉디드』는 볼테르가 『리스본 재해에 관한 시』(1756)를 통해 세상의 모든 것이 잘 되어 있다는 낙천주의 이론에 회의적인 태도를 보이자 루소가 모든 것은 잘 되어 있다며 볼테르를 비판한 데에서 시작된다. 화가 난 볼테르는 자신의 입장을 재정리하여 3년 후에 답하는데, 이것이 『캉디드』다. 이후 두 사람은 인간적, 사상적 견해차를 좁히지 못했고 볼테르는 급기야 루소를 '인간 본성의 적'으로까지 취급하게 된다.

여기서 볼테르와 대척점에 있던 루소와 볼테르를 간단히 비교해보자. 두 사람은 18세기 프랑스의 계몽주의 시대에서 태어났지만 한 사람은 이성의 옹호자가 되고 다른 사람은 이성의 비판자로 극단적인 길을 간다. 성장과정부터 크게 달랐다. 부유한 중산층 출신으로 귀족교육을 받은 볼테르와 달리 루소는 가난하게 태어나 정규교육을 받지 못하고 독학으로 자기 세계를 개척했다. 볼테르는 인간 이성이 역사발전과 인간해방의 원동력임을 확신한 반면 루소는 이러한 계몽주의에 반기를 들고 인간의 타고난 감정을 존중하는 낭만주의의 문을 열었다. 이런 논리에서 볼테르는 인간 이성에 기초한 학문과 예술이 인간의 진보와 사회 개선에 기여한다고 본 반면, 루소는 학문과 예술의 발달이 인간의 심성을 타락시킨다고 보았다. 단순한 감정에 충실하여 스스로 만족하는 자연인들은 자유와 평등을 누렸으나, 학문과 예술로 대표되는 문명에 의해 인간이 오염되었으므로 자연적인 삶으로 돌아갈 것을 주장했다. 정치적으로도 볼테르는 계몽군주제를 옹호했으나 루소는 귀족정치나 군주정치를 거부하고 민주정치를 바람직한 것으로 보았다.

『캉디드』가 쓰일 당시 유럽은 대지진의 참사와 계몽사상가들에 대한 박해, 그리고 낙천주의 사상이 난무하고 있었다. 소설의 원래 제목인 '캉디드냐, 낙관주의냐'가 보여주듯, 볼테르는 라이프니츠의 낙관주의를 극복하기 위해 이 책을 썼다. '캉디드'라는 말은 '순박한 사람'이라는 뜻으로 18세기 당시에는 '속기 쉬울 만큼 단순하고 순진한 녀석'이라는 의미가 내포되어 있었다.

그런데 여기서 '낙천주의'란 뉴턴의 라이벌이었던 독일의 라이프니츠의 철학적인 주제다. 그의 단자론單子論에 따르면 우주의 궁극적 실체는 '단자'(모나드)이고 단자는 신의 예정과 조화 작용에 의해 형성되었다는 것이다. 이처럼 신의 의지에 따라 존재하는 우주는 가장 완전하면서도 조화로운 것이어서 더 이상 좋은 세상은 존재할 수 없다는 것인데 이런 입장을 '낙관주의'적 견해라 한다.

반면에 염세주의자였던 쇼펜하우어는 이 세계는 존재할 수 있는 최악의 세계이며 더 나쁜 세상은 오지 않는다는 비관적 입장을 견지했다.

볼테르는 이 세상이 낙천적으로 가고 있지 않다고 확신하고 있었기에, 『캉디드』에서 라이프니츠의 낙천주의와 신학적 목적론을 통렬하게 풍자하고 있다. 『캉디드』는 낙천주의를 믿고 있는 주인공이 그 망상에 빠져 비극적인 삶을 살아가는 모습을 풍자하고 있는데, 소설 후반부에 누군가가 낙관주의가 무엇이냐고 물을 때 캉디드는 다음과 같이 단언한다.

"오! 인간이 불행할 때도 모든 것이 최선으로 이루어졌다고 고집하는 일종의 광기라네!"

그렇다고 볼테르가 염세주의로 흐르는 것은 아니다. 단지 세상은 참혹하게도 불행과 악으로 가득 차 있으며 신의 의지에 의해서도 어찌할 수 없는 일이 있으므로 인간은 불행과 모순에 가득 찬 세상에서나마 인간 사회의 진보와 개선을 위해 노력해야 한다는 것이다.

볼테르는 난해한 역사와 철학을 대중들이 쉽게 이해할 수 있도록 재미있는 소설 형식으로 접근했는데, 특히 이 책은 볼테르의 작품 중 예술적 생명력이 높은 작품이다.

주요 등장인물

캉디드 : 팡글로스의 낙관주의의 영향을 받았으나 후에 모순적인 현실 세계를 경험하게 되는 인물.
팡글로스 : 세상은 최상의 것으로 이루어져 있다고 믿는 낙천주의 철학자로 캉디드의 스승.
퀴네공드 : 캉디드에게 삶의 희망이자 목표가 되는 아름다운 여인.
카캉보 : 캉디드가 여행 중에 만나 그의 충실한 하인이 되는 인물.
마르탱 : 캉디드가 여행 중에 만나는 염세주의 철학자.

줄거리

이 소설은 주인공들이 파란만장한 여행을 하는 동안 겪는 사건들로 구성된다. 꼬리를 물고 끝없이 전개되는 사건과 화제, 느닷없이 찾아드는 불행한 사건들, 불행을 초래했던 일이 곧바로 행운과 희망으로 반전되는 아이러니, 잔혹한 경험, 해학적 수사가 곁들여진 경험담, 이러한 것들을 보면서 우리는 세상사와 인간사가 얼마나 역설과 모순으로 가득 차 있는가를 깨닫게 된다.

낙천주의 철학자 팡글로스에게 교육을 받은 캉디드는 착하고 고지식한 성격으로, 현재 상태를 최선의 세계로 믿고 있다. 그러나 팡글로스의 낙관주의적 세계관이 실제로 현실에 적용될 때 나타나는 그 허구성과 불합리성을 캉디드는 세상사를 경험하는 동안 깨닫게 된다.

그는 남작의 딸인 퀴네공드를 사랑한다는 의심을 받고 프러시아 왕국에서 추방된다. 그 뒤 캉디드는 박해와 환멸로 고생하면서 불가리아, 네덜란드, 포르투갈 등을 방랑하던 중 아리따운 퀴네공드를 다시 만나 함께 아메리카로 달아났다가 그곳에서 그녀를 다시 잃는다.

캉디드는 황금의 나라 엘 도라도를 거쳐 베네치아에서 그녀를 열심히 찾던 중, 그녀가 프로퐁디드 공작집에서 노예가 되어 있다는 사실을 알고 그녀에게 가는 길에 자기에게 찔려죽은 줄 알았던 퀴네공드의 오빠와 역시 죽은 줄로만 알고 있던 낙천적인 스승 팡글로스를 배의 죄수들 속에서 발견한다. 그는 이 두 사람을 해방시켜주고, 이어 퀴네공드도 해방시켜준 뒤 모두 함께 어느 소작지에 정주한다.

그곳에서 사색의 생활에 지쳐 매우 따분해 하는 그들에게 두 명의 터키인이 나타나 지혜의 비결을 가르쳐준다. 그것은 다름 아닌 "결국 세상은 되는 대로 되어가는 것이다. 하늘이 우리를 도와주는 한 우리들의 밭을 갈기만 하면 된다."는 것이다. 즉, 잡다한 이론이나 논쟁을 배격하고 인간의 운명은 오직 인간 스스로 개척해 나가야 한다는 것이다.

이야기를 가벼운 스케치로 풀어나가는 이 소설을 읽다보면, 우리는 웃어야 할지 아니면 인물의 비극성에 대해 울어야 할지 모를 상황에 빠지기도 한다. 위기 상황에서도 발휘되는 재치와 번뜩이는 기지, 동정과 분노조차 가벼운 익살로 살짝 넘겨 버리는 수법 등은 오늘날에도 여전히 빛을 발한다.

낙천주의를 극복하려는 저자의 의도는 다음과 같은 멋진 마무리로 돋보인다. "우리는 우리의 밭을 경작하기만 하면 된다." 즉 그는 초자연적인 신의 섭리나 부질없는 추론은 모두 덮어두고, 일을 통해 권태를 잊고 타락과 가난을 예방하자는 건전하고 생산적인 노동철학을 갈파한다. 또한 인간끼리 서로 사랑하면서 인간 스스로 미래에 대해 희망찬 비전을 가지자고 역설한다. 볼테르는 현실적인 난제들을 웃으며 해결하려 했던 인간애로 가득 찬 행동주의자였다.

그는 18세기의 다른 계몽주의 철학자들과 마찬가지로 이성에 의한 인류의 진보를 믿었으며 인권의 존중과 자유로운 사고, 종교의 자유, 조세 평등에 이르기까지 여러 가지의 진보적인 원칙을 주장했는데 이러한 비판정신은 시대를 앞서가는 것이었고 인류가 영원히 추구해야 할 이상으로 남아 있다.

『캉디드』를 이야기할 때 한 가지 짚고 넘어가야 할 것은 볼테르가 가진 시대적, 역사적 한계다. 볼테르는 『캉디드』 제17, 18화에서 인류가 동경하는 하나의 이상향으로서 '엘 도라도'를 그려내고 있다. 여기서 그가 꿈꾸는 이상국은 왕과 가장들이 신께 찬송하며 국민의 복지가 보장되고 행복한 사회와 예술이 번성하는 세련된 문화를 지향하여 다소 유토피아적인 분위기를 풍긴다. 꿈의 이상향 엘 도라도. 그러나 그곳에도 빈부의 격차와 신분의 차이가 존재한다고 상정되어 있다는 점에서 볼테르가 당시의 신분제도에 비판적인 입장을 취했다 해도 그 비판이 본질적으로 부르주아적인 한계를 갖고 있었음을 알 수 있다.

◈ 추천도서
『캉디드·철학콩트』, 고원 옮김, 동서문화사, 2013
『미크로메가스·캉디드 혹은 낙관주의』, 이병애 옮김, 문학동네, 2010
『캉디드 혹은 낙관주의』, 이봉지 옮김, 열린책들, 2009

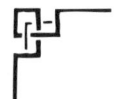 

— Illusions Perdues —

잃어버린 환상

19세기 프랑스 부르주아의 벌거벗은 초상

발자크 지음

90여 편에 달하는 발자크의 거대한 작품군인 『인간희극』 중 대표적인 소설의 하나. 나약한 성격의 주인공 루시앙의 삶의 궤적을 통해 한 인간상을 인상깊게 부각시키는 동시에 자본주의 초기에 접어든 프랑스 왕정복고기의 사회상을 파노라마처럼 펼쳐보이는 풍속소설의 걸작이다.

발자크(Honoré de Balzac : 1799~1850)는 프랑스의 투르 지방에서 관리 집안의 아들로 태어났다. 그는 프랑스 대혁명 이후의 격동기를 살면서 상공업에 투신하여 실패를 거듭하는 등 파란만장한 생애를 보낸 덕분에 풍부한 경험과 관찰력이라는 문학적 재산을 얻게 된다.

1807~1813년까지 방돔에 있는 중학교의 수도사들 밑에서 학교생활을 한 그는 부친의 희망대로 변호사 사무실에서 3년간 서기로 일하면서 소르본 대학에서 수강했다. 이 시절에 문학에 뜻을 두어 1819년 파리의 한 다락방에서 첫 작품인『크롬웰』과 몇몇 비극작품을 써서 발표했으나 완전히 실패했다.

이어 출판업과 인쇄업에도 손을 댔으나 모두 실패하여 엄청난 빚을 지게 되고 이를 해결하기 위해 부지런히 글을 써야 했다. 그는 수도사처럼 흰 실내복을 입고 다량의 진한 커피로 잠을 줄여가며 하루 15시간씩 20년에 걸쳐 초인적인 노력을 기울인다. 하루에 마신 커피가 40잔 이상이었다고 한다.

1832년에 나이차가 많은 지주와 결혼한 폴란드의 백작 부인 에블린 한스카와 사귀게 된다. 한스카 부인은 다른 여성 독자들처럼 발자크에게 편지를 보내는 등 우호적인 태도를 보였다. 그리고 그녀의 남편이 죽으면 결혼하기로 약속했고 발자크는 한스카에게 계속 사랑의 편지를 보냈다. 사후에 이 편지들을 모은 것이 『이국 여인에게 보낸 편지』인데, 발자크의 생애와 작품을 이해하는 데 중요한 자료가 된다.

부채를 청산하고 한스카 부인과 결혼하겠다는 희망을 가졌던 이 시기가 발자크의 창작 절정기였다. 1832~1835년 사이에 『시골의사』, 『외제니 그랑데』, 『고리오 영감』 등 20권 이상의 장편을 발표했다. 1834년은 발자크의 문학적 생애의 절정을 이룬다. 발자크는 그동안 발표했던 소설들을 한데 묶어 그것으로 프랑스 사회 전체를 그려보겠다는 원대한 계획을 세운 후, 3개의 커다란 범주로 분류했다. '풍속의 연구'는 인간 행동의 원인이 가져오는 결과를 밝혔고, '철학적 연구'는 인간 행동의 원리를, '분석적 연구'는 인간의 생활과 사회를 지배하는 원리를 밝혔다.

그 후 몇 번의 개정을 거쳐서 발자크 사후인 1869~1876년에 24권으로 된 결정판인 『인간 희극』이 출판되었다. 여기에 수록된 작품은 대략 96편의 장편 및 단편소설로, 등장인물만 2,500여 명에 이른다. 발자크는 이 작품에서 프랑스의 왕정복고기와 산업혁명을 눈앞에 둔 파리 사회의 모습을 정확히 그려내고 있다.

1842년 한스카 부인의 남편이 죽었으나 발자크의 엄청난 부채 등 장애 요인으로 당장 결혼할 수 없었다. 망설이는 그녀의 마음을 얻기 위해 건강 악화를 감수하며 작품활동에 매진했다. 그 결과 1840년대에 『수상한 일』, 『화류계 여인의 영화와 몰락』, 『사촌누이 베트』 등 걸작들이 나왔다.

1847년 가을 발자크는 한스카 부인의 성을 방문해 몇 개월 머무른다. 그 후 무리한 창작활동으로 중병에 걸렸고 1850년에 무려 16년 동안이나 편지로 사랑을 나누어왔던 두 사람은 결혼을 했다. 그러나 두 사람의 결혼생활은 발자크의 죽음으로 석 달 만에 끝났다.

루소가 문을 연 낭만주의가 절정에 이른 1830년대 프랑스 사회는 황금만능주의와 권모술수가 판을 치는 속악한 시대였다. 이 시기부터 19세기 말까지 서구세계의 문예사조는 사실주의에 해당한다. 꿈과 신비에 잠기기를 좋아하는 낭만주의자들의 태도는 현실 속에서 인간 성찰을 하는 데는 적합하지 않았기 때문이다.

이상주의적 낭만주의가 진실을 왜곡하고 현실을 소홀히 한다고 비판한 사실주의는 일상적이고 세속적인 현실과 그 안에 숨어 있는 진실을 문제삼았다. 이러한 사실주의 문학의 새로운 징조는 먼저 프랑스에서 나타났고, 특히 스탕달, 발자크, 플로베르, 졸라, 모파상 등은 세계적으로 영향력을 행사했다.

발자크는 그의 모든 작품을 모은 『인간 희극』에서 19세기 전반기 프랑스의 도시와 시골생활을 그렸다. 거기서 그는 주로 부르주아 계급의 무식과 탐욕, 그리고 야비함을 적나라하게 그렸다. 인간 행위의 숨은 동기와 상류사회의 세련된 외관 속에 숨겨진 부패를 폭로했다. 발자크로 말미암아 소설은 철학, 과학, 역사, 사회의 모든 영역을 넘나들며 근대 인간생활의 종합적인 문학적 표현이 되었다.

『인간 희극』에는 사회의 모든 계층과 모든 환경, 모든 직업의 남녀노소가 총망라되어 인간 생활의 선악과 미추가 그대로 드러나 있다. 전체는 3부로 구성되어 있으며 제1부 「풍속연구」편에는 파리 생활의 적나라한 기록인 『고리오 영감』, 『사촌누이 베트』 등이 들어 있고, 악착스런 출세욕과 당대의 최대 목표인 '금전'의 위력에서 파생되는 배금주의가 주요 내용을 이룬다.

제2부「철학적 연구」에는 『절대의 탐구』, 『알려지지 않은 걸작』, 『추방당한 사람들』 등이 들어 있는데, 여기서는 향락 생활을 즐기려는 당대 청년들의 의욕과 그러한 향락이 얼마나 공허한 것인가를 암시하고 있으며 제3부「분석적 연구」에는 『결혼의 생리학』 등 5편이 실려 있다.

프랑스 혁명 후의 사회상 묘사

『인간 희극』의 제1부「풍속연구」편에 들어 있는 『잃어버린 환상』(1837~1843)은 나약한 성격의 젊은 주인공을 인상깊게 부각시키는 동시에, 자본주의 초기에 접어든 프랑스 왕정복고기의 사회상을 파노라마처럼 묘사한 풍속소설이다. 이 당시 야심을 갖고 지방에서 파리로 온 청년들의 대부분은 활발해진 파리의 경제생활이나 화려함에 자극을 받아 출세에 대한 집념을 불태우고 있었다.

이 작품은 의지가 약하나 야심 많은 미남 청년시인 루시앙과 보다 깊은 지성을 갖추었으나 다소 여성적인 다비드의 인생을 중심으로 3부로 나누어 그려진다.

제1부에서는 왕정복고 시대의 지방도시 앙굴렘을 중심으로 학구적이며 착한 인쇄공 다비드와 그의 친구이며 잘생긴 문학청년 루시앙, 그리고 그의 누이동생이며 후에 다비드의 아내가 된 에브가 등장한다. 앙굴렘에서 루시앙은 시인으로 평판을 얻은 뒤, 그 도시의 명사이자 귀부인인 바르주통 부인과 사랑하게 되고 마침내 같이 파리로 나온다.

제2부에서는 문학에 대한 야심을 품고 파리에 온 루시앙이 사랑하던 귀부인에게 버림받은 채, 물질적인 욕망 때문에 신문기자가 되고 결국 자신이 추구하던 문학을 외면하고 몰락한다. 그는 비열한 행동으로 질시를 받아 끝내 결투를 벌이다 다쳐서 파산하고 앙굴렘으로 돌아온다.

제3부에서는 다비드와 에브가 시골에서 성실한 삶을 사는 모습을 그린다. 갖은 고생 끝에 고향에 돌아온 루시앙은 곤경에 빠진 에브의 남편

다비드를 더욱 곤경에 빠뜨리고 자살을 시도하지만, 도중에 이상한 신부를 만나 구제를 받고 에브와 다비드에게 필요한 만큼의 돈을 그 신부에게 받아 그들에게 보낸 뒤 다시 파리로 향한다. 그리고 다비드는 고생 끝에 이룬 인쇄 기술발명 특허를 팔아 다시 평화로운 생활을 누리게 된다.

"소설의 셰익스피어"
발자크가 살았던 프랑스 사회는 신분질서의 붕괴와 경쟁원리의 대두, 그리고 현세적이고 개인중심적인 사고가 번져가던 근대화 시기였는데, 이와 같은 사회변동이 그의 소설의 배경이 된다.

물질적 풍요와 재산을 중시하는 부르주아적 가치관이 귀족사회의 도덕적 가치관과 서서히 대치하고 있던 당시, 발자크는 물질적, 정신적인 면, 심지어 연애에 있어서조차도 지배자는 '금전'이라고 생각했다. 그래서 그의 소설에는 금전 문제와 여자 문제가 많은 부분을 차지한다.

발자크 소설의 주인공들은 물질적 빈곤이나 출세라는 야망의 압력을 받으면서 파괴적인 방법으로 정력을 소모하는 사람들이다. 특히 근검절약에 의한 부의 획득을 바라는 시골 출신의 젊은이들이 능력보다 사기와 기만이 판치는 파리라는 경쟁사회에서 출세하기 위해 발버둥치는 모습이 자주 등장한다.

그는 사회적, 경제적 성공을 위해서 몰인정한 자에게 찬탄을 보냈으며 특히 모험가, 악한, 무자비한 자본가 등 사회와 갈등관계에 있는 개인에게 초점을 맞추었다. 그의 작품에는 악한 인물이 선한 인물보다 훨씬 정력적이고 재미있는 경우가 자주 눈에 띤다.

이처럼 발자크는 당시 프랑스 사회에 대한 정확한 관찰자로 등장하여 인간의 본성을 인간이 살고 있는 사회환경과 결부시켜 그것이 인간 내부에 끼친 영향을 탐구했다. 그의 작품에는 다양한 계급의 남녀 주인공과 인간의 정열과 약점에 대한 폭로, 그리고 세밀한 외부묘사는 있어도 자연에 대한 묘사가 없는데, 이는 발자크의 관심이 사회와 인간에 국한되었다는 것을 뜻한다. 그는 사물도 인간에게 부수적인 것으로 간주했다.

이러한 작가에게 필요한 것은 면밀한 관찰력과 사진과 같은 생생한 기억력, 그리고 풍부한 상상력이다. 이러한 모든 자질을 구비한 발자크는 가족과 사회, 그리고 향토 속에서 현실을 보고 그 현실을 그대로 긍정하고 그 속에서 얽히는 인간과 사회의 실상을 관찰하게 된다. 그리하여 동시대인들의 직업과 신분을 정확하게 묘사함으로써 '동시대인들의 호적'과 경쟁하려 했다. 그러나 그는 이에 만족하지 않고 인간의 정신이 인간과 세상사의 주인이라는 사실을 입증하기 위해 노력함으로써 '소설의 셰익스피어'라는 평가를 받았다.

◈ 추천도서
『잃어버린 환상』, 이철 옮김, 서울대학교 출판부, 2012

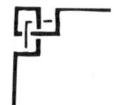 

— Le Rouge et le Noir —

적과 흑

왕정복고 시대, 어느 청년과 삶의 죽음

스탕달 지음

프랑스의 1830년 7월 혁명 직전의 지배자 교체에 따른 격동의 시대에 한 평민 청년의 야심을 통하여 귀족, 승려, 대부르주아 등 3자가 서로 세력다툼을 벌이는 사회의 반동성을 비판적으로 묘사한 심리학과 역사철학의 연구서다. 주인공 줄리앙 소렐이 가진 야심의 좌절과 옥중에서 성취되는 그의 내면적 구제를 통하여 역사를 통찰하는 작가의 사실주의와 그 역사를 넘어서는 낭만주의가 명확하게 표현되고 있다.

"왔노라, 보았노라, 이겼노라", "살았노라, 썼노라, 사랑했노라". 전자는 로마의 영웅 카이사르가 소아시아를 점령하고 로마에 보낸 전보의 내용이고, 후자는 스탕달(Stendhal, 1783~1842)의 유언에 따라 몽마르트 언덕의 묘비에 새겨져 있는 묘비명이다.

스탕달은 19세기 전반기 프랑스 소설가로, 발자크와 함께 근대소설의 개조로 불리며 문필활동 외에도 나폴레옹 시대에 군인, 외교관을 지내고 수많은 연애편력으로 점철된 파란만장한 삶을 살았다.

본명은 마리 앙리 벨. 벨은 부유한 부르주아 집안에서 태어났다. 소년 벨의 정신은 매우 특이해서 어머니를 열애했고 아버지를 증오했다. "어머니는 매력적인 사람이었고, 나는 그녀를 사랑하고 있었다. 아버지가 우리의 키스를 방해하러 올 때는 몹시 얄미웠다."는 자서전의 한 구절은 오이디푸스 콤플렉스의 전형을 보여준다.

7살에 어머니를 잃은 스탕탈은 아버지와 그 친척인 세라피 아주머니, 가정교사였던 랠란 신부 등 세 명의 폭군을 평생 동안 싫어한 반면, 외가쪽 사람들은 좋아했다. 특히 그가 '진정한 아버지'로 생각했던 외조부는 그에게 18세기적 합리주의적 사상을, 외숙부는 돈 주앙적(쾌락주의적) 인생관을, 외종 조모는 고매한 영웅주의를 심어주었다.

그는 17살에 나폴레옹의 이탈리아 원정군에 참가하여 그곳에서 자유와 사랑, 쾌락, 미와 음악을 알았다. 이때부터 이탈리아는 그의 정신적 고향이 되었다. 그는 19살부터 문학수업에 정진했고, 22살부터는 여배우 멜라니와 동거하면서 수입 식료품상 점원으로 일했으며, 27살에는 나폴레옹 제정에 참가하고, 29살에는 나폴레옹의 모스크바 원정에 종군, 나폴레옹이 몰락한 31살부터는 문필생활로 생계를 유지하는 휴직 군인, 38살에는 사랑에 빠지나 계속적인 실연, 43살에 작가생활, 48살에 다시 관직으로 들어가 이탈리아 주재 프랑스 영사를 지내는 등 다채로운 경력을 소유한다.

35살에 알게 된 메틸드 덴보스키는 생애 최고의 애인이었지만 그녀와의 사랑은 이루어지지 않았다. 그 경험으로 스탕달은 『연애론』을 탄생시킨다. 31살이 되던 1814년, 나폴레옹의 몰락과 함께 실직한 그는 이탈리아로 이주하여 문필활동을 계속하다 1821년 이탈리아에서 추방당해 영국을 여행하고 파리로 돌아온다. 영국여행에서 셰익스피어 문학을 발견한 것은 큰 소득이었고 파리에서는 사교계에 출입하여 들라크루아, 메리메 등과 사귀었다.

왕정복고 하의 파리에서 스탕달은 실의에 빠진 문단의 방랑자에 지나지 않았다. 그동안 몇몇 작품을 쓰지만 별로 주목받지 못했다. 1830년에 쓴 『적과 흑』은 그의 대표작이었지만 발자크와 같은 작가들과 소수의 독자를 제외하고는 대체로 냉담한 반응을 보였다. 기나긴 불우한 생활이 끝나고 1830년 7월 혁명과 더불어 반동정치가 붕괴됨에 따라 그는 숙원이던 외교관이 되었다. 그러나 그의 진보사상과 자유주의는 곧 오스트리아 당국의 경계를 받게 되어 이탈리아 통일운동에 가담하고 있다는 혐의로 축출되었다.

그 후 10년 동안을 교황령의 소항구인 치비타베키아 영사로 주재하면서 권태롭기 이를 데 없는 세월을 보냈다. 스탕달은 노쇠를 자각하고 고독을 느끼기 시작하여 몇 차례에 걸쳐 결혼을 했지만 뜻을 이루지 못했고 권태를 달래기 위해 가끔 파리로 돌아오거나 영국여행을 하며 에세이류를 집필했다.

1839년 단시일에 명작 『파르마의 수도원』을 탈고했는데, 그는 생전에 문명文名을 떨치지는 못했지만 단 두 편의 소설로 100편 이상을 쓴 발자크에 버금가는 자리를 문학사에서 차지하게 되었다. 오히려 20세기에 들어오면서는 위고, 발자크보다 더 많은 애독자를 가졌고 보다 더 현대인에 가까운 선구적인 천재로 각별한 대우를 받게 되었다.

그는 동시대의 냉담과 몰이해에 대해서 끝까지 경멸했으며 자신의 굳은 신념을 잃지 않았다. 친구가 많지는 않았지만 메리메는 시종일관 그를 높이 평가했고 발자크는 1840년에 스탕달을 찬양하는 기사를 발표하여 문인으로서 불우했던 그에게 더 없는 위안과 기쁨을 주었다. 그러나 괴팍하고 자존심이 강한 그도 만년에 이르러서는 연애와 방랑 속에서 추구하던 '행복의 획득'에도 지치고 짓눌리는 고독의 무게를 덜 길이 없어 두 마리 애견에게 애정을 쏟으며 삭막하게 살아갔다. 1841년 요양차 파리에 머물다가 이듬해 거리에 쓰러진 채로 세상을 떠났고 유해는 몽마르트 언덕에 안장되었다.

『적과 흑』은 프랑스 역사상 1814~1830년 사이의 루이 18세와 샤를 10세에 의한 왕정복고 시기라는 시대적 배경 하에 쓰인 작품이다. 1799년부터 1814년까지의 유럽사는 프랑스 역사, 특히 나폴레옹의 역사라 할 수 있다. 나폴레옹 시대는 둘로 구분할 수 있는데 1799년~1804년의 공화정 시대와 1804년~1814년의 제정 시대이다. 전자는 나폴레옹이 제1집정관으로 프랑스 혁명의 성과를 보존하면서 프랑스를 군사적, 정치적 측면에서 강화한 시기이며 후자는 나폴레옹이 정치 체제를 주로 군사력으로 유지하며 전쟁, 정복, 동맹이란 수단에 의해 프랑스 혁명정신을 유럽 전역으로 전파한 시기였다.

프랑스 혁명은 주권재민, 국민개병, 국민교육제도, 애국심, 대의제, 특히 자유와 평등의 이념을 실현하고자 했다. 나폴레옹은 이러한 모든 것들을 자의로, 또는 타의로 유럽 각지에 전달했고 그 반응은 심각했다. 그러나 동시에 나폴레옹은 자기가 정복한 국가 안에 자유주의와 내셔널리즘의 씨를 뿌림으로써 자기 자신의 운명을 재촉하는 결과를 낳았다.

영국에 대한 대륙봉쇄령, 각국의 저항운동, 러시아 원정의 실패, 유럽 각국의 해방 전쟁으로 1814년에 나폴레옹은 엘바 섬으로 유배되고 프랑스 혁명 중 처형된 루이 16세의 동생 루이 18세가 즉위하여 왕정이 부활했다. 그러나 왕은 무능했고 망명귀족들이 속속 귀국하여 혁명 이전의 특권적 지위를 향유하자 많은 사람들은 물러난 지 9개월도 안 된 나폴레옹을 동정하게 되었다. 이런 분위기에 자극받은 나폴레옹은 재집권의 뜻을 불태워, 엘바 섬을 탈출하여 군중들의 대대적인 환영을 받으며 파리에 입성했다. 그러나 유럽 국가들은 워털루 전투에서 나폴레옹을 격파하여 나폴레옹의 백일천하는 막을 내린다. 이후에도 부르봉 왕가의 왕정은 1830년 7월 혁명이 일어날 때까지 계속된다.『적과 흑』은 이러한 왕정복고의 후반기, 샤를 10세 시대를 배경으로 삼고 있다.

소설가 스탕달의 공적은 근대소설에서 사실주의의 한 형태를 수립했다는 점에 있다.『적과 흑』의 부제인 '1830년 연대사'가 암시하는 대로 작가는 프랑스의 현실 묘사를 과제로 했다. 이것은 "인간은 이제 소설을 통해서만 진실에 도달할 수 있다."는 성찰과 "소설, 그것은 거리에서 갖고 다닐 수 있는 거울이다."라는 스탕달의 유명한 경구에서 확인된다. 확실히 그의 소설은 발자크의 소설처럼 사회 전체의 파노라마를 묘사하려는 것이 아니고 오히려 단 한 사람의 주인공 이야기로 끝나는 것이 많다.

스탕달의 거울은 시대와 사회를 비추기는 했지만, 그것은 대부분 주인공이라는 렌즈를 통해서였다. 작품 중에서 내적 독백을 많이 사용한 것은 이 때문일 것이다. 또 창작 노트에서 "풍속의 묘사는 소설 중에서 재미없는 것이다. …… 묘사를 놀랍게 바꾸는 것이 좋다. 묘사는 하나의 감정이 될 것이다."라고 말하고 있는데, 현실에 직면해서 흔들리는 주인공의 내면을 정확하게 파악하여 신속하게 글로 옮긴다는 것이 스탕달 창작의 최대 비밀, 즉 심리적 사실주의의 뼈대였던 것이다.

소설에서 특권적인 렌즈에 지나지 않는 스탕달의 주인공은 작가의 이상화된 모습이라고 흔히 말하는데, 작가 자신의 내면의 모습과 명민明敏을 지향하면서도 감성의 발작에 발이 걸려 넘어진 실패의 패턴은 작중 인물에서 조금도 완화되어 있지 않다. 오히려 소설의 줄거리는 대부분 주인공의 실패에서 그 원동력을 얻는다. 작가는 주인공의 실패를 통해서 이전의 자기가 겪은 실패를 분석하는 데서 얄궂은 쾌락을 맛보는 한편, 실패하지 않을 수 없었던 자기의 본성을 확인하고 인정하는 계기를 발견한다.

불혹의 나이를 넘은 작가가 작품 속의 주인공 청년 안에 투영된 과거를 다시 산다는 이 기묘한 이중생활이야말로 그의 대부분의 소설에 공통되는 구성의 비밀이다. '젊은 주인공의 사회로의 데뷔'라는 테마를 싫증내지 않고 되풀이했던 까닭은 이 때문일 것이다. 주인공에 대한 야유 또는 주석이라는 형태로 가끔 나오는 작가 개입의 기법, 내적 독백의 다양함, 인물의 놀람을 표현하기 위해 원인을 빼고 결과만을 서술하거나 반대로 결과를 생략하는 도약적 문체의 사용 등, 그는 심리적으로는 매우 사실적인 서술법과 여러 비연속적 수법으로 자신의 소설을 구축해갔다. 스탕달의 작품은 발상과 수법의 참신함 때문에 생전에 많은 이해는 얻지 못했지만 그의 사후에 점차 많은 독자를 획득하게 되었다.

주요 등장인물

줄리앙 소렐 : 지적인 성품의 소유자로, 귀족에 대한 불만과 자신의 욕망을 실현하려고 애쓰다 실패하는 비련의 인물.

레날 부인 : 시장의 부인으로 귀족적인 삶에 예속된 남편을 버리고 줄리앙을 사랑하다 오해로 그의 총에 맞아 죽는다.

마틸드 드 라몰 : 라몰 후작의 딸로 창백한 귀족을 싫어하고 줄리앙을 사랑하는 여인.

줄거리

『적과 흑』은 스탕달의 고향인 도피네 지방에서 1827년에 일어난 베르테 사건에 토대를 두고 있다. 미남 청년 베르테는 가난한 대장장이의 아들로서 미슈 가家의 가정교사로 들어간다. 미슈 부인을 사랑하게 되어 이번에는 코르동 가家에 들어가는데, 여기서도 그 집 딸과 문제를 일으켜 쫓겨나게 된다. 출세길이 막힌 그는 분노와 질투로 미사 중인 미슈 부인을 피스톨로 저격했으나 미수에 그쳤고 그는 사형을 당했다. 스탕달은 〈법정신문〉에 연재된 사건의 기록을 보고 베르테를 줄리앙으로, 미슈 부인을 레날 부인으로 하여 이 소설을 썼다.

주인공 줄리앙은 제재상의 막내아들로 태어나 난폭한 아버지와 두 형에게 학대받으며 성장한다. 그러나 그의 연약한 몸과 섬세한 미모의 그늘에는 불굴의 의지와 강인한 에너지가 있었고, 이 도시를 지배하고 있는 탐욕스런 지배계급에 대한 끈질긴 증오가 숨어 있었다.

그는 나폴레옹의 숭배자로 노사제 셸랑 신부에게 접근하여 라틴어와 신학을 공부하면서 신부가 되려고 결심하게 된다. 나폴레옹이 유럽을 석

권하던 시절에는 빈민도 재능이 뛰어나면 출세할 수 있었지만, 왕정복고 시대에는 성직자만이 유일한 출세의 길이었기 때문이다.

그러던 어느 날 그는 사제의 추천으로 시장市長인 레날 씨의 가정교사로 들어가게 된다. 레날 부인은 신앙심이 두터운 정숙한 부인이었는데, 남편이나 남편의 동료들에게서 볼 수 없는 순진한 청년의 인품에 감동하고 격렬한 사랑을 느끼게 된다. 줄리앙은 처음엔 그녀를 경계했지만 무례한 레날 씨에 대한 복수심 때문에 부인과 친하게 지내다가 나중에는 진심으로 사랑하게 된다. 부인도 줄리앙이 지위는 낮지만 의연한 태도와 인품에 있어서 그 누구보다 뛰어나다는 것을 알고 숨은 영웅을 만난 듯이 대한다.

그러나 변덕스러운 그녀는 곧 자기가 노예가 되었다고 생각하고, 냉담한 태도를 취하여 줄리앙으로 하여금 질투심을 느끼게 한다. 줄리앙은 그토록 사랑하지는 않았지만, 실연의 괴로움에 부대껴 그녀의 사랑을 되찾는데 온 정력을 쏟게 된다. 이런 사실을 알게 된 레날 씨는 그를 더 이상 집에 머물지 못하게 한다.

줄리앙은 다시 브장송 신학교에 입학하고 피라르 신부의 총애를 받게 된다. 그는 피라르 신부의 추천으로 파리에 있는 라몰 후작의 비서가 된다. 후작의 딸인 마틸드는 기품이 높은 여성으로 사교계의 창백한 귀공자들을 경멸하는 여성이었다. 그녀는 약간 별난 줄리앙을 마음에 두고 있다가 밀회를 청한다.

줄리앙은 마틸드를 정복하고 두 사람은 증오가 섞인 묘한 연애에 빠지게 된다. 그러던 어느 날 마틸드가 임신을 하자 후작은 하는 수 없이 두 사람의 결혼을 허락하여 줄리앙은 출세의 길이 열리게 된다. 그러나 이 때 레날 부인이 줄리앙의 과거를 폭로하는 편지를 보내 모든 것은 끝장이 난다. 화가 난 줄리앙은 성당에 있던 레날 부인을 저격하여 사형선고를 받는다. 그러나 옥중에서 레날 부인에 대한 오해를 풀게 되고 자신을 진실로 사랑한 여인은 레날 부인이라는 사실을 알게 된다. 그제서야 깨달은 그는 미련 없이 단두대에 오른다.

줄리앙은 세상에서 흔히 말하는 단순한 출세주의자는 아니다. 그는 항상 자기의 존엄을 중히 여기고 그러한 자기를 긍정하는 것을 최대의 목적으로 하는 정신적인 귀족이다. 그런 만큼 그는 최후의 순간에서도 고고한 마음으로 단두대에 설 수 있었던 것이다.

이상에서 본 것처럼, 물질보다 정신세계에 사는 시골 청년 줄리앙은 가정교사로 들어가 시장 부인의 마음을 사로잡고, 파리에 가서는 후작의 딸 마틸드의 마음을 사로잡는다. 줄리앙은 이 두 여성을 대상으로 사랑의 꿈을 추구함으로써 자기가 멸시하는 지배계급에 대하여 복수하고 있다. 레날 부인에 대한 사랑도 따지고 보면, 레날 시장에 대한 반발에서였다.

레날 부인은 이러한 사실도 모르고 줄리앙을 사랑함으로써 행복감에 젖는다. 신앙심, 정절, 모성애 때문에 자책하면서도 줄리앙의 사랑을 바라는 마음이 간절했다. 때문에 내심의 갈등을 안고서도 절대적인 헌신과 애정으로 줄리앙을 대한다. 줄리앙은 이 괴로워하는 여성에게서 영혼의 위대성을 발견한다. 그는 후에 마틸드와의 사랑의 체험을 통해서 레날 부인의 참된 사랑의 추억을 되살려 내는데, 독자들은 이 작품에 나타난 줄리앙의 두 번의 연애 과정을 검토함으로써 그의 행복 추구가 어떻게 발전했는가를 알 수 있을 것이다. 줄리앙과 마틸드의 연애관계는 호감보다 반감에서 시작되었고, 두 자존심의 상극과 친화력으로서 나타난다. 즉 마틸드는 머리로 사랑하는 여성인데 반해, 레날 부인은 가슴으로 사랑하는 여인이었다. 살해사건으로 감옥에 갇힌 줄리앙은 감옥에서 사회와 자기를 대립시키면서 살아온 자기 자신의 참모습을 발견하게 된다. "나는 죽음을 눈앞에 두고 나 자신에게 말하면서도 아직 위선에서 헤어나지 못하고……."라고 '있는 그대로의 자기'를 보지 못하고 위선에 빠져 있는 자신을 비판한다. 줄리앙은 외부세계와 연결되는 사회적 존재일 때는 날카로운 이성의 소유자이고 유물론자이며 반항자이지만, 자기 자신과 대면할 때는 자신이 진실하게 살지 못하고 참된 사랑을 저버린 것을 후회하는 인간인 것이다. 줄리앙의 생애는 이처럼 외면적, 물질적 행복, 파리, 미녀, 지위, 명성, 돈에 대한 동경으로 시작되어 외부와 격리됨으로써 내면적이고 정신적인 행복에 도달하고 있다.

스탕달은 이 작품에 '1930년대'라는 부제를 달아 놓고 있는데, 이것은 왕정복고 시대에 대한 그의 정치적 견해를 반영한 것이다. 프랑스 대혁명에 뒤이은 나폴레옹 제정이라는 내적인 면과 외면적인 사회생활의 변화를 경험한 왕정복고기에, 권력을 회복하기는 했으나 항상 로베스피에르의 환상에 겁을 먹고 있는 귀족들과 정계에 대하여 실제 권력을 조종하고 있는 성직자 모두를 비판하면서 새롭게 부상한 상공 중산계층의 인물이 이들 두 계급에 대하여 어떤 관계로 종속되어 있는가의 문제를 이 작품은 지적하고 있다.

주인공 줄리앙은 사회에 저항하다가 그 대가를 받는다. 이러한 과정에서는 현실주의자로서 작자의 관점이 있으나, 낭만주의자로서의 작자는 비극의 줄리앙을 몹시 사랑하고 있다는 것을 알 수 있다. 사회가 요구하는 위선에 젖어버릴 수 없는 순결한 심정과 불굴의 의지, 또 거기에 존재하는 총명함과 행운을 갖고서도 도리어 불행한 최후를 마치지 않으면 안 되는 주인공을 설정함으로써 작자는 오히려 프랑스 당시의 사회풍조를 매섭도록 비판하고 있는 것이다.

한 마디로 『적과 흑』은 하류계층 출신이지만 재능이 뛰어나고 야심에 불타는 한 청년의 성공과 좌절의 이야기를 통해 왕정복고 시대의 암흑기를 묘사한 소설로 작가의 대표작인 동시에 사실주의의 선구로 평가되고 있으며, 심리소설의 걸작으로 정평이 나 있으나 부제가 암시하듯이 사회소설, 정치소설의 측면도 있다. 또한 명석하고 냉철하게 그리고 위선을 무기로 출세와 영달을 위해 사회와 맞서지만 끊임없이 자신의 양심과 감수성에 굴복하게 되는 주인공의 눈을 통해 모든 것이 표현되고 있다는 의미에서 주관적 사실주의를 구현했다. 책 제목의 뜻에 대해서는 여러 가지 설이 있으나 '적'은 제정 시대의 영광을, '흑'은 왕정복고 시대의 암울의 상징이라고 보는 견해가 지배적이다.

또한 『적과 흑』은 줄리앙이라는 한 주인공을 통해 당시의 정치와 사회를 비판한 매우 뛰어난 정치 풍자소설이다. 또한 자신을 스스로 끊임없이 형성시켜 나간 줄리앙의 의식세계를 다룬 이 작품은 실존주의 문학의 선구적 역할을 한 의식 높은 작품이 아닐 수 없다. 또한 오랫동안 유리되어 있던 풍속소설과 심리소설의 융합에 성공한 최초의 근대소설이라는 관점에서 주목받는 작품이다.

◈ 추천도서
『적과 흑』(전 2권), 이규식 옮김, 문학동네, 2010
『적과 흑』(전 2권), 임미경 옮김, 열린책들, 2009
『적과 흑』(전 2권), 이동렬 옮김, 민음사, 2004

보봐리 부인

프랑스 근대소설의 기원

플로베르 지음

플로베르의 사실주의 대표작으로, 낭만적인 환상에 빠진 한 여인이 남편 아닌 남자와 사랑을 하다 결국 파멸하고 자살에 이른다는 진부하기조차 한 소재를 통해 당대의 부르주아 사회와 그 사회가 양산해 낸 인간 유형을 너무도 '산문적'으로 보여주고 있어 작가 자신의 부인에도 불구하고 '사실주의' 소설의 한 전범典範으로 간주되고 있다.

자신의 생각을 표현하기 위해 '오직 하나뿐인 올바른 낱말'을 고집하며 동의어를 부정했고 "작가는 작품의 어디에도 존재하나 어디서도 눈에 띄어서는 안 된다."며 철저한 객관성을 추구했던 작가 플로베르(Gustove Flaubert, 1821~1880)는 명의名醫로 소문난 외과의사인 아버지와 낭만적이고 가족에게 헌신적인 어머니 사이에서 태어났다. 병원의 부속건물에서 태어나고 자란 그는 인간의 생사 문제에 관해 깊이 생각하게 되었고, 한편으로는 그로 인해서 자연현상에 대해 냉정하고도 깊이 있는 관찰 능력을 가지게 되었다.

그는 10살에 희곡을 쓰기도 했고, 그 희곡으로 친구 둘과 함께 연극을 하기도 했는데, 이런 방면에 놀랄 만큼 조숙했다. 18살에는 부당하게 퇴교당한 급우를 구제하는 운동에 앞장섰다가 자신도 퇴학을 당하게 되어 집에서 대학자격 입학시험 공부를 하여 파리 대학 법학부에 입학했으나 강의에 흥미를 느끼지 못해 그리스어와 라틴어 공부에 열중했다. 24살 무렵에는 신경증 발작으로 법률 공부를 완전히 포기하고 고향에 돌아와 문학에 몰두하면서 문인들과 사교를 넓혀갔다.

25살 때는 이탈리아를 여행하는 도중 브뤼겔의 그림「성 앙투안의 유혹」에 감명을 받고 같은 제목의 작품을 쓸 계획을 세웠다. 그러던 어느 날 존경하던 아버지가 돌아가시고 곧이어 사랑하는 여동생이 산욕열로 죽었다. 불행한 사건을 겪은 그는 어머니와 조카딸 카롤린과 함께 외부 세계를 외면하면서 고독하고 침울한 가운데 작품 쓰는 데만 열중했다. 그런 가운데도 10살 연상인 여류작가 루이즈 콜레와 깊은 관계를 맺고 플로베르 자신의 문학관이 피력된 많은 편지를 교환하기도 했다.

플로베르의 부친의 제자 중에는 들라마르는 의학도가 있었다. 그는 의사면허를 얻은 후 노르망디의 벽촌에서 개업하고 델핀이라는 아름답고 재능 있는 아가씨를 아내로 맞이했다. 그의 아내는 평범한 남편과의 결혼 생활에 염증을 느껴 애인을 두고 남편 모르게 돈을 빌려 쓰다 끝내는 음독자살을 한다. 아내의 부정을 안 들라마르는 비탄 끝에 그녀를 따라 죽는다. 이것은 '들라마르 사건'이라 하여 당시 세상을 떠들썩하게 했다. 플로베르는 당시「성 앙투안의 유혹」을 완성하고 친구인 브이에와 뒤캉에게 작품평을 부탁했는데 "졸작이니 불에 던져버려라."라는 평을 받는다. 실망한 플로베르에게 뒤캉은 '들라마르 사건'을 소재로 작품을 써 보라고 권유한다. 그는 이 권유를 받아들여 뒤캉과 함께 18개월 동안 여행을 하면서 점차 낭만과 이념의 세계로부터 현실 세계로 눈을 돌려『보바리 부인』을 구상하기에 이르렀다. 1851년 여행에서 돌아온 플로베르는 크루아세에 틀어박혀 하루 평균 12시간씩 작품에 매달린 끝에 5년 만에 완성했다. 들라마르를 샤를 보바리로, 델핀을 엠마로 등장시켜 소설로 꾸민 것이다.

이 소설은 〈파리〉지에 연재되는 동안 논란의 대상이 되다가 1857년에 풍기문란과 종교모독 등으로 기소되었다. 결국 승소했으나 가톨릭 교회에서는 이 책을 금서로 정했다. 그러나 이로 인해 책이 날개 돋친 듯이 팔렸고 플로베르는 프랑스 사실주의 거장으로서의 지위를 확고히 했다. 이어서 「성 앙투안의 유혹」 제2고, 역사소설 『살람보』, 「성 앙투안의 유혹」 제3고 등을 완성한다. 1878년 말 『부바르와 페퀴세』의 자료를 보완하기 위해 모파상과 함께 프랑스 북부 해안을 여행하고 나서 집필을 하다가 뇌일혈로 급사했다.

1830년대부터 20세기 초까지 서구의 지배적인 문예사조는 사실주의였다. 고전주의는 이제 완전히 후퇴하고 낭만주의도 19세기 후반에 이르러 그 기세가 두드러지게 약화되었다. 1870년 무렵에 이르기까지 작가들은 한편으로 자연과학의 발전과 철학적 합리주의 경향에 호응하면서 다른 한편으로는 짙은 감상주의로 타락한 낭만주의에 반발했다.

사실주의의 특징은 첫째, 낭만주의의 지나친 감상에 대해 반대했다는 점이다. 낭만주의자들은 인간의 자연적 선善과 자연의 신성함을 믿었다. 그들은 현실을 도피하여 과거 속에서, 이국적 배경 속에서, 스스로의 상상 속에서, 아름다움과 위안, 그리고 흥분을 찾았던 것이다. 한 마디로 정서적 이상에 비추어 생활을 묘사했다. 낭만주의자들과는 달리 사실주의 작가들은 실제로 본 것은 충실하게 묘사하여 사실을 미화 없이 인간의 경험을 완전히 정직하게 표현하려고 했다.

둘째, 사실주의는 심리 문제 또는 사회 문제에 깊은 관심을 보였다. 작가들은 인간 행위의 상충하는 경향들을 상세히 분석했으며, 환경의 좌절을 극복하기 위한 개인의 투쟁을 충실하게 묘사했다. 이런 사회의식을 가진 사실주의 작가들의 문학작품은 일종의 고발문학의 성격을 띤다.

셋째, 사실주의 작가들은 대개 당시의 유행하는 과학이론 내지 철학이론의 영향을 받고 있었다는 점이다. 일부 작가들은 인간이 환경과 유전의 희생물이라는 결정론의 입장을 취하는가 하면, 다른 일부 작가들은 인간의 본성이 대체로 짐승과 같은 선조로부터 물려받은 동물적 성질을 갖고 있다는 진화론에 동조하고 있었다. 또 다른 일부 사람은 사회개혁의 정열에 불타서 산업혁명이 초래한 사회악과 불평등을 규탄하는 작품을 썼다.

이와 같은 사실주의 문학의 새로운 징조는 먼저 프랑스에서 나타났다. 특히 발자크, 플로베르, 졸라, 모파상 등은 새로운 문학사조를 대변했으며 전 세계적으로 광범한 영향력을 행사했다.

이 중에서도 사실주의의 전통을 정확하게 표현한 최초의 작가가 플로베르다. 그의 걸작『보봐리 부인』은 인간의 향락에 관한 냉철한 분석으로 낭만주의적 꿈과 현실과의 괴리를 말함으로써 낭만주의적 생활철학의 부적당함을 비판한 작품이었다.

주요 등장인물

사랑의 열정과 성도덕의 타락을 통해 당대 부르주아 계급의 생활을 사실적으로 묘사한『보봐리 부인』등장인물은 다음과 같다.

엠마 보봐리 : 부농의 딸로 현실을 싫어하고 몽상의 세계에서의 사랑 때문에 파멸하는 여인.
샤를 보봐리 : 엠마의 남편으로 평범한 의사.
레옹 : 법률 공부를 하기 위해 파리로 떠난 청년으로 엠마의 정부.
로돌프 : 유복한 생활을 즐기면서 여인들을 농락하는 난폭한 호색인.

줄거리

노르망디의 시골 의사인 샤를 보봐리는 엠마라는 시골 부농의 딸과 결혼한다. 그녀는 미션스쿨에서 교육을 받았고 이상이 높은 데다 소설을 즐겨 읽었으므로 화려함에 대한 동경과 정열적인 낭만을 가슴 속에

품어왔다. 그런 엠마는 이웃 마을의 의사로 그저 호인이고 평범한 소시민인 샤를 보봐리가 상처한 후 그녀에게 청혼을 하자 그의 아내가 된 것이다. 하지만 결혼생활은 그녀에게 환멸만 안겨줄 뿐이었다. 단조로운 생활, 무취미한 남편 곁에서 그녀는 공상만 일삼으며 점점 우울증에 빠져든다.

샤를은 아름답고 젊은 아내의 침울함을 걱정하여 보다 쾌적한 도시 용빌로 이사를 간다. 엠마는 그곳에서 순정을 느끼게 하는 레옹이라는 청년과 교제를 갖는다. 그러나 그가 법률 공부를 하기 위해 파리로 떠나게 되자 그녀는 마음이 공허해진다.

"남자는 훨씬 자유롭다. 흥이 나는 대로 자기의 욕정을 채울 수 있다. 하지만 여자는 남자가 만든 법률이나 도덕에 얽매여 무엇 하나 제대로 할 수가 없다."

엠마는 아이를 낳았지만 기대했던 아들이 아니기에 위로를 얻지 못한다. 남자들은 얼마나 자유로운가? 마음대로 여행도 떠나고 마음껏 향락을 즐길 수가 있다. 그러나 여자의 운명은 남편과 가정이라는 굴레에 얽매인 채 사회적 관행과 여성 특유의 소심 때문에 활개를 쳐볼 도리가 없는 것이다.

엠마가 이러한 불만, 막연한 정열의 솟구침, 부도덕한 유혹의 심리적 갈등을 겪고 있을 때 그녀 앞에 한 남자가 나타나 운명을 휘저어 놓는다.

로돌프는 이 지방에서 비교적 유족한 생활을 하면서 여인을 농락하는 것이 취미인 난폭한 호색한이었다. 그는 여인의 정숙이란 불편한 것일 뿐이라고 생각하는 사내로, 아름다운 엠마를 아무렇게나 다루었다. 엠마는 다른 남자와의 접촉을 통해서 심신이 현격히 변모해간다.

차츰 정숙함을 잃어가는 엠마는 로돌프와의 불륜에서 헤어나지를 못하고 드디어는 사랑의 도피행각을 벌인다. 로돌프는 엠마의 탐스런 육체에는 미련을 버리지 못하지만 그런 어리석은 올가미에 빠질 남자가 아니어서 그녀를 매정하게 배신해버린다.

이웃 사람이며 이 세상 속물의 표본 같은 약제사 오메의 권유로 엠마는 오페라를 구경하러 갔다가 거기서 연정의 추억이 아련한 레옹을 만나 또다시 정열을 불태운다. 순진했던 레옹도 이미 여인들과의 경험을 거친 후이기에 둘의 애정유희는 한층 노골적이다. 둘은 마차를 타고 교외 이곳저곳을 쏘다니며 정사를 벌이기도 한다. 그러나 그녀의 이러한 탈선행위도 얼마 못 간다. 엠마는 낭비벽과 탈선에 소요되는 과다한 경비 지출로 막대한 빚을 지고 파산에 이르게 되는데, 로돌프와의 관계를 유지하느라 그 도시의 악덕상인이며 중개업자인 뤼르에게 진 빚이 레옹과 접촉하는 동안에 더욱 불어나 있었다.

뤼르나 약제사 오메 등은 그녀를 둘러싼 부르주아 사회의 속악한 무리의 대표적 인물이라 할 수 있다. 엠마는 재산이 차압되는 사태에 이르자 창피를 무릅쓰고 로돌프에게 돈을 빌리려 하지만 냉담하게 거절당한다. 그녀는 헤어날 길 없는 절망 속에서 음독자살을 하고 만다. 그때야 비로소 아내의 부정을 안 샤를은 절망과 쇠약으로 고민하다가 아내의 뒤를 따른다. 그 후 약제사 오메 등을 비롯한 용빌의 부르주아들의 저속하면서도 평화로운 나날은 변함없이 계속된다.

치밀하고 은밀하게 드러낸 부르주아에 대한 반감

"보봐리 부인, 그녀는 바로 나였다."고 실토한 플로베르의 말을 생각해본다면 이 소설 속에서 그는 그의 이상과 좌절, 또한 그가 전부터 품고 있던 부르주아에 대한 반감을 작품 전면에는 노출시키지 않고 엠마의 절망과 그녀를 그렇게 만든 부르주아 사회의 냉담한 객관적 묘사를 통해서 은밀히 노출시키고 있다.

작품 속의 여주인공의 성향을 본떠 '보봐리즘'이라는 용어가 생겨나기도 했는데, 이것은 철학자 쥘 고티에의 주장으로 현실적인 자아가 이상적인 자아를 제어하지 못하고 오히려 이상적인 자아가 현실적인 자아의 덫에 걸려 숙명적으로 난파하고 마는 인간의 모습을 말한다.

이 작품은 신문의 사회면을 확대한 것처럼 실제 사건을 소재로 삼고 있으나 주제를 배후에서 힘차게 뒷받침하고 있는 것은 플로베르의 정밀한 객관적 사실기법이다. 원래 플로베르는 현실적이기보다는 『살람보』에서 보이는 것처럼 낭만적, 유미적 경향이 강했다. 그는 이 작품을 위해 흘러넘치려는 자신의 감정을 극력 억누르고 사건이 일어난 마을을 몇 번이나 실제 답사까지 하여 방대한 자료를 수집한 다음, 이것을 바탕으로 들라마르 사건에 나온 인물이나 장소를 사실에 가깝게 재현했다.

플로베르는 여주인공 엠마의 동경과 환멸을 중심으로 남편 샤를의 범속함, 약제사 오메를 비롯한 주위의 어리석은 부르주아들을 담담하게 그리고 있다. 엠마의 비애는 작가 자신의 염세관을 드러낸 것으로 보이며, 스토리 전체는 단순한 통속적 사건의 울타리를 넘어 모든 시대와 인간에 공통된 인간적 진실을 지닌 예술적 가치가 있는 작품으로 승화시켰다. 플로베르는 이것을 묘사하는 데 있어 임상학적 입장에 서서 과학자와 같은 엄정한 태도를 취했다. 이것은 그가 부친에게 물려받은 의학자의 혈통 때문으로 보는 견해도 있다.

객관적 수법과 함께 『보봐리 부인』의 특징을 이루고 있는 것은 그의 문체일 것이다. 그는 진실을 표현하는 말은 오로지 하나뿐이라고 믿으며 매일 밤 크로아세의 서재에서 한 줄의 문장을 쓰는 데 몇 시간을 소비하는 고통을 맛보았다. 이렇게 정선된 말을 다시 저자 자신이 몇 번이고 낭독한 다음 퇴고를 거듭한 결과 유례 없이 면밀하면서도 생동하는 독특한 리듬을 가진 문체를 창조하게 되었다.

출간 직후 『보봐리 부인』에 대한 평가는 찬반이 엇갈렸으나 후세의 비평가들은 대체로 문학성을 인정했고 19세기 최고의 걸작이라는 평가를 받았다. 또 간과할 수 없는 것은 『보봐리 부인』이 갖는 문학사적 의의다.

『보봐리 부인』을 쓸 때 플로베르의 태도는 대단히 순수하고 성실했으며 문장을 구성하는 데 있어 단어 하나도 소홀히 하지 않았다. 이것은 소설이 갖는 산문 예술로서의 의의를 깊이 인식했기 때문이며 '예술을 위한 생활'을 작가가 몸소 실천했다는 것을 말하기도 한다. 이것은 종래의 작가에게서 찾아볼 수 없는 점이며 사실주의의 승리를 초래케 한 요인이기도 하다. 바로 이것이『보봐리 부인』을 프랑스 근대소설의 기원으로 보는 이유다. 플로베르는 발자크의 사회적 사실주의의 뒤를 이어 예술적 사실주의를 확립했을 뿐만 아니라 졸라의 과학적 사실주의에도 큰 영향을 주었다.

◈ 추천도서
『보봐리 부인』, 민희식 옮김, 문예출판사, 2007
『마담 보봐리』, 이화영 옮김, 민음사, 2000

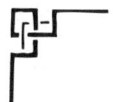

— Les Fleurs du Mal —

악의 꽃

그리고, 현대시가 시작되었다

보들레르 지음

시는 무엇보다 인간 내면의 비극을 묘사해야 한다고 생각한 보들레르는 현대시의 새로운 장을 열었다고 평가되는 이 시집을 발표한 후, 한편으로는 당시 미풍양속을 해친다는 이유로 재판에 회부되어 모욕과 저주 속에 고통스러운 길을 갔다. 보들레르가 자신의 악과 희망, 그리고 좌절에 대해 '절대적인 솔직함'으로 독자에게 토로하는 이 고백은 존재의 가능성을 극한까지 이끌어가고자 했던 한 '인간적 혼'의 절규이다.

상징주의 문학의 선구자로 베를렌, 랭보, 말라르메에게 생명줄을 대어 준 보들레르(Charles Baudelaire, 1821~1867)는 어머니의 재혼, 방탕, 마약, 부채, 낭비벽, 실어증 등으로 지극히 불우한 환경에서 살다가 40대에 세상을 떠난 반항적인 시인이었다.

그는 62살의 아버지와 28살의 미모의 신앙심 깊은 어머니 사이에 태어났다. 보들레르가 6살이 되었을 때 아버지가 세상을 떠나자 다음 해에 어머니는 39살의 육군중령 오피크 씨와 재혼을 했다. 오피크는 그 후 장군까지 승진하고 외국대사와 상원의원을 지내는 등 평탄한 출세의 길을 간다.

그러나 어머니의 재혼은 어린 보들레르에게 깊은 슬픔을 안겨준다. 보들레르 자신의 표현을 빌면 "유년시절부터 비롯된 고독한 감정"이 싹트게 된다. 그는 양아버지와의 갈등으로 학창시절을 기숙사에서 보냈다. 학창시절에 생트 뵈브의 시집을 탐독하며 문학적인 재능을 발휘하기도 했으나 대개의 경우 걸핏하면 말썽을 일으키곤 하는 문제아였다. 대학에 들어가서도 그런 생활은 변함이 없었다. 방대한 양의 독서를 했지만 무절제한 생활을 했고 아편과 대마초에 탐닉했다. 훗날 죽음의 원인이 된 성병에 걸린 것도 이 무렵이었다.

이러한 그의 방탕한 생활에 종지부를 찍기 위해 양아버지는 그를 인도로 보낸다. 그러나 그는 배 안에서도 무례한 행동을 일삼아 외톨이로 지내다가 결국 향수병에 걸려 모리스 섬 부근에서 되돌아오고 만다. 그러나 인도로의 항해와 모리스 섬에서의 3주 동안의 추억은 그의 상상력을 더욱 깊고 풍부하게 해주었으며 동양에 대한 신비주의적 동경을 심어주었다.

파리로 돌아왔을 때 그의 문학적 열정은 더욱 강렬해졌다. 만 21살 성년이 되자 작고한 부친의 유산을 상속했고 이 돈으로 호화판 생활을 하면서 타고난 낭비벽을 만끽했다. 이때 만난 혼혈여성인 잔 뒤발은 그 후 그에게 많은 파란을 가져다주었다.

그가 2년 만에 유산의 절반을 탕진하자 마침내 가족회의가 열렸고 그에게는 법원의 금치산 선고가 내려졌다. 금치산 선고란 그의 재산을 공증인이 관리하면서 일정 액수만 정기적으로 지급하는 것이다. 즉, 그는 사회인으로서는 실패자가 된 것이다.

이런 상황에도 보들레르는 시에 있어서는 철저하게 퇴고하고 탁마하는 고고한 시 정신을 유지했다. 고티에, 발자크, 생트 뵈브, 위고 등과 사귀면서 미술비평에도 관심을 보였고 1852년부터 미국 시인 에드거 앨런 포의 작품을 접하고 자신의 성향과 유사한 점에 경의를 표하며 번역 작업에 손을 댄다.

1852년 그는 잔 뒤발과 잠시 헤어지고 자신이 단테의 영원한 여인 베아트리체처럼 생각했던 사바티에 부인과 만난다. 사바티에 부인은 「하얀 비너스」 연작시와 『악의 꽃』 등 보들레르의 많은 아름다운 시의 주인공으로 등장한다.

1857년, 보들레르가 "이 끔찍한 책에 내 생각 모두를, 내 마음 모두를, (위장된) 내 종교 모두를, 내 증오 모두를 집어넣었다."고 토로한 『악의 꽃』이 오랜 퇴고 끝에 마침내 완성된다. 이 시들이 발표되자 보들레르와 출판업자는 외설과 신성모독으로 기소당하여 벌금을 물었고 6편의 시가 발표 금지당했다. 이런 조치는 20세기 중반인 1949년에 들어서야 비로소 해제되는데 그 후로도 한동안 『악의 꽃』은 타락과 불건전의 상징으로 남아 있었다.

그는 점점 늘어나는 빚에 대한 중압감, 악화되는 건강으로 '저주받은 시인'의 지경에까지 이르렀다. 빚더미에서 벗어나기 위해 벨기에로 가서 고액의 문학강연을 시도했으나 그것도 수포로 돌아가고 깊어지는 고독과 건강 악화로 반신불수와 실어증에 걸렸다. 1867년, 뒤늦게 자신이 낳은 아들의 위대한 재능을 이해하기 시작한 어머니의 품에 안겨 세상을 떠났다.

『악의 꽃』 초판은 1857년에 101편의 시를 「우울과 이상」, 「악의 꽃」, 「방항」, 「술」, 「죽음」의 5부로 출판했고 1861년에 재판을 냈다. 재판에는 초판에서 삭제 처분을 받은 6편을 제외하고 다시 36편이 추가되어 129편으로 늘어나고 「파리풍경」이라는 장이 추가되었다. 사후인 1868년에는 그의 친구들에 의해 151편이 담긴 제3판이 출판되었다.

『악의 꽃』은 보들레르 자신의 악, 자신의 소망들, 자신의 과실과 좌절들에 대한 진지한 고백서이다. 그는 '악에서 아름다움'을 뽑아내고자 했다. 위장된 진지함 속에 감춰진 인간 존재의 비극을 시인은 자신의 경험을 통해 다시 그려보고자 했다. 사람 속에는 다 언제나 두 가지의 동시 청원이 있는데 하나는 하느님 쪽이고, 또 하나는 사탄 쪽이다. 이것은 낙오된 피조물이자 하늘과 지옥 사이에서 영원히 갈등하는 '이중인간'의 비극이다.

하나님이나 정신성을 향한 기원은 위로 올라가려는 욕망이고, 사탄이나 동물성을 향한 기원은 내려가는 기쁨이다. 외관상의 무질서에도 불구하고 이 시집의 숨은 구성을 설명해주는 것이 바로 이 영원한 갈등이다. '이상'에의 갈망이 승리하는 것처럼 보이는 통일성들의 뒤를, 시인이 '우울'이라 부르는 정신적 악의 근원인 그 비통한 타락들을 상기시키는 다른 통일성들이 잇고 있는 것이다. 끊임없이 되풀이되는 이 번갈음이 이중의 청원에 굴복한 넋의 이중성을 나타내 보인다.

주요 내용

제1부 「우울과 이상」에서는 이승을 지배하는 권태로움에서 자기 넋을 바로잡기를 바라는 보들레르는 먼저 시에 호소하고 (「교감」, 「아름다움 찬가」), 이어 잔 뒤발, 사바티에 부인 등과의 사랑에 호소하지만 (「이국의 향기」, 「귓속말」) 모두가 우울을 결정적으로 몰아내기에는 무력한 것들이어서 시인의 고뇌는 더욱 깊어간다(「가을노래」, 「시계」).

보들레르는 낙담하지 않고 다른 도피 수단들, 즉 도시의 광경과 동포들과의 교류(제2부 「파리풍경」)쪽으로 시선을 돌렸다가, 인공 낙원들(제3부 「술」)에 도취해보고, 마침내 절망의 심연에서 '악의 꽃'을 피워본다(4부 「악의 꽃」). 그러나 모든 시도는 실패하고 패배한 시인은 절망적으로 반항한다. "오 사탄아, 오랜 내 비참을 불쌍히 여겨다오."(5부 「반항」). 그리고 마침내 모든 가능성들이 모조리 바닥이 나자 드디어 '죽음'의 항구를 향한 다른 세계로의 '항해'를 시작한다. 즉 '새로운 것을 찾아내려고 미지의 밑바닥'으로 돌아서는 것이다(6부 「죽음」). 이것이 6부의 간추린 약도다.

제1부 「우울과 이상」은 바로 시인의 영혼을 동시에 양극으로 갈라놓는

하강과 상승의 분열을 노래한 부분이며, 첫 시 「축복」에서 저주받은 시인의 비참한 운명과 사후의 영광을 노래한다. 다음 시 「신천옹」에서는 모욕과 멸시받는 '지상에 유배된' 시인의 모습을 선원에 붙잡혀 들볶이는 해조의 비참한 모습으로 상징했다. 다음 시 「상승」에서는 그 해조가 창공을 거침없이 날 때와 같이, 이 시인이 속세를 떠나 시의 세계를 비상하는 모습과 그 영혼의 위대함을 노래한다. 마지막 구절인 "삶을 굽어보면서 꽃들과 말없는 것들의 그 말을 쉽게 알아듣는 사람은 행복하구나."라는 내용을 받아 「교감交感」에서 그 시학의 완벽을 노래한다. 이렇듯 이 작품은 빈틈없이 서로 연결되어 있다.

교감

자연은 신전, 그 살아 있는 기둥들은
이따금 어렴풋한 얘기들을 들려주고
인간이 상징의 숲을 거쳐 그 곳을 지나가면
숲은 다정한 눈으로 그를 지켜본다.

밤처럼, 그리고 광명처럼 한없이 드넓은
어둡고도 깊은 조화 속에서
저 멀리 어울리는 긴 메아리처럼
향기와 빛깔과 소리가 서로 화합한다.

어린애의 살결처럼 신선하고
오보에처럼 부드럽고, 목장처럼 푸른 향기가 있고
― 또 한편엔 썩고 독한 향기 있어,

호박, 사향, 안식향, 훈향처럼
무한한 것들로 퍼져나가
정신과 감각의 환희를 노래한다.

상징주의의 선구적 작품

시집 『악의 꽃』의 특징은 보들레르도 강조한 것처럼 각 편이 독립된 서정시이면서 동시에 전체가 하나의 틀과 구조로 짜여 있다는 것이다. 그리고 이 한 권의 시집에 한 시인의 온전한 영혼의 세계가 고스란히 담겨 있다. 그의 고뇌와 이상, 죄악과 갈등, 찢겨진 영혼의 울부짖음에 이르기까지 송두리째 담겨 있다. 따라서 그 시집에는 시인의 생명과 영혼의 세계가 마치 사막에 묻힌 대사원처럼 묻혀 있다.

아버지의 영향으로 가톨릭적인 분위기에서 자란 보들레르는 항상 그리스도교적인 감각을 간직하고 있었다. 그러한 감각은 작가를 강렬한 순수성을 향한 갈망으로 전율시켰다. 특히 그는 '미'를 숭배했으며 예술은 그에게 관능을 향한 상승의 가장 소중한 도구이자 인간적 위엄의 최상의 증거로 나타난다.

그는 시적 어휘 속에서 혁신을 보이지는 않지만 종종 자기의 감정의 깊이 또는 사고의 엄격성 덕분에 일반적 습관 속에서 사라진 섬광을 가장 단순한 용어들로 재현했다. 게다가 보들레르의 시 속에서는 많은 이미지들이 특이한 밀도, 풍부함, 그리고 독창성을 갖고 있다.

오랫동안 인정받지 못하고 잘못 이해된 보들레르는 오늘날 상징주의의 선구자로 우뚝 서 있다. 그는 『악의 꽃』을 통하여 서정주의적 영감을 정화시켰고 그것을 풍요롭게 했으며 상징주의적인 기법과 창작 태도를 고도로 발휘했다.

상징주의의 선구자로서 그는 이후의 베를렌, 랭보, 말라르메 등 상징주의자들의 스승이 되었고 『악의 꽃』은 현대의 모든 시에 적지 않은 영향을 미치고 있다. 이상의 그의 모든 업적은 '미'에 관한 새로운 예술적 체계를 세웠고 『악의 꽃』은 상징주의라는 새로운 문학사조를 형성시켰다.

낭만파의 거장 빅토르 위고는 보들레르에게 다음과 같은 서신을 보냈다. "하늘과 지옥에 무엇인가 알 수 없는 처참한 빛을 그대는 부여했다. 그대는 새로운 전율을 창조했다."

◈ 추천도서
『악의 꽃』, 윤영애 옮김, 문학과 지성사, 2003
『악의 꽃』, 김봉구 옮김, 민음사, 1974

― A la Recherche de Temps Perdu ―

잃어버린 시간을 찾아서

시간의 타래 속에서 의식은 흐른다

프루스트 지음

20세기 프랑스문학의 최대 걸작이자 인간의 상상력이 이룩한 가장 심오하고 완벽한 위업 중 하나로 평가받는 작품으로, 7부로 구성되어 있는 대하소설이다. 자신의 지나간 삶 전체를 재구성하기 위해 철학, 미술, 음악 등이 단 하나의 언어로 서로 통하게 만든 이 책은 어린 시절이라는 옛 고향으로의 초대일 뿐 아니라 일상적인 삶을 우리가 얼마나 바보처럼 살아가는가를 보여주는 일종의 삶의 의미론이자 해석학이다.

자신의 삶을 '의식의 흐름' 기법을 통해 심리적, 비유적으로 그리고자 했던 마르셀 프루스트(Marcel Proust, 1871~1922)는 의대 교수인 아버지와 교양 있는 어머니 사이에서 태어났다. 부친이 쓴 논문 「콜레라로부터 유럽을 보호하기 위해」는 카뮈가 쓴 『페스트』에 영감을 제공할 만큼 부친은 유명인사였으며 어머니 역시 문학과 예술에 조예가 깊은 여성이었다.

유복했던 어린 시절, 유모를 따라 샹젤리제 쪽으로 산책을 자주 했고 산책 중에 소녀들과 숨바꼭질을 하며 놀곤 했다. 이 소녀들은 후일 그의 작품에서 '꽃피는 아가씨들'의 이미지로 그려진다.

9살 때 프루스트는 천식에 걸렸는데 이것은 평생 그를 괴롭혔고 작가의 길로 들어서는 결정적인 계기로 작용하기도 한다. 그 후 그는 오랫동안 방주方舟에 갇혀 있어야만 했다. 방주는 닫혀 있고 지상에는 어둠만

이 가득했지만 그가 방주 속에 있었기 때문에 세상을 그렇게도 잘 볼 수 있었는지 모른다.

이처럼 병약했던 어린 프루스트의 진정한 구원자는 어머니였다. 그녀가 그에게 준 가장 큰 인생의 선물은 독서였다. 그는 생 시몽, 위고, 발자크, 보들레르, 스탕달, 도스토옙스키 등의 고전을 탐독했다. 1882년 고등학교를 졸업하자 파리 대학 정치학과에서 소렐 교수의 강의를 수강하면서 동시에 소르본 대학에서 베르그송의 강의를 들었다. 고질병이었던 천식으로 인해 외향적이고 적극적인 인생관이나 직업관 대신 창작에 몰두하게 된다. 그리하여 프루스트는 참여보다는 관찰을, 행동보다는 내면적인 분석에 전념하게 되었으며 어머니에 대한 애정과 허약한 몸이 그의 인간 형성에 주요한 역할을 하게 된다.

한편 젊은 시절의 프루스트는 사교계의 총아로서 살롱이나 레스토랑, 그리고 해변에서 생활하기를 즐겼다. 그러나 건강 악화와 드레퓌스 사건(유대인 포병 대위 드레퓌스가 독일 대사관에 군사정보를 제공했다는 혐의로 체포되었다가 12년 만에 무죄로 판결된 사건)의 구명운동에 적극적으로 참여했다는 이유로 보수적인 상류층과 관계가 소원해져 사교계를 멀리하게 된다. 그는 이 사교계의 체험을 훗날 대작을 위한 풍부한 소재로 삼았다.

그는 1896년에 재치 있는 단편집 『기쁨과 세월』을 처음 발간한다. 이 책의 일부 내용은 『잃어버린 시간을 찾아서』와 연관되어 있다. 그는 자신의 소설에 부족했던 철학적 기반을 확립할 필요를 느끼고, 「생트 뵈브에 대한 반론」을 썼는데, 여기서 그는 문학을 교양인들의 오락으로 간주한 비평가 생트 뵈브의 견해를 반박하고 깊이 감추어진 무의식적인 기억의 세계에서 살아 숨 쉬는 현실을 해방시키는 것이야말로 예술가의 임무라는 문학관을 제시했다.

1909년 1월에 프루스트는 달고 부드러운 비스킷(그의 소설에서는 마들렌)을 곁들여 차를 마시다가 무의식적으로 어린 시절의 기억이 되살아나는 체험을 했고, 그해 7월에 『잃어버린 시간을 찾아서』를 쓰기 시작했다. 집안에 틀어박혀 오로지 소설쓰기에 몰두한 결과 1912년에 마침내 초고를 완성했다. 지병으로 이미 죽음을 의식하기 시작한 프루스트는 작품을 완성할 때까지 코르크 벽을 치고 바깥 세상과 격리된 '방주'에서 천식이라는 병마와 싸우며 기념비적인 작품을 남겼다.

첫째 권인 『스완네 집 쪽으로』는 출판업자와 앙드레 지드로부터 외면당해 1913년에 자비로 출판해야 했다. 1914년에 일어난 제1차 세계대전 동안 이루어진 방대한 수정작업을 통해 이 작품은 인간의 상상력이 이룩한 가장 심오하고 완벽한 위업으로 탈바꿈했다. 제1차 세계대전이 끝난 다음 해인 1919년, 그는 프랑스의 대표적인 소설가에게 주는 공쿠르상을 받아 세계적인 저명인사가 되었다.

그러나 프루스트는 1922년 제5권 『갇힌 여인』을 퇴고하던 중 사망했고 6권과 7권은 초고로 남아 있다가 그의 사후에 출판되었다. 결국 죽기 전에 그는 자신이 그처럼 사력을 다해 완성하려고 했던 작품에 '끝'이라고 쓸 수 있었다. 그것은 작가 프루스트의 죽음에 대한 승리이자 무엇보다 20세기 소설문학의 승리요, 커다란 행운이었다.

'사라진' 시간과 공간의 재창조

『잃어버린 시간을 찾아서』는 총 7권, 제15부로 되어 있다. 첫째 권은 『스완네 집 쪽으로』인데 아무런 주목을 끌지 못한 반면 둘째 권 『꽃피는 아가씨들 그늘에』는 1919년에 그에게 영광을 안겨 주었다. 그는 그 다음의 두 권 『게르망트 쪽으로』와 『소돔과 고모라』를 겨우 출판하고, 제5권 『갇힌 여인』의 교정작업 중에 숨을 거두었다. 제6권 『도망간 여인』, 제7권 『되찾은 시간』이 사후 출간되었다.

제1권 『스완네 집 쪽으로』: 제1부의 제목은 「콩브레」로 작품의 배경은

1910년 전후 파리에 있는 '나'의 침실. 어느 날 마들렌을 차에 적셔가며 베어먹는 동안에 아득한 옛 시절에 지금과 똑같이 마들렌에 차를 곁들여 마신 경험이 되살아나 잊혀졌던 당시의 경험이 현재 속에 소생된다.

그리하여 차 한 잔 속에 홀연 어린 시절의 고향이 떠오르고, 그곳을 배경으로 전개된 '나' 마르셀의 모든 체험을 비롯하여 '되찾은 시간'에 이르는 7권의 작품 세계의 실마리가 그 한 잔의 차로부터 풀려나간다.

'나' 마르셀은 먼저 아주 어렸을 때 휴가를 보낸 콩브레의 커다란 마을을 회상한다. 어머니, 할머니, 그분들의 주위에 있었던 충실한 천민들, 그리고 즐거운 산책 등이 눈앞에 떠오른다. 이 산책은 때로는 '메제글리즈' 쪽으로 향했고, 사람들은 이쪽을 '스완네' 쪽이라고 부르고 있었다. 왜냐하면 그곳으로 가려면 부르주아 사회를 대표하는 스완 씨 댁이 있기 때문이다. 또 한쪽은 귀족사회를 대표하는 게르망트 쪽인데, 이곳은 이 어린이가 꿈꾸고 있는 접근할 수 없는 공작 부인의 소유지였다.

제2부 「스완의 사랑」 편에서는 독자를 완전히 스완 댁 쪽으로 몰아넣는다. 여기서 문제가 되는 것은 이제 어린이의 인상이 아니라 이미 청년이 되어 자기의 연애 개념을 뚜렷이 정해놓고 있는 화자인 '나'가 훗날에 들은 이야기의 추억이다.

섬세한 예술 애호가로서, 총명하고 유복하며 매우 사교적인 스완은 행실이 좋지 않은 여자 오데트에게 홀딱 반했고, 이 여자는 온갖 방법으로 그를 괴롭히다가 마침내 그와 결혼하게 되었다. 수많은 단역이 이 연애사건에 등장하는데, 그중에서도 특기할 것은 대중을 업신여기고 예술가들을 환영하는 척하는 부유한 부르주와인 베르뒤랭 집 사람들이다. 스완의 딸인 질베르트를 '나'는 아주 어렸을 때 샹젤리제에서 만나곤 했다. 질베르트는 '나'의 친구가 되며, '나'는 그녀에 대한 연모의 정에 고뇌를 느낀다.

제2권 『꽃피는 아가씨들의 그늘에』 : 질베르트와의 불화로 그는 그녀와 이별하게 된다. 2년 후에 그는 할머니와 노르망디 해안의 발베크로 여행을 한다. 발베크는 처녀들이 '꽃피어 있는' 사교적인 해변으로, 이곳이 둘째 권에 그 상징적인 제목을 암시한다. 그는 처음에는 그 처녀들을 모두 한꺼번에 사랑하지만 나중에는 그 여자들 중의 하나인 알베르틴에게 유난히 연정을 느끼는데, 그녀는 호텔 침대에서 입맞춤을 거절하고 떠난다. 그리고 그렇게 발베크의 여름도 끝난다.

제3권 『게르망트 쪽으로』 : 다음에 마르셀인 '나'는 파리의 '게르망트'의 저택에 이사온다. 오페라 극장에 가서 작품을 감상하고 그 진가를 깨닫게 된다. 그곳에 들어온 게르망트 공작 부인의 아름다움과 산책하는 그녀의 모습을 보면서 나의 가슴은 고동친다. 어느 날 그 공작 부인의 살롱에 소개되고 그곳에서 호화찬란한 기교에 충만한 귀족 세계를 관찰하게 된다.

제4권 『소돔과 고모라』 : 게르망트 공작의 동생 샤를뤼와 늙은 재봉사인 쥐피앙 사이에 벌어지는 동성애 장면과 소돔과 고모라의 수치스런 행위를 샅샅이 알아낸다. 그가 두 번째로 발베크에 도착한 날 느닷없이 할머니에 대한 회상이 떠올라 온갖 추억이 되살아난다. 그때 처녀들 중에 알베르틴이 찾아와 그는 평온을 되찾는다. 그는 매일 알베르틴과 지내며 그녀의 행동에 의혹을 품게 되고 그녀의 동성애적 경향을 보게 된다. 그녀에 대한 애정을 느끼는 동시에 절교하고 싶은 마음이 생겼지만 그는 어머니에게 알베르틴과의 결혼 승낙을 얻어낸다. '나'의 유일한 소망은 그녀를 세상에서 격리시키는 일이었다. 그러던 어느 날 할머니가 세상을 떠나고 어머니는 할머니의 죽음을 슬퍼했다. '나'는 깊은 죄의식과 슬픔을 느끼며 발베크를 떠난다.

제5권 『갇힌 여인』 : 마침내 알베르틴을 파리의 집으로 데리고 와서 동거에 들어간다. 겉으로는 평화스러운 생활 같지만 나는 그 속에서 끊임없이 나타나는 다른 사람들의 모습, 간헐적인 질투, 알베르틴에 대한 의혹으로 베네치아 여행을 단념해야 하는 권태감, 피아노를 치는 그녀 모습을 보며 그녀 마음속에 이는 변화를 추측해보지만 알아낼 수 없는 안타까움 등을 느낀다. 그녀가 부르는 애칭에서 처음으로 내가 '마르셀'로 불린다는 사실이 드러난다. 봄이 오고 베네치아로 여행하고 싶은 생각이 간절해지면서 알베르틴과 작별할 시기를 기다린다. 어느 날 그녀가 떠나가 버렸다는 사실을 프랑수아즈를 통해 알게 된다.

제6권 『도망친 여인』 : 무슨 수단을 써서든 알베르틴을 다시 데려오고 싶은 마음에 격렬한 고통을 느낀다. 주위 사람에게 그 일을 주선해 달라고 했지만 그녀는 돌아오지 않는다. 그녀가 남의 것이 되기보다는 죽기를 바란다. 일찍이 스완이 겪었던 애증愛憎을 느끼던 어느 날, 그녀가 산책 도중 말에서 떨어져 죽었다는 사실을 듣게 된다. 절망감 속에 모든 것이 추억거리가 되고 만다. 그녀의 죽음을 접하게 됨으로써 더욱 그녀를 생생하게 느끼고 되살아나는 그녀와의 추억으로 인해 그녀를 잃었다는 슬픔에 잠기게 된다.

그러던 중에 예전에 부탁했던 알베르틴에 대한 정보가 도착하여 그녀의 본색이 드러난다. 다시 질투와 애정이 엄습한다. 그녀를 생각하지 않으려면 모든 것을 잊어야 하고, 그렇게 되면 자신이 죽어야 한다. 게르망트 집을 방문하여 그곳에서 몰라보게 변해버린 질베르트를 만난다. 스완이 죽은 후 포르슈빌과 결혼함으로써 질베르트는 포르슈빌 아가씨가 된 것이다.

그는 베네치아를 방문하게 되었는데 그곳에서 받은 인상과 콩브레에서의 인상을 비교한다. 분명히 죽은 알베르틴에게서 전보가 오지만 받는 순간 이미 고뇌에서 완전히 회복된 자신을 발견한다. 베네치아의 모든 풍경이 덧없는 것으로 여겨지며, 그 전보가 잘못된 것임을 알게 된다. 한편 생루가 질베르트와 결혼한다. 시간이 흐르고 '나'는 탕송빌의 질베르트 집에서 머문다.

제7권 『되찾은 시간』: 로베르 생루는 성격에 변화를 일으켜 동성애를 즐기고, 다른 한편으로는 여러 여성들을 쾌락 없이 상대하여 아내인 질베르트를 괴롭힌다. 이런 증세는 옛 귀족 혈통에서 나타나는 유전병의 일종이다. 탕송빌을 떠나는 날 밤, 질베르트가 빌려준 한 작품을 읽고 문학에 대한 자신의 소질이 결여되어 있음을 알게 된다. 마침내 글쓸 계획을 단념하고 요양생활을 하기 위해 파리로 떠난다. 그 사이에 제1차 세계대전이 일어난다.

1916년 다시 파리로 돌아온 어느 날 저녁, 전쟁에 관한 이야기를 듣고 싶어서 베르뒤랭 부인을 만나러 외출한다. 가는 도중 거리에서 샤를뤼를 만난다. 그는 독일 예찬론자가 되어 있었다. 음료를 마시려고 들어간 호텔은 쥐피앙이 샤를뤼의 노후 생활을 위해 경영하는 소돔과 같은 곳이었다. 그는 그곳에서 쇠사슬에 묶인 샤를뤼 남작이 젊은 남자의 채찍에 맞아 피를 흘리며 즐기는 모습을 엿보게 된다. 그리고 생루는 전쟁으로 죽게 된다.

두 번째 전지요양으로부터 다시 파리로 돌아오던 기차 안에서 석양에 물든 나무를 보며 글에 대한 소질부족을 다시 뼈아프게 실감한다. 집에 돌아와보니 게르망트 공작 부인에게 초대장이 와 있었다. 자동차를 타고 가는 도중, 어릴 때 놀던 거리를 지나면서 감회에 젖는다. 그는 샹젤리제에서 중풍으로 비참해진 샤를뤼가 쥐피앙의 시중을 받고 있는 모습을 목격하게 된다.

공작 부인 저택의 안뜰에서 비틀거리면서 작품의 첫머리에서 한 잔의 차에 마들렌을 적셨을 때 이미 느꼈던 그 계시를 느낀다. 접시에 숟가락이 닿는 소리, 풀 먹인 냅킨의 딱딱함, 수도관의 소리, 서가에서 다시 보는 책, 이 모두가 제각기 동일한 인상을 바탕삼아 과거와 현재와의 초시간적인 공통 속에서 존재의 정수를 보여준다.

오직 이 기적만이 참된 과거인 잃어버린 시간을 되찾을 수 있는 힘을 갖는다. 이러한 감각과 인상과 이미지들을 그것과 동일한 사상을 가진 형상으로 번역하는 것, 즉 고뇌로 가득찬 정신적 등가물로 전화시키는 것이야말로 잃어버린 시간을 되찾는 유일한 방법이며, 예술이 존재한 이래 지금까지 실현하지 못한 작품을 완성시킬 수 있는 유일한 길인 것이다. 여기서 독자는 첫 권으로 되돌아간다.

심연의 자아 속에서 인간탐구

프루스트는 이 작품에서 자아의 철저한 해부와 탐험을 통해 예술로써 구원을 받고자 한다. 그는 시간의 흐름과 그 물결 사이로 교차되는 인간의 의식과 무의식을 유심히 지켜보면서 끊임없이 변화하고 사라지는 시간이라는 하루살이 같은 삶 속에서도 영원한 그 무엇이 우리 안에 있음을 보여준다. 특히 작가는 어둠 속으로 흘러들어가 좌초된 잃어버린 시간들을 탐험하면서 진정 가치 있는 것들만 낚아올려 자신이 바라는 세계를 재창조한다.

그는 작품 속에서 '표면적 자아'와 '심연의 자아'를 구별하고 심연의 자아를 통해 인생의 근원적인 문제와 비극적인 인간 조건을 깊이 파헤쳤다. 이러한 경향은 작가의 생애에서도 드러나는데 안일한 사교생활과 지나친 기교 등으로 특징되는 사교계 청년 프루스트와 대작 속에 묻혀 임박한 자기 죽음과 시각을 다투며 작품 완성에 마지막 순간까지 투혼을 불태웠던 문학순교자로서의 거장 프루스트가 그것이다. 하지만 후자의 모습에서는 전자의 모습을 찾아볼 수 없다.

그는 망각이야말로 기억을 순수하게 보존해주는 보물창고이며, 그렇게 잊혀진 무의식적 기억은 전혀 우연한 기회에 아주 생생하게 환기되는 것이라고 생각했다. 그에게 글을 쓴다는 것은 잠시 후면 사라져버릴 시간과 공간의 실재를 되살려 거기에 생명을 불어넣는 작업이었고, 자신도 모르게 그는 어느덧 그러한 재창조 작업에 전념하게 된다. 그래서 현실의 참된 파악은 무의식적인 기억의 환기에 의해 가능하다고 보았다.

우리가 어린 시절에 좋아하던 곳에 가게 되면 우리는 거기서 오직 물질적인 장소만이 남아 있음을 보게 된다. 하지만 다행스럽게도 우리에게는 기억이 있다. 그 기억은 예기치 않은 일이 우연히 일어나면 다시 살아난다. 그러므로 시간은 파괴의 주인공인데 반해 기억은 보존과 회생의 마법사이고 작가의 재창조 작업은 그 기억에 의해서 시간 속에 묻힌 과거의 재생이 가능한 경우에만 이루어질 수 있다. 우리는 그러한 예를 마들렌 한 조각이 작가에게 지워져 있던 어린 시절을 회상시켜주는 너무나

◈ 추천도서
『한 권으로 읽는 잃어버린 시간을 찾아서』, 김창석 옮김, 국일미디어, 2001
『잃어버린 시간을 찾아서』(전 11권), 김창석 옮김, 국일미디어, 1998

유명한 일화를 통하여 잘 알고 있다.

― La Nausee ―

구토

존재의 부조리에 직면할 때

사르트르 지음

노벨문학상을 거부하며, 끊임없는 '사유'와 '참여'를 통해 영원한 자유를 꿈꾸던 마지막 휴머니스트인 사르트르가 쓴 첫 번째 문학작품. 로캉탱이라는 역사연구가의 일기 형식을 빌려 주인공이 존재의 무상성을 자각해가는 과정을 그리고 있는 형이상학적 소설로, 사르트르 초기 실존주의의 단초를 보여준다. 철학자, 극작가, 시사평론가 등 다방면에서 왕성한 활동을 했던 사르트르의 소설가로서의 면모가 가장 잘 구현된 작품이라 할 수 있다.

　노벨상 수상 거부, 시몬 드 보봐르와의 계약결혼, 마르크스주의와의 동반 및 결별, 행동하는 지식인, 1980년 사망 시 전 세계의 추모 등으로 우리에게 친숙한 사르트르(Jean Paul Sartre, 1905~1980)는 제2차 세계대전 후 개인의 자유와 인간의 존엄을 외쳐 전 세계적인 영향을 끼친 20세기 최후의 지식인이다.

　사르트르는 해군 장교 출신의 부친과 '적도의 성자' 슈바이처의 사촌인 어머니 사이에서 장남으로 태어났다. 태어난 지 1년 만에 부친이 별세하여 외갓집에서 자랐으며 독일어 교사이자 독서가인 할아버지 아래서 문학적 소양을 키웠다. 3살 때 오른쪽 눈을 거의 실명하였는데 그의 말년의 불행은 이때부터 시작되었다.

　19살에 파리의 수재들이 모이는 파리의 고등사범학교에서 레이몽 아롱, 메를로 퐁티 등을 만나고 23살에 수석으로 졸업한다. 그러나 졸업 후에 치른 교사자격시험에는 낙방하여 1년 후에 수석으로 합격했다. 전후 세계 여성의 지성의 상징인 시몬 드 보봐르(『제2의 성』의 작가)는 차석으로 합격하여 이들의 운명적 만남이 여기서 시작된다.

세간의 화제를 뿌린 이들의 계약결혼은 애초 2년이었으나 2년 후 재계약 시에 사르트르가 장기계약을 요청해 결국 이들의 동반자적 관계는 1980년에 사르트르가 별세할 때까지 50년간 지속된다. 이들은 일생을 통해 서로에게 완벽한 자유를 허용하며 문학적, 정서적 반려자가 되었다.

28살에는 베를린에 유학하여 후설의 현상학과 하이데거의 실존철학을 접하고 인간 존재의 총체적 이해를 가능케 하는 인간학의 정립을 모색했다. 이 시기에 그는 『상상력』, 『자아의 초월』 등을 썼는데 그의 사상적 기초는 이때 형성되었다. 이후 1938년 존재론적인 우연성의 체험을 그대로 묘사한 듯한 장편소설 『구토』를 발표했는데, 철학이 뒷받침된 대담한 주제로 주목을 받았다. 당시는 신이 없는 세계에서 인간의 자유를 추구하고 있었는데, 그의 초기 철학의 완결판이라 할 수 있는 『존재와 무』는 무신론적 실존주의의 기념비적인 대작이 되었다. 이 책은 철학서 사상 유례 없는 성공을 거두었고, 사르트르는 단 한 권의 책으로 중학교 교사에서 일약 가장 혁명적인 철학자로 발돋움했다.

제2차 세계대전 중에 소집되어 포로가 되었다가 석방되었고 퐁티 등과 레지스탕스 조직을 만들어 독일의 나치즘에 저항하기도 했다. 1945년 잡지 〈현대〉를 만들어 문학, 철학은 물론 정치, 사회의 모든 문제를 포괄하는 광범위한 사상운동을 전개하여 그의 존재는 전후 혼란기의 젊은이들에게 강한 인상을 남겼다.

그 후는 『문학이란 무엇인가』를 통해 사회참여문학(앙가주망)을 제창한 시기였다. 당시는 미·소의 심한 대립이 세계의 정치상황을 지배하고 있었는데, 그는 '제3의 길'을 모색하여 '혁명적 민주연합'이라는 운동에 적극 참가했다. 그러나 그의 이런 정치적 행동은 거의 소득 없이 끝났고 그 무렵 최대의 노력을 기울였던 장편소설『자유를 위한 길』이 미완성으로 끝난 것도 이 때문이었다.

이후 사르트르는 '제3의 길'을 완전히 버리고 긴 논문〈공상주의자와 평화〉에서 공산주의를 평화의 기수라고 강조한 후, 공산당의 동반자가 되어 반전, 평화운동에 참가했다. 1950년의 한국전쟁으로 인해 그는 함께 일해 오던 메를로 퐁티, 카뮈 등과 결별하게 된다. 퐁티는 공산주의 국가가 침략 행위를 저지를 수 있다는 것을 어떻게 해석해야 할지 곤혹스러워 하며 무의미 속에서 빚어지는 듯한 역사 속에서 어떻게 의미를 끌어낼 수 있을까에 고민한 반면, 사르트르에게 있어서 한국전쟁은 제국주의에 맞서는 사회운동일 뿐, 중요한 것은 공산당을 중심으로 좌파 지식인이 뭉치는 것이었다.

1956년 소련 공산당의 스탈린 비판과 헝가리 의거, 알제리 독립전쟁 등이 일어날 때마다 사르트르는 자신의 입장을 표명했는데 그때마다 세계의 주목을 받았다. 특히 알제리 독립전쟁 시 식민지 독립을 지지한 것은 제3세계의 중요성을 인식시키는 데 커다란 공헌을 했다. 1964년에는 자전적 소설『말』로 노벨문학상 수상자로 결정되었으나 노벨상이 서구 작가들에 치우쳐 공정성을 상실했다는 이유로 거부했다.

말년에는 왼쪽 눈의 시력까지 약해져 독서는 물론 집필도 할 수 없었지만 탁월한 유머 감각으로 다른 사람들을 잘 웃겼고 상대방의 이야기를 경청하여 누구에게나 호감을 샀으며 자기의 신념에 따라 싸울 때는 자신의 모든 것을 걸고 싸웠다. 1980년 4월 프랑스뿐만 아니라 전 세계 언론이 대서특필한 사르트르의 죽음은 한 철학자의 죽음도, 한 소설가의 죽음도, 한 극작가의 죽음도 아닌, 한 시대를 마감한 최후의 지식인의 죽음이었다.

그는 파리에서 태어나 생애 대부분을 파리에서 살다가 죽었지만 그가 글과 행동을 통해 '참여'한 정치, 사회적 사건들은 파리와 유럽에만 국한된 것이 아니라 한국과 미국, 그리고 아프리카, 라틴 아메리카 등 전 세계에 걸친 것이었다. 이런 점에서 그는 행동하는 지식인이었다.

사르트르의 장례식에는 수 만 명이 참석하여 빅토르 위고의 장례식을 연상시켰으나 참석자들은 대부분 보통 사람들이었고 사르트르가 항상 글로써 권리를 지켜준 사람들이었다.

실존주의 문학의 대표작으로 거론되는『구토』는 사물의 존재에 직면했을 때의 불안과 실존의식을 묘사하면서 '인간 존재의 부조리'라는 문제를 다루고 있다. 그는 이런 불합리한 존재를 깨달았을 때의 느낌을 '구토'라고 표현했다. 독자들이 이 소설을 온전히 이해하기 위해서는 이 작품의 기저를 이루고 있는 실존, 자유, 주체성 등의 개념에 대한 이해가 선행되어야 하는데 이러한 개념들은 그의 방대한 철학서인『존재와 무』에 제시되어 있다.

실존이란 원래 '본질'에 대한 '현실 존재'라는 뜻이다. 본질은 '무엇이냐?'를 문제삼지만, 실존은 '가능성'을 문제삼는다. 현실 존재는 물건의 경우에는 상대적이지만, 인간 존재의 경우에 있어서는 절대적이다. 물건이나 동물인 경우에는 서로 바꿀 수도 있고 얼마든지 대신할 수도 있지만 인간은 남과 대신될 수가 없다. '나'라는 인간, '나'라는 개인, '나'라는 주체는 남과 절대로 바꿀 수 없는 유일무이한 존재이며 그 자체가 독립하여 존재하는 단독자이다. 키에르케고르는 절대로 남과 바꿀 수 없는 단독자, 즉 있는 그대로의 엄연한 '본래적인 자기'를 실존이라 불렀다. 이런 의미에서 실존철학이란 인간의 불안과 절망을 극복하기 위한 철학이요, 위기 상황에 직면한 인간이 본래적 자기를 되찾으려는 자기회복의 철학이었다.

사르트르에게서 실존은 두 가지 의미를 지닌다. 하나는 '실존은 본질에 앞선다'고, 다른 하나는 '실존은 주체성이다'이다. 니체, 하이데거, 사르트르 등의 무신론적 실존주의가 등장한 후, 그리스도교의 창조론적 세계관이 의심받자 이들의 반격은 "인간이 신의 피조물이 아니라면 도대체 인간의 본질이 무엇이냐."였다. 이에 대한 대답은 한 마디로 "모르겠다. 그러나 인간 존재 그 자체는 분명히 존재한다."였다.

세상의 모든 존재는 의식이 있는 존재(대자적 존재, 인간)와 의식이 없는 존재(즉자적 존재, 사물)로 나눌 수 있다. 책상의 경우 미리 정해진 설계도에 따라 목수의 의도대로 만들어지기 때문에 본질이 실존보다 앞선다. 그러나 인간의 경우는 그 행동이 순간순간 변화하게 되어 잠시 후에 어떤 행위를 할 지 아무도 알 수 없기 때문에 인간의 본질이 무엇이라고 규정할 수 없다. 따라서 인간의 경우 "실존이 본질보다 앞선다."는 것이다.

이와 같은 사실로부터 그는 인간의 본질을 미리 생각하고 규정해서 만들어낸 존재, 즉 신은 없다고 말한다. 왜냐하면 신이 존재한다면 인간은 신의 의도를 따라 살아갈 텐데, 인간은 그렇지 않고 순간순간의 행동을 자신이 창조해가며 살아가기 때문이다.

그는 또 인간을 자유로운 선택에 의한 행동이 가능한 주체적 존재로서 파악했다. 자유로운 선택과 결단에 의해서 자기 운명을 스스로 책임지며 살아가는 행동적 실존으로서 인간을 파악했다. 즉 "실존은 주체성이다."라고 주장했다.

줄거리

실존주의 문학을 창시한 『구토』는 소설 속의 주인공인 역사학자 로캉탱이 외계의 사물이나 인간에게서 느끼는 구토감을 일기로 극명하게 기록하고 그 원인이 무엇인가를 규명한 일기 형식의 소설이다.

30대의 역사학자 앙투안 로캉탱은 연금을 받아 생활하고 있었다. 그는 세계 각지를 돌아다니다가 지금은 부빌이라는 도시의 도서관에서 18세기 프랑스 혁명기의 인물들의 전기를 정리하고 있었다. 그러던 어느 날

물가에서 물수제비뜨기 놀이를 하고 있는 아이들의 흉내를 내려고 돌을 집는 순간, 갑자기 구역질 같은 것을 느끼고 손을 떼고 만다. 이 '손 안의 구역질'은 그 뒤에도 그를 자주 엄습한다. 그때마다 원인을 규명하기 위해 일기를 쓰기 시작하는데, 그는 1932년 1월 말부터 약 1개월간 이러한 내용을 중심으로 이야기를 이끌어간다.

그의 일상은 무미건조했다. 그가 하는 일이란 기껏해야 로르봉 후작에 관한 자료들을 정리하거나 카페에서 들려주는 「언제나 가까운 날에」라는 음악을 듣는 것이 고작인 생활이었다. 간혹 그는 일상생활에 안주하는 사람들을 살피기도 했고, 이 지방 특유의 것을 알아내기도 했다. 이 지방에서는 미술관에 전시되어 있는 지방 유지들의 초상화가, 진부하면서도 전통적인 인간의 문화 속에 지배력을 과시하고 있었다.

그는 자기 자신의 과거를 생각하면서 그가 살아온 것은 경험이 아니라 말의 잔해에 지나지 않는다고 생각한다. 따라서 과거와 합일점을 가진다는 것은 불가능했고, 자기 자신은 과거의 그 어느 곳에서도 정착할 수 없다는 것을 깨닫는다. 그리고 자신의 일을 할 수 없다는 자괴감에 빠져 고작 한 사람의 전기를 쓸 수 없다고 판단하기에 이른다.

그가 이러한 난해한 위기에 처해 있을 때, 옛날 자신과 헤어졌던 여인이 파리에서 만나자고 편지를 보내온다. 그는 옛 여인을 만남으로써 자기에게 희망이 생길 수 있을 것이라는 한 가닥 희망을 가지게 된다. 그러나 그에게 기묘한 감각은 쉴 새 없이 일어난다. 그의 손이 닿거나 눈길만 주어도 일어나는 이상한 감각은 그의 몸을 떠나질 않았고 강력한 증오감과 함께 구토를 동반했다.

어느 날 그는 공원의 벤치에 앉아 마로니에의 나무뿌리를 보며 명상에 잠기다가 마침내 자신에게 일어나고 있는 구토의 정체를 알아내게 된다. 그가 마로니에라는 나무뿌리를 생각했을 때, 마로니에 나무뿌리는 그 마로니에 나무뿌리라는 말의 형체를 벗고, 모든 부위를 통해 그의 몸으로 침입해 들어온다. 구토란 인간이나 사물의 언어에 의해 성립되는 의미나 본질을 박탈당하고 괴물처럼 흐물흐물한 무질서의 덩어리이거나 무섭고 음탕한 벌거숭이 덩어리라는 말로밖에 표현할 수 없는 언어 이전의 체계였고 세계를 체험한 본질의 것이었다. 그가 드디어 생각해 낸 것은 인간을 포함한 모든 존재물은 전혀 존재 이유를 가지지 않고, 또 존재의 의지조차 가지지 않은 채 단지 사실상 우연히 거기에 존재할 뿐이라는 것, 즉 하나의 '덤'에 지나지 않는다는 사실이었다. 그는 이것이야말로 생명의 본질이라는 것을 깨닫게 된다. 그도 이러한 생명체인 이상 이 어쩔 수 없는 실존으로부터 헤어나지 못한다는 사실을 알게 된다.

그는 옛 여인 아니를 만나게 된다. 그녀도 이제는 그 실존의 정체를 알아내고 그녀가 꿈꾸던 완벽한 순간을 단념한 채, 단지 살아 있는 고독하고 비만한 여인이 되어 있었다. 그는 전기 집필을 포기하고 부빌을 떠나 파리로 돌아갈 결심을 하게 된다. 그는 '언제나 가까운 날에'를 들으며, 소설을 집필하는 행위가 부조리와 대항하는 정당한 방법임을 알고 또다시 새로운 희미한 희망을 품게 된다. 즉, 모든 존재에는 존재 이유가 없다고 생각하여 깊은 절망에 사로잡히나 소설을 쓰는 것이 하나의 구제가 될지도 모른다는 희미한 희망을 가지면서 이 소설을 끝맺는다.

토하고 싶은 현실, 존재는 무의미하다

『구토』는 부빌이라는 가공의 도시를 중심으로 역사학자인 앙투안 로캉탱의 일기 형식을 빌려 쓴 작품이다. 그는 바닷가에 널려 있는 조약돌이나 문의 손잡이 따위 등에도 구토를 느끼는 인물이다. 이러한 현상으로 인간의 내면 의식을 추적해가는 과정이 줄거리다. 그는 또 외계의 사물이나 인간에게서 자신이 느끼는 현실을 토해버리고 싶은 진한 구토감을 일기에 상세히 기술한다. 여기서 구토란 바로 인간을 포함한 모든 존재물이 어떠한 존재 이유도 없이, 나아가 존재의 의미마저 없이 다만 사실상 그곳에 존재하는 '여분의 것'이라는, 존재의 실상에 대한 징표라 할 수 있다. 그는 모든 존재에 대하여 존재 이유를 부정하는 깊은 절망감에 사로잡혀 있었는데 그가 자신의 절망감을 해소하는 방안으로 찾아낸 것은 바로 소설을 쓰는 것이었다. 그는 이것에 희미한 희망을 품게 된다.

『구토』는 주인공이 이 세상을 새롭게 인식하면서 겪는 어둠을 그리고 있다. 그러면서도 그는 구원의 희망을 품는다. 이 작품은 구체적인 사건에는 관심이 없고 주인공의 인식의 변화에 초점을 둔 작품이다. 카뮈는 사르트르가 삶의 추함을 과장했다고 생각했다. 어떤 이들은 에로틱한 대목들이나 여성을 '죽은 뱀의 가느다란 입'으로 비유한 것과 같은 소름 끼치는 표현에 충격을 받았다. 그러나 대부분의 비평가들은 사르트르의 삶에 대한 고발의 힘을 인정했으며 인물과 길거리들의 독특한 냄새와 같은 그의 관찰의 신기함과 정확성을 인정했다. 그들은 또한 별 차이가 없는 나날 속에 사로잡힌 영혼들의 우둔함과 걸음걸이를 느꼈거나 보았다. 여기에 집요하게 들려오는 하나의 새로운 목소리가 있다고 그들은 동의했다.

한편 『구토』는 우리가 읽어서는 언뜻 이해가 되지 않는 시적인 것과 형이상학적인 것이 서로 혼합되어 있는 작품이지만 현대 작가들은 프랑스 문학에서 가장 중요한 작품으로 꼽는다. 사르트르가 주장하는 사상을 한눈에 볼 수 있는 중요한 작품으로, 실존과 존재의 부조리 및 삶의 형태를 비롯한 인간의 깊은 절망감을 대변하고 있기 때문이다.

◈ 추천도서
『구토/말』, 이희영 옮김, 동서문화사, 2011
『구토』, 강명희 옮김, 하서, 2006
『구토』, 방곤 옮김, 문예출판사, 1999

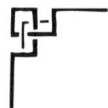 

— La Peste —

페스트

'부조리'와 '반항'의 철학

카뮈 지음

제2차 세계대전 후의 혼란하고 무질서한 정신적 풍토 위에 '부조리의 철학'이라는 새로운 가치관을 제시하고, 인간의 존엄성을 기초로 사회정의를 실현하려 했던 카뮈의 대표작이다. 오랑 시에 페스트가 만연했다는 가정 하에 인간을 전멸시키려는 악과 이에 대한 인간의 집단적인 저항을 묘사하면서 인간의 연대의식과 존엄성을 역설했다. 『이방인』에서 제시된 개인주의에서 벗어나, 이러한 연대의식만이 인류 평화에 도달하게 할 수 있다는 카뮈의 긍정적인 사고방식이 잘 담겨 있다.

"나는 아무것도 믿지 않고 모든 것이 '부조리'하다고 부르짖는다. 그러나 나의 부르짖음을 나는 의심할 수 없다. …… 나는 반항한다, 고로 우리는 존재한다."며 '부조리'와 '반항'의 사상을 제시한 최연소 노벨 문학상 수상자 카뮈(Albert Camus, 1913~1960)는 프랑스의 식민지였던 알제리에서 태어났다. 2살 때 그의 아버지는 제1차 세계대전에 참전하여 마른 전투(1914)에서 사망했다. 어머니는 두 아들을 데리고 친정집으로 갔다. 방이 두 개뿐인 집에서 카뮈는 고집센 외할머니와 다리가 불구인 외삼촌과 함께 살았다. 후에 "나는 '자유'를 마르크스 속에서 배우지 않고 가난 속에서 배웠다."고 술회했듯이 그는 어린 시절을 가난 속에서 보냈다.

당시 의무교육 덕분에 초등학교를 마칠 수 있었던 카뮈는 가정형편상 상급학교 진학이 어려웠으나 그의 재능을 아까워한 담임 선생님의 배려로 중고교에 입학하게 된다. 후에 카뮈는 자신의 노벨문학상 수상 연설을 책으로 출판하여 그 책을 스승에게 바침으로써 깊은 감사를 표했다. 그는 중고교 시절을 계속 장학생으로 지내면서 축구 등 운동에 몰입하기도 했지만 17살이 되던 해에 갑자기 폐결핵에 걸려서 좋아하던 운동을 그만두어야 했다. 그러나 불행 중 다행으로 그는 철학자이자 교수인 장 그르니에를 알게 되어 철학과 문학에 뜻을 둘 수 있었다. 이 스승과 제자의 우정은 평생을 두고 지속되었다.

카뮈는 스무 살에 결혼했으나 1년 만에 이혼하고 공산당에 입당하지만 다음 해에 탈당한다. 알제 대학 시절에는 다양한 종류의 아르바이트를 해야 했는데 『이방인』의 뫼르소처럼 해운업자에게 고용되기도 하고 자동차부품 판매원 노릇도 했다. 이런 경험을 통해 평범한 대학생활에서는 찾아볼 수 없는 귀중한 산 체험을 했다. 지드, 말로, 몽테를랑 등의 작품을 탐독한 것도 이때였고 아마추어 극단을 조직하여 연극활동에 적극 참여한 것도 이때였다.

졸업 후 그는 진보적인 신문 〈알제이 레퓌블리캥〉에서 저널리스트로 활약하는 동안 당국의 비위를 건드려 알제리에서 추방된다. 그는 파리로 진출하여 〈파리 스와르〉 기자로 1941년 6월까지 근무했다. 이때 『이방인』을 탈고하고 에세이 『시지포스의 신화』를 쓰기 시작했다. 당시 프랑스는 독일의 파리 침공으로 매우 어려운 상황이었는데, 카뮈는 독일 점령하의 파리에서 지하신문 〈콩바〉의 주필 노릇을 하며 레지스탕스 운동에 참가했다.

이 기간에 그가 비밀리에 출간한 『이방인』은 부조리한 세상에서 아무 의식 없이 살다가 우연히 살인을 하고 사형선고를 받은 뫼르소가 죽음에 직면해서 비로소 인생의 부조리를 깨닫고 오히려 행복하게 죽음을 기다린다는 내용이다. 『시지포스의 신화』 역시 고독과 인생의 모순을 고백적 감상 형식으로 해설하여 큰 감동을 불러일으켰다.

1947년에 발표된 장편 『페스트』는 카뮈의 철학의 총결산이라 할 수 있는데 그는 여기에서 전염병과 맞서 싸우는 사람들의 모습을 통해 인간의 존엄성과 우애를 역설하여 전후 세대의 정신적 지주로 부상하였다. 그는 전쟁과 사형을 반대하였으며 역사를 절대시하는 마르크스주의나 스스로를 절대시하는 사상적, 예술적 니힐리즘에도 반대했다.

카뮈의 작품은 초기의 주요 개념인 '부조리'에서 '반항'으로 옮겨갔다. 두 번째 장편인 『반항적 인간』을 발표하여 사르트르와 사상 논쟁을 벌이다가 10년 동안의 우정이 끝나고 말았다. 그러나 카뮈에게 가장 괴로운 시련은 자신이 태어난 알제리에서 일어난 전쟁이었다. 그는 인도주의적 입장에서 프랑스의 불공평한 식민정책을 비난했다.

1956년에는 『반항적 인간』의 논리를 거꾸로 써서 그린 풍자소설 『전락』을 발표했다. 44살이 되는 1957년에 스웨덴의 왕립 한림원은 "오늘날 인류의 양심에 제기되는 모든 문제를 명백하게 파헤친 그의 전 작품의 공로"를 인정하여 노벨문학상을 수여했다. 그는 1960년에 자전적 소설인 『최초의 인간』을 집필하다가 불의의 자동차 사고로 사망했다.

카뮈의 문학세계는 『이방인』, 『시지포스의 신화』, 『페스트』, 『반항인』, 『전락』 등의 관계와 발전으로 요약될 수 있는데, 간단히 말해 '부조리'와 '반항'의 철학이다. 부조리란 불합리한 것, 조화를 이루지 못하는 것을 말하는데 그가 부조리한 것으로 보았던 것은 바로 인간세계에 있어서의 존재, 즉 인생이다. 인간이 가지고 있는 '합리에의 욕망'과 세계의 '합리적이지 못한 것' 사이에 생기는 모순, 그것이 바로 카뮈가 내세우는 '부조리'이다. 『시지포스의 신화』에서 말하는 바와 같이 인간은 굴러떨어지는 줄 알면서도 땀 흘려 바위를 굴려올리려는 존재, 결국에는 죽고 마는 허무한 존재임을 알면서도 열심히 사는 존재, 무의미해지는 인생을 의미있게 살려는 존재인 그런 존재인 것이다.

그런데 이렇게 인간에게 피치 못할 숙명으로 주어진 부조리는 누구나가 언제나 느끼는 것은 아니다. 흔히 우리는 부조리를 느끼지 못하고 살고 있다. 즉 의식이 깨어 있지 않은 것이다. 그저 관습에 의해 기계적으로 살아가는 일상생활, 인생에 뜻이 있는지 없는지도 문제삼지 않는 그런 생활, 그것은 실존자의 생활이 아니다. 의식이 완전히 깨어나서 부조리를 명확하게 인식하게 될 때 비로소 인간다운 인간이라 할 수 있고 그런 인간이라야 '실존'한다고 말할 수 있을 것이다.

카뮈의 이러한 사상을 통해 본다면 '부조리의 인식'이야말로 인간의 존엄성이기도 한 것이다. 작가는 부조리에 대해, 부조리한 세계를 인식하고 여기에 대항하여 인간의 가치를 복권해야 한다고 주장하기 때문에 그에게 있어서 부조리는 당연히 '반항적인 인간'을 낳는다. 이런 이유로『이방인』과『시지포스의 신화』에서의 중심개념인 '부조리'는『페스트』,『반항인』에서 '반항'으로 옮겨진다. 흑사병이 전 도시를 죽음으로 휩쓰는 과정에서 이에 맞서 인간의 존엄성을 지키려는 숭고한 인간애를 그린『페스트』는 출간과 동시에 베스트셀러가 되었다. 여기서 페스트는 모든 '자유'가 제한되는 상황을 의미한다.

주요 등장인물
베르나르 류 : 페스트에 적극 대항하지만 페스트로 아내를 잃는 의사.
랑베르 : 탈출을 시도하다가 마음을 돌려 구호단에 협조하는 기자.
판느루 : 기도에 전념하지만 결국 페스트로 죽은 신부.
타루 : 질병과 묵묵히 맞서 싸우다가 페스트에 희생되는 지식인.

줄거리
프랑스 영토인 알제리의 오랑 시에서 어느 날 이변이 일어나기 시작한다. 쥐들이 집안과 지하실 창고, 하수구에서 몰려나와 휘청거리며 연이어 빛을 보고는 죽어갔다. 시내의 모든 쥐들이 죽더니 이번에는 갑자기 사람들이 고열과 임파선이 붓고 몸에 종기가 생기기 시작한다. 결국 이들은 악취를 풍기며 죽어가는데, 이 원인 모를 병은 흑사병으로 밝혀진다. 시에서는 행정적인 조치로 시 외곽으로 통하는 모든 수송망과 도로망을 차단시켰다. 무장한 군대가 삼엄한 경계를 맡고 점점 도시는 죽음의 공포의 나락으로 떨어진다.

의사 베르나르 류는 병을 앓고 있는 아내를 어느 산중으로 보내고 이 사건을 추적하기 시작한다. 신문기자인 랑베르는 파리에 있는 아내를 남겨둔 채, 아랍인의 생활상을 취재하러 오랑에 들르게 된다. 자연히 그들은 이 도시에서 고립되게 되었다. 전염병은 날이 갈수록 더욱 악화되어 시민들의 생명을 빼앗기 시작했다. 매일 수십 명씩 죽어가더니 이제는 수백 명의 사망자수를 기록했다. 시체는 시간이 흐를수록 마치 쓰레기처럼 큰 구덩이에 던져졌고 그 위에 또 다른 시체가 던져졌다. 또한 처음에는 남녀의 구덩이가 따로 만들어졌으나 그 구별마저 지켜지지 않게 되어 끝내는 화장으로 처리되었다. 시내에서는 생필품 품귀 현상이 일어나고 환자 수용시설이나 의약품, 구호대 인원이 부족해져 심각한 사태를 야기하게 되었다. 한 마디로 죽음의 도시로 변한 것이었다.

의사 류는 페스트의 고통에 빠진 환자들을 구출하려고 안간힘을 쓰며 기독교적인 사랑을 시민들에게 베푼다. 또한 랑베르에게도 지극히 인간적인 충고를 하는가 하면 달아난 아내에게 미련을 갖고 있는 글랑에게 무한한 연민의 정을 느낀다. 오랑의 호텔에 얼마 전부터 묵고 있던 타루는 류를 방문하여 격려하고 지원 보건대를 조직한다. 그들은 악과 폭력을 앞에 두고 굳건한 연대감으로 맞선다.

랑베르는 자신이 예기치 않게 이 죽음의 도시에 묶이게 되고 더구나 파리에는 아내가 있었기에 필사적으로 이 도시를 탈출하려고 한다. 그는 사랑하는 여인에게 돌아가기 위하여 시의 관문을 지키고 있는 경비병을 매수해서 탈출할 날짜까지 받는다. 그러나 자신의 몸을 희생해가며 사람들을 돕는 류와 자발적으로 조직되는 봉사대, 게다가 타루와 판느루 신부까지 참석하는 것을 보고는 심경의 변화를 일으킨다. 자신이 이곳을 떠난다는 것은 부끄러운 일이며 애인에게 간다 해도 마음이 불편하리라는 생각이 들었기 때문이다.

장장 8개월 동안이나 극성을 부리던 페스트도 점차 약화되기 시작했다. 페스트의 피해자가 줄어들기 시작하고 혈청주사를 맞은 공무원과 한 처녀가 최초로 구원되었다. 그러나 불행히도 류의 동지이자 헌신적인 봉사자 타루가 최후의 희생자로 쓰러진다. 이어서 류는 휴양지에서 아내가 병사했다는 전보를 받는다.

페스트는 언제 그랬냐는 듯이 물러간다. 오랑 시의 문이 크게 열리고 시민들이 환호하는 가운데 의사 류는 이렇게 독백한다. "페스트 병균은 결코 죽지 않는다. 어딘가에 잠복해 있다가 행복한 도시에 불쑥 나타날지 모른다."

실존주의의 대표작

제2차 세계대전을 전후해서 사르트르의 철학과 함께 세계적으로 실존주의 선풍을 일으킨 『페스트』는 카뮈의 전쟁 체험을 반영하고 있다. 한 도시에 엄습한 재앙이 인간의 생존을 말살하고 사랑하는 사람들을 생이별하게 만드는 파괴적인 모습은 전쟁과 다를 것이 없다. 이런 점에서 『페스트』는 1950년대 한국문학에도 적지 않은 영향을 미쳤다. 전쟁의 인간 살상과 타락한 인간성의 현실을 목도한 전후 한국의 작가들에게 『페스트』는 커다란 공감을 불러일으켰다.

여기서 '페스트'란 전쟁을 포함해 자유를 부정하는 모든 폭력을 의미한다. 이러한 폭력에 대응하는 인간들의 행태는 다양하다. 달아나는 사람, 절망하는 사람, 정당화하는 사람 등등, 카뮈는 이들을 모두 이해한다. 취재차 오랑 시에 온 신문기자 랑베르는 처음에는 무슨 수를 써서든지 그곳을 벗어나려고 한다. 그러나 시민들의 고통과 구조대원들의 희생적인 연대감에 탈출 기회를 스스로 포기한다. 그는 탈출을 거부하면서 동시에 자살도 거부함으로써 카뮈의 철학적 반항을 실현하고 있다.

삶에 대한 애착, 인간에 대한 사랑. 이것은 뒤집어보면 악에 대한 반항이다. 카뮈에게 악이란 전쟁, 독재, 감금, 억압, 질병, 빈곤 등 인간에게 고통을 주는 모든 것들이다. 그는 낯선 세계 속에서 살아가는 인간의 고독, 자신과 화해하지 못하는 개인의 소외, 악의 문제 등을 이야기함으로써 전후 지식인들의 소외의식과 환멸을 정확하게 반영했다.

그러나 카뮈는 동시대인들의 허무주의를 이해하면서도 진실과 중용, 정의 등의 가치에 대해서도 옹호할 필요가 있다고 주장했다. 특히 후기 작품들에서는 그리스도교와 마르크스주의의 독단적 측면을 모두 거부하는 자유주의적, 인도주의적 모습이 두드러진다.

제2차 세계대전 후 황폐해진 인간 정신의 위기를 간파하고 이를 극복하기 위해 카뮈가 제시한 '부조리'와 '반항'의 사상은 전후의 젊은이들에게 중세의 종교 이상으로 큰 힘을 발휘했다. 그는 혼란하고 무질서한 정신적 풍토 위에 새로운 가치관을 제시하고 확립시킨 공로 이외에도 자신에의 성실과 인간의 존엄성을 기초로 한 사회정의를 실현하려 했다는 점에서 한 세대의 정신을 대표했다.

『페스트』의 주인공 류의 말처럼 "죽고 싶지 않는 인간이 죽는 것을 보고만 있을 수 없기 때문에" 부조리에 저항하는 인간의 모습은 영원할 수 있을 것이다.

◈ 추천도서
『페스트』, 이휘영 옮김, 문예출판사, 2012
『페스트』, 김화영 옮김, 민음사, 2011
『페스트·이방인』, 방곤 옮김, 범우사, 2011

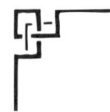 

— Faust —

파우스트 제1부

"영원히 여성적인 것이 우리를 구원한다"

괴테 지음

괴테 개인의 성장사일 뿐만 아니라 세계문학의 보배인 이 작품은, 괴테가 젊은 질풍노도 시대에서 출발하여 고전주의를 거쳐 만년의 종합적 완성기에 이르는 전 생애를 담고 있다. 즉, 괴테 자신의 모든 인생 체험과 사상을 바탕으로 인간 존재의 방황, 갈등, 구원 등의 문제를 해결해보려는 거대한 노력의 산물로, 인간은 자기 향상을 위해 끊임없이 노력하고 방황하지만 이것을 계속하는 한, 하늘에 의해 구원된다는 그의 인생관을 반영하고 있다.

"여기 인간다운 인간이 있다."

이 말은 나폴레옹이 괴테(Johann Wolfgang von Goethe, 1749~1832)를 만나고 난 후 한 말이다. 고전파의 대표자이자 영원한 로맨티스트인 요한 볼프강 폰 괴테는 부친에게 상속받은 재산이 넉넉해서 일정한 직업 없이 교양인으로 살아간 법학박사 아버지에게서 엄격한 기풍을, 프랑크푸르트 시장 딸인 어머니에게서 상상력이 풍부한 예술가적 성격을 물려받았고 부유한 상류층 가정에서 조기영재 교육을 받아 뒷날 천재적 대성을 이룰 바탕을 마련했다. 부모의 나이차는 21년이었고 괴테는 학교가 아닌 가정에서 아버지와 다양한 분야의 개인교사들로부터 사교육을 받았다.

15살에 그레트헨이라는 소녀와 첫사랑을 경험한 이후 평생 9~16명의 여성과 사랑을 나누었다. 라이프치히 대학 법대 시절에는 미술과 문학에 심취하여 자유분방한 생활을 즐겼으며 1768년 사랑의 열병으로 건강을 잃어 고향으로 돌아왔다. 요양 중에 경건하고 신앙심이 두터운 46살의 노처녀 클레텐베르크를 만났고 건강을 회복한 그는 슈트라스부르크로 유학하여 학위를 받았다. 여기서 5년 선배인 헤르더를 알게 되어 민족과 개성을 존중하는 문예관의 영향을 받아 후일 슈트룸 운트 드랑(질풍노도) 문학운동의 기초를 닦았다. 이때 순진한 목사의 딸인 브리온과의 연애는 새로운 사상의 원천이 되었다. 이것은 괴테의 가슴에 언제나 지워지지 않고 남아 그의 시작詩作의 테마가 되었다.

1771년 변호사 자격증을 얻었고, 이즈음 베츨라르에서 샤를로테 부프라는 여성을 알게 되었는데, 그녀는 이미 약혼자가 있어 이들의 사랑은 결국 이루어질 수 없는 사랑으로 막을 내린다. 직후 그의 친구인 빌헬름 예루잘렘이 유부녀와의 사랑 끝에 자살하는 사건이 일어난다.『젊은 베르테르의 슬픔』은 이 두 가지 사건을 합쳐서 주인공 베르테르가 이미 약혼자가 있는 여인을 사랑하다가 실패하고 자살로 생을 마감한다는 내용으로, 전 유럽의 독서계를 강타했다. 당시 유럽의 젊은이들 사이에서는 베르테르 열풍이 불어 베르테르에 대한 동조자살이 유행했다. 이처럼『젊은 베르테르의 슬픔』은 자전적 소설이라는 점도 있지만 질풍노도라는 문학운동의 시발점으로써 큰 문학적 의의와 가치를 지니고 있다.

1775년 초 괴테는 셰네만과 사랑하여 약혼까지 했으나 곧 파혼하고 바이마르 공화국으로 초청되어 갔는데, 결국 이곳이 그의 평생의 안주지가 되었다. 이곳은 인구 10만에 지나지 않는 소국이었으나 문화에 대한 의욕과 학문적 분위기가 가득 찬 곳이어서 그는 영주의 고문관이 되어 많은 치적을 쌓았다. 이즈음 괴테는 슈타인이라는 부인을 만난다. 26살인 괴테에 비해 33살인 그녀는 괴테의 누나이자 연인이었고 조언자였다. 이미 일곱 자녀를 둔 그녀와의 사랑은 괴테의 질풍노도적인 격정을 진정, 순화시켜 질서를 존중하는 고전주의로 향하게 한 계기가 되었다.

10년에 걸친 바이마르의 정치 관료 생활에 대한 염증과 자신의 문학적 정체성에 위기감을 느끼고 이탈리아로 떠났다. 이탈리아는 그에게 고대 예술과 고대인의 생활이 어떤 것인가를 가르쳐 주었다. 괴테는 이탈리아 여행(37~39살)에서 조형예술과 고전주의 문학에 새로운 관심을 촉발시켰다. 이탈리아 여행 후에는 광학, 동물학, 식물학, 해부학 등 자연과학에도 관심을 키웠다.

1788년에 39살의 괴테는 신분이 낮은 23살의 크리스티아네와 결혼해서 자녀도 두고 비로소 가정의 행복을 맛보았다. 1794년부터 시작된 실러와의 교우 관계는 침체되었던 그의 창작활동을 현저히 촉진시켰다. 괴테가 직관적이고 소박한데 비해 실러는 사변적이고 의식적이라는 정반대의 기질을 가진 이 두 천재의 협력은 독일문학사에 새로운 고전주의 시대를 초래했다. 특히『파우스트』1부와『빌헬름 마이스터』는 실러의 격려가 결정적인 힘이 되었으며, 1805년에 실러가 타계했을 때 괴테는 "내 존재의 절반을 잃었다."고 탄식했다.

1816년 아내가 죽었으나 일흔이 넘은 괴테는 심신의 쇠약을 보이지 않고 정신적 시야는 점점 확대되었다. 74살 때 19살난 꽃다운 처녀 레베초를 만나 열렬히 구애했으나 거절당했는데, 그가 만년에 쓴「마리엔바트의 비가」는 이 사랑을 표현한 서정시의 백미다.

1829년에『빌헬름 마이스터』를 완성했고, 23살 때부터 쓰기 시작하여 무려 60년이나 걸린 생애 최고의 대작『파우스트』2부를 1832년에 완성했다. 그는 혁명에 대해서는 부정적이었으나 인류의 진보와 행복에 대해서는 정열을 바쳤으며, 낭만주의의 병적 경향을 싫어하여 고전주의로 전향했으나 만년의 작품에는 다분히 낭만적 요소가 실려 있다.

지금까지 살펴본 것처럼 괴테는 80 평생을 작가, 정치가, 학자, 예술가로 다양한 삶을 살았지만 그의 본성에 가장 적합하고 또한 재능이 가장 빛을 발한 것은 문학이었다.

괴테는 당시로서는 매우 장수한 편인 83살까지 사는 동안 60년간 시, 소설, 드라마 등 문학의 전 분야에 걸쳐 왕성하게 창작 활동을 했다. 그런데 괴테 문학의 기본 주제는 '인간이란 무엇인가?'라는 문제로 기본적인 문제의식은 동일하지만 청년기, 장년기, 노년기를 거치면서 주제를 다루는 방식이나 범위가 거시적으로 확대되면서 시기별 차이를 보여주고 있다. 괴테의 중요한 작품들을 중심으로 세 시기로 나누어 괴테 문학의 진행 과정을 살펴보자.

1. 첫 번째 시기(청년기 문학)

『젊은 베르테르의 슬픔』으로 대표되는 시기로, 이 작품은 근대적 시민의 감성과 자의식을 대변하고 있다. 즉 개인 안의 이성과 감정의 문제를 다루고 있는 것이다. 괴테는 18세기에 들어오면서 감성의 가치를 중시하는 루소 등의 영향을 많이 받았다. "자연으로 돌아가라"는 루소는 인간의 내면에도 자연스럽게 존재하는 마음이 있는데 타고난 순수성이 유지되도록 어릴 때부터 교육되어야 한다고 생각했다. 베르테르도 외부의 강요에 의해서가 아니라 자신의 안에서 우러나오는 느낌이나 마음의 가치를 중요하게 생각한 청년이다. 『젊은 베르테르의 슬픔』을 읽으면서 독자들은 베르테르가 정말 마음이 순수한 청년이라는 사실을 느끼고 공감하게 된다. 하지만 이러한 베르테르의 한계는 자신의 마음을 절대시한다는 점, 즉 자신의 생각이나 주관 속에 갇혀 사회와의 타협을 거부한다는 점에 있다. 이런 문학사조를 '질풍노도 문학'이라고 한다. 질풍노도 문학의 주인공은 마음은 순수하지만 자신의 주관에서 벗어나지 못해 주변과 충돌을 일으키기도 한다.

2. 두 번째 시기(장년기 문학)

『빌헬름 마이스터의 수업시대』로 대표되는 시기로, 이 작품에서는 개인과 사회의 합리적인 관계가 모색되고 있다. 주인공들은 이제 자기 주관성에서 벗어나려는 움직임을 보여준다. 베르테르가 "나에게 중요한 것은 나의 마음이다."라고 주장하는 스타일인데 반해 빌헬름 마이스터는 "나는 내 안의 감정에 대해서 뿐만 아니라 사회적 존재로서도 책임을 진다."는 책임의식을 보여주는 스타일이다. 장년기 문학에 오면 주인공의 내면의 순수성을 절대적으로 강조하는 파토스는 약화되지만 개인과 사회의 조화와 균형은 강화된다. 이처럼 이성과 감성의 조화, 개인과 사회의 조화를 강조하는 시기의 문학을 고전주의 문학이라고 한다.

3. 세 번째 시기(노년기 문학)

『빌헬름 마이스터의 수업시대』의 후속편인『빌헬름 마이스터의 편력시대』로 대표되는 시기로, 여기서는 합리와 비합리를 넘어 모든 대립이 종합되고 있다. 괴테의 문학도 노년으로 갈수록 작품의 주제나 주인공의 동선이 확대된다. 이즈음에는 괴테가 보는 사회의 범위도 크게 확대되고 시간적으로도 특정 시대에 얽매이지 않게 된다. 이런 경향을 잘 보여주는 대표적인 작품이 괴테 문학의 완성판인『파우스트』다.『파우스트』는 공간적으로 종횡무진 이동할 뿐 아니라 시간적으로도 고대와 중세, 근대를 넘나든다. 이 작품에는 근대적 인간의 정체성과 근대적 이성의 문제뿐 아니라 인간 존재의 근원과 종착점에 대한 존재론적 질문에 답하고 있다.

주요 등장인물

노력하며 방황하는 인간의 구원을 그린『파우스트』에는 다음과 같은 인물이 등장한다.

파우스트 : 16세기의 전설적인 마술사, 학자, 지칠 줄 모르는 인생 탐구자. 제1부에서는 학문에 대해서 절망을 느끼고 사랑에서

보람을 찾는다. 제2부에서는 미美와 행위의 단계를 체험하고 승천한다.

메피스토펠레스 : 파우스트 전설의 악마. 파우스트의 길동무가 되어 그의 영혼을 빼앗으려 한다.

바그너 : 1부에서 파우스트의 조교지만 2부에서는 대학자가 된다.

마르가레테(그레트헨) : 청순하고 가련한 소녀.

헬레네 : 그리스 최고의 미인. 파우스트와 결혼한다.

줄거리

"인간은 노력하는 한 방황하는 존재다."

"참된 인간은 잠시 어두운 충동에 동요할지라도, 옳은 길을 망각하지 않는 법이다."

"영원히 여성적인 것이 우리를 구원한다."

『파우스트』는 비극 제1부(1806)와 비극 제2부(1832)로 구성된 총 12,000여 행의 극시이다. 제1부만 놓고 본다면 다른 명작이나 다름없다. 파우스트의 사상적 고민이 담긴 '학자의 비극'과 그 유명한 '그레트헨의 비극' 등이 '작은 세계'에서 그려진다. 그러나 제2부가 되면 '거대한 세계'에서 '헬레나의 비극'과 '통치자의 비극'이 그려진다.

『파우스트』는 1부와 2부로 구성되어 있는데 1부가 바로 시작하지 않고 1부 앞에 세 가지 내용이 있다. 「헌사」, 「무대에서의 서연」, 「천상의 서곡」이 그것들이다. 그런데 앞의 두 가지는 작품의 내용과는 무관한 내용이어서 읽지 않아도 『파우스트』를 읽는 데 큰 지장이 없다. 그러나 「천상의 서곡」은 분량은 짧지만 작품 전체의 주제를 요약하고 있어 작품을 이해하는 데 매우 중요하다. 「천상의 서곡」은 간단히 말하면 인간에 대해 낙관적인 천상의 신과 인간에 대해 부정적인 악마가 나누는 대화로, 인간 존재에 대한 낙관론과 비관론의 팽팽한 대결이 벌어진다. 인간은 스스로 자신을 대단한 존재라고 생각하고 있지만 악마가 보기에는 인간이 동물보다 나을 것이 없는데 이상적인 존재랍시고 뭔가 해보려고 발버둥치는 모습이 딱하다고 악마는 투덜거린다. 이에 천상의 신은 인간에 대해 희망적이다.

둘 사이의 견해차가 좁혀지지 않자 천상의 신은 그럼 인간을 구체적으로 바라보면서 이야기를 해보자며 '파우스트'라는 인물을 제시한다. 파우스트라는 존재를 보면 인간의 본질을 잘 알 수 있다는 것이다. 그러므로 파우스트는 낙관론의 입장에서 제시된 인물인 셈이다. 이와 관련하여 신은 "인간은 어두운 충동 속에서도 올바른 길을 알고 있다."라며 인간이 때로 오류를 범하기도 하지만 궁극적으로 올바른 방향을 찾아가는 존재라고 본다. 그럼 인간이 올바른 길을 찾아나가는 데 필요한 것은 무엇일까? 중세의 작품이라면 신에 대한 믿음을 우선시했겠지만 근대의 작가인 괴테는 신앙 대신 이성을 내세운다. 파우스트는 이성을 대표하는 존재다. 그가 학자인 것은 인간의 이성을 대표하는 상징적 존재라는 의미다. 그러나 파우스트는 「천상의 서곡」에서도 등장하지 않고 1부에 가서야 등장한다.

제1부

제1부의 막이 오르면서 하늘 위에서의 내기 따위는 전혀 모르는 파우스트 교수가 서재에서 독백하는 장면이 시작된다. "아! 이제 나는 철학도, 법학도, 의학도, 게다가 답답하게 신학까지도 속속들이 연구했다. 그런데 가련한 바보인 나는 이제 이 꼴이구나, 그렇다고 예전보다 똑똑해진 것도 없다." 그는 우주의 본질을 규명하고자 인간의 지혜가 미칠 수 있는 모든 학문에 통달했으나 이에 실패했음을 한탄하는 것이다.

이처럼 그는 우주와 인간 존재의 규명에 대한 학문적 노력에 회의를 느끼면서 새로운 충동을 느낀다. 즉, 천국에 올라가고 싶은 욕망과 땅 위의 쾌락에 빠지고 싶은 욕망으로 번민한다. 그때 악마인 메피스토펠레스가 나타나 그를 땅 위의 쾌락으로 유도한다. 이 과정에서 파우스트는 악마와 목숨을 건 계약을 맺고 지금까지 살아왔던 이성과 지식의 세계를 떠나 감성과 경험의 세계에 몸을 던진다.

악마는 그의 종이 되어 모든 소원을 들어주되, 만약 파우스트가 '흡족한 만족'에 빠져서 자기발전을 멈춘다면 그 순간에 그의 영혼을 빼앗겠다고 말하였다. 파우스트는 약속한다.

> "내가 어느 순간을 향하여, '멈춰라, 순간이여, 그대는 참 아름답구나!' 하고 말하면, 너는 나를 꽁꽁 묶어도 좋다. 그대로 나는 망해도 좋다."

이리하여 파우스트를 타락시키고 그 영혼을 탈취하려는 악마와, 오히려 그 악마를 노예처럼 부리며 넓은 세계를 마음껏 체험하고 학문으로써 도달하지 못한 우주의 근본 이치를 규명해보려는 파우스트는 인생수업의 길을 떠나게 된다.

악마의 힘으로 젊어진 파우스트는 순수한 처녀인 그레트헨과 만나 사랑에 빠진다. 이것은 악마의 예상과는 달리 너무도 진실한 사랑이었다. 그리고 파우스트는 이 진정한 사랑을 통해, 지식보다 중요한 삶의 의미와 행복을 깨닫게 된다. 그는 그동안 자신의 내면에 잠재해 있던 사랑의 정열을 그레트헨을 통해서 깨닫고, 자아 세계에 대한 새로운 지평을 열게 된다. 그녀의 절대적 헌신성과 숭고한 사랑을 경험하면서 진정한 사랑을 인식하게 되고 보다 높은 차원으로 비상하는 계기를 맞게 된다.

악마의 농간으로 파우스트는 그레트헨과 육체관계를 맺고 그레트헨은 임신하게 되어 사생아를 살해한 죄로 감옥에 갇힌다. 파우스트는 그레트헨에게 함께 도망가자고 설득하지만 그녀는 이를 거절하고 신의 심판을 기다린다. 하늘로부터 "그 소녀는 구원되었다."는 소리가 들리고 승천하는 그레트헨은 "하인리히, 하인리히!" 하고 파우스트를 부른다. 이러한 그레트헨의 구원은 인간의 어떠한 죄도 진실한 인간성과 양심으로 정화될 수 있다는 괴테 특유의 인생관을 반영한 것이다. 이렇게 제1부는 막을 내리고 파우스트와 그레트헨의 영원한 인간적인 사랑은 다음 2부의 마지막에서 파우스트를 궁극적으로 구원하는 열쇠가 된다.

제2부

5막으로 구성된 제2부는 제1부와 달리 내용이 산만하고 난삽해서 내용을 이해하는 데 어려움이 많다. 1부는 시간 순서에 따른 추보식 구성인 반면에 2부는 중요한 주제를 개별적으로 나열했다. 이런 구성의 차이는 근대문학과 현대문학의 차이이기도 하다. 현대로 올수록 일관된 주제나 작품의 통일성을 별로 중시하지 않는 경향이 있기 때문이다. 독자들이 2부를 읽을 때 혼란스러운 것은 독자의 잘못이 아니고 작품 자체의 탓으로 돌려도 좋다. 하지만 전체적인 통일성은 부족해도 각 막들은 고유한 기능을 갖고 있다.

제2부 1막은 제2부의 배경을 전체적으로 설명한다. 잠에서 깨어나는 파우스트의 장면은 1부에서 가장 중요한 그레트헨의 비극이 사실상 끝난다는 의미이다. 파우스트가 그레트헨의 비극을 잊고 새로운 삶으로 들어섰음을 보여준다. 파우스트는 몰락하는 중세의 모습을 보여주는 '황제의 궁성'에 들어간다. 정치, 경제적으로 위기에 빠져 어쩔 줄 모르는 상황에서 메피스토펠레스와 파우스트가 이를 구하겠다고 나서게 되는데 사실상 메피스토펠레스가 궁정을 위기에서 구한다. 메피스토펠레스는 지폐를 발행하여 궁정의 경제적 위기를 극복하고 궁정에는 다시 평화가 찾아왔다. 기분이 좋아진 황제는 축제를 열도록 하고 축제 행사의 일

부로 파우스트가 연극을 무대에 올린다. 연극은 고대 그리스의 파리스와 헬레네에 대한 내용이다. 작품의 무대가 중세에서 근대 초기로 이행하고 있고 지폐 발행과 축제를 준비하는 모습은 자본주의적 시대정신을 상징한다. 파리스와 헬레네의 연극을 주도하는 파우스트는 그리스의 미와 예술세계로 들어가면서 2부의 이후의 내용을 예고한다.

제2부 2막은 근대 자연과학의 발달을 보여주고 있는데 여기서는 1부에서 파우스트의 조교로 등장했던 바그너가 어느덧 대학자가 되어 나타난다. 이제 파우스트의 서재는 닫혀 있고 파우스트의 명성을 잇는 바그너가 자신의 실험실에서 인조인간인 '호문쿨루스'를 만드는 데 전념하고 있다. 호문쿨루스의 제조는 괴테 이전부터 다양하게 전래되던 모티브인데 괴테는 16세기 화학자 파라켈수스의 영향을 많이 받았다. 2막의 바그너는 파우스트가 없는 사이에 과학계의 제1인자로 성장해 있다. 그의 주된 분야는 자연과학이다. 1막에서는 존재감이 없던 바그너가 2막에서 파우스트를 능가하는 대학자로 변신해 있는 것은 근대 자연과학의 급속한 발전을 상징한다. 그의 꿈이 인간 제조였다는 점도 신의 위치를 넘보는 자연과학의 발달을 연상시킨다.

제2부 3막은 18~19세기의 근대 예술사를 보여준다. 일명 '헬레네의 막'이라고도 한다. 헬레네는 고대 그리스의 예술미를 상징한다. 괴테가 살았던 19세기 초반에 유럽은 대영박물관에 소장된 '엘긴 대리석(Elgin Marbles, 파르테논 신전의 조각상 일부)'으로 그리스 문화와 예술에 대한 관심이 폭발하고 있었다. 물론 바이런(3막에서 오이포리온의 모델) 같은 지식인들은 엘긴 대리석에 대해 비판했지만 터키 때문에 직접 볼 수 없었던 그리스의 예술을 바로 눈앞에서 보게 되자 19세기 초 유럽 지식인은 열광했고 괴테도 많은 관심을 가졌다. 이런 시대적 분위기가 3막의 배경이 되었고 3막에는 예술사에 대한 괴테의 생각이 잘 나타나 있다.

제2부 4막은 19세기에 만연했던 전쟁에 대한 비판의식이 담겨 있는데

내용도 지루하고 연구자들도 많이 다루지 않는 부분이다. 황제파와 반역 황제파가 전쟁을 벌이고 이 전쟁에서 메피스토펠레스의 도움으로 황제파가 승리한다. 황제파의 장군 역할을 맡은 파우스트는 황제의 신임을 받아 거대한 불모지를 하사받아 제5막에서 대규모 간척사업을 벌여 옥토로 만든다.

제2부 5막은 간척사업을 재촉하는 눈먼 파우스트의 모습이 그려지는데 근대 서구의 무분별한 자연정복의 폐해를 비유하고 있다. 파우스트는 불모지를 옥토로 바꾸겠다는 야심을 갖고 간척사업을 시작한다. 간척사업 와중에 희생자들이 속출하는데 평화롭게 살아오던 노부부가 아무 죄 없이 죽는 사건도 발생한다. 파우스트는 간척공사가 수많은 사람들에게 자유로운 일터를 마련해주리라는 '확신'을 갖고 공사를 계속하다가 현장에서 쓰러져 죽는다.

파우스트는 처음 약속대로 죽을 때까지 열심히 살았다. 메피스토펠레스가 악마들을 불러 파우스트의 영혼을 지옥으로 데려가려는 순간 천사들이 나타나 파우스트의 영혼을 구출하여 하늘로 올라가고 신비의 합창이 울려 퍼지며 대단원의 막이 내린다.

"영원히 여성적인 것이 우리를 구원한다."

괴테는 제1부에서 파우스트를 근대적 러브 스토리를 경험하는 개인으로 등장시켰다가 제2부에서는 고대에서 근대까지 다양한 시대를 넘나들며 인류 전체를 대변하는 모습으로 그리고 있다. 문제의 차원이 '개인의 문제'에서 '인류의 문제'로 확대되고 있으며 여기에는 인간의 역할과 역사의 방향에 대한 괴테의 신뢰와 희망이 투영되고 있다. 그런데 여기서 우리는 몇 가지를 정리해야 한다.

첫째, 파우스트처럼 산다는 것의 의미가 무엇인가 하는 문제이다. 파우스트처럼 산다는 것의 의미는 멈추지 않는 노력이고 삶에 대한 긍정이다. '지금 이곳에서' 최선을 다하자는 의미이다. 내세에 의존하지 말고 지금 이 순간 열심히 노력하며 산다면 삶의 보람을 느끼게 마련이라는 것이 파우스트의 삶을 통해 괴테가 전달하고자 하는 메시지다. "여기 굳건히 서서 주변을 돌아보란 말이다. 부지런한 자에게 세상은 침묵하지 않는 법이다."라는 말이 괴테의 의중을 잘 표현해주고 있다.

둘째, 파우스트적인 것에 대한 의미가 무엇인가 하는 문제이다. 인간은 끊임없이 노력하고 발전을 추구해야 하는 존재다. 한 마디로 어느 순간에도 멈출 수 없다는 것이 인간 삶의 본질이다. 그러므로 아무리 아름답고 훌륭한 순간이 와도 거기서 멈추면 안 된다. 따라서 결코 "멈춰라, 순간이여. 그대는 참 아름답구나."라는 말을 해서는 안 된다. 사실 이것은 파우스트 자신의 특성이기도 하지만 인류의 특성이기도 하다. 인류 자체가 지금까지 파우스트처럼 살아왔다. 발전에 만족하지 않고 멈추지 않고 나아가는 것이 인류의 모습이었다. 파우스트처럼 끊임없이 노력하며 발전하는 것은 분명 위대하다. 그래서 많은 독자들이 파우스트라는 인물에 매료되고 감동을 받기도 한다.

셋째, 파우스트의 노력에 대한 의미가 무엇인가 하는 문제이다. 파우스트가 구원받는 의미는 인류사 차원에서 볼 때 인류의 향방에 대한 괴테의 낙관적 신념을 담은 것이다. 그러나 이것은 괴테의 관점이고 우리 시대의 관점에서 인류의 향방을 어떻게 볼 것인가 하는 문제는 우리의 몫이다.

현대에 올수록 엄청난 '발전강박증'에 걸린 우리 시대에 파우스트는 도처에 존재한다. 조금도 쉬지 않고 무한히 노력하고 무한히 발전하며 살아간다면 그가 곧 파우스트인 것이다. 파우스트처럼 끊임없이 앞만 보고 달리면서 어느 순간에도 멈춰서면 안 될 것 같은 불안감이 우리 시대의 기본정신인 것이다. 그러나 끊임없는 발전이 어느 방향으로 나아가야 하고 어느 시점에서 멈춰야 할 것인지에 대한 성찰이 없다면 그러한 발전은 맹목적이고 심지어 파괴적일 수 있다. 그래서 우리는 파우스트적인 것의 긍정적인 측면과 부정적인 측면을 함께 고려할 필요가 있다. 이러한 필요성이 『파우스트』를 오늘날에도 읽을 만한 책으로 만들어준다.

◇ 추천도서
『파우스트』(전 2권), 김재혁 옮김, 펭귄클래식코리아, 2012
『파우스트』(전 2권), 이인웅 옮김, 문학동네, 2009
『괴테 자서전 : 시와 진실』 전영애 외 옮김, 민음사, 2009
『파우스트』(전 2권), 정서웅 옮김, 민음사, 1999

— Die Räuber —
도적들

불타는 정의감으로, 압제에 항거하여

실러 지음

괴테와 함께 독일 고전주의를 주도했던 실러는 제후들의 압제에 항거하여 인간의 자유와 존엄을 수호하는 주인공의 영웅적인 행적을 많이 다루고 있는데, 원수처럼 반목하는 두 형제의 이야기를 봉건 절대주의의 폭정과 연계시켜 시민계급과 귀족계급 사이의 갈등으로 부각시키고 있으며, '압제에 항거하여'라는 부제가 보여주듯 불의에 대한 작가의 불타는 정의감이 숨 쉬고 있다.

괴테와 함께 독일문학의 황금기를 이룩했던 실러(Johann Christoph Friedrich von Schiller, 1759~1805)는 독일의 마르바하에서 가난한 군의관 아버지와 교양 있고 현명한 어머니 사이에서 태어났다. 신앙심이 돈독한 어머니의 영향으로 가정에는 항상 경건한 분위기가 감돌았고 어머니는 어린 실러에게 동화책과 성서를 읽어주어 일찍부터 문학에 눈뜨게 했다.

어린 시절부터 라틴어를 배워 고전해독 능력을 길렀고 졸업 후 우수한 학생들만 선발하는 카를 사관학교에 진학했다. 이 학교는 영주가 철저하게 군대식으로 직접 관리했다. 실러는 의학을 전공하면서 틈틈이 레싱과 괴테를 읽으면서 문학적 소양을 쌓았고, 이 학교 철학교수인 아벨 교수의 강의를 통해 루소와 셰익스피어를 알게 되었다.

숨 막히던 8년 동안의 사관학교를 졸업하고 군의관이 되었다. 1782년에 실러는 『군도』를 발표하여 전 독일에 알려졌다. 당시 무명작가였던 그는 출판사의 외면으로 자비로 출판해야 했다. 집필 중지 명령을 받은 그는 부대를 탈영하여 만하임으로 갔다. 대책 없는 탈영으로 가난 속에 고통받던 그 시절에 젊고 정열적인 샬로테 폰 칼프 부인을 만난 것은 실러에게 그나마 위안이 되었다.

만하임에서 고생하고 있던 실러에게 몇몇 친구들이 그가 창작에 몰두할 수 있도록 드레스덴으로 초청했다. 그곳에서 2년 동안 안정된 상태에서 『돈 카를로스』를 완성했는데, 그 시절을 그는 「환희에 부쳐」라는 시에 담았다. 베토벤의 교향곡 9번 「합창」의 마지막 곡인 '환희의 송가'는 여기서 유래한 것이다.

실러는 바이마르로 왔으나 괴테는 이탈리아 여행 중이었고 헤르더는 그를 반기지 않았다. 그곳의 일이 뜻대로 되지 않자 한동안 역사연구에 몰두해서 어느 정도 인정을 받았다. 1778년 여름 어느 귀부인 댁을 드나들며 그 집의 딸을 알게 되고 경제적인 여건을 갖춘 후 결혼할 상대로 점찍어 두었다. 다음 해에 괴테는 실러에게 예나 대학의 역사학 교수 자리를 주선해주었고, 경제적으로 안정된 그는 계획대로 그녀와 결혼했다.

이 시기에 그는 하루에 14시간 정도 역사 연구와 강의 준비에 몰두하여 폭넓은 교양을 쌓았다. 하지만 원래 허약했던 실러는 이로 인해 폐질환을 앓게 된다. 곤경에 처한 그에게 '인류의 스승을 살리기 위해' 덴마크에서 실러 후원회가 결성되어 경제적 지원을 해주었다. 실러는 건강을 회복한 후 칸트 연구에 몰두하여 질풍노도기에서 고전주의로 기울게 된다.

실러는 1794년 5월 예나에서 열린 학술대회에서 괴테를 다시 만난 이후 서로 격려하면서 죽을 때까지 협력했다. 괴테는 이 시절을 "실러를 만난 것은 나에겐 소생하는 새로운 봄을 만난 것과 같았다."고 술회했다. 두 사람의 공동 작업으로 고전주의 문학의 대부분을 창작했다.

실러와 괴테는 〈호렌〉지를 공동으로 발간했고 실러는 오랫동안 중단했던 희곡 집필을 재개했다. 『발렌슈타인』, 『오를레앙의 처녀』, 『빌헬름 텔』 등은 연극이 끝나면 극장 안에 "실러 만세!" 하는 함성이 가득했고 공연 후 관객들이 귀가하지 않고 도열하여 실러에게 경의를 표했다 한다. 1799년 실러는 괴테가 있는 바이마르로 이사했다. 괴테가 당시 바이마르 국립극장의 책임자로 있었기에 그와 함께 일하기 위해서였다. 그 후 '독일에 대한 공적'을 인정받아 귀족 칭호를 얻음과 동시에 상당한 연금도 받게 되어 경제적으로 안정되어갈 무렵 죽음의 그림자가 그를 엄습했고 1805년에 46살의 나이로 타계한다. 실러의 죽음에 괴테는 정신적으로 크게 충격을 받았고 "내 존재의 절반을 잃었다."며 비통해 했다.

독일문학에서는 고전주의와 낭만주의 시대를 묶어 '예술시대'라고 표현한다. '예술시대'란 '예술은 영원하고 인간은 유한하다'는 명제에 따라 예술을 인간의 삶보다 더 중시하고 예술과 예술인을 우대했던 시대를 말하는데, 대략 1800년을 전후하여 찬란히 꽃피었던 독일 국민문학 시기를 뜻한다.

예술시대를 주도한 대표적인 작가는 괴테와 실러이다. 괴테는 "친애하는 벗이여, 인간의 감정이란 무엇일까?"로 시작되는 『젊은 베르테르의 슬픔』에서 감정을 정당화하며 이전의 계몽주의 문학에 반기를 들었다. 약관 18살에 『도둑들』을 발표하여 필명을 떨치기 시작한 실러는 이 작품에서 자유를 갈구하며 사회의 부조리에 대항한다. 세상에 횡행하는 악에 대한 분노 때문에 주인공 카를 모어는 도적떼의 두목이 되어 다음과 같이 절규한다.

> "강도와 살인자들아! 틀림없이, 난 너희들의 두목이다! …… 나의 마음은 행동하길 갈망하며, 나의 숨결은 자유를 갈구하고 있다."

질풍노도기의 위의 두 작품에 나타나듯이 괴테와 실러는 전통에 도전하며 감정 해방을 부르짖고 자유를 절규하며 천재를 예찬하는 질풍노도기에서 예술시대의 맹아를 싹틔워 예술시대를 전개해나갔다.

괴테와 실러에 의해 주도된 독일 고전주의는 고대 그리스와 로마 예술에 나타났던 '고상한 단순성'과 '조용한 위대성'을 모범으로 삼고 내용과 형식의 통일을 이루어 균형과 조화가 있는 예술을 창작하였다.

괴테의 『파우스트』는 그의 대표작이자 독일 고전주의의 진수에 속한다. 주인공 파우스트는 지적 만족을 모르는 끝없는 탐구 정신의 소유자로 미지의 세계에 대한 탐구를 위해 행복과 권력을 보장해주겠다는 악마와 영혼을 걸고 계약을 맺어 죄를 짓고 시행착오를 거치지만, 악마의 의도대로 파멸에 이르지 않고 다음과 같은 천사의 말과 함께 천국으로 인도된다.

"항상 갈망하며 애쓰는 자, 우리는 그를 구원할 수 있다."

『파우스트』와 더불어 괴테의 또 다른 희곡인 『타우리스의 이피게니에』는 고전주의의 인도주의적 사상이 가장 잘 표현되어 있는 작품이다. 주인공인 여사제 이피게니에는 고결한 정신으로 토아스 왕의 마음을 움직여 저주받은 자신의 가문을 구하고 고통과 죄악에서 구제되며 다음과 같은 구절로 끝맺고 있다.

"순수한 인간애가 인간의 모든 결함을 덮어준다."

실러는 이상 세계를 삶 자체에 옮겨 놓으려는 노력 속에서 이상세계와 현실세계 사이에서 생겨난 갈등을 작품의 주제로 다루었다. 『빌헬름 텔』은 실러의 이러한 정신세계를 반영하고 있는 전형적인 작품이자 인간의 자유와 존엄을 쟁취하려고 투쟁하는 실러의 고백적 기록물이다.

『돈 카를로스』에서도 포자는 폭정을 일삼는 왕에게 빼앗긴 인권을 찾기 위해 희생을 각오하고 다음과 같이 말하고 있다. "우리에게 빼앗아 간 것을 돌려주십시오! …… 사상의 자유를 주십시오!"

『도적들』은 평등하게 태어나지 못한 형제간의 갈등에서 비롯된다. "나는 왜 어머니로부터 장남으로 태어나지 못했을까? 어째서 독자가 되지 못했을까? 어찌하여 자연은 나에게 훤칠하게 잘 생긴 모습을 부여하지 않아 나에게 고민을 안겨주는 것일까? 나에게 말이다."라고 차남인 프란츠는 타고난 불평등을 토로하고 있다.

실러의 선배 작가들도 이러한 소재를 다룬 바 있으나, 반복되는 형제간의 싸움에 한정하여 다루었고 이러한 형제의 갈등을 실러처럼 사회적 갈등으로 승화시키지는 않았다.

줄거리

늙은 모어 백작은 카를과 프란츠라는 아들 둘을 두었는데, 동생 프란츠가 아버지의 대를 이어 성주가 되고자 하자 이때부터 형제간에 갈등이 생긴다. 동생 프란츠는 경험을 쌓고 돌아오겠다는 형의 편지를 교묘히 위조하여 형을 범죄자로 몰아 집에서 쫓겨나게 만들고, 형이 죽었다고 속여서 형의 애인 아말리아를 손에 넣으려다가 그녀의 완강한 거부로 실패한다.

또한 아버지의 재산과 성주의 지위를 빨리 상속받고자 아버지를 성의 탑 속에 유폐시킨다. 아버지에게 버림을 받은 카를 모어는 도적떼의 두목이 되어 기존의 모든 권위에 도전한다. 불의에 항거하여 싸우던 중 고향이 그리워 집에 돌아와 아버지를 탑에서 구해내지만, 아버지는 아들이 도적떼의 두목인 것을 알고 충격을 받아 죽는다.

동생도 양심의 가책을 받아 스스로 죽고, 모어는 더럽혀지지 않도록 죽여달라고 간청하는 애인 아말리아를 죽이고 자기의 죄를 뉘우치기 위해 분연히 심판대에 오른다. 카를은 기존 질서가 아무리 부패해도 폭력에 의한 개선은 바람직하지 않음을 깨닫고 "나 같은 인간이 둘만 있어도 도덕세계의 건물은 송두리째 무너지고 말 것이다. 복수란 하느님만의 것이다."라고 하며 자신이 비웃던 법의 처벌을 받기로 결심한다.

혁명적 정열이 넘치는 폭풍 노도기 작품

이처럼 『도적들』은 원수처럼 반목하는 두 형제의 이야기를 봉건 절대주의의 폭정과 연계시켜 시민계급과 귀족계급 사이의 갈등으로 부각시키고 있으며, 질풍노도기의 혁명적 정열이 넘치는 작품이다. 초판을 개작하여 나온 제2판에는 "압제에 항거하여"라는 표어가 추가되어 있다. 실러는 1784년에 문예지 〈라인강의 탈리아〉 서평란에 "나는 어떠한 제후에게도 봉사하지 않는 세계 시민으로서 글을 쓴다."고 밝혔다.

세계 시민으로서 실러는 주인공 카를 모어를 통해 당대의 젊은이들이 누리고자 했던 자유와 지키고자 했던 인간의 존엄성을 수호하려 하고 있다. 그러므로 실러는 이 작품에서 강한 반봉건적 요소와 혁명적인 요소를 형상화하고 있는 것이다. 주인공을 도적떼의 두목으로 설정한 것도 지배질서를 부정하는 실러의 극단적인 표현으로 생각된다.

형을 모함하여 도적떼의 두목으로 만든 프란츠 모어는 봉건 절대주의를 대표하는 전형적인 인물로, 농민을 억압하는 무지막지한 압제자이자 자신의 부귀영화를 위해선 아버지와 형을 죽일 수도 있는 이기주의자이다. 그에 대해 실러는 초판 서문에 '프란츠는 정情을 마음에서 도려내고 오성悟性을 발달시킨 사람'이라고 적고 있다. 동생의 모함에 빠져 아버지에게 쫓겨난 형 카를은 아버지의 부당한 처사에 분노하게 되고, 그 분노는 봉건사회 전체에 대한 분노로 확대된다.

도적떼의 두목이 된 카를은 공화제를 옹호하며 '자조자self-helfer'로서 억압하는 자에게 보복하는 자로서 맞선다. 카를은 자기를 자수시키려고 자기를 따르는 도적들을 회유하여, 두목인 자기를 배신하도록 만들려는 신부神父에게 "내가 해야 할 일은 보복입니다. 복수는 나의 과업입니다." 라고 말한다. 카를이 신부에게 이 말을 하는 장면은 실러의 용감한 사회 고발 정신에서 나온 것으로, 국가의 폭정과 교회의 횡포를 이처럼 강경한 어조로 탄핵하는 일은 독일문학사상 최초였다. 카를은 봉건절대주의 국가와 교회에 대항하여 투쟁하지만 국체國體를 부정하거나 신神을 부인하는 것은 아니고, 국가와 지배자들을 위하는 신이 아닌 가난하고 억압받는 자들을 위하는 신을 요구했던 것이다.

루소의 '자유'와 '평등' 사상에서 영향을 받은 실러의 이러한 국가관과 종교관은 당대의 문학에서도 나타나는데, 성서에 나오는 최후의 심판을 거명하여 현실적인 삶의 변화에 대한 희망을 진술하는 형태로 나타났다. 따라서 카를은 자신의 투쟁이 정의롭다 할지라도 그 투쟁 방법이 현존하는 국가의 법질서 내에서 적법한 것인지 아닌지 동요한다.

기본적으로 숭고한 성품의 소유자인 카를은 자신의 이상적인 사회상과 독일의 현실적인 사회상의 불일치로 인해 전과자로 전락하고 결국 '숭고한 죄인'으로 몰락하게 된다. 그러나 몰락하는 주인공 카를은 질서를 문란케 한 자신의 죄를 뉘우치기 위해 자발적으로 심판대에 섬으로써 위대해진다. 실러의 드라마에 나타나는 비극적 운명은 인간이 위대성을 향해 나아감으로써 행위에 관계없이 숭고해지는 결말에 이르고 있다.

괴테와 실러의 위대한 만남

인생은 만남의 연속이다. 수많은 만남 중 의미 있는 만남을 우리는 '운명적인 만남'이라 한다. 특히 위대한 정신의 소유자들의 만남은 둘의 차원을 넘어 시공을 초월한 인류의 유산으로 남는다.

단테와 베아트리체의 만남, 슐리만과 소피아의 만남, 헬렌 켈러와 설리번 선생의 만남 등이 그러한데, 독일 고전주의 문학은 괴테와 실러의 기념비적인 우정에서 비롯되었다. 대체로 운명적인 만남은 첫 만남이 극적인 경우가 많은데, 이 두 천재의 만남은 자연스러운 것이었다.

1779년, 10년 연상이자 20대부터 『젊은 베르테르의 슬픔』으로 전 유럽의 우상이 된 괴테가 카를 사관학교를 방문하여 상을 받고 있던 실러를 목격한다. 그들의 첫 번째 만남은 그것으로 끝이 났다.

그 후 실러는 18살에 『도둑들』을 발표하여 명성을 얻고 1788년에 어느 부인 댁에서 괴테와 최초로 대화를 하게 된다. 여기서 괴테는 실러의 역사 연구를 본 후 궁핍했던 실러에게 예나 대학 역사학 교수직을 주선해 준다. 그 후 그들은 어느 학술대회에서 다시 만나 회의가 끝난 후 우연히 같은 길을 걸으면서 긴 대화를 나누게 된다. 여기서 서로의 학문적인 공통점을 발견하는데 당시 괴테는 이탈리아 여행 후 고전주의로, 실러는 칸트 연구 후 고전주의로 기울고 있었다.

두 사람은 자연과학의 세분화된 연구 방법에 반대하고 통합적인 연구의 필요성은 공감했으나 자연을 어떻게 재현할 것인가에 대한 방법론에 차이가 생겼다. 즉, 괴테는 현실적인 체험에 근거하여 자연을 재현할 수 있다고 본 반면, 실러는 이념에 근거하여 자연을 재현할 수 있다고 생각했다.

이후 두 사람은 서로 서신 교환과 상호 방문으로 격려하며 문학적 공동 작업을 진행했다. 이 시절 괴테는 실러에게 보낸 편지에서 "그대는 나에게 제2의 청춘을 부여해서 나를 다시금 시인으로 소생시켜주었네. 그때까지 나는 시인이 아닌 상태에 있었어."라고 고백했다. 사실 실러의 격려가 없었다면 『빌헬름 마이스터』, 『파우스트』의 완성은 불가능했을 것이다.

이후 독일 문학사에 고전주의 시대가 무르익어가고 1799년 실러는 예나를 떠나 괴테가 있는 바이마르로 이사하여 찬란한 '바이마르의 황금시대'를 구가하게 된다. 두 사람은 독일 예술의 중심인 바이마르 극장을 공동 운영하면서 작품 선정과 각색 논의를 공동으로 진행했다. 특히 아들의 머리 위에 놓인 사과를 쏘아 맞히는 『빌헬름 텔』은 폭정에 저항한 스위스의 독립 운동가 이야기로, 괴테의 권유로 실러가 쓴, 사실상 공동작품이다.

1805년 46살의 나이로 실러가 타계하자 두 사람의 생산적인 협력관계는 물론 독일 고전주의도 종언을 고했다. 괴테는 이후 한 세대를 더 살았지만 실러와 나누었던 우정은 두 번 다시 체험할 수 없었다. 현재 바이마르 국립극장 앞에는 괴테와 실러가 손을 마주잡고 서 있는 동상이 있는데 이는 헌법의 도시 바이마르의 또 다른 상징이 되고 있다.

❖ 추천도서
『도적 떼』, 김인순 옮김, 열린책들, 2009
『도적 떼』, 이경미 옮김, 고려대학교 출판부, 2009
『군도』, 홍경호 옮김, 범우사, 2002

— Heinrich von Ofterdingen —

하인리히 폰 오프터딩엔

환상의 푸른 꽃을 찾아서

노발리스 지음

15세 약혼녀 소피 폰 퀸의 죽음으로 정신적 충격을 받아 밤을 예찬하며 신비에 찬 이상주의를 자신의 문학관으로 확립한 노발리스. 그는 낭만주의의 생활 감정과 정조를 가장 잘 표현한 것으로 평가되며 이 작품은 주인공 하인리히가 시인으로 발전해 가는 모습을 그리고 있는 교양소설로서, 괴테의 『빌헬름 마이스터』를 능가하는 낭만주의적 교양소설을 쓸 의도에서 시작했으나 갑작스런 죽음으로 중단된 미완성 작품이다.

독일 낭만주의 최대 시인인 노발리스(Novalis, 1722~1801)는 오버비더슈테트에서 태어났다. 가난한 귀족 집안에서 태어난 그는 많은 형제들과 함께 경건주의 신앙 속에서 성장했다. 그는 예나 대학에 진학하여 철학과 법률을 공부했고 피히테의 강의를 수강했다. 그는 실러의 실천적인 문학 활동에 감동을 받아 자기도 문학과 철학을 전공하면 어떻겠느냐고 실러에게 상담할 정도로 가까워졌다.

라이프치히 대학으로 전학한 이후 노발리스는 죽을 때까지 절친하게 지냈던 슐레겔과 사귀어 실러와 정신적으로 멀어졌다. 그는 1794년부터 1796년까지 텐슈테트 주(州)의 행정관리로 근무하면서 예나에 들러 초기 낭만주의자들과 자주 어울렸다. 관리로 일하기 시작한 다음 해인 1795년, 노발리스는 근무지에서 별로 멀지 않은 그뤼닝엔에 출장을 갔다가 소피 폰 퀸이라는 13살 소녀를 만나 한눈에 반해버렸다. 그는 시를 읊듯이 친구들에게 그녀의 청순한 아름다움을 들려주었다. 슐레겔은 "그녀의 이야기를 할 때마다 노발리스는 시인이 되었다."고 술회했다.

그해 가을 그녀와 약혼했으나 그녀는 불치의 병에 걸려 15살의 어느 봄날 천상의 세계로 훌쩍 떠났다. 죽어가는 그녀의 병상을 지키며 그는 "나의 희망이 사라지는 때에 나의 환상은 뻗어오른다. 나의 희망이 완전히 사라져 버리고 추억의 실마리만 남게 될 때에, 나는 환상의 나래를 펴 이곳에서 잃어버린 것을 찾으리라. 나는 그렇게 성숙되어 있으리라."라고 적고 있다.

노발리스는 그녀의 무덤에 엎드려 "내가 새벽의 여명을 바라보는가 하면, 어느새 날이 저물어 밤이 다가앉았다."고 할 만큼 밤낮을 가리지 않고 시간의 흐름조차 잊은 채 그녀의 죽음을 애통해 했다. 약혼녀의 죽음에서 받은 충격은 그 이후 노발리스의 생각과 창작을 결정짓는 요인이 되었다. 그는 그녀의 죽음에 대한 슬픔을 6편에 이르는『밤의 찬가』(1797)에 담아냈다.

그녀가 죽은 다음 해인 1798년에 그는 율리 폰 차르펜티어와 약혼을 발표했다. 그녀가 죽은 소피를 닮았기 때문에 약혼했다는 그의 말처럼 그는 끝내 소피를 잊을 수 없었으며 새 약혼녀도 그의 이러한 정신적 상처를 깊은 연민의 정으로 감싸주었다.

노발리스는 1798년에 기록해 놓은 글 중에서 일부를 모아『꽃가루』란 단편집을 발표했는데 여기에는 자신의 세계관인 '신비에 찬 이상주의'가 서술되어 있다. 같은 해에는 미완성 장편소설『자이스의 제자들』을 발표했다. 1799년에 이상화된 중세를 배경으로 젊은 시인의 신비적이고 낭만적인 탐구심을 그린 장편소설『하인리히 폰 오프터딩엔』을 쓰기 시작했으나 결혼하기 전인 1801년 폐결핵으로 세상을 떠났고, 이 미완성 장편소설은 이듬해에 친구 슐레겔과 티크에 의해 유고작으로 출판되었다.

노발리스의 문학세계는 '신비에 찬 이상주의'에 근거를 둔 의식의 자유, 즉 작가의 자유재량에 입각하고 있다. 이러한 생각을 그는 『단상斷想』에서 '낭만화'의 개념 정의란 형태로 서술해 놓았다.

> "세계는 낭만화되어야 한다. 그래야만 원래의 의미가 되살아난다. '낭만화'라는 의미는 원래의 의미를 밝히기 위한 잠재력의 함양을 뜻한다. 낭만화를 통해 저속한 자아와 고귀한 자아가 하나로 통일될 수 있다. …… 내가 비천한 것에 고귀한 의미를 부여하고, 일상적인 것에 신비로운 모습을 부여하고, 기지旣知의 것에 미지未知의 참된 가치를 부여하고, 유한한 것에 무한성을 부여함으로써 나는 세계를 낭만화한다."

노발리스는 우수에 찬 어휘가 율동적으로 흐르는 『밤의 찬가』에서 산문과 운문을 혼용해 신비로운 밤과 죽음을 예찬하고 있다.

> "나는 말할 수 없이 성스럽고 신비로운 밤을 향한다. 세상은 저편 아래쪽 깊숙한 동굴 속에 가라앉아 황량하고 고독한 곳으로 변하여 애절한 슬픔이 마음을 에이고 있다."

이렇게 시작하는 도입부는 후반부에는 '죽음에 대한 동경'으로 바뀌고 죽음은 신을 경외하는 삶으로 나가는 출입구이며, 밤은 무궁한 꿈의 제국으로 찬양된다. 이 시에서 그는 밤, 즉 죽음을 신 앞에서 누리게 될 더 높은 삶으로 들어가는 문으로 찬미하며 자신이 죽은 뒤에는 자신과 소피와 전 우주가 신비하고 애정어린 합일을 이룰 것을 기대했다. 『꽃가루』에는 노발리스의 독창적인 직관에 의해 인식된 경험들이 그의 환상과 결합되어 잘 나타나고 있다. 그래서 생기에 차 있는 만물이 도처에 등장하며 '작가의 자유재량'에 의해 주체인 자아 속으로 흡수되고 있다.

"우리의 꿈은 우주 편력이다. 그런데 우주란 우리 마음속에 있는 것이 아닐까? 우리는 우리의 마음 속 깊은 곳을 알지 못한다. 비밀을 가득 간직한 것들은 마음과 통할 것이므로 비밀은 내 마음에 있는 것이지 다른 곳 아무데도 없는 것이다. 과거와 미래를 포괄하는 영원한 것도 내 마음에 있는 것이다."

그는 『꽃가루』에서 주체와 객체인 인간과 세상을 신비로운 방법으로 하나되게 하여 삶의 원초적인 모습을 찾으려는 노력을 직관적인 이념의 형태로 변용했다. "문학이야말로 절대로 거짓이 없는 진실이다. 문학적으로 서술되면 될수록 그만큼 더 진실해지는 것이다. 진실해지는 것이 나의 철학이다."라고 한 노발리스의 이러한 노력은 '신비에 찬 이상주의'라고 불린다.

『히아신스와 장미꽃』이란 동화로 끝을 맺고 있는『자이스의 제자들』은 삶을 해명하는 열쇠가 정신 속에 있으며 자연도 신비롭게 정신으로 화할 수 있다는 것을 보여준다. 중세 그리스도교의 신앙을 재건하여 종교개혁과 합리주의에 의해 파괴된 유럽을 회생시키고자 한 논설문「그리스도교 세계 : 유럽」은 자유주의자들에겐 시대에 역행하여 유토피아를 건설하려는 금서로 인식되었으나 낭만주의자들에게는 중세를 예찬하고 가톨릭으로 개종하는 전도서가 되었다.

줄거리

『하인리히 폰 오프터딩엔』은 주인공 하인리히가 시인으로 발전해가는 모습을 그리고 있는 교양소설로서 1부는「기대」, 2부는「성취」라는 제목으로 창작될 예정이었으나, 1부만 창작된 미완성 작품으로 노발리스의 예술이론이 전개되어 있는 작품이다.

『하인리히 폰 오프터딩엔』은 중세시대의 전설에 나오는 시인으로 소설의 주인공이다. 이 작품은 일명 '푸른 꽃'이라고도 하는데, '푸른 꽃'은 낭만파의 '무한한 동경의 상징'이자 '존재하지 않는 이상'을 나타낸다. 벨기에 작가 메테를링크의 동화극 『파랑새』도 여기서 힌트를 얻어 파랑새를 행복의 상징으로 삼았다고 한다.

제1부에서 주인공 하인리히는 자기 집에 머무르는 한 나그네로부터 '푸른 꽃'에 관한 이야기를 듣는다. 그날 밤 그는 그 꽃 한가운데에 예쁜 소녀의 얼굴이 나타나 미소짓는 꿈을 꾸는데, 하인리히에게 그것은 일종의 계시처럼 느꼈다. 그는 "저 푸른 꽃으로 내 마음은 온통 뒤덮여 있다. 단 한 번 보았을 뿐인데. 저 꽃에 대한 생각이 떠나질 않는다. 이젠 푸른 꽃을 나의 생각에서 지우려 하면 시작詩作도 불가능해지고 생각 자체도 불가능해진다."라고 생각한다.

스무 살 되던 해 그는 어머니와 같이 외조부가 사는 아우크스부르크로 가게 되는데, 여행 도중에 여러 사람들을 통해 자연과 역사, 그리고 미지의 세계인 동양에 대해 견문을 넓힌다. 또한 그는 동굴에 살고 있는 호엔츨러른에게 신과 운명에 대한 외경과 신뢰를 배우게 된다. 그가 보여준 책에는 하인리히의 과거와 현재, 그리고 시인으로 성공할 미래의 그림이 그려져 있었다.

아우크스부르크에서는 노시인인 클리조르(괴테를 모델로 했음)로부터 시의 본질에 대해 가르침을 받는다. 그는 클리조르의 딸 마틸데와 친해지고, 그녀의 얼굴이 꿈에서 본 푸른 꽃의 얼굴임을 알게 된다. 하인리히가 마틸데에게 사랑을 고백하고 약혼을 한 날 밤 그는 마틸데가 물에 빠져 죽는 꿈을 꾸는데, 마틸데는 정말로 강물에 빠져 죽는다.

제2부에서는 애인을 잃은 하인리히가 순례자가 되어 돌아다니는 것으로 시작한다. 어느 날 깊은 숲속에서 마틸데의 소리를 듣는다. 그 음성은 하프를 타라는 소리였다. 하인리히가 시키는 대로 하프를 타자 시아네라는 소녀가 나타나 그를 숲속의 오두막으로 안내한다. 그 오두막에는

하인리히도 알고 있는 실베스타라는 노인이 살고 있었는데 그 노인은 죽었던 시아네를 소생시켰던 의사이다. 두 사람이 이야기를 하는 지점에서 노발리스의 죽음으로 중단된다.

『빌헬름 마이스터』의 대항 작품

18세기 말에서 19세기 초에 걸쳐서 독일에서는 괴테와 실러의 고전주의 시대와 동시에 한편에서는 낭만주의 운동이 발생했다. 이 운동은 이성 만능의 계몽주의나 고전주의와도 대항하여 감정과 공상의 주체성을 회복하자는 것이었다. 낭만파 시인들은 괴테와 셰익스피어를 숭배하면서 중세 독일에 시선을 돌렸다. 그들은 고전주의의 형식미에 대항하여 서정적이고 음악적인 미를 존중했고 형식의 미완성 따위에는 관심을 두지 않았다. 따라서 공상이 자유롭게 활동할 수 있는 동화 형식을 즐겨 사용했다.

이러한 낭만파의 지도자 슐레겔은 괴테의 『빌헬름 마이스터』를 괴테의 최고 걸작일 뿐 아니라 낭만주의 문학의 극치로 보았다. 그러나 노발리스는 괴테의 『빌헬름 마이스터』를 읽고 처음에는 열광적으로 공감했으나 괴테가 인간의 발전을 이성적인 것으로만 그렸다고 생각하고 낭만적인 감정 속에서의 발전을 추구해보기 위해 이 작품을 썼다. 즉 노발리스는 괴테를 능가하는 낭만주의적 교양소설을 쓰고자 했던 것으로 보인다.

그러므로 『하인리히 폰 오프터딩엔』에는 줄거리가 거의 없고 중세의 전설적인 예술가를 주인공으로 등장시켜 동화에서 볼 수 있는 초감각적인 세계를 묘사하고 있다. "훌륭한 동화란 모든 것이 불가사의하고 비밀에 가득 차 있고, …… 자연과 정신이 서로 결합되어 있어야 한다."고 한 노발리스는 이 소설을 동화에 접근시켰다.

꿈과 동화의 세계 속에서 자연은 정신을 지닌 정령으로 화하여 입을 열어 이야기하고, 유한한 현존재는 무한의 세계로 뻗어나간다. 환상과 실제의 경계가 무너지고 삶과 죽음의 경계도 사라져 죽은 자가 산 자처럼 이야기를 한다. 주인공은 하인리히지만 이야기 전체가 마법에 싸여 있는 듯한 느낌이고 형식적인 면에서도 현실의 속박을 벗어나 상상이 자유로운 동화 형식을 빌렸다.

또한 이 작품에는 주옥 같은 시가 여기저기 산재해 있고 작품에 등장하는 '푸른 꽃'은 신비에 가득찬 현실의 원래 모습에 대한 동경을 나타내는 상징으로, 하인리히가 찾아나서는 '푸른 꽃'은 낭만주의 문학의 상징이 되었다. 비록 미완성이긴 하나 독일 낭만파 문학의 대표작으로 널리 회자되고 있다.

◈ 추천도서
『푸른 꽃』, 김재혁 옮김, 민음사, 2003
『파란 꽃』, 김주연 옮김, 열림원, 2003
『푸른 꽃 외』, 이유영 옮김, 범우사, 2003

― Das Buch der Lieder ―

노래의 책

아름다운 5월에, 노래의 날개 위에서

하이네 지음

1827년에 발표된, 당시까지 나온 하이네의 서정시들 중에서 정선하여 만든 시집으로 하이네를 세계적인 시인의 반열에 올려놓은 작품이다. 젊은 시절의 사랑에 대한 열정과 정신적인 동요에서 태어난 이 작품들은 하이네의 정열과 고뇌와 비탄이 민요적이고 서민적인 표현으로 나타나 있다. 「노래의 날개 위에」, 「아름다운 5월에」, 「로렐라이」 등의 시는 브람스, 슈베르트 등이 곡을 붙여 우리에게도 아주 친숙하다.

  서정시인이자 민중시인인 하이네(Heinrich Heine, 1797~1856)는 독일 뒤셀도르프에서 유대인 상인의 장남으로 태어났다. 아버지는 다소 무능한 미남이었고 어머니는 명망 있는 학자 집안 출신이었다. 어린 시절 그는 함부르크 은행가였던 숙부 아래서 성장하면서 빈부의 격차가 무엇인지를 체험했다. 이 시기에 두 명의 사촌동생 아말리에와 테레제를 열렬히 사랑했으나 그녀들의 냉담한 반응에 깊은 마음의 상처를 입었다. 숙부의 도움으로 1819년 본 대학, 괴팅겐 대학, 베를린 대학에서 공부했다. 특히 슐레겔의 문학 강의와 헤겔의 변증법 강의에서 많은 영향을 받았다.
  1827년에 발표한 『노래의 책』은 그때까지 나온 하이네의 서정시 가운데 우수한 것을 엄선한 시집으로, 소박한 민요풍의 리듬과 풍부한 음감의 언어가 조화되어 작곡가들의 사랑을 받았다. 이후에 그는 『여행화첩』

에서 교회나 귀족을 비판하여 낭만적, 서정적 범주를 벗어나 냉혹한 독일 현실에 대한 냉소를 담기 시작했다.

1828년 이탈리아를 여행하고 쓴 『이탈리아 기행』에서는 '인류 해방을 위한 전사'로서의 사명감에 불타서 정치선언을 하기도 했다. 시간이 지날수록 각혈을 하는 등 건강이 몹시 악화되어 갔다. 1830년 하이네는 프랑스의 7월 혁명에 감격하여 봉건 독일에 대항하려다가 체포의 위협을 느껴 1831년 혁명의 중심이자 자유주의의 중심도시인 파리로 망명하여 그곳에서 제2의 인생을 시작했다.

제2의 고향이 된 파리에서 그는 먼저 망명해온 독일 자유주의 신봉자들과 프랑스의 위고, 발자크 등과 친하게 지내며 정열적인 문필활동을 전개했다. 또한 『프랑스의 정황』, 『독일의 종교사와 철학사』 등을 써서 프랑스의 실태를 독일에 알리는 한편, 독일의 진실과 아름다움을 프랑스에 소개하여 양국간의 문화적 교량 역할을 담당하기도 했다.

1835년에 독일의 반동정치에 대해 비판한 글들이 문제가 되어 하이네 자신을 포함한 '독일 청년파' 시인들이 곤경에 처하자 1840년에 정치투쟁의 전면에 나섰다. "정치적 침묵은 끝났다."고 선포하면서 진보적인 자신의 신조를 전파하기 시작했다. 그러면서도 작품활동은 계속하여 독일 낭만파의 전통을 근본적으로 혁신시킨 장편 풍자시 『아타트롤, 한여름 밤의 꿈』과 혁명적인 장편 서사시 『독일, 겨울 이야기』, 그리고 1844년에 1928년까지의 작품을 모은 『신시집』을 발표했다. 이 시집에는 애정시와는 거리가 먼 정치적 참여시와 독일 상황을 비판하는 세태시를 수록하고 있어 '신新'이라는 접두사를 붙였다. 그즈음 파리에 와 있던 마르크스와 만나면서 사회혁명에 대한 자신의 신념에 확신을 가졌다.

1848년부터는 악성 척추마비 때문에 병상에서 일어나지 못하고 그의 표현을 빌면 "이불의 무덤" 생활을 하게 된다. 그는 이때부터 시작된 투병생활에서 하느님께 귀의하는 겸허한 신앙인으로 변신했다. 병상에서 발표한 『로만체로』(설화시집)에는 고통을 해학적으로 감싸려는 하이네의 의지가 담겨 있으며 인간에 대한 통절한 비탄이 가득하지만 민주혁명에 대한 신념은 최후의 순간까지 버리지 않았다. 그는 끝내 고국으로 돌아가지 못하고 1856년에 파리의 몽마르트 언덕에 안장되었다.

하이네는 독일문학의 황금기인 '예술시대'를 부정하고 새로운 시대를 열었다. 독일문학에서 '예술시대'란 '예술은 영원하고 인간은 유한하다'는 인식 아래 예술을 인간의 삶보다 더 중시하고 예술과 예술인을 우대했던 시대를 말한다. 1800년 무렵을 전후한 이 시기의 독일문학은 고전주의와 낭만주의에 해당한다.

하이네의 문학세계는 괴테의 고전주의와 슐레겔의 낭만주의의 영향을 많이 받았다. 하이네는 한 논문에서 외적이고 객관적인 것에 초점을 맞추는 고전주의보다 감성의 세계를 지향하는 낭만주의를 새로운 예술 방향이라고 주장했다. 이런 탓에 그의 초기 시에서는 사촌 여동생 아말리에에 대한 가슴 아픈 표현들이 많이 발견된다. 사랑의 고통과 환멸, 동경으로 가득 찬 그의 초기 시들에서 사랑은 '꿀 속에 담긴 고통'으로 비유되고 있다.

> 아침에 일어나면 나는 묻는다.
> 사랑하는 임이 오늘은 올까?
> 저녁엔 쓰러져 나는 한탄한다.
> 그 임은 오늘도 오지 않았다.
> ― 「노래들1」

감정에 치중하던 하이네는 현실참여적인 시로 전향하면서 운문작가에서 산문작가로 변신한다. 숙부에게 체험한 자본주의의 이윤추구에 혐오를 느낀 그는 함부르크를 "상인들의 방탕한 보금자리" 등으로 표현하고 괴테를 "귀족의 머슴"이라고 공격했다. 그는 괴테를 조화롭고 완결된 예술 창작의 사표로 생각하면서도 괴테의 정치적 무관심에 대해서는 신랄했다. 동시에 괴테 시대를 "괴테의 요람에서 시작하여 그의 관(棺)에서 끝날 예술시대"로 단정하고 다음과 같이 예술시대의 종말을 선언했다.

> "괴테 시대의 원칙인 예술 이념은 물러가고 새로운 시대가 새로운 원칙과 더불어 부상하고 있다. 그런데 희한한 일이다. 새 시대는 괴테에 대한 반란으로 시작하고 있다!"

그러나 하이네는 말년에 다시 괴테를 옹호하고 서정시쪽으로 관심을 돌렸다. 그의 종교관과 시 세계에 이러한 변화가 생긴 것은 그를 죽음으로 몰고간 질병의 고통이었던 것 같다. 죄 없이 고통받는 자의 모티브가 또 하나의 테마를 형성한 것이다. 그러기에 그는 "정직한 사람이 이 세상에서 왜 이토록 고통을 받아야 하나요? 이것이 내가 늘 고문 침대 위에서 몸을 뒤척이며 묻는 질문입니다."라고 호소했다. 하이네의 이러한 고통 받는 인간상에 대한 묘사는 그 후 표현주의와 20세기 두 번의 세계대전 이후의 전후문학에서도 지속된다.

주요 내용

1827년에 나온 이 시집은 「젊음의 고뇌」, 「서정시 간주곡」, 「귀향」, 「하르츠 기행」, 「북해」 등 모두 5부로 구성되어 있으며 우리에게 널리 알려진 시가 여러 편 실려 있다. 제1부에는 슈만의 작곡으로 유명한 「척탄병」이, 제2부에는 멘델스존에 의해 작곡된 「노래의 날개 위에」와 「아름다운 5월에」, 제3부에는 「로렐라이」와 「그대는 한 송이 꽃처럼」 등이 실려 있다.

제1부 「젊음의 고뇌」에 실린 초기 시에서는 낭만주의의 특징인 단조롭고 친근한 언어와 자연에 대한 감정, 그리고 정감어린 시심을 수용하여

독자들의 공감을 얻었다. 그러나 시인의 독자성을 확보하면서부터 그는 "민중을 움직여 감동시키는 것"이 예술의 본질에 속한다고 생각하여 점차 낭만주의에서 멀어져 갔다. 1부에 실린 「척탄병」은 하이네가 젊은 시절에 품고 있던 나폴레옹에 대한 열광을 표현하고 있는 작품으로, 러시아에서 귀향하는 두 명의 병사가 구금되어 있는 나폴레옹에게 바치는 사랑을 그리고 있다.

제2부 「서정시 간주곡」에 실린 시들은 대부분 길이가 짧은 것이 특징이며 사촌 여동생 아말리에를 향한 못다 한 사랑의 아픔을 담은 시들이 포함되어 있다. 「아름다운 5월에」, 「그대 꽃들은, 작은 꽃들은 알련만」, 「별 하나 떨어지네」 등의 시는 시어와 표현하고자 하는 사상 내용이 잘 어우러지고 있다. 그래서 슈베르트나 슈만 같은 작곡가들은 하이네의 주옥 같은 시에 곡을 붙여 민중의 애창곡으로 재탄생시켰다.

    노래의 날개 위에

    노래의 날개 위에,
    사랑하는 임, 당신을 실어가리다.
    저 멀리 갠지스의 평원으로,
    그곳은 내가 아는 가장 아름다운 곳.

    그곳에는 붉은 꽃 피어나는 정원이,
    고요한 월광을 받고 있다.
    연꽃들도 사랑하는,
    자매를 기다리고 있다.
    제비꽃들은 키득거리며 소곤거리며,
    별들을 쳐다본다.

장미들은 은밀히 향기로운 동화를,
서로의 귓속에 소곤거린다.

껑충거리며 지나가다 엿들은,
천진스런, 영리한 영양羚羊들,
그리고 멀리서 출렁이는,
성스러운 강물소리.

그곳에 앉읍시다.
종려나무 아래,
그리고 사랑과 안식을 마시며,
행복한 꿈을 꿉시다.

제3부 「귀향」에서도 사랑의 체험을 노래하고 있으나 2부보다 주제의 처리나 형상화가 더욱 세련되어 있다. 「나의 마음 슬퍼라」, 「그대는 한 송이 꽃처럼」, 「로렐라이」 등이 유명하다. 「로렐라이」라는 이름으로 알려진 시의 원래 제목은 '그것이 무엇을 뜻하는지 나는 모르겠네'이다. 로렐라이는 라인 강에 전해오는 전설의 요정으로 연인에게 배신당한 슬픔에 바다에 몸을 던진 후 아름다운 자태와 목소리로 뱃사공들을 유혹하여 조난시킨다는 전설의 주인공으로, 하이네의 시에 25명의 작곡가들이 곡을 붙일 만큼 민중에게 사랑받는 민요가 되었다.

그대는 한 송이 꽃처럼

그대는 한 송이 꽃처럼
귀엽고, 예쁘고, 청초하여라.

너를 보고 있으면 서러움이
가슴 가득히 스며드누나.

하느님께서 언제나 이대로
너를 밝고 곱고 귀엽게 지켜주시길.

내 머리 위에 두 손을 얹고
오직 빌고 싶은 마음뿐.

    제4부 「하르츠 기행」은 그가 괴팅겐을 출발하여 고슬라르를 경유하여 일젠부르크로 가는 여행을 서술하고 있다. 그는 이 작품에서 자신이 여행 중에 보고 느낀 것을 적거나 풍자와 기지를 동원해 속물적인 독일 시민계급을 비판했다.
    이러한 비판과는 대조적으로 하이네는 하르츠 주민들의 단순한 삶과 마음에서 우러나오는 진실된 인간의 정을 칭찬하고 있다. 그는 하르츠 주민들의 사고방식과 생활습관을 상세히 묘사하면서 "이들의 삶은 정체되어 있는 것으로 보이지만 사실은 생동감 넘치는 참된 삶이다."라고 적고 있다. 이 작품에서 가장 뛰어난 점은 자연을 생동감 있고 수채화처럼 정교하게 묘사하여 독자가 자연을 직접 대하고 있는 것 같은 착각에 빠져들게 만든 것이다.
    제5부 「북해」는 노르더나이 섬 주민들의 삶을 서술하고 괴테와 나폴레옹에 대한 자신의 생각을 적고 있다. 그는 괴테의 '사물을 보고 느끼는 입체적인 감각과 사고방식'에 경탄을 보냈고 나폴레옹의 '시대를 파악하고 대중을 이끄는' 경륜에 감탄했다. 이 작품에서도 하이네는 그리스도교와 독일 봉건주의를 비판하고 있다.

질문

바닷가, 쓸쓸한 밤 바닷가에,
한 청년이 서 있다.
가슴은 수심으로, 머리는 회의로 가득하다.
우울한 목소리로 그는 파도에게 묻는다.

"아, 나에게 인생의 수수께끼를 풀어다오,
이 고통스러운 태곳적부터의 수수께끼를,
이미 수많은 사람들이 그것을 골똘히 생각했었다,
상형문자가 새겨진 승모僧帽를 쓴 사람들,
터번과 검정 각모角帽를 쓴 사람들,
가발을 쓴 사람들 그리고 또 수많은
땀에 젖은, 가련한 인간의 머리들이.
말해다오, 인간은 무슨 의미를 갖는지?
인간은 어디서 왔는가? 어디로 갈 것인가?
저 위 황금빛 별들에는 누가 살고 있는가?"

파도들은 영원한 그들의 중얼거림을 계속한다,
바람이 불고, 구름이 쫓겨간다.
별들은 무관심하게 차갑게 반짝인다.
그런데 바보는 대답을 기다리고 있다.

"나의 관 위에 화환 대신 칼을"
　하이네는 수준 높은 서정시인으로 그의 시에서는 소박한 민요조의 낭랑한 음조가 흘러나오는가 하면 위대한 자연의 모습이 전편을 메우기도 한다. 재기발랄한 유머와 신랄한 반어 등은 시의 흐름에 갑작스런 반전을 가져와 의미의 단일성을 깨뜨려 다양한 해석을 가능하게 한다.

그의 서정시는 우리나라에도 널리 알려져 있어 이 시에 나오는 라인 강변에 위치한 바위가 독일 여행자들에게는 관광명소가 되었다. 하이네의 책을 제일 먼저 분서焚書 처분한 히틀러도 하이네의 시에 질허가 곡을 붙인 「로렐라이」만은 독일국민이 너무나 애송하여 끝내 금지시키지 못하고 그 노래를 작자 미상의 민요로 허용할 수밖에 없었다고 한다.

하이네는 감미로운 시도 썼지만 격렬한 저항시도 썼다. 그 격렬한 시들 때문에 그는 조국 독일에서 살지 못하고 파리에서 망명생활을 해야 했다. 하이네가 살았던 시대는 초기 자본주의 시대로 그의 표현대로 "인간이 인간을 착취하는 시대"였다. 노동자들은 극도의 저임금에다 과도한 노동을 강요당했다. 작업환경도 열악해서 산업재해에 무방비 상태였다. 그는 고통받는 민중의 편에 서서 시를 썼던 것이다.

그는 가난한 민중을 옹호하고 재산권을 부정했으나 결코 공산주의자는 아니었다. 그는 휴머니스트였고 자유주의자였다. 그는 공산주의가 가져올 폐해를 누구보다 먼저 감지했다. 혁명의 와중에 시대의 모순을 스스로의 모순으로 껴안으려 했던 하이네는 깨어 있는 의식과 신랄한 필치로 민중의 자유와 평등을 수호하려 했다. 다음은 하이네의 유언이다.

"나의 관 위에 화환 대신 칼을 놓아 달라."

❖ 추천도서
『노래의 책』, 김재혁 옮김, 문학과 지성사, 2001

— Der Grüne Heinrich —

녹색 옷을 입은 하인리히

성실한 인생이 아름답다

켈러 지음

'스위스의 괴테'로 일컬어지는 켈러의 자전적 교양소설로 산과 호수의 아름다운 대자연을 배경으로 주인공 하인리히의 인간수업 과정을 다룬 작품이다. 소년시절의 공상벽과 학교에서의 문제행동, 소년기를 통과하는 과정에서 만난 두 여인과의 사랑, 뮌헨에서의 미술수업과 실패, 모친에 대한 죄책감과 귀향, 그리고 사회봉사를 통한 삶의 보람 등을 과장 없이 차분하게 묘사한 사실주의 작품이다.

    민주주의 정착을 위한 인간교육을 문학의 과제로 삼으면서 "작가는 정치를 외면해서는 안 된다."는 정치적 문학관을 피력했던 고트프리트 켈러(Gottfried Keller, 1819~1890).

    19세기 독일 사실주의의 대표적 작가인 켈러는 스위스 취리히 근교의 목재 선반공의 아들로 태어나 5살에 아버지를 잃고 3살 아래인 여동생과 함께 의지가 강하고 헌신적이었던 어머니 슬하에서 어렵게 자랐다. 그는 왜소한 체구였지만 사람을 쉽게 잘 사귀는 성격이었다.

    1831년에서 1834년까지 공업학교에 다니다가 전교생 수업거부라는 학생운동에 연루되어 퇴학당하고 삼촌댁에 머물면서 풍경화가의 꿈을 키웠다. 그는 취리히에서 그림수업을 받기 시작했으나 적당한 선생님을 찾지 못해 1840년 뮌헨으로 갔지만 화가가 천직이라고 생각하면서도 자질은 부족함을 깨닫고 화가수업을 중단하고 2년 만에 돌아왔다. 그리고 취리히에서 당시 스위스에 망명 중이던 청년 독일파 시인들과 교제하면서 그들의 '생동하는 시대의 외침'에 고무되어 작가의 길을 걷기 시작했다.

1848년 취리히 정부의 장학금으로 하이델베르크 대학에서 법학, 문학사 등을 공부하면서 철학자 포이에르바하의 '종교의 본질'이라는 강의를 듣고 커다란 충격을 받는다. 그의 강의는 켈러의 작품세계에 나타나는 이데올로기적 토대를 마련해주었고 또한 현세에 대한 긍정과 인간에 대한 사랑에 바탕을 두는 인생관과 예술관을 확립하게 된다.

1850년에는 베를린으로 가서 바덴 지역의 봉기에 참여할 정도로 혁명운동에 적극 가담하기도 했고 베를린에서 『신시집』(1851)을 출판했다. 그 후 출판사의 빚독촉에 못 이겨 청년기까지의 체험을 담은 사실주의 장편소설 『녹색 옷을 입은 하인리히』(1854)를 발표했다. 그는 이 자전적인 소설에서 삶의 목표를 유용한 사회봉사에 두는 주인공을 설정하여 당대의 이기적인 물질 추구를 비판했다. 이 작품은 꾸준히 개작을 거듭하여 25년 후(1879~1880)에 결정판이 나오게 된다. 그 사이에 단편집 『젤트빌라 사람들』 제1권을 출판하여 이름은 널리 알려졌으나 경제적 빈곤은 해결되지 않았다.

실연의 아픔과 경제적 빈곤으로 고향으로 돌아가 사교생활에 몰두한 끝에 조국에서의 정치 참여와 경제적 자립을 위해 1861년 입후보하여 취리히 주정부 제1서기에 등용됨으로써 지위와 생활이 안정되었다. 그 후 15년 동안 충실한 직장생활을 하면서 여가를 이용해 중세의 종교 전설을 재미있고 인간미 넘치는 소설로 만들어낸 『일곱 개의 전설』과 『젤트빌라 사람들』 제2권을 출판했다.

1876년에 퇴직한 뒤에는 문학활동에 전념하여 고향의 역사에서 취재한 『취리히 단편집』, 한평생 사랑을 동경하면서도 독신으로 일관한 작자가 남녀 사랑의 여러 모습을 원숙한 필치로 그린 단편집 『흰 백합을 붉은 장미로』, 당시 시민사회의 병폐를 날카롭게 파헤친 사회소설『마르틴 잘란더』등 후기 걸작을 잇달아 발표하며 말년까지 창작을 계속했다. 그는 평생 결혼도 하지 못하고 고독한 말년을 보내다 1890년 취리히에서 사망했다.

켈러는 스위스가 낳은 대표적인 사실주의 작가다. 그는 장 파울의 문학 형식을 사회비판에 적합한 사실주의 형식으로 변형하면서 괴테의 세계상에 입각한 고전주의를 계승했으며 포이에르바하의 철학사상에 입각하여 급진자유주의 문학을 계승했다.

그는 자신의 문학활동이 곧 정치활동임을 분명히 했다. 작가에게 중요한 것은 진보를 지향하는 올바른 정치노선을 택하는 것이라고 생각한 그는 반동적인 세계관을 표방하게 되면 그만큼 작가로서의 의미를 상실하게 된다고 주장했다.

그는 민중이 혁명에 기여하여 바람직한 사회를 건설하는 역군이기를 바라는 마음에서 혁명의 해인 1848년 5월 3일의 일기에서 "안 돼, 더 이상 사인私人이 존재해서는 안 된다."고 적고 있다. 이 문장은 켈러의 애국적인 민주주의적 정치신념을 간결하게 표명하고 있는 글귀이자 켈러의 창작활동의 근간을 이루는 창작강령이기도 하다. 그는 변함없는 정치작가로서 민중에 봉사하고 민중의 교육과 교양함양에 이바지하고자 했다.

그가 4월 혁명 이후에도 정치작가로서 신념을 굽히지 않고 창작활동을 할 수 있었던 것은 스위스가 시민계급 국가이긴 했으나 연방국가로서 민주주의적인 정치질서를 지니고 있었기 때문이다. 그는 스위스의 시민계급은 정치적으로 몰락한 독일의 시민계급과는 달리 인문주의에 입각한 민주주의적 이상을 실현할 수 있다고 믿었다.

켈러는 스위스 시민계급이 지니고 있는 정치적 신념을 토대로 자본주의 병폐를 비판하기 시작했다. 그는 이윤만을 추구하는 기업가 정신을 위시하여 모든 것을 상품화하려는 현상들을 진실되게 형상화하면서 비판을 가했다. 그러나 자본주의의 병폐를 극복할 수 있으리라는 신념으로 창작된 그의 작품들의 상당수는 유토피아적인 성격을 지니고 있다. 켈러의 해학도 이러한 낙관주의에서 유래하고 있다.

그는 인간이 경험하는 자본주의적 병폐나 약점을 그냥 내버려두거나 얼버무리지 않고 해학을 활용한 조소를 통해 그러한 사실을 폭로하여 개선하려고 했다. 그러나 병폐가 개선되지 않는 채 자본주의가 발전을 계속하자 그가 형상화한 인간상은 추상적인 색채를 띠게 되었고 그의 낙관주의적인 전망은 빛을 잃고 공허해졌다.

『녹색 옷을 입은 하인리히』는 한 젊은이의 내적 성숙 과정을 그린 고전적 교양소설이다. '녹색 옷을 입은 하인리히'라는 제목은 절약생활을 해야 했던 어머니가 아들에게 늘 아버지의 녹색 옷을 줄여서 입힌 데에 기인한다.

줄거리

주인공 하인리히는 스위스의 유서 깊은 마을에서 건축기사인 아버지와 목사의 딸인 어머니 사이에 태어난다. 그의 아버지는 마을의 지도자로 각 방면에서 활약했으나 하인리히가 5살 때 과로로 사망했다. 하인리히의 어머니는 남편의 유언을 존중하여 하인리히를 신앙인으로 키웠다.

12살 때 하인리히는 실업학교에 들어가 많은 친구들과 사귀게 되는데 가난한 그는 언제나 돈 때문에 자유롭지 못했다. 이처럼 욕구불만에 차 있던 그는 자기과시를 위해 교사배척운동에 가담했다가 주동자로 몰려 퇴학당한다.

고향에 돌아온 그는 그림 그리기에 열중했다. 고향에는 친척들이 많았다. 그는 친척들을 방문하면서 즐거운 나날을 보냈는데, 그중에서도 먼 친척인 유디트의 집이 마음에 들었다. 유디트는 22살의 미망인이었는데 그는 그녀와 만나면 만날수록 관능적인 매력을 느끼게 되었다.

어느 날 그는 백부를 따라 백부의 은사인 어느 철학자를 방문했다. 그 집에서 그는 아름답고 품위 있는 소녀 안나를 알게 된다. 그 집을 여러 차례 방문하는 동안 그는 그녀에게 애정을 품게 된다. 이처럼 하인리히는 유디트에게는 관능적인 사랑을 느꼈고 안나에게는 정신적인 사랑을 느꼈다. 안나가 병으로 죽자 유디트가 그를 유혹했지만 그는 그녀의 구애를 거절해버렸다. 이에 유디트는 미국으로 떠나버렸다.

그림에 전념하던 하인리히는 백부 관리 하에 있던 아버지 유산을 물려받게 됐는데 그는 그 돈으로 본격적인 미술공부를 하기 위해 미술의 도시 뮌헨으로 갔다. 그러나 거기서 여러 가지 체험을 하는 동안에 돈도 다 써버리고 그림도 다 팔아버려 생활이 곤궁해졌다. 그 무렵 그는 우연히 고향 사람을 만나서 어머니가 자신을 보고 싶어 한다는 말을 듣고는 귀향을 결심한다.

귀향 도중 그는 폭풍을 피하기 위해 우연히 어느 백작의 집에 들어갔다. 이 백작은 그의 그림 수집가였으며 그의 그림을 사 모으는 중이었다. 백작은 그의 재능을 높이 평가함과 동시에 그의 그림을 비싼 값으로 사주었다.

오랫동안 그곳에 머물던 그는 백작의 권유로 다시 뮌헨으로 가서, 집에 돌아가는 것도 잊어버리고 그림에만 열중했다. 백작 덕분에 작품이 호평을 받아 그림값도 올랐고 수입도 많아졌다. 한편 그에게 호의를 보였던 어느 고물상이 죽자 그는 고물상의 재산을 물려받았다.

부자가 된 그는 어머니를 기쁘게 해주기 위해 고향으로 돌아갔다. 집에 돌아와 보니, 어머니는 위독한 상태여서 아들을 보아도 말을 하지 못하다가 곧 숨을 거둔다. 그는 어머니의 눈을 감겨주고 얼빠진 사람처럼 앉아서 인생에 지친 자기 자신을 발견한다.

그 후 미술에 대한 자신의 재능에 한계를 느낀 그는 붓을 던져버리고 공공복지를 위한 정치활동을 시작한다. 정치활동도 예술활동과 마찬가지로 가치가 있다고 생각했기 때문이다. 그는 관리를 거쳐 계속 승진해 나갔다.

그러던 어느 날 유디트를 만났다. 그녀는 10년 전에 이민단을 따라 미국으로 갔으나 하인리히가 그리워 홀로 귀국한 것이었다. 그들은 다시 만났으나 애욕에 빠지지 않고 친구로서 서로 사랑하고 도우면서 향후 20년간 보람 있는 생을 보낸다.

소박하고 솔직하게, 성실하고 교양있게

『녹색 옷을 입은 하인리히』는 어떤 극적인 사건이나 모험을 다루고 있지 않다. 일상생활에서 흔히 볼 수 있는 평범한 일들을 모아 인간의 정서와 의욕과 성장과정을 그린 작품이다. 그런 면에서 괴테의 『빌헬름 마이스터』와 유사한 교양소설이다.

이 작품에서 켈러는 교양을 중시하고 있으며, 교양이 인간 발전에 미치는 영향을 강조하고 있다. 주인공은 그가 택한 예술 분야에서 실패하는 등 다양한 현실 경험을 하면서 바람직한 인간으로 나아가는 시련 과정을 통해 내적 성장을 이룩한다. 켈러가 추구하는 인간상은 고전주의적 인간상과 유사하다. 켈러는 무산자들과 공감대를 이루며 유산자의 경우는 재산으로 인해 타락하지 않은 자들과 유대를 맺었다. 반면에 물질적 욕구나 명예욕, 권력욕에 사로 잡혀 있는 유산자들을 백안시한다.

켈러는 괴테와 마찬가지로 사회를 위해 능동적으로 봉사하는 인간상을 그리고 있는데 개인의 완성에 목표를 두고 있는 괴테의 『빌헬름 마이스터』와 달리 『녹색 옷을 입은 하인리히』는 주인공이 예술가로서의 개인의 발전에서 출발하지만 결국 시민으로서 국가 사회에 봉사하는 데서 보람을 찾는다는 점에서 괴테와 다르다.

초판에서는 예술가로 입신할 것을 결심한 주인공이 재능의 한계를 느끼고, 또한 어머니를 자신의 예술 생활 때문에 죽음에 이르게 한 죄를 빌기 위해 자살하는 것으로 되어 있었으나, 다음 판에서는 고뇌를 극복하고 고향에 돌아가 공무원이 되어 국가사회에 봉사하는 평범한 생활 속에서 생의 보람을 찾도록 개작되었다. 이는 근대적인 의의라 할 수 있다.

『녹색 옷을 입은 하인리히』에는 극적인 사건도 위대한 모험과 행동, 그리고 열광도 없다. 그저 소박하고 솔직하고 평범한 가운데 일상의 의무를 다하는 한 시민을 과장하지 않고, 미화시키지도 않으며, 있는 그대로 묘사하고 있을 뿐이다. 이런 면에서 켈러의 사실주의적인 작가정신을 엿볼 수 있다.

◇ 추천도서
『초록의 하인리히』(전 2권), 고규진 옮김, 한길사, 2009

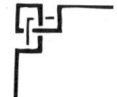 — Der Zauberberg —

마의 산

생과 사의 길목에서

만 지음

스위스의 한 폐결핵 요양소를 무대로 제1차 세계대전 직전에 내부적으로 열병을 앓고 있던 서구의 정신상황과 시대의 문제를 풍부한 성찰과 반어로써 표현했다. 생과 사의 중간에 존재하는 폐쇄된 세계인 '마의 산'에서 주인공은 다양한 인물을 만나게 되는데, 이 과정에서 정신적 성장을 이루어나간다. 낭만적이고 보수적인 휴머니즘에서 사회적 휴머니즘으로 발전해가는 작가의 세계관이 잘 드러나 있다.

릴케, 카프카와 함께 현대 독일문학의 3거두로 평가되는 토마스 만(Thomas Mann, 1875~1955)은 독일 북구 뤼베크의 부유한 상인 가정에서 태어났다. 아버지로부터 냉철하고 명석한 기질을, 그리고 남미 출신인 포르투갈계 어머니로부터 섬세한 감수성과 예술가적인 기질을 물려받았다. 만의 이러한 배경 자체가 그의 작품 전반에 흐르는 묘사기법인 '이중성'을 잘 암시해 주고 있다. 그의 형인 하인리히 만도 소설가 겸 평론가였으며 누이동생 중 한 사람도 여배우가 되는 등 예술가 집안이었다.

16살 때 부친의 죽음으로 예술과 문학의 중심지인 뮌헨으로 가서 한때 보험회사에서 근무하기도 했으나 곧 사직하고 문학 지망을 선언한다. 이탈리아의 로마에서 1년 동안 독서에 전념한 후 1900년에 집안의 역사를 다룬 장편 『부덴브로크가의 사람들』을 출판하여 화려한 데뷔를 하게 된다. 그 후 자신의 내부에 흐르는 예술가적 기질과 시민적 기질의 융합 문제로 고뇌하다 3년 후 주옥같은 단편 「토니오 크뢰거」로 이를 정리했다. 이 작품은 오랜 정신적 편력 뒤에 평범한 인생을 사랑함으로써 자기의 예술을 고귀하게 만들려고 결심하는 청년시인 토니오 크뢰거를 통해 젊은 날의 자화상을 묘사한 것이다.

1905년 뮌헨 대학 교수의 딸 카차와 결혼하여 3남 3녀를 두었다. 자녀들은 모두 자신의 분야에서 능력을 발휘했다. 이들의 행복한 생활상은 1909년 발표된 『대공전하』에서 암시된다. 1912년 아내인 카차가 폐결핵에 걸려 스위스의 다보스 요양원에 입원한다. 간병차 거기서 3주일을 지낸 만은 그 고원 요양소에서 보고 들은 것들을 바탕으로 단편소설을 구상하는데 이것이 결국 12년 후인 1924년에 장편소설 『마의 산』으로 결실을 맺는다.

1914년에 일어난 제1차 세계대전은 그에게 열렬한 애국심을 불러일으켰는데 그의 형과 몇몇 작가들은 전쟁을 유발한 독일에 대해 비판을 한 반면, 만은 『프리드리히와 대동맹』과 『비정치적인 인간의 고찰』이라는 에세이집을 발표하여 독일을 옹호하는 보수주의적 입장을 견지했다. 그는 여기서 밀려오는 민주주의 물결로부터 독일문화의 전통을 옹호하려 했다. 그러나 당시 만의 사고방식에는 인간의 존엄성에 바탕을 둔 민주주의의 본질에 대한 이해가 결여되어 있어 그는 민주주의 물결과의 싸움이 승산이 없다는 것은 알고 있었다.

그는 자신의 사고방식의 오류를 깨닫고 정신의 고귀함과 민주주의를 화해시키기 위해서 인간성 탐구 작업을 진행하였다. 예를 들어 「독일 공화국에 대하여」, 「괴테와 톨스토이」 같은 논문은 민주주의에 대한 가치를 인정하는 만의 사상적 변화를 표현한 것이며, 이것이 문학작품으로 열매를 맺은 것이 『마의 산』이고, 그는 이 작품으로 1929년 노벨문학상을 받았다.

1933년 히틀러의 집권으로 독일이 암흑사회로 변하자 그는 결연히 히틀러와 결별을 선언하고 10여 년의 망명길에 올라 유럽 각지를 순회하며 나치즘을 비판했다. 1938년에 미국으로 이주하여 프린스턴 대학의 객원교수가 되고 「다가올 민주주의의 승리에 대하여」라는 강연과 「유럽에 고한다」라는 논문을 통해 위대한 민주주의자로 변모하게 된다. 문학적으로는 독일의 국민성이나 문화의 특질에 대한 새로운 통찰력을 얻어 장편소설 『파우스트 박사』로 과거의 독일문화에 대해 신랄하게 비판했다.

히틀러 치하의 독일에는 야만은 있어도 문화는 존재하지 않았다. 독일의 문화는 미국 등지에 망명한 독일의 예술가들에 의해 보존되고 있었는데 미국이 1952년부터 반공정책으로 돌아서자 그들은 스위스로 돌아왔다. 만은 1955년에 실러 150주기 기념강연을 통해 독일 통일을 염원하는 강연집 『실러 시론』을 남기고 몇 달 후 운명했다.

토마스 만은 독일문학사상 전환점에 선 작가다. 그가 태어난 1870년대는 독일에서 자연주의 문학이 날카로운 비판을 받기 시작했고 새로운 문학양식이 대두되던 때였다. 낭만주의도, 피히테의 철학도, 프랑스 혁명의 열정도 이제는 시들고 말았다. 과학의 놀라운 발전에 의해 바야흐로 숨가쁜 시대가 다가온 것이다. 독일문화 전통의 막바지 인물인 그를 계기로 독일의 문화는 집대성되고 반성된다. 작가 자신이 독일문화의 장점과 단점을 자신 속에 모두 포함하고 있기 때문이다.

특히 니체, 쇼펜하우어, 바그너가 그의 문학에 많은 영향을 주었는데 그는 그러한 여러 이질적 요소를 모두 자기 속에 용해시켜 나름의 운명관 속에서 독일의 과거와 현재를 연결시켰다.

그를 생각할 때 우리는 그의 숨 막히는 고뇌와 그 심연을 건너려는 진지한 노력을 상기해보게 된다. 질식할 듯 무거운 19세기 말의 분위기 속에서 한 가닥의 구원을 모색하는 데 그처럼 정성어린 노력을 기울인 작가도 드물다. 그러므로 그의 일생은 정지된 생이 아니라 항상 새로운 것을 창조하려는 생성의 길이었다. 80년에 걸친 그의 일생은 그야말로 완성을 위한 인내의 길이었다.

만의 작품세계를 들여다보면 그가 공통된 주제, 즉 예술과 생활이라는 문제를 계속해서 다루고 있는 것을 알 수 있다. 그러나 그는 이 문제를 진부하고 동일한 관점에서 시작해서 동일한 결말로 이끌어간 것은 결코 아니다. 이 문제는 작가 토마스 만의 인간적인 성숙과 더불어 점점 더 성숙되어 갔고, 초기의 작품에서 보이는 구원할 길 없는 우울과 환멸감은 만년의 작품에 이르러 조화와 해결의 길로 들어서게 된다.

줄거리

『마의 산』은 스위스의 한 결핵 요양소를 무대로 제1차 세계대전 이전에 내부적으로 병들어 있던 서구의 정신 상황과 시대의 문제를 풍부한 성찰과 반어로써 표현하고 연금술적, 신화적 요소 등을 도입한 상징적이고 정교한 구성으로 발표되자마자 독자들의 열광적인 반응을 얻었지만 의학계의 비난을 받기도 했다.

함부르크 가의 명문 태생인 한스 카스트로프는 스위스의 다보스에 있는 요양소로 사촌형 요아힘 침센을 문병하기 위해 3주간의 예정으로 체류한다. 한스는 대학시절에 조선기술을 공부했고 이제 실습만을 남겨두고 있었다. 그는 부모를 일찍 여의었으나 유복한 생활을 하고 있는 청년이었다.

'마의 산'은 세속적인 일상생활과는 분위기가 전혀 다른 삶과 죽음의 중간에 존재하는 폐쇄된 세계다. 그런데 그는 원장으로부터 요양할 필요가 있다는 선고를 받고 7년 동안이나 '마의 산' 근처에서 머물게 된다. 처음에는 병 때문에 머물게 되었지만 점차 고원지대의 분위기와 병에 대한 묘한 친근감 때문에 계속 머물면서 다양한 인물들을 만난다. 즉 서구적 합리주의를 대표하는 제템브리니, 신비적 교회주의와 죽음을 상징하는 예수회 수도사인 나프타, 원초적인 사랑을 가르치는 러시아 여성 쇼샤, 본능적인 감정으로 사는 걸물 페파코른 등은 정신적 백지 상태인 한스를 다양한 색깔로 물들이고 그들을 통해 한스는 정신적으로 성장해 간다. 특히 한스의 마음을 사로잡은 이는 클라우디아 쇼샤라는 러시아 귀족 부인으로, 자신의 병과 바꾸어 자유를 얻었으며 일체의 관습에 얽매이지 않는 자유분방한 여인이었다. 지금까지 그녀의 남편을 본 사람은 아무도 없었고 여기저기 요양원을 떠돌아다니는 것으로만 추측되었다. 축제가 있던 날 밤에 한스는 그녀에게 접근해 관계를 맺는다. 그런데 쇼샤 부인은 다음날 그곳을 떠난다.

젊은 한스나 요아힘 침센에게 영향을 미치는 인물은 이탈리아 학자인 제템브리니였다. 19세기 유럽 지식인의 특징을 갖춘 인물인 제템브리니는 진보적인 사고와 계몽적인 교육관을 그들에게 역설했다.

요아힘은 자신이 복무하던 군으로 돌아가고 싶어 했는데 어느 날 원장의 경고도 무시한 채 하산했다가 병이 악화되어 다시 입산했다. 그는 얼마 지나지 않아 조용히 숨을 거두고 만다. 한편 제템브리니는 완치 가능성이 희박하여 근교의 마을에 세를 얻어 이주한다.

같은 숙소에 있던 예수회 수도사 나프타는 불행한 과거를 지니고 있는 유대인으로 학문이 뛰어나 고아의 처지에서 예수회 최고 수준의 교육을 받았으나 결핵으로 쓰러져 요양 중이었다. 그는 갑자기 심경의 변화를 일으켜 모든 것을 부정하고 원시 그리스도교의 원시공산제도를 옹호한다. 이에 대해 한스는 당혹감을 감추지 못했으나 차차 제템브리니와 나프타 사이의 관념적 대립에 말려들고 두 관념적인 극단과 투쟁에 많은 회의를 느끼게 된다.

어느 날 한스는 스키를 타다가 눈보라를 만나 생사의 고비를 넘기는데 그때 비로소 '죽음의 모험은 삶 속에 있으며 그것이 없으면 삶이 되지 않는다'는 사실을 깨닫는다. 생사의 세계를 경험한 한스는 죽음에는 어떠한 사상도 개입되어서는 안 된다고 생각하고 생과 미래에 봉사할 것을 다짐한다. 이 부분이 소설의 절정을 이룬다.

제1차 세계대전이 발발하자 한스는 산에서 내려가 전쟁터로 나간다. 그는 포탄이 어지럽게 날아다니는 가운데 요양원에서 불렀던 죽음을 초월하는 삶의 노래인 「보리수」를 부르며 참전하고, 작가는 그가 죽었는지 아직 살아 있는지 알려주지 않은 채로 소설을 끝맺는다.

생사합일의 인간형 제시

『마의 산』은 만의 일생의 문제인 '생과 사'라는 거대한 주제가 방대하게 펼쳐진 작품이다. 한스가 마의 산에 머물면서 관능적인 사랑을 가르치는 러시아 여인 쇼샤, 그를 세속적인 세계로 돌려보내려는 합리적 계몽주의자 제템브리니, 금욕적인 수도사 나프타, 그리고 본능적이고 감각적인 감정에 충실할 것을 권하는 페파코른 등을 만나는 과정에서 이들의 행태는 백지 상태의 청년 한스에게 생사의 문제, 인생에 대한 여러 문제를 보여줌으로써 그를 혼란과 고민으로 몰고 간다. 특히 나프타와 제템브리니의 집요한 논쟁, 즉 진보와 이성의 편에 서느냐 반동과 독재의 편에 서느냐를 한스에게 강요하는 이 논쟁은 제1차 세계대전이 임박한 유럽 시민사회의 심리적, 정신적 상황을 부각시켜주고 있다.

그런 후 어느 날 한스는 눈보라로 조난을 당하는데 이 고립을 통해 죽음이란 삶과 대립하는 것이 아니라 삶 속에 포용되고 통일되어야 하는 것임을 깨닫게 된다. 이렇게 삶과 죽음 등 대립적인 요소들을 합일시켜 이해할 수 있는 인간형은 독일 시민사회의 붕괴라는 위기 앞에 만이 내놓은 새로운 인간형이다. 만은 『마의 산』을 통해 시민계급의 붕괴 직전의 안일을 고발하고 있는데, 세기말적인 시민사회의 공허감이 이토록 처절하게 묘사되고 유럽 사회의 붕괴 과정이 이렇게 명료하게 표출된 작품도 흔치 않을 것이다. 이 작품을 통해 우리는 인간 내면의 기록, 다시 말해 자아와 의식의 발전과정을 눈앞에 그려보게 되고, 만은 이것을 뛰어난 상상력과 직관으로 훌륭히 묘사하고 있다.

한편 주인공 한스가 요양소에서 인간 생존의 비밀을 깨닫고 산을 내려와서 현실 속으로 과감히 뛰어드는 부분은 결코 우연한 사건 진전의 과정이 아니다. 한스가 생의 의미를 망각케 하는 음울한 '마의 산'에서 속되고 원시적이며 초라하지만 생명력이 넘치는 아래 세상으로 내려오는 과정은 실로 토마스 만의 생애와 작품의 발전 과정의 승리를 의미한다.

즉 「토니오 크뢰거」, 『부덴브로크가의 사람들』 등의 초기 작품에서 거의 허무주의로까지 발전할 뻔 했던 토마스 만은 『마의 산』을 통해 생의 성숙기에 들어서서 다시금 생을 감격적으로 긍정하고 있는 것이다. 그것은 갈등의 극복이며 작가 토마스 만의 승리다. 자기부정, 자기배반, 갈등의 청년기를 지나 이제 죽음에 지배되는 무력한 고립이 아니라 불타는 생의 이념에 봉사하는 적극적인 정신으로서의 니체적인 생의 긍정이라는 이념으로 돌아와 궁극적으로는 생에 대한 참여를 맞이하는 것이다.

이 작품에서 만은 한 청년의 산상생활에서의 내면적인 경험을 바탕으로 전 유럽을 투시하고 있으며 주인공 한스가 생의 새로운 인식을 얻고 평지에서 일어난 전쟁이라는 소용돌이 속으로 과감하게 뛰어들기까지 7년간의 영혼의 기록은 19세기 말의 퇴폐적인 경향에서 벗어나 생의 긍정을 모색하려 몸부림치던 당시 유럽사회의 모습을 보여주고 있다.

◈ 추천도서
『마의 산』, 곽복록 옮김, 동서문화사, 2007
『마의 산』(전 2권), 홍경호 옮김, 범우사, 1996

말테의 수기

사실주의를 넘어 실존주의로

릴케 지음

19세기 사실주의적 소설과 확연히 구별되는 대표적인 현대소설의 하나로 보통 소설과는 달리 통일된 줄거리도 없고 소설다운 사건의 전개도 없으며 편지, 일기, 단상, 성찰, 회상, 삽화, 독서 체험 등 단편을 집합시켜 구성해 놓은 수기 형식의 소설 아닌 소설이다. 완성하기까지 6년이 걸린 이 작품은 릴케문학의 비밀이 집대성되어 있는 귀중한 작품으로 죽음과 사랑, 고독과 불안이 주요 테마를 이루고 있다.

"장미, 오 순수한 모순이여……!"라는 묘비명처럼 장미를 너무 사랑한 나머지 장미 가시에 찔려 죽은 릴케(Rainner Maria Rilke, 1875~1926).

릴케는 국적이 모호하다. 조상의 국적은 오스트리아고 릴케 자신은 체코의 프라하에서 태어났으나 러시아를 동경했고 독일어로 시를 썼다. 그러면서도 독일에 정주하지 않고 파리와 스위스에 거의 머물렀다. 그의 마음속에는 국경이라는 개념이 없어 보인다.

릴케의 부친은 군 출신의 평범한 철도회사 직원이었고 어머니는 좋은 가문 출신의 허영심 많은 여자였다. 그의 부모는 성격 차이로 갈등이 잦았고 특히 어머니는 릴케의 죽은 누이에 대한 미련으로 릴케가 5살 때까지 여자옷을 입히고 여성스럽게 길렀다. 그래서 어린 릴케는 그림책과 인형을 상대로 어린 시절을 보내야 했다.

릴케가 9살이 되었을 때 부모는 마침내 이혼을 했으며 릴케는 아버지의 강권에 의해 육군 유년학교에 들어간다. 5년간 교육을 마치고 육군사관학교에 입학했지만 여성적이었던 그는 엄격한 규율이 있는 생활을 견디지 못하고 상업학교로 전학한다.

그 후 프라하 대학 문학부에서 본격적인 문학수업을 받았고 뮌헨 대학에서 일생동안 정신적 우정을 나누게 되는 여성인 루 살로메(1861~1937)를 알게 된다. 루와 릴케가 만난 것은 1897년, 루가 36살, 릴케가 22살이었다. 무명 시인과 유명 여류작가의 만남은 두 사람을 흥분시켰다. 루는 릴케에게 연인이자 어머니였다. 14살 연상인 살로메는 릴케를 시인으로서, 그리고 남성으로서 눈뜨게 했다. 당대 유럽을 대표하는 세 천재 니체, 릴케, 프로이트의 마음을 온통 사로잡고(니체는 루에게 청혼했다가 거절당하자 정신착란을 일으켰으며 프로이트는 자신의 서재에 루의 사진을 걸어둘 만큼 애정을 보였다) 만나는 남성들의 가슴마다 불을 지핀 '불타는 생명력'을 지닌 살로메와 릴케의 우정은 릴케의 결혼 이후에도 여러 해 동안 지속되었다. 그러나 릴케가 죽자 루는 『릴케』라는 회고록에서 "나는 너의 아내였다. …… 우리는 친구이기 이전에 부부가 되었다."라고 적었다.

릴케는 1899년과 1900년에 두 차례에 걸쳐 살로메와 함께 러시아를 여행했다. 끝없이 펼쳐지는 광야와 경건하고 소박한 민중의 생활은 그의 시심을 키워주었다. 톨스토이를 만난 것도 그때였다. 러시아 여행에서 돌아온 릴케는 독일의 화가촌인 보르프스베데에 머물면서 젊은 인상파 화가들에게 자연에 대한 안목을 배웠다. 그는 훗날 이때의 경험을 "나는 만물이 얼마나 순수한가를 배우게 되었다."라고 술회했다. 그곳에서 로댕의 제자이자 여류 조각가인 클라라 베스토프를 알게 되어 두 사람은 1901년 결혼했다.

이들 부부는 1902년에 출판사의 위촉으로 『로댕론』을 집필하기 위해 파리에 오지만 각자의 예술활동에 정진하기 위해 별거에 들어갔다. 그는

1년 남짓 로댕의 비서로 일하게 되어 한 집에 기거하면서 로댕의 예술적 표현력과 신비를 체득하게 된다. 릴케는 당시의 체험을 "내 생애의 르네상스"라고 표현한 바 있다.

그의 마음을 사로잡은 파리에서의 또 한 가지 체험은 도시의 퇴폐와 빈곤, 죽음의 분위기였다. 그는 거리에서 마주치는 병자, 노인, 걸인들을 통해 사물을 보는 눈이 예리해지게 되었는데, 바로 이때 그의 유명한 걸작인 『말테의 수기』(1910)가 탄생한다. 『말테의 수기』 이후 릴케는 10년 이상의 긴 슬럼프에 빠져든다.

릴케는 여성 팬들이 많았다. 1919년 스위스로 문학 강연을 갔다가 알게 된 한 여성의 배려로 뮈조트 성에 거주하면서 발레리, 지드 등과 교류하며 여생을 보냈다. 『두이노의 비가』, 『르페우스에게 바치는 소네트』 등과 같은 대작이 여기서 이루어졌다.

1926년 가을 어느 날, 그는 자신을 찾아온 미모의 이집트 여자 친구를 위하여 장미를 꺾다가 가시에 찔렸는데 그것이 화근이 되어 패혈증으로 고생하다가 그해 12월, "인생은 멋진 것이다."는 말을 남기고 51살을 일기로 생을 마감했다.

릴케의 활동 영역은 앞서 언급한 것처럼 폭넓고 다양했다. 그러나 그의 대표적인 영역은 시였다. 그는 문학활동 초기부터 시를 썼고 저작의 대부분은 시집이다.

근대시인 가운데 릴케만큼 순수한 내면세계를 시적으로 조형한 지고한 시인은 없을 것이다. 그는 시대의 불안 속에서 팽개쳐진 채 의지할 곳 없이 헤매는 현대인의 소외와 고독을 뼈저리게 느끼면서 오로지 시작詩作을 통해 인간 존재의 궁극적 의의를 찾으려 했다.

그는 "예술은 모든 것을 겉으로 드러내어 보이는 것이어야 하고, 이를 위해서는 소재를 자유자재로 다룰 수 있는 훈련을 해야 한다."는 생각을 가졌다. 그는 풍부한 어휘력과 사물에 대한 관찰력을 기르면서 조각가가 조각을 다듬듯이 시를 빚어냈다.

릴케에 대한 평가는 그가 생존했을 때보다 사후에 점점 높아져 1930년대에는 최고조에 이르렀으며 제2차 세계대전 이후에는 전 세계에 릴케 붐이 일었다. 전후의 공백과 폐허 속에서 그의 영향은 감상이나 열광, 다른 한편으로는 회상록을 통해 신비화되고, 철학자들에 의해 실존주의적 시인으로 다양한 표현을 통해 채색되기도 했다.

줄거리

『말테의 수기』는 파리라는 도시를 배경으로, 한 인간의 깊은 고뇌와 사색을 통한 죽음과 사랑 등을 그리고 있는 1인칭 관찰자 시점의 작품이다. 릴케 자신의 암담한 파리생활 체험을 근거로 한 일종의 내면 기록이기도 한데, 전체가 65개 단락으로 구성되어 있으며 주요 내용은 다음과 같다.

말테는 파리에 살고 있는 덴마크 귀족 출신의 28살 청년이다. 사람들은 살기 위하여 파리로 모여 드는데, 말테에게는 그것이 도리어 죽기 위한 것으로 생각된다. 그는 외롭고 무서운 고독 속에 살며 남몰래 이 같은 수기를 엮는다.

감성이 몹시 예민한 말테는 아파트의 방 하나를 세내어 지내면서 황량한 파리 거리를 방황한다. 그리고 쓸쓸한 방에서 대도시의 고독한 밤을 보내며 자신의 눈에 비치고 귀에 들리는 사람들의 모습을 기록하고 있다. 그러나 그의 시선에 들어오는 것은 병든 나그네나 생명을 유지하면서도 흡사 죽음을 향하듯이 걷는 무거운 임산부의 모습이다. 그리고 그의 귀를 통하여 심장에 울리는 것은 중환자를 실어 나르는 구급차의 소란스러운 소리이다. 그의 눈에 비치는 모든 것들은 슬픈 인생의 이면과 패배자의 모습들뿐이었다. 이런 것들이 모두 무거운 힘이 되어 그의 내면을 뒤흔들었다.

주위의 현실은 비록 그렇다 하더라도 말테는 "나는 보는 것을 배우고 있다."라고 말한다. 보는 것은 말테에게 있어 순수한 수동적인 행위다. 그는 그 대상을 선택하지 않는다. 대상이 주는 인상과 자극을 무엇 하나 거부할 수 없다. 아니 거부하려고 하지도 않는다. 이처럼 아무런 선택이나 거부도 없이 오로지 보는 것을 배운다는 것은 그의 작품의 중요한 테마 가운데 하나다. 그러므로 말테는 보는 것을 배우기 위하여 끊임없이 노력했다. 그 노력은 거의 언제나 추한 것을 대상으로 하고 있지만 고독과 불안과 죽음의 공포에 시달리고 있는 말테와 같은 영혼에게는 그 모든 것이 당연한 것이기도 하다. 현실의 추악함을 작가는 시야에서 몰아낼 수가 없었다. 그에게 있어 예술은 현실에서의 임의적인 선택이 아니라 그 현실을 빠짐없이 아름다운 것으로 전환하는 작업이었다. 아무리 추악한 것이라도 예술작품으로 전환되면 그 부정적 영토에서 구원되며 오히려 보다 큰 긍정으로의 잠재력이 된다.

따라서 이 책은 말테의 절망과 몰락을 그리고는 있지만 말테 자신도 "앞으로 종이 한 장…… 앞으로 한 걸음만 나아가면 나의 심각한 재앙도 행복으로 변할 수 있을 것이다." 라고 말하고 있다. 릴케 자신도 후에 젊은 사람들에게 이 작품은 그 흐름의 반대 반향으로 읽어 주기를 권하며 이 책은 사진의 네거티브와 같은 것이라고 말했다.

이 작품은 특히 소년시절에 대한 추억에 많은 할애를 하고 있다. 덴마크의 명문 귀족 출신인 말테, 광대한 영지를 갖고 있었던 조부, 그리고 외조부의 영지에는 여러 마리 개가 있었고 말테는 개들과 정답게 지냈다. 소년시절의 말테는 융단에 묻혀 발자국 소리도 들리지 않는 호화로운 저택에서 자랐다. 그는 자주 열병에 걸려 환상을 보는 허약한 어린이기도 했다. 어느 날 밤 책상 밑에 떨어진 연필을 줍기 위해 책상 밑에 손을 넣었다가 어떤 여윈 손이 움직이는 환각으로 기겁한 일도 있었다.

이러한 소질은 청년이 된 지금도 남아 있어서 의사로부터 전기요법을 권고받을 정도로 파리의 말테는 여러 가지 불안으로 괴로워한다. 그러나 센 강을 거닐 때는 고서점의 주인이 되어 보았으면 하고 생각해보기도 하고 국립도서관에서 한 시인의 시를 접하면 마을에서 떨어진 곳에 별장을 가졌으면 하고 생각하기도 했다.
　말테가 성장한 후에 부친이 세상을 떠났는데, 그의 부친은 자신의 심장을 바늘로 찔러달라고 유언한다. 말테는 억지로 입회하여 죽음의 공포에 대해서도 생각해본다. 그는 어릴 때의 독서에 대해서도 회상한다. 감명 깊게 읽었던 가짜 황제와 칼 대공의 죽음을 자기 나름대로 기억을 보완하여 이야기 한다.
　수기의 마지막 부분에서 말테는 사랑의 문제를 제시하고 있다. 역사상의 여러 사랑하는 여인들, 예를 들면 중세 프랑스의 신학자이자 스승인 아벨라르와 정신적 사랑을 나누었던 엘로이즈, 그리고 르네상스 시대의 시인인 가스파라 스탐파 등에 있어서는 그 순수한 사랑의 정열이 '최초의 몇 걸음으로 이미 남자를 앞지르고, 전방에 있는 것은 하느님뿐이었다'고 말했다. 이들의 사랑은 고독한 인간과 인간이 서로 사랑함으로써 고독을 해소한다는 단순한 사랑이 아니라 대상을 초월하여 지상의 남성들이 그 사랑을 받아들일 수 없을 정도로 숭고하고 심원한 사랑이라는 것이다.
　말테는 성서에 있는 '탕아 이야기'에 대한 대담하고도 독자적인 해석을 끝으로 작품을 마무리한다. 말테에 의하면 이 탕아는 사랑받기를 거부하고 스스로 고독을 바라며, 마침내 하느님에 의한 영적 사랑이라는 끝없는 작업을 시작한다. 그러나 하느님에게 이르는 길은 너무나 멀었다. 그가 어린 시절을 다시 한 번 살기 위하여 귀향했을 때, 하느님만은 자기를 사랑할 수 있다고 생각했다. "그러나 그 유일한 신은 좀처럼 그를 사랑할 것 같지 않았다."는 말로 말테는 수기를 맺고 있다.

실존주의 문학의 선구 작품

『말테의 수기』는 전체적으로 통일된 줄거리 없이 일기 형식의 단상이나 편지의 일부, 과거의 추억과 비망록, 독서 체험 등을 모은 것이다. 그래서 예술 구성상으로는 엉성하게 보이지만 인간의 고통과 사색을 솔직하게 표현하기 위해 의도적으로 이러한 형식을 취한 것으로 보인다. 특히 파리에서의 고독한 생활은 그에게 인간 실존의 궁극적 모습에 눈뜨게 했으며 사랑과 고독과 죽음을 깊이 생각하게 했다.

작가는 19세기 말과 20세기 초를 살아가던 현대인의 불안과 고독을 직시하며 작품을 통해 이를 치열하게 극복하려고 했고 또한 끝없는 고독과 향수 속에서 인생에 대한 사랑과 죽음, 그리고 신의 구원 문제를 갈구하고 있다. 현실의 깊숙한 곳에서 별개의 현실을 추구하며 세계상의 변화 가능성을 시사한 이 작품은 19세기 사실주의를 넘어 20세기 실존주의 문학작품으로 평가된다.

릴케는 "사람들의 눈은 점점 신에게서 멀어져만 갑니다. 아마도 그들은 광명의 빛 속에서 신을 찾고 있는 것 같습니다. 그러나 사람들은 신이 다른 곳에서 그들을 기다리고 있다는 것을 알지 못합니다. 모든 만물의 근원인 땅 속 깊은 곳에서 마치 밑바닥의 나무뿌리가 서로 엉켜 있는 따스한 토양 속 같은 곳에서 신이 우리들을 기다리고 있다는 것을 말입니다."라고 신에게 구원의 손을 뻗었다. 그러나 그의 사랑도 인간이 원하는 곳에 있지 않다는 것을 그는 이 작품을 통해 여실히 증명하고 있다. 그것은 신의 배반이 아니라 인간이 신을 배반했기 때문이라고 릴케는 생각했을 지도 모른다.

◈ 추천도서
『말테의 수기』, 문현미 옮김, 민음사, 2005
『말테의 수기』, 김용민 옮김, 책세상, 2000

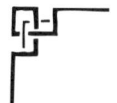

— Unterm Rad —

수레바퀴 아래서

편협한 학교에 짓눌린 청춘

헤세 지음

"시인이 되지 않는다면 아무것도 되고 싶지 않다."고 선언하며 신학교를 뛰쳐나온 천부적 시인 헤르만 헤세는 정신적 방황을 거듭하면서도 주옥같은 시와 글을 썼다. 작가 자신의 체험을 수채화처럼 펼친 자전적 소설로 소년시절의 즐거움과 슬픔, 희망과 절망을 고향 슈바벤을 배경으로 절실하게 묘사했으며 엄격한 교육제도가 학생들의 창조적 개성을 말살한다고 고발했다.

『데미안』의 작가로 친숙한 헤르만 헤세(Hermann Hesse, 1877~1962)는 동양인의 심성에 어울리는 작가다. 아버지는 선교사였고 어머니는 동양학자의 딸로 인도에서 태어난 경건한 여인이었다. 헤세는 어릴 적부터 동서양의 정신을 꾸준히 탐색하여 훗날 괴테와 도스토옙스키처럼 노자, 공자, 역易, 선禪 등을 섭취하여 이른바 '세계신앙'이라는 자신의 '도'에 도달했다.

라틴어학교를 마친 다음 14살에 수많은 경쟁자를 물리치고 당당하게 관비생으로 마울브론 신학교에 입학했다. 그러나 선천적인 시인 기질 탓에 판에 박힌 듯한 기숙사 생활을 견디지 못하고 이탈했다가 결국 퇴학처분을 받았다.

헤세는 '시인이 되거나 그렇지 않으면 아무것도 되고 싶지 않다'고 느껴 신학교를 도망쳐 나오긴 했으나 시인의 길은 요원했으며 혼미와 우울증으로 자살을 기도하는 등 생사의 기로에서 몇 년간 신음했고, 한동안 기계공이나 서점의 점원 노릇을 하며 어려운 시기를 보냈다. 그런 중에도 서점의 점원으로 일하면서 괴테나 실러의 작품을 탐독할 수 있었던 것이 그에게 그나마 위안을 주었다. 가장 파란이 많았던 이 시절을 기록한 작품이 『수레바퀴 아래서』다.

1904년에 장편소설 『페터 카멘친트』를 써서 문단의 호평을 받자 본격적인 작가의 길로 들어섰다. 그해에 9년 연상인 피아니스트 마리아와 결혼했고 1906년 발표한 『수레바퀴 아래서』는 베스트셀러가 되었다. 그즈음 스위스, 오스트리아, 이탈리아 등을 여행했고 1911년에는 인도를 여행하여 동양에 관한 관심이 깊어졌다. 제1차 세계대전 중에는 중립국 스위스에 살면서 군국주의와 민족주의를 배격하고 독일의 전쟁 포로들과 수용자들을 위한 잡지를 편집하기도 했다.

항상 스스로를 '고독자'라고 불렀던 헤세는 1919년에 독일을 떠나 스위스 남부 루가노 호반의 작은 어촌인 몬타뇰라에 정착하여 누구와도 타협하지 않은 채 혼자 사색하고 창작에 몰두했다. 그는 인간의 위기에 대한 심오한 감성을 지닌 작가로서, 심리학자 융이나 그의 제자들과도 교류했고 이런 영향이 『데미안』에 나타난다. 이 소설은 고뇌하는 청년의 자기인식 과정을 고찰한 작품으로, 당시 곤경에 빠진 독일 국민에게 큰 영향을 주었다. 이후 그는 가정적으로 불행해져 1919년에 마리아와 이혼하고 1931년에 재혼했다.

제1차 세계대전 중에 헤세는 순수한 휴머니즘 입장에서 전쟁을 반대하고 평화를 수호하려는 반전 논문을 발표하여 '매국노'라는 비난을 받기도 했다. 그의 후기 문학활동은 인간 본성의 이중성 탐구에 집중되었다. 1930년에 발표한 『지와 사랑』에서는 기존 종교에 만족하는 지적인 금욕주의자와 자기 자신의 구원 형태를 추구하는 예술적 관능주의자를 대

비시켰다. 1946년에 20세기의 문명비판서인 미래소설 『유리알 유희』를 발표하여 그해에 "한 비극적인 시대에 인간성의 깃발을 높이 내세운 시인"으로 평가되어 노벨문학상을 받았다. 1962년에 뇌출혈로 운명했다. 그의 나이 85살이었다.

이제는 역사 속에서 서서히 멀어져가고 있지만 제1차 세계대전은 당시 유럽인들에게 자신들이 이룩한 문명과 문화에 대한 근본적인 회의를 갖게 했다. 애국과 정의라는 미명 하에 엄청난 살육이 저질러지는 모습을 보고 양심적인 지식인들은 깊은 고뇌에 빠졌으며, 헤세도 그중 한 사람이었다. 그는 당시 유럽의 불행을 지나친 물질주의의 추구로 인한 인간의 자기상실에서 그 원인을 찾았고, 자기 자신의 내면의 소리에 귀를 기울일 것을 역설했다.

전쟁이 끝나자 헤세는 이 세계와 인간 모두가 자신의 진정한 모습을 찾기 위해 반성해야 하며 새로운 가치 창출을 위해 힘써야 한다고 생각했다. 『데미안』, 『싯다르타』, 『황야의 이리』 등은 인간의 구도적인 모습을 담았고 『유리알 유희』 등은 일종의 문명비판적 성격을 담았다.

그는 현대 독일의 양심을 대표하는 작가로, 그의 작품에는 줄곧 인간 존재의 근원에 도시리고 있는 2원성의 대결, 서유럽 문화의 몰락과 동양적인 신비에 대한 동경, 영혼의 자유와 인간성의 고귀함 등이 나타나고 있다. 그가 추구한 것은 무엇보다 인간의 내부에 공존하고 있는 양면성을 발견하고 그 존재를 다 같이 인정하면서도 그것을 통일과 조화로 이어지게 하는 것이었다.

자연에 대한 사랑과 지극히 서정적이며 전원적인 시풍에서 출발한 그의 문학은 인간의 본질을 추구하며 '내면으로의 길'을 걷고 있는 구도자적인 성격을 띠고 있다. 그는 삶의 내실이 누구에게나 한결같이 반복되는 것이 아님을 역설한다. 그것은 제한된 시간 속에서 자신을 찾아가는 도정이며 자신의 진정한 모습을 완성해가는 과정이다. 헤세는 내면으로

가는 길을 발견하고, 뜨겁게 침잠하며 지혜의 핵심을 예감한 사람이었고, 자기 영혼과의 대화를 위해 노력한 사람이었다. 후기에는 동양사상에 심취했는데 이는 인간의 삶을 자신의 내면의 성찰로 본 그의 인생의 목표 때문이리라. 여기서는 헤세의 대표작인 『데미안』과 『싯다르타』의 내용을 간단히 살펴보자.

'에밀 싱클레어의 젊은 시절의 이야기'라는 부제가 붙은 『데미안』은 불안하고 혼란한 청춘기의 고뇌와 방황을 그린 작가 자신의 젊은 날의 초상이다. 본문에 나오는 "자신은 자신으로부터 우러나온 삶을 살고자 한 것뿐인데 그것이 왜 이다지도 어려웠던 것일까."라는 주인공의 절규는 패전으로 실의에 빠진 독일 젊은이들에게 희망을 불어넣어 주었다. 영혼을 상실한 구 시대가 무너지면 새로운 시대가 다가온다는 이 소설의 테마는 작가 자신과 유럽 문명이 거듭나기 위한 진통의 기록인 『데미안』은 제2차 세계대전 당시 독일의 전몰 학도 배낭에서 흔히 발견되던 책이기도 했다.

『데미안』에서 이런 진통을 겪은 헤세가 찾은 세계가 바로 자아의 발견과 인간의 구원이라는 근본 문제를 다룬 것이 『싯다르타』다. 가정적으로 인도와 인연이 있었고 동양사상과 불교사상에 나름의 이해를 갖고 있었던 헤세는 붓다라는 한 인간이 해탈의 경지에 이르기까지의 고난에 찬 역정을 담담하게 그려내고 있다.

『유리알 유희』에서 '유리알 유희'란 모든 문화의 내용으로써 행해지는 유희다. 일종의 정신문화사적 미래소설인데 시대적 배경은 20세기로, 전쟁의 와중에 정신적 권위를 되찾으려는 운동이 일어나고 교양인들에 의해 종교적인 이상향이 건설되어 여기서 인류문화가 집대성되어 영재교육을 실시한다는 것이 줄거리다. 얼핏 보면 시공을 초월한 가공의 이야기 같지만 20세기 문화에 대한 비판과 헤세가 도달한 최고의 지성이 담겨 있다.

줄거리

『수레바퀴 아래서』는 학교와 사회의 수레바퀴 아래서 신음하다 결국에는 서서히 죽어가는 소년의 모습을 통해 학교제도의 불합리성을 지적하는 작가 자신의 자전적 소설이다. 이 책에 나타난 당시의 경직된 학교의 모습은 오늘의 우리의 교육 현실에 하나의 좋은 시사점이 될 수 있을 것이다.

1900년 무렵, 남부 독일의 작은 동네 중개업자인 요제프에게는 재능 있는 아들 한스가 있다. 이런 시골에 재능 있는 아들이 태어나면 장래는 정해져 있다. 매년 시행되는 주州의 시험에 합격하여 신학교에 들어가 목사가 되거나 아니면 국비로 교사가 되는 것이다. 따라서 그들은 소년다운 놀이를 즐길 여유가 없었고 오로지 공부에 열중할 수밖에 없었다.

어린 소년 한스도 예외가 아니어서 숨 돌릴 틈도 없이 공부에 쫓기고 있었다. 이 머리 좋은 소년을 엘리트 코스로 보내는 것이 그의 부모는 물론, 목사님과 학교 선생님들의 희망사항이었다. 그는 첫 번째 관문인 슈투트가르트에서 실시한 주 시험에 2등으로 합격한다. 그에게 드디어 마울브론의 신학교에 진학하는 길이 열린 것이다. 그에 대한 대가로 여름방학 첫날 그는 낚싯대를 메고 강으로 가서 수영도 하고 낮잠도 자는 특권을 누릴 수 있었다. 정말 오랜만에 한스는 소년시절로 돌아가 즐겁게 놀았다. 그러나 그 즐거움은 이틀을 가지 못했고, 한스는 학교에서 좋은 성적을 따기 위해 방학 동안에도 밤늦게까지 히브리어나 그리스어를 공부해야 했다.

기숙사제로 운영되는 신학교 생활은 무미건조하기 짝이 없었다. 시인 기질이 있는 한스는 권위를 싫어하는 천재적인 소년 헤르만 하이르너와 친밀한 우정을 나눈다. 하이르너는 비정한 교육의 수레바퀴 밑에서 힘껏 반항했지만 한스는 자기 지위를 지키기 위해 하이르너를 배반한다. 얼마 뒤 하이르너는 신학교의 속박에 대한 반항심에서 탈출해버리고 만다.

친구의 탈출을 본 한스의 영혼은 고뇌로 가득 차게 된다. 주의력은 흩어져 산만해지고 신경쇠약의 증세를 일으켜 거의 폐인이 된다. "갸름한 소년의 얼굴에 떠오른 멋쩍은 미소의 그늘 뒤에 메말라가는 한 영혼이 고뇌하면서 무서움에 떨며 절망적으로 주위를 살펴보고 있는 모습"을 어느 누구도 보지 못했고 심지어 신학교 선생님들조차 무관심했다. 결국 의사와 교장의 편지를 간직하고 실망한 한스는 아버지에게 돌아간다. 너무 큰 상처를 받은 두뇌는 집에 갔어도 회복되지 않았다. 그는 집에서 빈둥빈둥 놀고만 지냈다.

과실주를 담그는 가을날, 그는 처음으로 엠마라는 연상의 여인에게 매력을 느끼고 몇 차례 짜릿한 키스를 경험한다. 그러나 엠마는 갑자기 한스 곁을 떠난다. 엠마에게 한스는 진실한 사랑이 아닌 심심풀이에 지나지 않았던 것이다. 실의에 빠진 한스는 부친의 권고에 따라 기계공이 되기 위해 대장간 견습공이 된다. 지금까지의 괴로움도 희망도 버리고 그는 모든 사람들의 웃음거리가 된 채 일터에 나갔다. 그는 그제서야 비로소 노동의 기쁨과 괴로움을 터득했다.

어느 일요일에 한스는 학교동창이며 이제는 어엿한 기계공이 된 아우구스트와 함께 들놀이를 갔다. 이런 일꾼들의 축제소동에 처음 어울린 한스는 처음으로 맛보는 맥주에 만취 상태가 되었다. 그 놀이에서 돌아오는 길에 한스는 죽음의 그림자에 이끌려 나골트 강에 몸을 던진다. 장례식 날 옆집 구둣방 주인은 선생들을 가리키며 "저기 가는 놈들도 한스를 이 지경으로 만드는 데 조력한 거야."라고 말한다.

비인간적인 교육제도에 울리는 경종

『수레바퀴 아래서』에서 작가는 자신의 학창시절 경험을 집요하게 되새기면서 편협한 학교제도야말로 재능이 있는 젊은이를 좌절케 하는 장본인이라고 지적한다. 학교제도 아래서 한 인간은 자신의 생명력과 합일될 수 없고 오히려 자신의 생명력이 억압되고 위축됨으로써 그릇된 길로 빠지게 되고 자아의 붕괴를 가져오는 그런 명령과 규범, 의무와 학습내용에 질식해버리고 만다.

학생들을 조금도 이해하지 못하는 부모나 교사들에 의해 강요된 교육은 결국 바퀴 밑에 깔린 것처럼 그들을 비참하게 만든다는 것이 소설의 주제인데 출간 즉시 큰 반향을 불러일으켰다. 이 작품은 그때까지 가정과 학교에 팽배해온 현대의 교육관과 교육제도에 경종을 울려주었고 또한 대학입시만을 강요하고 학생들의 창조적 능력개발을 소홀히 하는 현대의 비인간적 교육행태에 교육서로서의 의미를 가진다.

그의 작품은 모두가 그 자신이 걸어갔던 삶의 과정의 반영이다. 그 과정이란 어린이의 순수함과 평화로움에서 성년의 방황과 절망에 이르는 길고 긴 도정을 뜻한다. 그리고 그것은 헤세만이 아닌 인간으로 태어난 우리 모두가 걸어가는 길이기도 하다. 순조롭지 않은 인생의 여행길에서 대부분의 인간은 좌절을 경험하며 이 세계의 윤리와 가치에 회의를 지닌 채 미망의 길로 빠져든다.

헤세의 경건하고도 매우 비판적인 정신은 20세기의 이른바 잡문 문화 시대에 특별한 의미가 있다. 전 우주와 자아가 합일되는 것과, 밝고 어두운 세계 등 부조리한 인생의 수많은 대립을 모두 긍정하는 전일적 인생론을 설교한 헤세는 방황하는 현대인에게 많은 구원의 책을 선사하여 큰 기쁨과 위안을 주고 있다.

◈ 추천도서
『수레바퀴 아래서』, 한민희 옮김, 문학동네, 2013
『수레바퀴 아래서』, 김재혁 옮김, 고려대학교 출판부, 2013
『수레바퀴 아래서』, 김이섭 옮김, 민음사, 2001

– Das Schloß –

성

사회가 존재를 소외시킨다

카프카 지음

실존주의 문학의 대표적인 작가이자 20세기 최고의 문호의 한 사람인 카프카의 작품으로, 문이 굳게 닫혀 있는 성 안으로 들어가기 위해 헤매는 주인공 K를 통해 단순히 차별받는 유대인의 현실을 묘사하는데 그치지 않고 대중사회에서 철저하게 소외되어가는 인간 존재의 암울함을 고발하고 있다. 현대사회의 소외와 부조리를 통해서 인간 존재의 참모습을 묘사하고 있는 대표적 현대소설이다.

실존주의 문학의 대표작가이자 20세기 최고의 문호 중 한 사람으로 꼽히는 카프카(Franz Kafka, 1883~1924)는 체코의 프라하에서 독일系 유대인의 장남으로 태어났다. '유럽의 진주' 또는 '황금의 도시'라고 불리는 프라하에도 유대인 거주지인 게토라는 어두운 뒷골목은 있었다. 카프카는 그곳에서 태어났다.

카프카의 아버지는 맨주먹으로 자수성가한 입지전적인 인물로 얼굴도 못생기고 성격도 괴팍한 그를 별로 좋아하지 않았다. 모친인 유리에는 유대교 목사 집안의 경건한 부인이었다. 남동생 둘은 요절했고 세 명의 누이동생은 그보다 오래 살았으나 나치 독일에 의해 아우슈비츠의 가스실에서 학살되었다. 카프카는 서구화된 유대인이 흔히 그렇듯이 독일어로 교육을 받았고 프라하 대학에서 법률을 공부하며 후에 둘도 없는 친구이자 카프카 전집의 편집자가 된 막스 브로트와 친교를 맺게 된다.

졸업 후 그는 노동재해 보험회사에 취직하여 창작과 근무의 이중생활을 계속했다. 1908년부터 1916년까지 그곳에 근무하면서 대부분의 작품을 썼는데 『성』을 낳은 12쪽짜리 스케치인 「마을에서의 시련」, 그리고 『성』과 함께 미완성 3부작이 되어버린 『심판』, 『아메리카』, 단편소설 「사형선고」, 「관찰」, 「소송」, 「변신」, 「유형지」, 「시골의사」 등이 그것이다.

1912년~1917년 사이에 베를린 출신의 M. J.라는 여자와 두 번이나 약혼했다가 두 번 다 파혼했다. 그 후에 있었던 다른 소녀와의 약혼도 얼마 가지 않아 또 다시 취소되었다. 그는 또 다른 여성과 일시적인 관계를 맺고 있었다고 하지만 여성들은 누구도 그를 만족시키지 못했다. 마지막 베를린 시절에 그는 도라 디맨트라는 유대교의 네덜란드 여자와 행복한 관계에 있었고 그녀와 결혼하려 했다. 그러나 그녀의 부친인 목사가 카프카가 정통 유대인이 아니라는 이유로 그들의 결혼을 반대했다.

카프카는 제1차 세계대전 후에 가난으로 점점 심해진 폐결핵 때문에 1917년에 직장을 그만두고 전지요양을 했으나 회복하기 어렵게 되자 1923년에 창작에 전념하고자 베를린으로 갔다. 그러나 병세가 점점 악화되어 비엔나 교회의 요양원에서 세상을 떠났다.

단테나 스위프트가 그랬던 것처럼 카프카의 작품을 이해하려면 그의 생애를 이해해야 한다. 카프카의 생애를 이해하지 않고는 그의 작품을 이해할 수 없는데, 그는 셰익스피어나 괴테와 성격을 달리하고 있으며 작가론에서는 오히려 그의 생애에 대한 고찰이 많은 지면을 필요로 한다. 즉, 『성』을 이해하기 위해서는 필연적으로 이 작품을 집필하던 당시 작가가 처해 있던 개인적, 사회적 상황을 알아볼 필요가 있다.

외모가 추하고 성격이 원만하지 못해 아버지로부터 받은 박해는 평생 카프카의 마음을 괴롭혔고 "가장 가까운 것이 오히려 단절을 심각하게 할 뿐인 상황"이라고 한 마르트 로베르 부인(카프카의 작품을 프랑스어로 번역한 프랑스의 독문학자)의 말처럼 그는 가정적으로나 사회적으로 숙명적인 이방인같은 상태에서 일찌감치 정신병에 걸려버렸다. 어려서부터 고독감, 불만감, 억압감 같은 악감정에 시달리며 조숙해지고 또한 민감해졌다. 결국 그는 폐병에 걸려 고향과 가족과의 관계를 끊고 전지요양에 들어간다. 흔히 키에르케고르와 카프카를 '정신적 쌍둥이'라 하는데 그들의 운명, 성격, 고독, 불운, 그리고 인생이나 문학에 대한 관념이 너무도 흡사하기 때문이리라. 카프카는 정신적으로나 육체적으로나 이미 중환자였다. 그는 막다른 상황에서의 돌파구로 결혼과 유부녀, 어린 소녀와의 연애를 시도해 보았으나 번번이 실패했다.

거기다가 사회적으로 유대인에 대한 심각한 차별대우는 그의 마음을 더욱 어둡게 했다. 당시 체코에 살던 유대인들은 타고난 근면성으로 부를 축적하여 프라하의 상류사회로 진출하지만 체코인들은 그들이 체코어를 쓰지 않고 독일어를 쓰는 데 대해 '은혜를 모르는 배신자'라며 늘 적대시했고 또 독일인들은 유대인들이 독일의 문화와 사회에 기생하는 부류라고 생각해 업신여겼다.

그러고 보면 카프카는 성자들이 신앙 속에서 살 듯이 살아 있는 동안 고독이 그의 일부였다. 그는 자기 작품만을 위하여 자기 작품만을 먹고 살아가는 설화적인 동물의 생태를 가졌고 마르셀 프루스트처럼 산 채로 그 속에 묻혔다. 14세기에 단테가 그랬듯이 카프카는 20세기를 철저히 체험한 작가였다.

줄거리

흰 눈이 내리는 어느 겨울밤에 K라고 불리는 주인공은 한 마을에 도착한다. K는 측량사로서 성에 초빙되었다고 주장하지만 성에서도, 그리고 성의 지배를 받는 마을에서도 측량사는 필요하지 않았다. K가 성에 도전한 투쟁은 받아들여졌고, K는 마을에 머물러도 좋다는 허락을 받는다. 다음 날부터 성에 도달하려는 K의 온갖 노력이 시작되지만 모두 실패로 돌아간다.

그런 K에게 성으로부터 그는 두 사람의 조수가 파견된다. 그러나 조수란 이름뿐이고, 그들은 어리석은 수작을 부리는 감시원에 지나지 않는다. K가 호의를 갖고 희망을 걸어보는 성의 사자 바르나바스는 사실인즉 마을 사람들로부터 인간 취급을 받지 못하는 사람이다.

K는 성의 관리인 클람이 있는 술집 신사장紳士莊에서 프리다를 애인으로 삼지만 직속상관인 면장으로부터 이상스런 성의 지배방식에 관한 이야기를 듣고 결국 초등학교 사환직을 얻는다. 신사장의 앞뜰에서 기다리고 있다가 클람과 담판하려는 계획이 수포로 돌아간 다음 K는 다른 조수들과 함께 프리다를 데리고 학교 건물로 이사를 가서 그곳의 교원들과 소동을 일으킨다. 어느 날 그는 조수와 프리다의 관계를 의심하며 무능한 조수 두 사람을 해고해 버린다. K는 바르나바스의 집에 가서 바르나바스의 누이인 올가가 자기 가족이 사회적으로 멸시받는 이유에 대해 설명을 듣는다. 그녀의 자매인 아말리아가 성의 관리로부터 사랑을 강요당했지만 이를 거절했기 때문에 그 집안이 몰락의 비운에 처했다는 것이다. 그러던 사이 프리다가 K를 배신하고 조수 한 사람과 신사장으로 거처를 옮겨버린다. 그날 밤 K는 성의 어느 관리로부터 출두하라는 명령을 받는데, 잘못해서 비서 뷔르거의 방으로 들어가 피로한 나머지 이 비서가 도와주겠다는 제의까지도 놓쳐버린다.

이처럼 미완으로 끝나는 이 소설은 카프카의 절친한 친구이자 카프카 전집의 편집자인 막스 브로트의 말에 따르면 주인공 K가 기진맥진하여 죽는 그 순간 성으로부터는 그가 정식으로 마을에 거주하는 것은 안 되지만 이 마을에서 잠정적으로 일하며 사는 것만은 허가해 주겠다는 결정서가 전달되었다고 한다.

20세기의 인간 조건

작품의 무대가 된 프라하의 오세크 성(현재는 정신병원으로 쓰이고 있음)은 카프카의 선조들이 살았던 곳으로 어린 시절 카프카가 아버지를 따라 몇 번 찾아왔던 곳이며 훗날 유대인으로서 어느 나라에서도 환영받지 못하는 슬픈 현실을 상징적으로 묘사한 것이 『성』인 듯싶다. 소설에서 카프카는 굳게 문이 닫혀 있는 성 안으로 들어가기 위해 헤매는 주인공 K를 통해 단순히 유대인의 현실을 묘사하는 데 그치지 않고 대중사회에서 철저히 소외되어가는 인간 존재의 암울함을 고발하고 있다. 뿐만 아니라 이와 같은 집단의 억압과 횡포에 대해 항거하면서 인간성 회복을 강조하고 있다.

그런데 이 소설을 발표시킨 막스 브로트에 따르면 주인공 K가 임종할 때에야 비로소 '성'에서는 그가 마을에서 살고 일해도 좋다는 정도의 허락을 내렸다고 한다. 막스 브로트는 이 소설에서 '성'을 신의 은총 내지 고귀한 지혜의 상징으로 해석하고 있다. 따라서 어떤 이들은 성에 도달하려던 K의 노력을 곧 인간계(마을) 밖을, 절대의 세계를 구하려는 노력으로 간주하는 동시에 그의 편력은 지옥, 연옥, 천국을 거친 단테의 편력에 비교하기도 한다. 그리고 끝내 권리를 인정받지 못한 K의 숙명적인 좌절 상태는 실제로 '괴로움을 참는 것 외에 아무것도 할 수 없는' 막다른 세계에 있어서의 인간의 조건에 해당되면서 또한 단테의 『신곡』에 있어서 고뇌하는 인간의 그것에 비교하기도 한다.

그리고 카프카 자신이면서 『성』의 주인공인 K의 존재 상태는 카프카가 약혼자의 아버지에게 보낸 편지에 있는 다음과 같은 몇 마디 말 속에 잘 요약되어 있다. "…… 저는 저의 가족 속에서…… 이방인처럼 아주 낯설게 살고 있습니다……. 저는 저의 아버지에게 인사말 이외의 다른 말을 해본 적이 거의 없습니다……. 누이들과는 절대로 대화를 해본 적이 없습니다……."

단테의 『신곡』이 하나의 탐구서였다면 카프카의 『성』도 하나의 탐구서다. 단테가 『신곡』에서 그의 시대와 인간 조건을 요약하여 놓았다면 카프카는 『성』에서 20세기와 20세기의 인간 조건을 요약해 놓고 있다. 『성』은 곧 카프카의 『신곡』이다.

사실 카프카는 생전에는 무명작가였다. 그는 『성』에 의해 프랑스에서 진가를 인정받고 실존주의 문학의 선구로서 세계문학계에 센세이션을 일으켰다. 그가 유명해진 것은 사후 20여 년 뒤였다. 그의 유고遺稿도 카프카의 유언에 따라 불태워질 운명이었으나 막스 브로트의 극성스런 노력으로 오늘날 카프카 붐이 일어나게 된 것이었다.

이 작품은 종교적으로, 그리고 철학적으로 또는 순수 문학적으로 여러 가지 해석이 가능하다. 시간이 지나면서 브로트와 같은 종교적인 해석보다는 점차 개별적, 비유적인 요소에 구애받지 않는 문학적 해석이 점점 유력해지고 있다.

따라서 발표된 지 얼마 되지 않은 이 작품의 영향을 말한다는 것은 시기상조인 듯한 감이 있으나 종교적인 면에서는 단테와 비유되고 철학적인 면에서는 실존주의로 해석되며 방법론상의 비유의 문제는 특이하고도 완벽한 상징주의로 해석되고 있다. 『이방인』을 쓴 카뮈가 카프카의 영향을 받은 대표적인 작가로 알려져 있다. 그러나 그의 작품에 대해서는 아직 많은 논란이 계속되고 있기 때문에 현 시점에서 실제로 카프카 내지 『성』에 대한 해석이 종교적으로, 철학적으로, 문학적으로 완전히 이루어지기는 어렵다.

❖ 추천도서
『성』, 홍성광 옮김, 펭귄클래식코리아, 2008
『성』, 오용록 옮김, 솔출판사, 2000
『성』, 박환덕 옮김, 범우사, 1999

— Die Dreigroschenoper —

서푼짜리 오페라

타락한 자본주의는 가라!

브레히트 지음

독일 표현주의 희곡으로부터 출발하여 독자적인 이론을 확립한 브레히트의 대표적인 서사극의 하나로 17세기 영국의 시인 겸 극작가인 존 게이의 영문 오페라 『거지 오페라』를 소재로 쓴 작품이다. 작곡가 쿠르트 바일의 도움으로 1928년 초연에서 폭발적 인기를 얻었고, 작품에 들어 있는 살인을 주제로 한 주인공 맥키의 '모리타트', '솔로몬 송', '해적 제니', '포주의 발라드' 등은 독립적인 가치를 지니며 '소외효과'의 기능도 갖고 있다.

서사극이라는 새로운 형식의 연극을 통해 아리스토텔레스 연극 이론을 극복한 극작가 브레히트(Bertolt Brecht, 1898~1956)는 시, 소설, 연극, 시나리오 등 다양한 장르를 넘나들며 20세기 예술분야에서 탁월한 성과를 거두었다.

그는 독일의 바이에른 지방에서 태어났다. 제1차 세계대전이 한창이던 1915년 고등학교의 작문수업 시간에 '조국을 위해 죽는 것은 즐겁고 명예로운 일이다'라는 작문 주제가 주어졌다. 독일이 자기 민족의 이익을 위해 '성스러운 전쟁'을 시작했기에 출제 의도는 분명했다. 그러나 17살의 브레히트는 당돌하게도 "…… 조국을 위해 죽는 것이 즐겁고 명예로운 일이라는 것은 단지 어떤 목적을 위한 선전문이라고 평할 수밖에 없다. 삶으로부터 이별하는 것은 잠자리에서든 전쟁터에서든 항상 어려운 일이다."라고 주장했다. 이러한 반反 군국주의적 주장으로 브레히트는 퇴학당할 위기에 몰렸는데 그의 재능을 아낀 한 교사의 노력으로 가까스로 구제되었다.

1917년 뮌헨 대학 의학부에 진학했다. 그러나 다음 해 '17살부터 노인에 이르는' 모든 독일 남자들을 징집하는 제도에 의해 브레히트 역시 군병원에서 복무하게 된다. '죽은 사람까지 파내 징집한다'는 말이 떠돌 만큼 국민 전체가 전쟁터로 내몰렸던 당시의 분위기를 브레히트는 뒷날 「죽은 병사의 전설」이라는 발라드로 노래했다. 그는 전쟁 막바지에 첫 작품 『바알』을 써서 예술에 적대적인 타락한 시민 사회를 비판했다.

패전 직후 일어난 독일 혁명은 청년 브레히트에게 깊은 영향을 미쳤고 혁명 기간에 집필하여 클라이스트 상을 수상한 『한밤의 북소리』에서 그는 혁명을 외면하고 기혼의 옛 약혼녀를 되찾는 데 몰두하는 제대군인의 이야기를 그렸다. 또한 20세기 초 미국 도살장의 실상을 폭로한 업튼 싱클레어의 소설 『정글』에서 감동을 받아 시카고를 배경으로 두 주인공의 정신적 갈등을 그린 『도시의 밀림 속에서』와 브레히트 연극 이론의 핵심인 '서사극론'이 만들어진 최초의 본격 희곡 『에드워드 2세』가 나왔다.

1924년 브레히트는 베를린으로 가서 연출가 라인하르트를 도와 활동하면서 마르크스 사상을 공부했다. 1928년에는 여배우 헬레네 바이겔과 결혼하고 일생동안 놀라운 정열로 작품을 쓰고 공연을 하며 예술이론을 구축해나갔다. 그는 작곡가 쿠르트 바일의 도움을 받아 민속 오페라인 『서푼짜리 오페라』, 열악한 환경 속에서 타락할 수밖에 없는 인간을 그린 『사천의 선인』, 인본주의적 과학자의 전형을 그린 『갈릴레이의 생애』 등을 창작했다. 브레히트가 창작하거나 각색한 많은 작품들은 그의 새로운 연극이론과 결합되면서 20세기 연극사를 만들어갔다.

마르크스주의자가 된 그와 파시스트 독일의 불화는 어쩌면 자연스러운 일이었을지도 모른다. 1933년 브레히트는 히틀러의 혹독한 반대파 탄압을 피해 망명길에 오른다. 독일에서는 그의 책이 불태워지고 작품 상연도 금지되었다. 덴마크와 스칸디나비아 반도를 거쳐 정착한 할리우드에서 그는 절망과 수모의 나날을 보내고 1948년 분단된 조국의 동쪽으로 귀환한다. 동독에서 그는 독일극장 총감독을 맡고 아내와 함께 베를린 앙상블을 이끌며 독일예술의 상징처럼 대우받았지만 그의 예술관과 정치관은 사회주의 조국과 때로 불화를 일으켰다.

공산주의에 대한 그의 신앙고백이라 할 수 있는 『코뮌의 나날』은 당의 공식 입장보다도 훨씬 더 급진적이었고 부르주아에 대한 한없는 적개심을 표했다. 그는 사회주의 건설을 위해서는 일시적으로 개인의 권리를 억압할 수도 있다고 생각했다. 그가 죽기 3년 전인 1953년에 동베를린에서 일어난 대규모 노동자 반정부 시위가 소련군의 무력진압으로 끝나자 그는 「해결」이라는 시로 공산당의 이기주의를 비판하기도 했다.

그동안 서구의 연극이론은 아리스토텔레스가 『시학』에서 밝힌 서정시, 서사시, 드라마의 3분법에 의해 유지되어 왔다. 아리스토텔레스의 연극이론은 감정이입과 카타르시스(정화)가 기본틀이다. 우리는 연극을 보면서 무대에서 펼쳐지는 극적 상황으로 빨려들어간다. 내가 마치 햄릿이 된 것처럼, 또는 파우스트 박사나 오이디푸스 왕이 된 것처럼 무대 위의 주인공과 동일한 감정 상태가 되어 대리만족을 느끼게 된다. 즉, 등장인물과 동일시 작용을 일으켜 자신의 감정을 후련하게 정화시키는 것이다. 현실적으로 불가능한 꿈을 연극을 통해 실현하면서 현실의 불만이나 좌절을 배출하는 것이 종전의 연극이론이었다.

반면 브레히트의 서사극이론은 이런 환상연극에 서사성을 가미함으로써 관객이 연극에 빠져드는 것을 차단시키는 기법을 활용했다. 왜냐하면 만약 관객이 실제로 오이디푸스, 리어 왕, 햄릿 등과 같은 과거 영웅들의 감정을 그들 자신의 감정과 똑같다고 느낀다면, 인간 본성은 역사적 상황에 따라 달라진다는 마르크스 이념이 저절로 무력해질 것이기 때문이다. 사실 기존 연극에서는 관객들이 무대 위의 사건을 현실 속의 사건처럼 착각하여 자기의 일로 공감하고 도취상태에서 끝난다. 그러나 연극이 끝나면 흥분도 끝나고 어떤 비판도 남는 것이 없다.

반면 서사극은 감정이입이 아니라 관객의 의식을 깨우는 연극을 말한다. 이러한 서사극에서는 배우의 연기로 줄거리를 전개시키는 종래의 연극과는 달리 연극의 내용을 미리 관객들이 알도록 배우들이 소설처럼 말하게 하여 관객들로 하여금 아주 편안하게 연극을 즐기면서 그들의 이성을 깨어 있게 해준다.

즉 그는 관객으로 하여금 무대 위에 등장하는 인물들의 존재를 믿게 하거나 그 인물들에게 동화되지 않도록 했고 연기자나 관객이 희곡의 내용에 너무 몰입하지 말고 연극을 객관적으로 비판하도록 했다. 연극을 관람할 때 관객은 항상 이상하다는 느낌과 비판적 여유를 가져야 한다는 것이다.

이를 위해 서사극에서는 아리스토텔레스 이론에서 말하는 감정이입이나 정서적 대리만족을 일으키는 극적인 장면을 제거하기 위해 여러 기법을 활용하는데 이를 '소외효과' 또는 '낯설게 하기 효과'라 한다. 이런 의미에서 그의 서사극을 소외효과에 바탕을 둔 '객관적 연극'이라고도 한다. 이처럼 연극에서 감정대신에 이성을 작용시켜 비판력을 길러 마침내 사회를, 세계를 변혁할 수도 있다는 것이 브레히트의 이론이다

줄거리

『서푼짜리 오페라』는 18세기 영국의 풍자작가 존 게이의 『거지 오페라』를 현대화한 것으로 쿠르트 바일의 작곡에 의해서 세계 각국에서 상연되었다. 2막으로 된 작품의 배경은 19세기 영국 빅토리아 여왕 시대의 런던이다. '거지의 벗'을 자처하는 피첨은 가난한 사람들을 거지로 꾸며, 그들이 벌어오는 수입의 일부를 착취하는 인물이다. '복숭아꽃'이라고 불

리는 폴리는 피첨이 애지중지 키우는 딸이다. 그런데 금이야 옥이야 키워온 폴리가 도적단 두목인 맥키와 결혼하려고 하자 피첨은 반대한다. 그러나 폴리와 맥키는 아버지의 반대에도 불구하고 결혼을 강행한다. 맥키는 살인이나 방화 같은 못된 짓은 부하들에게 시키고 자신은 신사처럼 행동하는 위선자이다. 그는 마구간에서 부하들이 약탈해 온 물건을 결혼선물로 가져가 폴리와 재빠르게 결혼한다. 그 결혼식장의 하객으로 런던 경찰총감인 브라운이 나타나는데 그는 맥키의 군대 시절의 전우였다.

달콤한 신혼의 하루를 보낸 뒤, 폴리는 집으로 돌아와서 부모에게 맥키와 결혼한 사실을 털어놓는다. 화가 난 피첨은 맥키를 경찰에 고발하고 교수형 음모를 꾸민다. 브라운으로부터 그 정보를 입수한 맥키는 잠시 런던에서 자취를 감추기로 하고 폴리에게 도둑단의 관리를 맡기고 사라지지만 맥키는 매주 목요일마다 창녀촌을 찾는 습관으로 인해 피첨의 아내에게 매수된 제니(맥키의 과거 여자)의 배신으로 체포된다.

감옥에 갇힌 맥키를 찾아온 사람은 다름 아닌 브라운의 딸 루시다. 그녀는 자신이 맥키의 진정한 여인이라고 생각한다. 브라운은 친구를 체포할 수밖에 없는 입장으로 괴로워하지만 자기의 딸까지 맥키에 빠져 있다는 사실은 모른다. 루시는 맥키의 감방 앞에서 그를 면회하러 온 폴리를 만나 서로 사랑의 질투로 옥신각신하지만 결국 맥키는 루시의 도움으로 감옥을 탈출하게 된다. 그것을 안 피첨은 브라운을 협박한다. 맥키를 빨리 체포하지 않으면 자신의 휘하에 있는 거지들을 총동원해서 다음 날 있을 여왕의 대관식을 망쳐놓겠다고 말이다.

브라운은 피첨의 협박을 받고 자신이 선수를 치기 위해 피첨의 가게로 들이닥치지만, 런던 전역에 있는 수많은 거지들을 상대로 싸우기에는 힘이 벅찼다. 결국 브라운은 맥키를 체포했고 빈털터리가 된 맥키에게 부하들도 폴리도 더 이상 도움을 주려고 하지 않아 맥키는 사형을 언도받는다.

타락한 자본주의를 비판하다

브레히트의 명성을 높여준 『서푼짜리 오페라』는 브레히트가 18세기 전반의 영국 사회의 부도덕성에 대한 존 게이의 통렬한 조소와 매도의 정신을 계승하여 19세기에서 20세기에 걸친 전환기의 부도덕한 영국 사회를 재현했다. 그는 도적과 거지들이 활개를 치던 무정부 상태 하의 영국 사회를 배경으로 자본주의 사회의 비인간성을 풍자와 익살을 통해 신랄하게 비판하고 있다.

또한 20세기 연극을 서사극 형태로 바꾼 실험성이 강한 작품으로 브레히트는 항상 이론을 통해 극을 완성하고자 했다. 그리고 현실 사회가 안고 있는 문제를 집요하게 추적하여 그 악의 근원을 밝히고자 노력했다. 실제로 그의 극은 많은 사회 문제를 들추어 문제의 근원을 제시했다.

또한 작품에서는 도덕적인 인간이 되고 싶어 하는 인간의 마음이 자신도 모르게 사회 현실의 이해에 속박당하여 파멸하는 상황을 그리고 있다. 연약한 인간의 감정을 이용해 자신의 이익에 눈이 먼 인간상에 대해 냉소와 증오를 보내면서도, 그 증오와 냉혹함 아래에는 인간에 대한 신뢰감이 그대로 보존되어 있음을 느낄 수 있다.

추천도서
『서푼짜리 오페라』, 이은희 옮김, 열린책들, 2012
『브레히트 희곡 선집1』, 임한순 엮음, 서울대학교 출판부, 2006
『서푼짜리 오페라·남자는 남자다』, 김길웅 옮김, 을유문화사, 2000

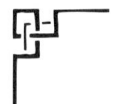 

— Die Blechtrommel —

양철북

독일 소시민 계층의 몰락을 애도함

그라스 지음

'탈사회적 존재'의 눈을 통해 악의 세계를 밑바닥의 시각에서 관찰한 작품. 주인공은 자발적으로 나치의 토대가 된 소시민 계층의 부패한 모습과 정치적 무의식을 고발하고, 다른 한편으로는 과거의 죄악을 의도적으로 망각하려는 전후 서독 사회의 몰역사적, 기회주의적 태도에 저항한다. 20세기 전반기의 독일 소시민 계층의 몰락 과정과 나치를 극복하지 못한 전후 서독 사회를 형상화하고 있다.

20세기 후반기 독일 최고의 작가로 평가되는 귄터 그라스(Günter Grass, 1927~)는 그의 문학적 원천인 단치히 자유시(오늘날 폴란드의 그단스크)에서 태어났다. 아버지는 단치히 교외에서 작은 식료품 가게를 경영했다. 그래서 그라스는 어린 시절부터 소시민의 비참한 환경을 목격하며 자랐다. 그라스의 사상과 작품에서 '소시민성'은 매우 중요한 의미를 갖는데 이는 이러한 체험에 기인한다. 『양철북』의 주인공 소년 오스카르는 양철북을 힘껏 두드리면서 거친 반항을 보여주는데 여기서도 소시민적인 절망성이 엿보인다.

그라스는 10살에 나치 소년단에 가입하고 제2차 세계대전 중에는 17살의 어린 나이에 전차병으로 전선에 끌려갔다. 그곳에서 가벼운 부상을 당해 미군 포로수용소로 옮겨졌다가 18살에야 겨우 풀려났다. 나치의 전체주의적 이데올로기 교육을 받은 젊은이들에게 패전은 곧 새로운 각성의 시작이었다. 그라스가 일체의 이데올로기에 저항적인 태도를 취한 것은 자신의 이런 쓰라린 체험에서 기인한다.

그는 이때부터 나치의 추악상을 수집하기 시작했고 전후 독일인들이 경제 발전에 매진함으로써 과거의 죄를 잊으려는 경향에 대해 강한 저항을 느꼈다. 뒷날 그는 "그때부터 나는 겨우 성장하기 시작했다."고 술회한다. 그는 우리 세대와 다음 세대는 어떠한 책임을 져야 하는가를 깊이 통찰하기 시작했으며 이러한 문제의식은 『양철북』 제3부에서 강하게 나타나고 있다.

전후戰後에 그라스는 농부로, 광산의 광부로 생계를 꾸려갔다. 1946년에는 조각 공부를 위해 뒤셀도르프 예술대학에 입학하여 석판화와 동판화를 공부했다. 그라스는 조형예술뿐만 아니라 재즈 그룹 멤버로도 활약했고 1956년에는 독일을 떠나 부인과 함께 파리로 이주했다. 그가 작가로서 명성을 얻은 것은 1959년 『양철북』이 발표되면서부터이다. 그라스는 이 작품 하나로 전후 독일 문단에 커다란 파문을 일으키며 뚜렷하게 부각되었다.

1960년에 베를린으로 돌아와 1961년에 독일 사회민주당의 빌리 브란트를 도와 선거전에 적극적으로 참여한 이후 10년에 걸쳐 정치에 참여했다. 그는 작가로서의 직업과 시민으로서의 정치활동을 확실하게 구분했다. 그라스는 작가는 문학작품을 통해서 선언이나 저항을 표현해서는 안 되며 사회의 구성원으로서 정신적 우월감을 버리고 정치에 직접 뛰어들어야 한다고 생각했다.

1970년대 초부터는 정치에서 한 발짝 물러나 다시 집필을 시작하여 『넙치』(1977)를 발표함으로써 문학적 역량을 다시 인정받기 시작했다. 그라스의 작품 분위기는 그로테스크하고 비현실적이지만 다루는 주제와 비판정신은 매우 냉정하고 과학적이라는 평가를 받는다.

이 작품은 전후 서독 문학의 최대의 수확으로 평가되는 작품이다. 나치 독일, 전쟁, 패전 등으로 단절되었던 위대한 독일 장편소설의 전통이 이 작품으로 다시 이어질 수 있었기 때문이다.

『양철북』은 주인공 오스카르가 자신의 과거를 회고하는 형식을 취하면서 20세기 전반기의 독일 역사를 형상화한 '허구적 자서전'이다. 따라서 이 작품은 시간 순서에 따라 구성되어 있으며 3부로 되어 있는 각 부분의 단층은 중요한 시대사적 사건에 의해 결정되어 있다. 제1부는 나치의 등장 과정을, 제2부는 제2차 세계대전과 나치의 몰락을, 제3부는 전후 사회를 다룬다. 이 중 제2부가 작품의 핵심을 이루고 있다.

줄거리

서른 살난 오스카르 마체라트는 서독의 한 정신병원에 수용되어 있다. 그는 지금 자신의 회상록을 쓰고 있다. 그의 회상록은 1899년 외할머니 이야기부터 시작하고 있다. 할머니는 감자밭에서 네 겹의 치마 밑에 어느 방화범을 숨겨주는데 그 방화범과 외할머니 사이에서 오스카르의 어머니가 태어난다.

오스카르는 1924년 단치히 교외의 랑푸어 라베스베크에서 태어나는데 그는 아버지 마체라트를 법률상의 아버지로 인정할 뿐, 진짜 아버지는 어머니의 사촌이자 애인인 브론스키라고 믿고 있다. 오스카르는 태어날 때부터 이미 완전한 성인의 지각을 갖추고 있다. 오스카르는 아버지라고 칭하는 사나이가 요구하는 억지 장사꾼이 되지 않기 위해 영원한 세 살배기로 살아남기로 결심한다. 그래서 의도적으로 지하실 계단에서 굴러 떨어져 성장을 멈추기로 작정한다. 이는 그가 소시민 사회의 정해진 궤도를 따라가기를 거부하는 것이다.

그의 키는 94센티미터에서 성장이 멈춘다. 나치가 붕괴하는 1945년까지 그는 성장하지 않은 채, 세 살배기의 시점에서 세상을 관찰한다. 3살이 된 생일날, 그는 양철북 하나를 선물받는다. 그는 항상 이 북을 치고 다니며 어느 누구에게도 빼앗기려 하지 않는다. 또한 그는 상당히 먼 거리에서도 소리를 질러 유리를 깨뜨릴 수 있는 특이한 재능을 갖고 있다. 그는 자신의 북을 빼앗으려 하는 자에 대해서는 목소리로 저항했다.

어머니는 1937년 브론스키와의 불륜관계가 준 고통을 이기지 못하고 닥치는 대로 생선을 먹은 뒤 결국 황달로 죽는다. 어머니가 죽은 후 오스카르의 아버지 마체라트는 자신의 가게에서 일할 마리아를 고용한다. 오스카르는 마리아를 애인으로 삼으려 했으나 아버지가 그녀와 재혼해버려 실패하게 된다. 오스카르는 훗날 이 계모와 결혼하려고 하나 그녀가 응하지 않는다.

오스카르는 음악 광대 베브라와 함께 프랑스로 간다. 그곳에서 1943년부터 1944년까지 난쟁이들로 구성된 나치 위문단의 일원으로 전선 위문 공연에 참여한다.

전쟁이 끝날 무렵, 나치 당원이던 아버지 마체라트가 나치의 휘장을 목에 삼킨 채 러시아 병사에 의해 살해된다. 그의 장례식에서 오스카르는 마체라트의 무덤에 자신의 북과 북채를 묻어버리고 다시 성장하기로 결심한다. 독일의 패배와 아버지의 죽음은 그에게 새로운 삶의 시작을 의미한다. 전쟁이 끝난 후 그는 계모와 함께 단치히를 떠나 화물열차를 타고 서독으로 가는데, 이것으로 소설의 2부는 끝난다. 1979년에 폴커 슐렌도르프 감독이 만든 영화 『양철북』은 여기까지를 그리고 있다.

서독에 온 오스카르는 뒤셀도르프 근교에서 화폐개혁과 암거래 시장을 경험한다. 거기서 오스카르는 직업을 찾는다. 처음에는 묘비석을 깎는 석공장에서 석수로, 나중에는 미술대학에서 모델로 일한다.

그의 성장은 다시 121센티미터에서 중단된다. 그는 이제 어린 아이가 아니고 등에 혹이 난 난쟁이가 된 것이다. 소리로 유리를 깨는 능력도 사라진다. 그 후 그는 다시 북을 잡고 북연주자로서 그 분야의 스타가 된다. 그 후 그는 모호한 살인사건에 연루되어 용의자로 체포되었다가 정신이상자로 몰려 정신병원에 수용당한다. 그곳에서 그는 자신의 회상록을 집필하기 시작하여 1954년 자신의 서른 살 생일날에 2년간의 집필을 끝낸다. 이것으로 소설도 끝난다.

유유히 흐르는 바이크셀 강 연안의 민요적이고 목가적인 세계를 비롯하여 나치의 대두, 독일의 몰락, 전후의 혼란 등이 『양철북』의 의식세계에서 되살아난다. 소시민의 사소한 것들이 얼마나 중요한 가치를 갖고 있으며, 악의 집단에 의한 소시민의 몰락이 되풀이되어서는 안 된다는 것을 강조하고 있는 난쟁이 오스카르의 인생 회고는 독자들을 이제까지 경험하지 못한 세계 속으로 몰고 갈 것이다.

인간의 의식을 일깨운 난쟁이의 북소리

20세기 독일의 역사, 특히 나치와 제3공화국을 상징적으로 다룬 역사소설인 『양철북』에 대해 그동안 수많은 연구결과가 나왔지만 이 작품은 나치의 '비극적인 역사'와의 대결을 전제할 때만 궁극적 메시지를 추출해 낼 수 있다.

어른들의 세계로 대표되는 기존체제에 대한 부정과 반항으로 스스로 성장을 멈춘 오스카르는 키가 작기 때문에 필연적으로 대상을 아래에서 위로 올려다보게 된다. 즉 사물의 밑을 관찰하는 '앙각仰角의 퍼스펙티브'를 갖는다. 오스카르의 이러한 시각은 사물을 아래로부터 폭로하고 변형시키며 전통적 가치체계를 근본적으로 뒤흔드는 기능을 갖고 있다. 오스카르는 이러한 독특한 시각을 이용하여 소시민사회의 부패한 모습을 폭로하는 데 유리한 입장에 서게 된다.

오스카르는 '아래에서' 소시민 사회의 부패상을 폭로하고 연단의 '뒤에서' 나치즘의 허구성과 기만성을 꿰뚫어본다. 그라스는 "여러분은 한 번이라도 연단을 뒤에서 본 일이 있는가? …… 일찍이 연단을 뒤에서 본 사람은 연단 위에서 거행되는 어떠한 마술에 의해서도 동요하지 않게 될 것이다."라고 말하면서 연단의 본질을 은폐하기 위해 꾸며진 허상을 폭로한다.

『양철북』에서 유의해야 할 것은 주인공 오스카르가 개인이 아니라 보편이 집약된 존재라는 점이다. 오스카르는 그라스 자신의 체험과 의식은 물론 하나의 계층, 한 시대 전체의 체험이 구체화되고 형상화된 모델이다. 즉 작가 자신의 체험을 바탕으로 그 위에 역사적 사실들을 일치시켜 역사과정을 시간순으로 기술하고 있는 것이다. 예를 들면 오스카르의 출생은 나치 세력의 강화를, 오스카르 어머니의 죽음은 자유도시 단치히의 몰락을, 유대인 마르쿠스의 죽음은 유대인 박해를, 그리고 독일인 마체라트의 죽음은 나치의 종말을 암시하고 있다.

소시민사회 속에서 예정된 소시민적 삶을 거부하고 영원한 세 살배기로 남기로 결심한 오스카르를 '소시민 계층의 메가폰'으로 볼 때 우리는 작품 전체를 통일적으로 조망할 수 있게 된다. 당시 독일 소시민 계층은 악화되어가는 그들의 사회, 경제적 상황에 절망하여 나치즘을 받아들인다. 오스카르가 소시민사회의 예정된 행로를 거부하고 북에만 매달리는 것은 몰락하는 소시민계층이 소시민적 일상생활에서 벗어나기 위해 북으로 상징되는 공격적인 나치즘에 매달린다는 역사적 사실과 일치하고 있다.

오스카르가 지닌 '유리 파괴의 목소리'도 이런 맥락에서 조명될 수 있다. 그동안 강요된 이유에서만 비명을 질러 유리를 깨던 그가 1932년 단치히의 스토크탑에 올라가 '아무런 이유도 강요도 없이' 시립극장의 유리를 깨는 것은 나치의 집권이 임박했던 역사적 사실과 일치한다. 전쟁이 발발하자 그의 목소리는 '기적의 병기'로 둔갑하여 전쟁무기로 이용된다. 소시민 사회의 공격적 분위기는 전쟁이라는 집단적 폭력으로 폭발한 것이다.

이상과 같이 소설의 1, 2부에 나타나는 오스카르의 '북'과 '유리 파괴의 목소리'는 그의 시대사적 기능을 명쾌하게 보여준다. 오스카르는 공격적인 시대의 분위기를 구현하고 있을 뿐만 아니라 나치의 축소판으로서 나치 독일이 전쟁이라는 대영역에서 행한 것을 소시민적 환경의 소영역에서 실현하고 있는 것이다.

성장이 중단되었던 오스카르는 나치 몰락 후에 다시 성장하나 정상적인 키에는 이르지 못하고 전후 독일 사회에서는 등에 혹이 달린 불구자가 된다. 이러한 오스카르의 신체 변화는 또 하나의 시대사를 상징하고 있다. 다시 말하면 1927년 오스카르의 성장 중단은 독일 소시민계층이 나치의 이데올로기로 전락함을 의미하며 나치가 무너진 1945년 후에 오스카르는 다시 성장을 시작하는데 이는 나치 치하에서 어떠한 정치적 책임감이나 역사의식도 지니지 못하던 소시민계층이 '세 살배기 수준'을 벗어나 비로소 정상성을 향해 간다는 것을 의미한다.

침략과 야만의 시대가 지난 후 오스카르와 동시대인들의 삶에는 평온이 찾아온다. 그러나 전후에도 오스카르의 키는 121센티미터에서 더 이상 자라지 않고, 거기에 등에 혹까지 붙은 불구자가 된다. 이는 전후 서독 사회가 진지한 성찰과 반성을 통해 과거를 극복하려 하지 않고 의도적으로 과거의 기억을 지우려고 함으로써 과거 청산에 실패했음을 암시한다. 오스카르의 신체적 불구는 역사의 상처로 계속 남게 된다. 이는 심각한 동요를 겪은 독일 사회의 반영으로 사회적 병이 개인의 병으로 전이된 것이다. 즉, 그의 병은 과거를 기피하려는 전후 서독 사회의 병인 것이다.

나치의 붕괴와 함께 오스카르의 공격적 자질이었던 '북'과 '유리 파괴의 목소리'는 사라진다. 그는 전후의 새로운 사회에서 '성인으로서의 새로운 삶'을 시작하려 한다. 그러나 오스카르는 위에서 언급한 반反 역사적 사회 풍조에 반항하여 다시 북을 두드리는데 공격적인 자질의 상징이었던 북이 이번에는 새로운 역할, 즉 독일인의 의식을 일깨우는 역할을 한다. 독일의 소시민들이 나치즘을 받아들이고 전후 과거를 기피하려는 기회주의적인 모습을 보일 때 오스카르만이 주변 세계와 개개의 사건을 똑바로 바라보는 눈을 가진 유일한 사람이었던 것이다.

작가는 오스카르를 통해서 자발적으로 나치의 토대가 된 소시민계층의 부패한 모습과 정치적 무의식을 고발하고, 다른 한편으로 과거의 죄악을 의도적으로 은폐하려는 전후 독일 사회의 몰역사적, 기회주의적 태도에 저항하려 했다. 이런 의미에서 『양철북』은 20세기 전반기의 독일 소시민계층의 몰락 과정을 형상화한 소시민계층의 만가挽歌이자, 나치의 과거를 극복하지 못한 전후 사회에 대한 비탄의 노래라 할 수 있다.

◈ 추천도서
『양철북』, 최은희 옮김, 동서문화사, 2010
『양철북』(전 2권), 정희창 옮김, 민음사, 1999

― Don Quixote ―

돈 키호테

편력기사, 서양 근대소설의 출발점이 되다

세르반테스 지음

동시대의 작가인 셰익스피어가 '우유부단한 햄릿형' 인물을 창조한 반면 세르반테스는 '저돌적인 돈 키호테형'적 인물을 그려냄으로써 이후 문학사에 전형적인 두 성격 유형을 각인시켰다. 중세 기사도의 영광을 재현하려는 시대착오적 편력기사의 모험과 좌절을 통해 중세에서 근대로 이행하는 과정에서 필연적으로 초래된 가치질서의 위기와 변화에 대응하는 작가의 문제의식을 찾아볼 수 있다.

신이 인간의 오만과 타락을 심판하려 하자 도스토옙스키는 "그래도 세르반테스가 『돈 키호테』를 쓰지 않았습니까."라고 항변하면서 인간이 신에게 자랑할 수 있는 유일한 것으로 이 작품을 꼽았다 한다.

스페인의 소설가이자 극작가인 세르반테스(Miguel de Cervantes, 1547~1616)는 하급귀족 출신인 가난한 외과의사의 둘째 아들로 태어나 가족과 함께 각지를 전전한다. 정규교육은 거의 받지 못했으나 길가에 떨어진 종이에 글자가 적혀 있으면 반드시 주워서 읽을 정도로 독서광이었다고 한다. 23살 때 이탈리아로 가서 추기경의 시중을 들었으며 이때 르네상스 문학에 관심을 갖게 된다. 다음 해인 1571년에는 세계 3대 해전 가운데 하나인 레판토 해전에 참가했다. 신성동맹 함대가 튀르크의 함대를 격파한 이 해전은 그야말로 처절하여 세르반테스 자신도 훗날 "역사상

일찍이 없었으며 앞으로도 있을 것 같지 않은 기념할 만한 숭고한 싸움"이었다고 회고했다.

그러나 불행히도 이 전투에서 가슴에 총상을 두 번 입었고, 세 번째 입은 총상으로 평생 왼손을 쓸 수 없게 되었다. 이로 인해 '레판토의 외팔이'라는 별명을 얻었다. 그러나 그 자신은 "바른손의 명예를 앙양하기 위해 왼손의 자유를 잃었다."면서 이 부상을 평생 자랑으로 여겼다. 실제로 "군인은 도망쳐서 무사한 것보다 전장에서 죽는 편이 훨씬 낫다."고 생각하고 행동한 그로서는 너무나 당연한 자세였다. 이 해전에서 보여준 세르반테스의 용감성은 주위를 감동시켰고, 이것은 그의 상관의 증언에도 나타나 있다.

요양한 후에 세르반테스는 동생과 함께 스페인으로 귀환하던 중 터키 해적선의 습격을 받아 알제리에서 5년 동안 노예생활을 한다. 그러나 절망하지 않고 탈출이라는 적극적인 행동으로써 자신의 운명을 개척하려고 시도했다. 그는 네 번이나 탈출을 시도했으나 번번이 실패하여 '숨긴 자는 사형에 처한다'는 방까지 붙을 정도였다. 이에 친구들에게 화가 미칠까 염려한 세르반테스는 자진출두하여 친구의 무죄를 주장했는데 성주는 그의 당당함에 감복하여 관대하게 대했다. 33살 때 특사가 되어 11년 만에 스페인으로 귀국했지만 세르반테스의 영웅적 시기는 여기서 막을 내린다. 귀국 후 그는 문필가가 되기로 결심하고 몇 편의 작품을 썼지만 주목받지 못했고 1584년에는 18년 연하의 처녀와 결혼하여 그녀의 지참금으로 잠시 안정된 생활을 했지만 부친의 죽음으로 가족을 부양해야 하자 1587년 펜을 버리고 세비야로 가서 무적함대의 식량 징발계원이 되었다. 이 시기에는 교회에서 파문을 당하기도 하고 세비야에서 감옥생활도 하는 등 굴욕의 나날을 보냈다. 이런 역경 속에서도 1605년, 자신의 이름을 영원케 한 『돈 키호테』(원제 : 『재기발랄한 향사 라 만차의 돈 키호테』)를 탄생시켰다.

원래 세르반테스는 16세기 서구사회를 휩쓸던 중세 기사들의 허황된 무협연애담을 희화화하고 조롱하기 위해 『돈 키호테』를 썼다. 그는 기사소설을 사실로 믿고 날뛰던 당시 풍조가 사실을 왜곡한다고 생각했고 『돈 키호테』를 통해 자신을 포함해 이런 환상에 빠져 있는 무리들을 진실로 돌아오도록 바로잡고자 했다. 이 작품은 출판과 함께 호평을 받아 판을 거듭했지만 판권을 싼 값으로 팔아넘겼기 때문에 생활은 여전히 어려웠다. 주로 금전문제로 여러 가지 의혹을 받으면서 불행한 생활을 하고 있었음에도 불구하고, 만년의 그의 문학활동은 매우 활발했다. 12편의 중·단편을 모은 『모범소설집』과 『돈 키호테』 2부(1615)를 출판한 뒤 1616년 4월 23일, 셰익스피어와 같은 날 세상을 떠났다.

셰익스피어와 세르반테스는 동시대 작가로 셰익스피어는 큰 고생을 하지 않고서도 비극적인 작품을 썼다면, 세르반테스는 감옥생활과 노예생활을 하는 등 비극적 삶을 살았지만 낙천적인 작품을 남겨 좋은 대조를 이루고 있다. 두 작가의 대표작이라 할 수 있는 『햄릿』과 『돈 키호테』의 주인공들은 '우유부단한 사색형'과 '저돌적인 행동형'의 대명사로 이후 문학사에 뚜렷한 자리매김을 한다.

깊은 철학적인 사색과 비상한 관찰력으로 당대 지식인의 양심을 대변하고 있던 러시아의 대문호 투르게네프(1818~1883)는 '가장 새로운 영혼의 가장 뛰어난 작품'을 이미 250년 전에 쓴 위대한 두 작가 셰익스피어와 세르반테스, 그리고 그들의 조국인 영국과 스페인을 찬양하면서 두 작품의 유사점과 상이점을 비교분석했다. 오늘날 인간 정신의 근본적인 두 유형으로 일컬어지는 햄릿형과 돈 키호테형은 투르게네프의 분석에서 비롯된 것이다.

『햄릿』과 『돈 키호테』는 우연하게도 17세기 초에 거의 동시에 출간되었다. 돈 키호테는 철저한 이상주의자로 이상을 위해 모든 것을 걸거나 생명을 바칠 각오마저 되어 있으며 자신의 생명을 이상의 구현, 진리의 확립, 지상의 정의를 실현하기 위한 수단으로밖에 여기지 않는다. 돈 키호테에게 있어 자기 자신만을 위해 살고 자신의 일만을 걱정하는 것은 치욕이며 그는 다만 자기 자신 이외의 것을 위해 산다. 그는 자기의 이웃과 형제들을 위해 살며 악을 근절시키는 것이 자신의 소임이라고 생각한다. 이러한 그의 모습에서 '에고이즘Egoism'이라는 것은 찾아볼 수 없으며 그 자신은 바로 자기희생의 화신이다. 돈 키호테는 이처럼 확고부동한 신념을 갖고 있기 때문에 결코 주저하지 않고 저돌적으로 일을 추진한다. 그는 겸허한 마음과 위대한 영혼을 지닌 용감한 인물이다.

돈 키호테의 의지는 불굴의 의지, 바로 그것이다. 하나의 목표에서 또 다른 목표를 향해 끊임없이 추구해나가는 그의 자세에서 우리는 그의 사상이 단조롭다는 것과 그가 지닌 지혜의 편협성을 여실히 느낄 수 있다. 그러나 그의 신념은 고목과 같이 땅속 깊숙이 뿌리를 내리고 있어 어떠한 상황에서도 결코 자신의 신념을 바꾸지 않으며, 자신의 목표도 쉽사리 바꾸지 않는다. 이로부터 자신의 꿈과 이상을 실현하기 위해 보다 높은 가치를 지향하는 '키호티즘Quixotism'이라는 말이 생겨났다.

반면에 햄릿은 깊이 사색하는 근대적 인간의 모습을 보여준다. 부왕의 갑작스런 죽음과 어머니의 변절, 그리고 애인인 오필리아의 변심으로 인해 인간의 본질에 대한 회의와 사회에 대한 불신으로 가득 차 있다. 어떤 행위의 결과와 그 이후에 전개될 상황까지 지나치게 많이 생각하다보니 늘 기회를 놓치곤 한다. 그래서 중요한 순간에 결단력을 발휘하지 못하고 그로 인해 주변에 있는 선량한 사람들을 불행하게 만든다. 그래서 실천력과 추진력이 결여된 햄릿의 우유부단한 성격에 대해 많은 연구들이 있었다.

위에서 살펴보았듯이 '햄릿형' 인간은 사색적이고 뛰어난 지각력과 나아가서는 깊은 통찰력을 지니지만, 동시에 실천력의 결여로 인해 세상과 민중에 대해서는 기여하는 바가 하나도 없다. 반면 광인이라고도 불리는

'돈 키호테형' 인간은 하나의 목표만을 추구하고 목표 이외의 것은 알려고 하지 않는다. 투르게네프는 이런 이유로 인해 이들이 인류의 역사발전에 기여하고 민중을 이끌어간다고 생각했다.

철학적 용어로 표현하면 햄릿형은 자연의 근원을 이루는 '구심력(에고이즘)'을 대변해주는 인물형이어서 자기 자신을 중심체로 간주하며 자기 주변의 다른 생물체는 오직 자기 자신을 위해 존재하는 것으로 간주한다. 자연은 구심력 없이는 존재할 수 없지만 또 하나의 힘인 '원심력'이 없어도 역시 존재할 수 없다. 원심력이란 모든 생물체는 오직 자기 이외의 다른 개체만을 위해 존재한다는 법칙인데 복종과 헌신의 이 원심력은 돈 키호테형의 인물이 대표한다. 침체와 활동, 보수성과 진보성으로 대변될 수 있는 각기 상이한 이 두 힘은 모든 생명체의 근원을 이루는 힘이다.

주요 등장인물

『돈 키호테』는 허황된 기사도 정신을 따르는 인간의 부정에 대한 저항과 에피소드를 담고 있는 작품으로 주요 등장인물은 다음과 같다.

- 돈 키호테 : 라 만차 지방의 귀족으로 기사도 이야기책을 너무 많이 읽어 정신이상인 채로, 비뚤어진 세상을 바로잡기 위해 방랑의 길을 떠나는 이상적이고 저돌적인 인물.
- 산초 판사 : 돈 키호테를 보좌하고 다니며, 주인을 궁지에 몰아넣거나 희망을 주는 현실주의적 인물.
- 로시난테 : 주인을 잘못 만나 고생을 많이 하는 돈 키호테의 애마.
- 둘시네아 : 돈 키호테가 토보소에 산다고 믿고 있는 이상적이고 영원한 여인.

줄거리

『돈 키호테』는 총 52장으로 이루어져 있고 10년 뒤에 나온 속편은 총

74장으로 이루어져 있어 실로 방대한 분량을 자랑하며 등장인물만도 600여 명에 달한다. 그러나 역시 가장 중요한 위치를 차지하고 있는 인물은 '슬픈 용모의 편력기사' 돈 키호테와 그의 시종인 '산초 판사', 그리고 돈 키호테가 동경하는 구원의 여인인 '둘시네아'다.

『돈 키호테』는 주인공 돈 키호테에 대한 소개에서 시작된다. 라 만차 지방의 시골 귀족인 알론소 엘 부에노는 기사소설을 지나치게 탐독한 나머지 제정신을 잃게 된다. 그는 불의와 악에 대항하여 싸우고 약자들을 보호하는 편력기사가 되어 국가에 봉사하고 자신의 명예를 드높이겠다고 결심한다. 그는 옛날의 훌륭한 기사들을 흉내내어 자신이 사랑하던 한 마을 처녀를 둘시네아 델 토보소라는 숭배의 여인으로 명명하고 비루먹은 말은 로시난테라고 이름짓고 헛간에서 옛날 갑옷과 투구를 꺼내 손질하고는 우스꽝스런 모습의 '기사 돈 키호테'가 되어 7월의 어느 아침 집을 나선다. 해질 무렵에 한 여관에 도착하여 여관을 성城으로, 여관 주인을 성주로 생각하는 기사에게 여관 주인은 편력기사가 반드시 갖추어야 할 것들에 대해 충고해준다.

다시 집으로 돌아오는 도중에 돈 키호테는 몇 가지 사건을 만나며 결국 기사의 첫 번째 가출은 한 무리의 상인들에게 몽둥이찜질을 당하는 것으로 끝이 난다. 그는 집에 돌아와 몇몇 마을 사람들(신부, 이발사 등)의 치료를 받은 후 두 번째 가출을 한다. 이번에는 현실주의자인 산초 판사를 시종으로 데리고 나서는데 여기서부터 소설에 큰 변화가 나타난다.

돈 키호테로부터 섬의 총독 자리를 약속받은 산초 판사는 외모와 정신적인 면에서 그의 주인과 좋은 대조를 이룬다. 두 사람은 여러 가지 사건을 만나는데 돈 키호테는 풍차를 보고 거인들이라면서 창을 겨누고, 로시난테와 함께 돌진하여 때마침 돌기 시작한 풍차에 부딪쳐 쓰러지고 만다. 산초가 다가오자 그는 "저것은 요술사가 우리의 승리를 방해하기 위해서 거인을 풍차로 둔갑시킨 것이다."라고 말한다. 또한 양떼를 교전

중인 군대로 생각하고 덤비는가 하면 포도주가 든 가죽 주머니를 상대로 격투를 벌이기도 한다.

한편 산초 판사는 주인과는 반대로 어떠한 경우에도 현실과의 타협을 잊지 않으며 게으르기는 하나 어디까지나 주인에게는 충실했고 온갖 저속한 말을 하면서도 때로는 현명하기도 했다. 돈 키호테는 자신이 흠모해 마지 않는 기사 아마디스를 모방하여 둘시네아를 위한 고행의 표시로 시에라모레나에서 머무르는 등 크고 작은 모험을 벌인다. 돈 키호테는 결국 자신을 고향으로 데려오려고 헌신적으로 노력한 신부와 이발사의 계책으로 다시 집으로 돌아온다.

『돈 키호테』 2부는 주인공의 세 번째 출정으로 시작된다. 돈 키호테는 같은 마을 사람인 학사 산손 카르라스코를 '거울의 기사'로 착각하여 혼을 내주고 사자들에게 대항하기도 했으며, 몬테시노스의 동굴을 방문하여 무너뜨리려 하는 등 몇몇 사건을 벌이다가 공작의 궁전에 당도한다. 여기서 돈 키호테와 산초 판사는 클라빌레뇨라는 목마에 관련된 사건으로 바라타리아 섬의 총독에 임명되기도 한다.

돈 키호테는 바르셀로나로 가서 이번에는 '백월의 기사'를 가장한 카르라스코와 겨루다가 패배한 후, 고향으로 되돌아가라는 그의 명령에 굴복해 집으로 돌아온다. 돈 키호테와 산초는 숱한 우롱과 조소로 슬프기만 했다. 집으로 돌아온 기사 돈 키호테는 드디어 병상에 눕게 되었고 겨우 현실로 돌아와 본래 이름인 알론소 엘 부에노의 이름을 되찾게 된다.

그는 자신의 우매한 나날들을 성직자에게 고백하고 참회한다. 참다운 기사도 정신을 꿈꾸었던 재기 넘치는 기사는 조용히 숨을 거둔다. 이상주의자였던 돈 키호테가 제정신을 되찾아 임종을 맞는 순간에도 그를 주인으로 따르던 현실주의자 산초는 "주인님, 죽으면 안 돼요. 저의 조언을 들으세요. 그리고 오래 사셔야 해요."라며 용기를 북돋우지만 "이 모든 편력은 영원히 다 지나가 버렸어. 그리고 나는 모든 사람들에게 용서를 구하고 싶구나. 난 이제 돈 키호테가 아니야. 난 사람들이 한 번도 그렇게 불러준 적이 없는 선량한 알론소로 되돌아온 것이야. 키하노로 말이야."라고 돈 키호테는 말한다.

근대소설의 출발점

세르반테스가 『돈 키호테』를 쓸 무렵의 스페인은 전 세계에 식민지를 건설했다가 1588년 무적함대가 영국군에 격파당하는 바람에 국력이 기울기 시작했던 시기였다. 그럼에도 불구하고 스페인 왕정은 전쟁 준비를 위해 가혹하게 세금을 징수하여 원성을 사는 등 사회가 불안했는데, 이것이 『돈 키호테』 탄생의 배경이 된다. 당시 부조리를 고발한 이 소설에서 돈 키호테를 우스꽝스러운 인물로 묘사한 것은 왕정으로부터 정치적 압력을 피하기 위한 방법의 하나였을 것이다.

세르반테스는 "항간에 풍미하고 있는 기사도 이야기의 인기를 누르기 위해 소설을 쓴다."고 밝히고 있다. 학계에서는 세르반테스가 처음에는 당시 스페인에 크게 유행했던 기사도 이야기의 패러디를 쓰려고 했으나 일정한 계획 없이 감흥이 솟는 대로 써나가는 동안에 원래 의도는 잊어버리고 돈 키호테와 산초의 성격을 창조하는 새로운 주제에 열중하여 『돈 키호테』를 써낸 것으로 보고 있다.

확실히 첫 번째 편력은 기사도 이야기의 패러디라는 느낌이 오지만 산초 판사와 둘시네아가 등장하는 두 번째 편력부터는 대조적인 성격을 지닌 돈 키호테와 산초 판사의 대화를 중심으로 단순한 패러디 이상의 폭과 깊이가 더해지고 제2부에서는 극히 전위적인 근대소설의 모습까지 보여준다.

어디까지나 자기 이상에 충실하려는 돈 키호테와 현실적으로 확인되는 것만 믿으려는 우직한 산초 판사는 세르반테스가 이 작품에서 창조한 두 사람의 전형적 인물로 『돈 키호테』의 재미는 두 사람이 되풀이하며 벌이는 대조적인 행동의 묘미에서 비롯되는 것이 많다. 희극적인 인물 돈 키호테는 후에 '수심어린 얼굴의 기사'로 바뀌고 마지막에는 작가인 세르반테스의 고결한 뜻을 지니면서도 항상 고난을 짊어진 생애와 겹쳐져 우리를 감동케 한다.

소설 속의 대립적인 두 인물, 돈 키호테와 산초 판사는 이상과 현실, 정신과 물질, 환상과 사실의 충돌을 상징한다. 그러면서도 두 인물은 서로가 협력하는 관계를 유지하면서 의지하는 인간의 양면성을 보여주고 있다. 그러나 작중의 두 사람을 자세히 관찰해 보면, 그 성격은 고정적인 것이 아니라 오랜 여행 중에 서로에게 영향을 받아 돈 키호테가 차츰 현실적인 세계로 접근하는 반면, 산초 판사는 도리어 돈 키호테적인 세계관을 동경하게 되는 것을 알 수 있다. 또한 이런 이야기가 시대와 장소를 초월하여 우리에게 의미를 주는 것은 패러디와 시문과 유머의 바닥에 인간에 대한 끝없는 애정이 흐르고 있기 때문이다.

이와 같이 당시까지의 줄거리 중심의 이야기를 부정하고 인물의 창조나 성격 변화에 중점을 두고 있는 점에서 『돈 키호테』는 근대소설의 효시로 불린다. 즉 이 작품은 운문 중심 문학에서 산문 중심으로 전환시켜 산문 중심적 근대소설의 출발점이 되었다.

초라한 갑옷을 입은 채 로시난테라는 앙상한 말을 타고, 시종인 산초와 함께 불의와 싸우기 위해 먼 길을 떠나는 돈 키호테, 자신의 과오를 적당히 합리화해 잊어버리고 항상 새로운 모험에 도전하는 낙천적이면서도 미래지향적인의 돈 키호테의 모습은 영원히 우리들의 기억에 남을 것이다.

◈ 추천도서
『돈 끼호떼』(전 2권), 민용태 옮김, 창작과 비평사, 2012
『돈 키호테』, 박철 옮김, 시공사, 2004

― Cien Años de Soledad ―

백 년 동안의 고독

마술적 사실주의로 그려낸 라틴 아메리카 민중사

마르케스 지음

'콜롬비아의 세르반테스'로 불리는 마르케스가 마콘도라는 가공의 땅을 무대로 고독한 운명을 타고난 부엔디아 집안의 비극적 역사를 그린 작품이다. 마술적 사실주의 기법을 통해 라틴 아메리카 민중의 역사를 신비스러운 환상과 현실을 뒤섞어 그려내고 있다. 아울러 과거와 현재가 공존하는 라틴 아메리카의 특수한 사회 구조 속에서 고질적 낙후성을 면치 못하고 있는 라틴 아메리카인들의 자기 정체성을 진지하게 탐색하고 있다.

    콜롬비아가 자랑하는 작가 가브리엘 가르시아 마르케스(Gabriel García Márquez, 1927~)는 콜롬비아의 아라카타카에서 태어났다. 엄청난 폭우와 무더위가 번갈아 내습하는 이 마을은 『백 년 동안의 고독』을 비롯한 그의 대부분 소설의 무대인 마콘도라는 가상 마을의 모델이 된다. 그는 8살까지 외할아버지 슬하에서 자랐는데, 외할머니가 들려준 외가 마을과 아라카타카 마을, 그리고 마을 사람들에 얽힌 신비스럽고 환상적인 이야기는 그의 소설의 든든한 밑천이 되었다.

    마르케스는 어려서부터 괴이한 용모와 옹고집으로 부모 속을 무척 썩였다. 그래서 가족들 가운데 누구 하나 애정을 품거나 귀여워해주는 사람이 없었다. 그 또한 집에 정을 붙이지 못하고 어린 나이에 집을 뛰쳐나와 그때부터 이루 말할 수 없는 고생을 했다. 먹고 살기 위해 해보지 않은 일이 없었고, 군인이 되어 전선에 나가 싸우기도 했다. 이런 파란만장한 삶의 편력은 문학적 재능을 타고난 그에게 좋은 소재가 되어주었다. 그는 보고타 대학에서 법학을 공부한 후 기자가 되어 유럽에 잠시 체류했다가 그 후 멕시코로 건너가 창작활동을 했고 쿠바 혁명이 성공하자 쿠바로 건너가서 국영 통신사의 뉴욕 특파원이 되었다.

마르케스가 문단에 뛰어들게 된 최초의 계기는 1947년에 단편 「세 번째 체념」을 쓰면서부터였다. 곧 이어 1954년에 친구의 권유로 콜롬비아 전국 단편소설대회에서 「토요일 하루 뒤」라는 작품으로 국가 문학상을 수상하면서 서서히 이름이 알려지기 시작했다. 1955년에는 장편소설 『낙엽』을 발표하여 "콜롬비아 문단이 30년 만에 수확한 일대 걸작"이라는 극찬을 받았고 침체기에 빠져 있던 콜롬비아 문단에 새바람을 불러일으켰다. 파리에 머물면서 창작에 전념하다가 이듬해 콜롬비아로 돌아왔다.

1958년은 두 가지 측면에서 마르케스에게 의미 있는 해였다. 하나는 메르세데스 바르차와의 결혼이고 다른 하나는 쿠바 혁명이었다. 그 해 말에 일어난 쿠바 혁명에 고무된 그는 좌파 이념을 확고한 세계관으로 받아들인다. 한때 좌익이었던 수많은 문인들이 1970년대 이후에 전향한 것과는 달리 마르케스는 좌파 이념과 카스트로 정권을 평생토록 지지하며 끝내 철회하지 않았다.

1961년에는 자신이 가장 잘 썼다고 생각하는 단편 「아무도 대령에게 편지하지 않았다」를 발표하여 큰 호응을 얻었고 다음 해에는 파리 체류 때 써 놓았던 『불행한 시간』을 발표하여 콜롬비아에서 가장 권위 있는 에소문학상을 받았다.

그 뒤 오랜 성찰과 모색의 시간을 가진 그는 5년간의 침묵 끝에 1967년에 『백 년 동안의 고독』을 아르헨티나에서 출판하여 폭발적인 인기를 얻었으며 1982년에는 노벨문학상까지 수상했다. 1967년부터 스페인의 바로셀로나에 거주한 그는 1975년에 독재자의 원형을 그린 장편소설 『족장의 가을』을 발표하고는 멕시코로 거처를 옮긴다.

그는 1976년 쿠데타로 집권한 칠레의 피노체트가 권좌에 있는 한 더 이상 소설을 발표하지 않겠다고 선언한다. 그리고 칠레 쿠데타의 빌미를 준 다국적 기업 문제를 다룬 러셀위원회, 정치와 사상의 자유를 위해 싸우다 투옥된 사람들의 인권회복을 위한 아베아스 재단 창설 등에 참여하고 중남미 각국의 정치범과 실종자들을 위해 정력적으로 활동한다.

1981년 4월 그는 "상황이 바뀌어 이제는 소설을 출판하는 것이 칠레 민중의 이익에 부합한다."는 요지의 해명과 함께 소설『예고된 죽음의 연대기』를 출간한다. 노벨상 수상 이후 마르케스는 다양한 문학 분야를 넘나들며 왕성한 필력을 자랑했지만『백 년 동안의 고독』에서 선보인 내용과 형식을 크게 벗어나지 못한 것으로 평가된다.

1983년 이후 스페인의 항구도시 바르셀로나에 거주하면서 집필에 몰두하다가 오랜 방황을 끝내고 지난 1992년 고국 콜롬비아로 돌아온 그는 폐암 수술을 성공적으로 끝내고 2004년에는 장편소설『내 슬픈 창녀들의 추억』을 발표하는 등 여전히 작품활동을 하고 있다.

마르케스의 작가적 삶에서 두드러지는 점은 적극적인 정치 참여다. 그는 조국 콜롬비아를 비롯한 중남미의 독재 정권들과 그를 지원하는 미국에 맞서 때로는 글로, 때로는 행동으로 싸웠다.

그는 항상 소설 작품은 모름지기 정치적 이유를 지니고 있어야 한다는 소설의 정치화를 강조했다. 그런데 작품의 정치화에 대한 그의 소견은 후에 많은 작가들에게 잘못 인식되어 작품의 정치화는 곧 카스트로에 대한 지지를 의미하는 것으로 인식되고 말았다. 그의 진의는 라틴 아메리카와 같이 정치적 후진성을 면치 못한 지역에서 시대에 예민한 작가들이 지성에 바탕을 둔 사실주의를 지향함으로써 라틴 아메리카의 문제성을 올바르게 의식하자는 데 있었다.

1960년대 당시에는 대낮에 도시 한복판에서 권총이 난사되고 밤에는 무서워 외출도 삼가야 하는 상황이었고 잘못된 정치를 미화하는 정치 관련 작품들이 난무하고 있었다. 과격한 국민성 때문에 무정부 상태의 콜롬비아 상황은 마르케스로 하여금 질서의 회복을 갈구하도록 만들었다. 그의 작품 속에는 이러한 시도가 안타까울 정도로 부단하게 반복되어 있다.

그의 작품 세계에서 눈에 띠는 것은 『백 년 동안의 고독』에서 나타나는 것처럼 역사 서술의 문제점을 극적으로 형상화했다는 점이다.

역사는 흔히 정복자들에 의해 기술된다고 한다. 정복자들은 자신들에게 유리하도록 역사를 기술한다는 의미다. 이런 과정에서 피정복자들의 입장은 당연히 왜곡되고 은폐될 수밖에 없다. 이러한 사실은 미국 역사만 보더라도 잘 알 수 있다. 미국 역사는 1492년 콜럼버스가 미국을 발견한 것으로 시작되는데 이것은 아메리카 원주민 입장에서 보면 발견이 아니라 침략이다.

이러한 역사서술의 문제를 생각할 때마다 떠오르는 작품이 『백 년 동안의 고독』이다. 미국 바나나 회사에 맞서 파업을 벌이는 과정에서 계엄령이 선포되고 무려 3천 명이 넘는 노동자가 정부군에 학살된다. 정부 관리들은 역광장에서 기관총으로 무참하게 살해된 노동자들의 시체를 한밤중에 화물차에 실어다가 멀리 바닷물 속에 수장해 버린다.

정부와 다국적 기업의 계략으로 이 엄청난 사건은 진상이 철저하게 은폐되고 호도된다. 파업을 직접 주도했던 호세 아우렐리아노 세군도는 사건 직후 마콘도에 살고 있는 사람들에게 이 사실을 말하지만 오히려 미친 사람 취급을 받는다.

역사가들은 이 사건을 아예 교과서에서 다루지 않고 있거나 다루더라도 사실과 전혀 다르게 기술하고 있다. 포스트모던 역사이론에서는 이를 보고 역사를 기술한다는 것은 진실과는 거리가 먼 한낱 권력을 장악한 지배계급이 조작한 이야기에 지나지 않는다고 주장한다.

프랑스 모던 역사이론의 인물로는 프랑스의 미셸 푸코, 미국의 헤이든 화이트, 영국의 조너선 클락 등이 있으며 그들은 한결같이 역사서술이란 소설과 같은 허구적 산물에 지나지 않는다고 주장하고 있다.

줄거리

마콘도라는 가상의 마을을 무대로 고독을 숙명으로 타고난 한 집안의 백 년 동안의 역사를 서술한 이 소설은 일단 읽기 시작하면 누구든지 끝까지 읽지 않을 수 없는 매혹적인 작품이다. 작품의 전개는 기상천외하고 환상적인 사실들에 의해 이루어진다. 하지만 언뜻 보기에는 환상적인 것 같지만 실은 환상 속에서의 사실성이 두드러진다.

이야기는 호세 아르카디오 부엔디아와 그의 사촌 여동생 우르슬라의 근친상간적 결혼 생활에서 시작된다. 그들은 집안 대대로 살던 고향을 버리고 사람들을 피해 남미의 처녀림 속에 마콘도라는 새로운 마을을 건설하고 살아간다.

이들 사이에는 큰아들 호세 아르카디오가 있었는데 그는 몸집이 크고 여색을 밝혔다. 그들이 마콘도에 도착하여 편안한 생활을 할 무렵 차남인 아우렐리아노 부엔디아가 태어났다. 그의 예리한 눈은 형과 반대로 날카로웠고 성격 또한 내성적이었다.

그들이 살고 있는 원시적인 이 마을은 물질문명의 혜택을 잔뜩 누리는 번화한 도시로 발전했다가 무지개처럼 하루아침에 지상에서 사라져버린다. 이런 환상적인 무대에서 고독을 운명처럼 타고난 한 집안의 백년의 역사는 시작된다.

이후 아버지 부엔디아 이래로 집안의 6대의 역사가 그려지는데, 마을의 역사 속에서 줄거리를 잡는다는 것 자체가 무리이다. 어디까지가 현실이고 어디까지가 환상인지를 좀처럼 구별할 수 없고 변화의 폭도 매우 넓기 때문이다.

구상에서 완성까지 15년이라는 세월이 걸린 만큼 마르케스는 환상과 현실을 격리시키고 있는 벽을 제거하는 데 무척 고심했다. 마르케스는 조부모가 들려주는 환상과 경이로 가득 찬 신비스러운 이야기의 세계에 흠뻑 젖은 어린 시절을 보냈다. 그의 작품 속에서 나타나는 현실과 비현실, 사실과 환상이 독자의 비위를 거스르지 않고 하나의 새로운 문학적인 경향으로 자연스럽게 받아들여지는 것은 바로 '옛날 할머니의 이야기' 덕분인 것이다. 즉 그는 환상적인 작품에 역사적인 현실 요소를 가미함으로써 특유의 제3현실을 창조했다.

예를 들면 작품 속에 나오는 바나나 농장의 참살극은 실제로는 13명이 죽은 사실을 그는 3천 명으로 과장하여 서술하고 있다. 이러한 과장에 대해서 마르케스는 백 년 후에는 3천 명이라는 숫자가 역사적 숫자로 믿어지고 13명이라는 역사적 숫자는 믿기 어려운 환상적 숫자로 퇴색할 것이라고 대답했다. 즉 사람들은 자기의 픽션을 믿지 역사를 믿지 않을 것이라고 말한다.

이러한 창조적 행위를 통해 현실과 환상의 경계를 무너뜨리고 이루어진 제3의 현실은 독자의 개념적 세계를 환상적 세계로 대치시킨다. 바로 이러한 세계가 신비하고도 마술적인 세계라 할 수 있다. 그리고 마술은 독자의 무의식이나 잠재의식 속에서 엄연한 사실로 받아들여진다.

마르케스의 거침없고 분방한 상상력도 종횡무진으로 발휘되고 있다. 예를 들면 의문의 죽음을 한 호세 아르카디오의 피가 그의 집을 빠져나와 우르슬라가 있는 곳까지 이르는 장면이나 미녀 레메디오스가 작별을 고하며 하늘로 올라가는 장면, 이사벨 신부가 허공으로 떠오르는 장면, 메르키아데스와 푸르덴시오를 비롯하여 죽었던 사람들이 산 사람처럼 나타나고, 마지막에는 돼지꼬리가 달린 채 태어난 아우렐리아노가 개미 떼에게 끌려감으로써 부엔디아 집안의 고독의 역사가 끝나게 되는 등 비현실적이고 공상적인 에피소드들이 현실적인 요소들과 뒤섞여 있다.

또한 작품 전편에는 인간의 숙명적인 고독이 흐르고 있다. 지름 3미터의 원을 그려놓고 그 한복판에 서서 아무도 접근하지 못하게 하는 아우렐리아노 부엔디아 대령과 이루지 못한 첫 사랑을 일생동안 반추하며 죽음을 맞이하는 아마란타를 비롯하여, 대령의 형 호세 아르카디오 세군도, 그리고 메메의 아들 아우렐리아노 등은 한결같이 지울 수 없는 고독의 운명을 타고 태어났다.

이러한 고독은 애정의 결핍에서 비롯된다. 애정이 결여된 부엔디아 집안에서 백 년 만에 처음으로 애정에 의하여 아우렐리아노가 태어났지만 불운하게도 그는 돼지꼬리를 달고 태어나 부엔디아 집안의 역사는 마콘도의 운명과 더불어 막을 내리게 된다.

한계에 직면한 서구 소설에 활력소 역할

위에서 본 바와 같이 이 작품은 가공의 장소인 '마콘도'라는 마을에 정착한 부엔디아 일가의 백년에 걸친 흥망의 과정을 통해 등장인물들의 독특한 성격과 언행, 콜롬비아와 라틴 아메리카의 역사, 그리고 인간의 숙명적인 고독과 알 수 없는 운명 등 인간 삶의 총체적인 모습을 형상화하고 있다.

작가가 한 작품에 이처럼 다양한 문제를 다룰 수 있었던 것은 과거와 현재, 신화와 역사, 사실과 환상을 융합하는 기법의 활용에 있다. 이것은 어린 마르케스에게 그의 조부모가 집안과 마을의 내력을 들려줄 때 사용했던 옛날이야기 방식이다.

마르케스는 합리주의적 시각을 가진 서양인의 관점에서 보면 불합리하고 비이성적인 옛날이야기를 소설이라는 고급 형식으로 격상시키는 데에 크게 공헌했다. 이러한 흐름에 여타 라틴 아메리카의 작가들도 가세하여 서양에서 도입한 소설 장르에 그들 나름대로의 문화적 유산을 가미하여 본고장으로 역수출했다. 이런 점에서 라틴 아메리카 소설은 한계

상황에 직면한 서구소설에 새로운 활력소 역할을 톡톡히 해내고 있다고 볼 수 있다.

여기서 서구소설의 한계 상황이란 세르반테스의『돈 키호테』로부터 시작된 근대소설이 20세기 후반에 들어오면서 위기를 맞은 상황을 의미한다. 소수의 전문 독자만이 읽고 즐길 수 있는 난해하고 실험적인 소설들이 등장하는가 하면, 대중성은 있으나 문학성에서는 높은 평가를 받지 못하는 대중소설이 양산되고 있는 상황에서 대중성과 문학성을 겸비한 진정한 작품이 설 땅은 그리 넓지 않았다.

이러한 현대소설의 죽음을 부인하는 사람들은 '마술적 사실주의'로 규정되는 마르케스의 소설 세계에 희망을 건다. '마술적 사실주의'란 간단히 말해 현실과 환상의 경계를 무너뜨리는 서술 방식이다. 여기서는 실제 사건과 공상, 역사와 설화, 객관과 주관이 혼합되어 있다. 소설 고유의 특성을 유지하면서도 대중에게 친숙한 설화적 서술 방식을 가미함으로써 대중성의 확보에도 성공한 그의 소설은 그들에게 하나의 희망을 던져주고 있다.

오늘날 라틴 아메리카의 문제성을 아주 현실감 있게 인식하고 이것을 효과적으로 독자들에게 전달한 마르케스는 라틴 아메리카 문학의 세계화에 지대한 공헌을 했다. 노벨문학상을 받은 칠레의 시인인 파블로 네루다가 시詩 분야에서 라틴 아메리카를 세계화시켰다면 작가의 의식세계와 라틴 아메리카라는 실체가 지니고 있는 복합적인 사실성을 총정리한『백 년 동안의 고독』은 소설로써 그 대륙을 체계화시키는 데 크게 이바지했다고 할 수 있다.

◈ 추천도서
『백 년 동안의 고독』, 안정효 외 옮김, 문학과 사상사, 2005
『백 년 동안의 고독』(전 2권), 조구호 옮김, 민음사, 2000

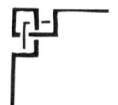 

인형의 집

"당신의 귀여운 종달새로 살지 않겠어요"

입센 지음

여성의 자각과 해방의 문제를 제기한 근대 사회극의 대표적 작품으로 가정에서 자신을 인형처럼 다루는 남편에게 반발하여 집을 뛰쳐나가는 '노라'라는 신여성의 모습을 창출했다. '아내와 어머니이기 전에 한 인간으로 살 것'을 선언하는 노라의 행동은 당시 격렬한 찬반 논쟁을 불러왔고 이후 여성해방운동의 전기가 마련되었다.

현대연극의 출발점이자 세계연극사상 하나의 정점을 이룬 입센(Henrik Ibsen, 1828~1906)은 노르웨이 남부의 스킨이라는 해변 마을에서 태어났다. 8살 되던 해에 집안이 파산하자 15살부터는 약국 점원으로 일을 했다. 몇 푼 안 되는 보수와 힘든 근무 조건으로 어둡고 반항적인 기질이 몸에 배게 된다.

1848년 파리의 2월 혁명을 계기로 당시 유럽에는 혁명적 기운이 넘치고 있었는데 입센도 당시 독일의 침략을 받고 있던 덴마크를 구출하는 것이 노르웨이의 임무라는 내용의 편지를 국왕에게 바치기도 했다. 대학시험 준비로 라틴어를 공부하는 도중, 로마 스토아 학파의 철학자 키케로의 『카틸리네』를 읽은 것이 동기가 되어 운문 사극 『카틸리네』(비열한 반역자)를 처음으로 발표했다. 발표 당시 출판사에서 출판을 거부하여 친구의 도움으로 겨우 출판한 이 작품은 오늘날 고서적 수집가들이 군침을 흘리는 희귀본이다.

21살 때 의사를 지망한 그는 대학시험을 치르기 위해 수도인 현재의 오슬로에 가서 훗날 노르웨이 문학계의 거장이 된 뵈른손 등과 조우했다. 이들과의 교우로 인해 입센의 관심은 문학 쪽으로 기울었고 대학시험에 실패하자 본격적인 문학의 길을 걷게 된다.

23살 때 그의 사극『용사의 무덤』이 최초로 상연되었으나 궁핍한 생활은 계속되어 친구들의 도움과 잡지 기고 등으로 겨우 입에 풀칠을 할 정도였다. 24살 때에는 베르겐 시에 신설된 노르웨이 극장의 전속작가 겸 무대감독으로 초빙되었다. 이 극장은 덴마크의 문예사조에서 벗어나 노르웨이 신문학 운동의 기초를 세우기 위해 설립되었는데 입센은 여러 작품을 써서 이곳의 무대에 올렸으나 결과는 신통치 않았다.

31살에 현명한 수산나 토레센과 결혼했다. 그녀는 남편이 여성문제에 관심을 갖도록 영향을 주었다. 36살에 입센은 처자를 데리고 해외 여행길에 올라 65살에 귀국할 때까지 독일, 이탈리아 등을 전전하며 유랑생활을 했다. 로마에서 쓴『브란드』는 조국 노르웨이의 문화를 비평한 것으로 무사안일에 젖어 있는 노르웨이 국민에 대한 일종의 경종이었다.『브란드』가 본국에 전해지자 이 천재에 대한 경탄의 소리로 북유럽 사회가 들끓었다. 이에 노르웨이 국회는 입센의 연금 지급을 결정했고 그는 마침내 경제적 안정을 찾을 수 있었다.

1879년『인형의 집』을 발표하여 세계적인 주목을 받았고 그밖에도『유령』,『민중의 적』,『들오리』등을 남겼다. 1891년 63살에 고국으로 돌아와 정착했다. 1898년에는 거국적인 축복 속에 70살 생일을 맞이했고 다음 해에는 국립극장 앞에 그의 동상이 건립되었다. 1906년에 78살의 나이로 동맥경화증으로 타계했다.

줄거리

『인형의 집』은 입센이 51살 때 발표한 작품으로 남편에게 구속되어 인형처럼 살아가는 여성의 독립 선언적인 작품이다.

여주인공 노라는 착실하고 가정적인 변호사 헬머의 아내다. 결혼 8년이 되는 노라는 아늑한 가정에서 세 아이와 함께 부족함 없이 살아가는 주부다. 남편 헬머가 은행장으로 승진하여 집안이 온통 축제 분위기다. 막이 열리면 크리스마스 트리와 물건꾸러미를 잔뜩 든 노라가 노래하면서 들어온다.

"거기서 조잘대는 건 내 종달새인가?"라는 남편의 말에 "네, 그래요"라고 즐겁게 노라는 대답한다. 노라가 사온 물건을 보고 놀란 헬머는 "아니, 그게 다 사온 거요? 우리 종달새가 또 낭비를 하고 왔구만."하며 근검절약에 대해 한동안 설교한다. 설교를 듣고 풀이 죽은 노라에게 그는 "내 귀여운 종달새, 날개를 축 늘어뜨리면 안 되지."라고 달래준다. 그러면서 노라에게 지폐 40장을 준다. 노라는 한 장 한 장 세어보며 즐거워하고 남편은 즐거워하는 노라를 바라보며 흐뭇해 한다. 이것이 이 가정의 풍속도다.

노라는 남편에게 종달새나 다람쥐 같은 재롱둥이였고 남편은 아내를 경제적으로 예속시키면서 우월감을 맛보는 것이었다. 이것은 평등한 부부관계라기보다는 주인과 하녀의 관계이고 소유주와 인형의 관계일 뿐이다. 귀엽게 노래하는 종달새는 귀여울 때만 주인의 사랑을 받을 수 있었다.

그런데 노라는 남모르는 고민이 있다. 결혼한 지 얼마 안 되어 남편이 큰 병에 걸렸을 때 치료비가 부족해 고리대금업자인 크로구스타드에게 돈을 빌렸던 것이다. 그 과정에서 노라는 보증인이 필요했기 때문에 친정 아버지의 서명을 자신이 대신했다. 당시 친정 아버지가 위독하여 임종을 앞두고 있었기 때문이다. 노라는 이것을 비밀로 한 채 생활비를 아껴가며 조금씩 갚아나가고 있었다.

그런데 크로구스타드가 얼마 전 그녀를 찾아와 남편이 은행장이 되면 자신의 자리가 위태로우니 잘 좀 말해달라고 부탁한다. 노라가 거절하고 돈을 일시에 다 갚겠다고 하자 크로구스타드는 거짓 위조로 서명한 사실을 문제 삼으며 고발하겠다고 위협한다. 협박을 하는 그에게 그녀는 "남편의 생명을 구할 권리가 그 아내에겐 없다는 말인가요? 난 법률에 대해선 잘 모르지만 그런 것은 허용될 수 있다는 법이 어딘가에는 있을 거에요. …… 난 사랑을 위해서 한 일인 걸."라고 말한다. 이것은 노라뿐만 아니라 보통 여성들이 법에 대한 무지하다는 사실과 자신의 심정적 윤리를 사회적 법률과 혼동하는 경향을 잘 보여주는 대목이다.

노라는 크로구스타드의 협박을 물리치긴 했지만 불안한 마음에 남편에게 크로구스타드의 해고 문제를 제고하도록 졸라댄다. 그러나 남편은 그를 파면시켜버리고, 해고당한 크로구스타드는 헬머의 우편함에 모든 진상을 담은 편지를 넣고 간다. 그날 퇴근한 헬머가 우편함을 열려 하자 노라는 갖은 애교와 재롱을 피우며 헬머가 우편함을 열지 못하도록 한다. 어느 날 헬머는 우연히 그 편지를 보게 되고 "아아, 이제야 알다니, 8년의 세월에 나의 기쁨이요, 자랑이었던 여자가 위선자요, 거짓말쟁이요, 범죄자라니, 아 저 속에는 말할 수 없이 더러운 것이 숨겨져 있어!"라고 외치며 자신의 사회적 명예와 위신이 손상된 것에 대해 노라를 심하게 꾸짖는다.

그러자 노라는 오랜 친구인 린네의 도움으로 자신의 서명이 든 차용증서를 헬머에게 보여준다. 이에 헬머는 태도가 돌변하여 기뻐 날뛴다. "자 이제, 모든 것이 끝났소, 난 살았어 노라, 우리 둘 다 구출된 거요, …… 아아 참으로 아늑한 가정이로군, 내 작은 종달새, 이젠 나의 억센 날개 밑에서 쉬어, 무서운 매의 발톱 밑에서 구출해다가 작은 비둘기처럼 당신을 지켜줄테니까."라고 다시 노라의 따뜻한 '보호자'를 자처한다.

남편의 비겁하고 위선적인 인간성을 확인한 노라는 그에게 차분하게 말한다. 오늘밤부터 이 집에서 자지 않겠노라고, 당신은 나에 대해서 전혀 모르고 나는 당신에 대해서 전혀 몰랐노라고 말하며 그때까지 자기가 개성도, 책임도 없는 한낱 인형에 불과했다는 사실을 깨닫고 '아내이고 어머니이기 이전에 독립적인 인간으로 살 것'을 결심한다. 그리고 그녀는 여행가방을 들고 집을 나온다. 사회에서 여성이란 결국 남성을 위한 인형에 불과하다는 노라의 가출 선언은 어쩌면 하나의 인간 선언이고, 인형이 되기를 거부한 최초의 독립 선언이었다.

> "우리들의 결혼은 다만 놀이방에 지나지 않았어요, 여기에서 나는 당신의 장난감 인형 아내였을 뿐이에요, 마치 친정에서 아빠의 인형 아기였듯이. 그리고 아이들은 나의 인형이었어요."

여성해방운동의 고전

20세기 여성운동사에 가장 큰 영향을 준 작품을 두 편만 들라고 한다면 프랑스의 시몬 드 보부아르가 쓴 『제2의 성』(1949)과 『인형의 집』을 꼽을 수 있을 것이다.

두 작품은 모두 처음 발표되자마자 격렬한 찬반 양론을 불러일으켰다. 『인형의 집』을 두고는 한쪽에서는 여성을 해방시킨 '바이블'이라고 극찬한 반면, 다른 한편에서는 결혼의 숭고함을 짓밟고 가정을 파괴하는 불순한 작품이라고 폄하했다. 당시 어느 파티장에는 "노라에 대해서는 일체 말하지 말 것"이란 주의 표지가 걸려 있었을 정도였다.

보부아르의 『제2의 성』도 마찬가지였다. "여자는 여자로 태어나는 것이 아니라 길들여지는 것이다."라는 말로 유명한 이 책은 세계여성운동사에 새로운 지평을 연 여성운동의 고전이다. 『구토』의 작가 사르트르와 계약결혼으로도 유명한 보부아르는 이 책에서 '남성이 씌운 여자다움의 굴레'를 단호히 거부한다. 보부아르는 "남녀 차이는 생물학적 차이가 아닌 사회적, 문화적 영향의 결과에 불과한 것"으로 보고 남녀 불평등의 근본적인 해결책으로 여성의 노동을 통한 경제적 자립을 강조했다. 이런 주장은 현재의 시각에서 보면 크게 새로울 것이 없으나 당시에 교황청과 남성들의 반발은 상당했다. 교황청은 이 책을 즉각 금서 목록에 올렸고, 프랑스의 지성이자 사르트르의 라이벌이던 카뮈는 기다렸다는 듯이 한 마디 했다. "프랑스 수컷들을 조롱했다."

그러나 『인형의 집』의 노라가 "우리의 공동생활이 진정한 결혼생활이 된다면 돌아오겠다."는 마지막 말을 남기고 "그럼 안녕." 하고 현관문을 닫고 집을 나간 후 1백 년 동안 여성운동은 가부장제 타파를 위해 많은 노력을 기울여왔다. 인류의 절반이나 되면서도 이들은 오로지 '아내'로만 수 천 년 동안 예속되어 있었던 것이다.

고대 마누 법전에는 "밤낮으로 여성은 남성의 지배 하에 두어야 한다."고 되어 있고 로마 법전에도 여자가 간통을 하면 남편은 아내를, 아버지는 딸을 처형할 수 있게 되어 있었다. 인간해방을 주장했던 프랑스의 루소조차도 "여성은 남성을 즐겁게 해주기 위해서만 존재한다. 그들은 스스로 무엇을 판단할 능력이 없기 때문에 항상 여성은 아버지나 남편의 판단을 따라야 한다."라고 말했다.

인간 모두가 당하는 억압에 대해서는 인간해방을 주장하지만 여성이 당하는 억압은 어느덧 자연스럽게 받아들여져 여성해방에 대해서는 무관심했고, 그리하여 여성에게는 고통이 자연스런 생리의 일부가 되어 버렸다. 플라톤의 말대로 "여자와 노예는 사람이 아니므로 그들은 사람의 즐거움을 위해 봉사하도록 태어났다."라는 노예적 여성관 속에서 여성이 떳떳하게 '자기 자신으로 산다는 것'은 무척 힘든 일이었다. 좋은 아내, 착한 딸, 성스러운 어머니라는 것만이 여자의 길이었고 그런 전통적 사고는 세대를 거듭하면서 확대 재생산되어 왔다.

『인형의 집』에서 노라가 관심을 끄는 것은 '인형'으로서의 노라가 내면적 성장을 통해 종속적 여성관을 거부하며 '다른 사람을 위한 삶'이 아니라 '나 자신을 위한 삶'을 살겠다고 선언한 최초의 여성이었다는 점에 있다. 이로 인해 노라는 '신여성'의 상징이 되었고 도처에서 여성해방운동의 기운을 싹트게 했다.

그렇다고 입센을 마치 여성해방운동의 대부처럼 간주하는 것도 옳지 않다. 입센이 『인형의 집』에서 의도한 것은 여성해방보다는 결혼이란 무엇인가, 사랑이란 무엇인가, 인간의 행복이란 무엇인가 하는, 보다 근원적인 문제였기 때문이다.

추천도서
『인형의 집』, 안미란 옮김, 민음사, 2010
『인형의 집』, 김창화 옮김, 열린책들, 2010
『인형의 집』, 안동민 옮김, 문예출판사, 2007

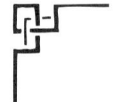 

— Fröken Julie —

미스 줄리

사실주의에 대한 반란, 자연주의 연극의 최고봉

스트린드베리 지음

입센과 함께 서양희곡에 커다란 영향을 끼친 스트린드베리의 이 작품은 우위를 점하기 위해 투쟁하는 남녀의 갈등을, 에밀 졸라처럼 외면에 치중하지 않고 인간의 비이성적 내면에 초점을 두어 그렸다. 남녀의 두 의지가 어떻게 투쟁하며 얼마나 극단적일 수 있는가를 극화함으로써 인간이 유전과 환경의 산물이며 이성으로 통제할 수 없는 비이성적인 힘의 희생물임을 보여준다.

심리학과 자연주의를 결합시켜 새로운 서양연극을 창출한 스트린드베리(A. Strindberg, 1849~1912)는 1849년 스웨덴의 스톡홀름에서 선박회사를 경영하는 아버지와 술집 종업원 출신인 어머니 사이에서 태어났다. 아버지로부터 주종관계를 강요받은 어머니는 주위 사람들한테도 항상 백안시당했지만 그에게는 좋은 어머니였다. 스트린드베리의 최초의 자서전적인 소설 『하녀의 아들』은 가난과 정서불안으로 점철된 유년시절이 잘 드러나 있다.

13살에 어머니가 세상을 떠나자 가세가 기울기 시작했다. 이런 불우한 환경 속에서 그의 생애를 일관했던 반항적 기질이 싹트기 시작했다. 스트린드베리는 대학에 다니면서 처음에는 성직자를, 나중에는 의사를 지망했으나 끝내 학위는 받지 못했다. 생활고를 해결하기 위해 자유기고가로 일하며 스웨덴의 종교개혁을 다룬 스웨덴 최초의 현대희극 『올로프 선생』을 발표하여 작가로 인정받게 된다.

1874년에 왕립도서관 사서가 되고 이듬해에 귀족장교의 아내로 불행한 결혼생활을 하고 있던 실리 폰 에센과 결혼했으나 1891년에 이혼하고 만다. 그는 이 기간에 스톡홀름 사교계의 악습과 기만을 풍자적으로 그린 스웨덴 최초의 현대소설 『붉은 방』을 발표하여 문단의 총아가 되었다. 당시의 스웨덴을 신랄하게 풍자한 『신국가』를 발표하고 다음 해 6년 동안 유럽 대륙을 정처 없이 방황했다. 자신의 여성관을 담은 『결혼』을 출판했는데 이 작품은 신성모독죄로 기소당했으며 무죄선고를 받기는 했으나 그는 정신적으로 심한 타격을 받았다.

이후 스트린드베리는 심기일전하여 『아버지』, 『미스 줄리』, 『채권자들』을 비롯한 희곡을 쓰기 시작했다. 이 시기에 쓰인 작품들은 남녀간의 성의 갈등을 주로 다루었다. 이와 같이 당시의 사회관습에 철저히 반기를 든 대담하고 농축된 작품들을 통해 그는 자연주의 극의 기법과 자신의 심리학적 개념을 결합시킴으로써 서구극에 새로운 기운을 불어넣었다.

1893년에는 베를린에서 오스트리아 출신 여류 저널리스트 프리다 울과 재혼했으나 2년 후에 파리에서 헤어졌다. 이후 작품활동을 중단하고 연금술과 신비사상에 탐닉하는데 '지옥의 시대'라 불리는 이 시기는 그의 작품 『지옥』에 잘 나타나 있다. 신비주의 색채를 띤 새로운 신앙은 그를 작가로 다시 태어나게 했다. 이 사실은 3부작 희곡 『다마스쿠로스』를 통해 알 수 있는데, 여기서 그는 자신을 영혼의 평화를 찾아 헤매다가 마침내 마음의 평화를 발견하게 되는 '이방인'으로 묘사한다.

1898년부터 1909년까지의 '대大 스트린드베리 시대'에 『꿈의 연극』, 『고독』, 『유령 소나타』 등 우수한 작품이 많이 나왔다. 1901년에 노르웨이의 여배우 하리에트 보세와 결혼했으나 다시 헤어졌다. 이처럼 여자에 대해 격렬한 애정과 증오의 사이에서 방황한 그는 세 번의 이혼으로 대중에게는 여성 혐오자로 인식되었다. 그는 세상을 떠나기 전 4년 동안을 '푸른 탑'이라 불리는 건물에서 고독하게 보냈는데 이곳은 현재 스트린드베리 기념관으로 보존되고 있다.

주요 등장인물
줄리 : 결혼을 혐오하는 어머니와 권위주의적인 아버지로부터 엇갈린 교육을 받은 세상 물정 모르는 여성
장 : 줄리 집안의 남자 하인으로 줄리와의 사랑을 통해 신분상승을 꾀한다.
크리스틴 : 줄리 집안의 여자 요리사. 장과 결혼을 약속한 사이다.

줄거리
『미스 줄리』는 인간의 삶을 있는 그대로 그린 자연주의 초기의 대표작으로 등장인물은 백작의 딸인 25살의 줄리와 남자 하인 장, 여자 요리사 크리스틴 등 3명이다. 시간은 1880년대의 6월 20일의 하지夏至 전날 밤부터 아침까지의 몇 시간 동안이며 장소는 백작 저택의 넓은 부엌이다.

하지 전날 밤은 북유럽 최대의 축제일이다. 반년이나 되는 긴 겨울이 가고 봄을 뛰어넘어 여름이 오는 이곳에서는 5월 중순이 되면 녹음이 찾아든다. 그 녹음은 눈에 띠게 짙어지고 곧 가지각색의 꽃이 한꺼번에 피어나면 대자연의 교향곡은 절정에 이른다. 인간도 역시 이 대자연의 축복을 외면할 수는 없다. 사람들은 밤에 축제를 열어 아름답고 호화로운 자수를 놓은 민족의상을 입고 춤을 춘다.

백작의 딸인 줄리는 어렸을 때 어머니에게 독립적이고 당당한 여성이 되어야 한다고 배웠고 아버지에게는 여성으로 태어난 것에 수치심을 가져야 한다는 교육을 받고 자랐다. 그녀는 귀족 남자와 파혼을 한 후 귀족으로서의 신분이나 가문에 신경을 쓰지 않고 무력감에 빠진 채, 어떤 때

에는 자기 집 하인들보다 더 비천하게 행동하곤 한다.

축제 전날 밤, 줄리는 춤을 핑계로 하인 장을 밖으로 끌어낸다. 장은 놀기 좋아하고 춤의 명수인 백작집의 하인으로 유럽 각지의 저택을 전전한 끝에 고향인 이곳으로 왔다. 한편 크리스틴은 장의 사내다운 매력에 이끌려 그의 꽁무니를 따라다니다가 겨우 결혼 약속을 받아낸 줄리 집안의 하녀이다.

줄리가 장을 끌어낸 그날 밤 백작은 출타중이었고 하지夏至 전야로 두 사람은 들떠 있었다. 들뜬 분위기 속에서 줄리의 유혹은 장을 극도로 흥분시킨다. 줄리는 장에게 사랑을 해본 적이 있느냐고 묻고 장은 오래 전부터 줄리를 사모해왔으나 그녀 곁에 갈 수 없어 고민해왔다고 말한다. 줄리는 귀족 남자들에게서는 볼 수 없는 장의 세속성에 말할 수 없는 매력을 느낀다.

춤을 추고 난 후 두 남녀는 계급적 차이를 넘어 재미있는 이야기로 시간을 즐긴 후, 크리스틴이 피곤해서 제 방으로 먼저 자러 가자 줄리는 호수에서 보트를 타자고 장을 조른다. 마침 합창대의 행렬이 이들에게 다가오고 귀족의 딸이 하인과 깊은 밤에 단둘이 있는 것을 다른 사람들에게 보이는 것은 스스로를 파멸시키는 것이라는 장의 말에 둘은 장의 방으로 도망간다.

장의 방에서 육체적 관계를 맺은 그들은 이전과는 다른 심리 상태와 행동을 보이게 된다. 줄리는 당황하여 아버지가 돌아오기 전에 함께 달아나자고 제의하고, 장은 도망가려면 자금이 필요하니 백작의 돈을 가져오라고 거만하게 말한다. 줄리는 아버지 몰래 멀리 달아나 화려하게 귀족적으로 살 생각을 하는데 비해, 장은 줄리와의 도피 행각으로 하인의 신분에서 벗어나 해외에서 호텔을 경영하며 편안하고 당당하게 살아갈 현실적인 계산을 하고 있다.

줄리가 얼마의 돈을 가져왔으나 장은 그 정도로는 안 된다며 큰소리를 친다. 갑자기 엄격하고 오만해진 장 앞에서 줄리는 두려워진다. 장에게 줄리는 자신이 가장 아끼는 새를 데리고 가야 한다고 고집하는데 현실적인 그는 말도 안 된다며 줄리 앞에서 새를 죽여버린다. 둘의 사랑은 파탄이 나고 그때 백작이 돌아온다. 하인으로서의 자신의 신분을 깨달으며 불안해진 장이 줄리에게 면도칼을 보이며 해결방법을 암시하자 줄리는 칼을 받아들고 자살을 하기 위해 밖으로 나간다.

대표적인 자연주의적 희곡

주인공 줄리는 오만하면서도 처음 만난 남자에게 반 광란 상태에 빠지는 세상 물정 모르는 아가씨이다. 평민 출신인 그녀의 어머니는 백작의 간청에 의해 결혼은 했지만 결혼 후에도 애인을 두고 있다. 줄리가 태어나자 어머니는 그녀를 사내아이처럼 키우면서 밭일도 시킨다. 후에 어머니는 발작을 일으켜 백작의 저택에 불을 질러 무일푼이 되지만 벽돌공장 주인에게 몰래 맡겨두었던 재산으로 다시 집을 지었다.

어머니의 이러한 행위는 사내로서의 백작에 대한 불신과 증오에서 온 것이며 당시 대두하고 있던 여성의 자유와 평등의 풍조에서 교육되었기 때문이다. 또한 그녀는 결혼제도에 대해서 거부반응을 갖고 있었다. 그럼에도 불구하고 자기는 결혼을 하여 아내가 되고 어머니가 되었다. 그러나 그녀는 자신의 딸 줄리만은 노예가 되지 말라고 항상 가르쳤다.

어머니의 이러한 영향 탓인지 줄리도 결혼을 싫어했다. 그녀의 마지막 약혼자는 지체 높은 사람이었지만 줄리는 그에게 채찍을 들고 그 위를 뛰어넘게 하고 그가 뛰어넘기를 마치면 다시 채찍으로 때렸다. 이에 그 남자는 그녀로부터 채찍을 빼앗아 꺾어버리고 떠나버린다.

위에서 살펴본 것처럼 『미스 줄리』는 부모로부터의 유전적 성격과 환경을 중시하는 희곡의 특징이 잘 나타나고 있다. 이 작품에 끊임없이 등장하는 야만적인 행동과 극도로 사실적인 대화들은 자연주의 연극의 최고 경지에 이른 것으로 평가되고, 그가 주도한 사실주의에 대한 반란은 1912년 독일을 중심으로 발전하여 유진 오닐, 엘머 라이스 같은 현대 극작가들에게 영향을 미치고 있다.

작가 스트린드베리는 이러한 줄리의 비극적인 운명을 "어머니로부터 얻은 선천적인 영향, 아버지의 그릇된 교육, 자기 자신의 자질, 예민하고 약한 신경, 그리고 보다 가까운 요인으로는 하지 전야의 흥분, 아버지의 부재, 생리일과의 관계, 섹스 어필하는 춤, 새벽, 흥분을 돋구는 꽃의 강한 향기, 숨기 위하여 두 사람을 방으로 가게 한 우연성, 사내의 자극적인 접근" 때문이라고 말하고 "이 요인의 다양성을 나는 현대의 특질로 보고 글을 쓰는 데 자부심을 가졌다."고 말하고 있다.

◈ 추천도서
『줄리 아씨』, 오세곤 옮김, 예니, 2000

카라마조프가의 형제들

친부살해를 둘러싼 신과 인간의 대결

도스토옙스키 지음

이 작품은 도스토옙스키의 정신적 탐구 과정의 집대성으로, 육욕적인 아버지 표도르와 그의 아내가 낳은 세 아들인 드미트리, 이반, 일류샤, 그리고 사생아인 스메르자코프를 중심으로 '부친살해'라는 사건을 두고 벌이는 심리적 갈등과, 고난을 통한 인간 영혼의 구원 문제가 심도 있게 그려지고 있다. 인간의 본질과 종교적 문제에 관한 사색을 담고 있으며, 특히 이반과 일류샤 사이에 벌어지는 '대심문관' 논쟁은 백미를 장식한다.

러시아의 소설가 도스토옙스키(F. M. Dostoevskii, 1821~1881)는 모스크바의 빈민구제병원 의사의 차남으로 태어나 도시적인 환경에서 자랐다. 부친은 엄격한 사람으로 몹시 신경질적인 데다가 만성 알콜중독자였다. 반면 어머니는 남편의 정신적인 학대에도 불구하고 항상 밝고 명랑한 성품을 잃지 않는 여성으로 음악과 시에도 조예가 깊었다. 냉엄한 아버지가 군림하는 분위기 속에서 『신, 구약성서에서 발췌한 104가지 이야기』를 교재로 하여 러시아어의 읽고 쓰기를 가르친 어머니의 자애로운 모습은 도스토옙스키의 유년시절에 마음 깊이 새겨져 있었다. 부친은 귀족이긴 했으나 대지주이거나 귀족 출신인 톨스토이나 투르게네프와 달리 집안의 생계는 어려운 형편이었다.

16살에 정신적 안식처였던 어머니가 세상을 떠났다. 도스토옙스키는

17살에 육군 중앙공병학교에 입학하여 재학중 발자크, 위고, 괴테, 호프만 등의 작품을 탐독했다. 19살에는 아내와 사별하고 은둔생활을 하고 있던 아버지가 숲 근처의 노상에서 농민들에게 살해당하는 비극적인 사건이 발생한다. 양친의 죽음으로 도스토옙스키는 심신상실을 수반한 발작을 일으키기도 했다.

프로이트는 이 사건을 취급하여 「도스토옙스키와 부친살해」라는 논문을 발표했다. 그 논지는 도스토옙스키는 강렬한 오이디푸스 콤플렉스 경향을 갖고 있어서 내심 부친의 사망을 바라고 있었는데 그것이 현실화됐기 때문에 자기가 실제 범인인 양 착각하게 되어 훗날 도스토옙스키에게 나타난 낭비벽과 도박벽 등의 이상한 행동양식으로 표출되었으리라는 것이다.

오늘날에는 프로이트의 견해에 대해서는 부정적이지만, 도스토옙스키의 죄의 관념에 대한 몇 가지 중요한 암시를 해준 것만은 사실이다. 부친의 죽음에 대해 평생 입을 열지 않았던 도스토옙스키가 만년의 걸작인 『카라마조프가의 형제들』에서 부친살해라는 주제를 다룬 것은, 그의 가슴에 새겨진 상처의 깊이를 여실히 말해주고 있다. 특히 이반과 스메르쟈코프(농노라는 뜻)의 관계, 즉 스메르쟈코프가 이반의 사주로 부친을 살해한다는 소설의 설정은 도스토옙스키와 부친을 살해한 농부와의 공범관계를 시사하여 그가 의식의 심층에서 부친살해에 가담하고 있었음을 암시하고 있다고 보는 견해도 있다. 24살 때 그는 '네바 강의 환영幻影'이라는 기이한 체험을 한다. 그것은 창조적 계시의 순간으로 그는 이 계시를 통해 자신의 내부에서 새로이 탄생하려는 소설의 전모를 일순간에 엿보았다. 이 계시에 따라 그는 실패한다면 '목을 매든가, 네바 강에 몸을 던진다'는 각오로 창작에 전력을 기울였다.

그 결과 가난한 늙은 관리와 의지할 곳 없는 불행한 아가씨의 깨끗한 사랑의 이야기인 처녀작 『가난한 사람들』이 완성되었는데, 작가 그리고

로비치, 네크라소프 등은 이 작품을 읽고 감동한 나머지 "새로운 고골리의 출현"을 외치며 성공적인 그의 문단 데뷔를 축하했다. 평론가인 벨린스키의 격찬도 뒤따르는 등 그야말로 화려한 데뷔였다. 훗날, 도스토옙스키는 "그것은 내 생애 최고의 감격적인 순간이었다. 유배지에서도 그때 일을 회상하면 힘이 솟았다."라고 회고했다.

그러나 처녀작의 성공과는 반대로, 이후 발표한 10여 편은 비평가들의 혹평을 받았다. 그 후 그는 유토피아 사회주의자 집단인 어느 서클에 참가했는데 동료 30명과 함께 체포되어 사형선고를 받게 된다. 그러나 사형 직전에 황제의 특사를 받아 4년간 시베리아 유형을 떠나게 된다. 이때의 죽음에 대한 공포의 체험은 『백치』에서 미슈킨 공작의 입을 통해 생생하게 묘사하고 있다. 그는 시베리아 유형 중에 러시아 민중의 정서를 체험하기도 하고 그곳에서 허용된 한 권의 책인 『신약성서』를 거듭 읽었다. 이로 인해 젊은 날의 급진주의 사상은 기존 질서에 대한 존중과 민중의 메시아적 사명에 대한 믿음으로 바뀌었다. 고통을 통해 세상을 구원한다는 그리스도의 가르침과 러시아 영성주의는 도스토옙스키에게 더욱 깊은 의미를 갖게 해주었다. 그리고 감옥은 굴욕당하고 상처입은 사람들을 더 깊이 연구하는 데 필요한 자료를 풍부하게 제공해주었다.

1857년에 폐병환자인 미망인 마리아와 비참한 결혼을 하고 그 후 20살 연하인 아폴리나랴와의 사랑과 잡지사 경영 실패 등으로 도스토옙스키는 도피생활을 계속하는 기구한 일생을 보내게 된다. 1871년 유럽여행에서 돌아온 이후 10년간은 비교적 안정된 생활을 하게 된다. 이때 그의 생애를 통한 사색의 집대성이라 할 수 있는 『카라마조프가의 형제들』을 썼다. 이어서 바로 일류샤가 주인공이 되어 활약하는 속편을 써서 톨스토이의 『전쟁과 평화』와 같은 대장편을 구상했으나 그의 죽음으로 실현되지는 못했다. 『카라마조프가의 형제들』 자체만으로도 위대한 예술적 가치와 심오한 사상을 지닌 세계 최대의 고전이라는 평가를 받았다. 그가 죽기 직전에 푸시킨 동상 제막식에서 행한 기념연설은 러시아의 세계적 소명을 힘차고 분명하게 예언함으로써 청중들을 감동시켰다. 이것은 불우했던 그의 만년을 장식해 준 사건이었다.

19세기 러시아 문학과 도스토옙스키

러시아의 가장 위대한 소설가는 누구인가, 라는 문제에 대한 답은 도스토옙스키와 톨스토이 사이에서 판가름날 것이다. 그러나 이 두 소설가 이외에도 19세기 초, '러시아의 바이런'이라고 일컬어진 낭만주의 시인 푸시킨도 있었다. 그는 러시아 풍경미를 서정시로 묘사하고, 민속담에서 시의 원천을 발견했다. 일상생활을 주제로 하여 대중의 사랑을 받은 푸시킨은 소설을 쓰기도 하고 희극을 남기기도 했다. 푸시킨보다 더 젊은 고골리는 『사신死神』이라는 소설에서 러시아의 전원생활을 풍자했다. 고골리의 걸작 희곡은 『검찰관』인데, 그는 여기서 러시아의 정부와 부패관리를 풍자, 비판했다.

위대한 러시아의 문학은 19세기 중기 이후 투르게네프, 도스토옙스키, 톨스토이에 의해서 창조되었다. 이들의 작품 경향은 낭만주의, 사실주의, 이상주의가 융합되어 있다고 보는 편이 옳다. 투르게네프는 생애의 대부분을 파리에서 보냈으며 서양사회에 처음으로 알려진 러시아 소설가였다. 그의 대표작 『아버지와 아들』은 과학적 사회이념을 가진 젊은 세대와 현상 유지를 원하는 낡은 세대와의 갈등을 묘사한 것이다.

장편소설 『전쟁과 평화』(1864~1869)에서 1812년 나폴레옹의 모스크바 원정을 소재로 러시아 사회를 묘사한 톨스토이는 도스토옙스키에 비해 덜 운명론적이긴 하지만, 역시 강력한 운명 앞의 나약한 인간을 묘사하고자 했다. 또 다른 작품 『안나 카레니나』에서는 두 연인이 공공연히 관습에 도전하는 비극을 그리고, 결국 세속생활의 허영에서 신비적인 인간애로 위안을 찾는다는 결론을 내리고 있다. 공산주의적인 무정부주의자이며 소박한 생활을 예찬한 톨스토이는『부활』에서는 더욱 더 사회복음적 설교를 통해 문명을 비판하고 단순 소박한 육체노동 생활을 권하고 있다.

도스토옙스키는 심리소설의 대가로, 비참한 러시아 민중들의 생활을 사실주의 수법으로 묘사했다. 동시에 그는 인간의 영혼이 고통으로 정화된다는 깊은 신비주의적 신념을 표현했다.

『죄와 벌』로 시작되는 그의 후기 대작은 당시의 정치적, 사상적 문제를 예민하게 반응시키면서, 동시에 인간 존재의 근본 문제를 제기한 점에 특색이 있다. 이론적 살인자 라스콜리니코프적인 인간을 나타낸『죄와 벌』, 조화와 화해를 초래한 아름다운 인간 미슈킨 공작의 패배를 묘사한『백치』, 네차예프 사건(1869년에 모스크바에서 혁명운동가 네차예프를 지도자로 하는 혁명단체가 불복종을 이유로 농학과 학생을 암살한 사건)에서 소재를 얻어 혁명의 조직과 사상의 병리를 지적한『악령』, 청년의 야심적 행태를 다룬『미성년』, 친부 살해범을 주제로 신과 인간의 문제를 정면으로 대결시킨『카라마조프가의 형제들』등, 각 작품에서 다룬 소재는 각기 다르지만 내면적인 통일성으로 굳게 연결되어 있다는 점에서 그의 작품은 '도스토옙스키적인 세계'라고 일컬을 수 있다.

도스토옙스키는 기구한 운명, 즉 일생동안 그를 괴롭힌 불치의 간질병, 사형집행 직전의 특사, 시베리아 유형생활, 광적인 도박병, 빈곤 및 가정불화 등에서도 불굴의 창작력을 발휘했다. 그의 창작 과정은 크게 두 계열로 나눌 수 있는데 처녀작『가난한 사람들』부터『죽음의 집의 기록』까지는 전반기 계열에 속한다. 도스토옙스키는 전반기의 창작을 통해 주로 학대받는 민중의 고뇌와 한숨을 대변한 인도주의적인 리얼리스트로 알려져 왔다. 그러나 시베리아 유형에서 돌아온 후『지하생활자의 수기』를 기점으로 그의 문학은 철학과 사회 문제를 다룬 사상 소설로 방향을 바꾸었다.『죄와 벌』은 이러한 창작 경향을 완전히 구상화한 장편소설이었다. 그 후 『백치』, 『악령』, 『미성년』 등을 거치는 동안 도스토옙스키의 철학적인 사색, 인간관, 세계관은 더욱 원숙미를 더해 갔고, 마침내 최후의 대작 『카라마조프가의 형제들』에서 완성의 극치에 달했다.

주요 등장인물

『카라마조프가의 형제들』은 인간의 마음속에 내재하고 있는 선과 악의 투쟁을 주제로 펼쳐지고 있는데 주요 등장인물은 다음과 같다.

표도르 : 음탕하고 물욕이 강한 지주로, 큰아들인 드미트리와 한 여인을 두고 경쟁하다가 스메르쟈코프에게 살해당한다.

드미트리 : 카라마조프가의 장남으로 거칠고 난폭한 반면, 정열적이고 순진한 면과 직선적인 성격을 지니고 있는 인물.

이반 : 2남. 허무적이고 철저한 무신론자. 이지적 인물.

일류샤 : 3남. 순진무구하며 신앙적인 인물. 행동적인 사랑을 실천하는 미래의 새로운 세대로 상징되는 인물.

스메르쟈코프 : 표도르의 사생아로, 파블로비치 집안에서 하인으로 살다가 출생에 불만을 품고 아버지를 살해한 뒤 자신의 뜻과 연결되지 않자 자살하는 막내아들.

줄거리

세계 최대의 고전 가운데 하나로 꼽히는 『카라마조프가의 형제들』은 『죄와 벌』과 함께 가장 널리 알려진 소설이지만 그것을 끝까지 다 읽은 우리나라 독자들은 그다지 많지 않은 것 같다. 도스토옙스키 특유의 심오한 사상성, 내면세계의 다양성, 인간 심리의 부조리적인 갈등 등 그의 문학세계의 난해성도 한 가지 원인이지만 대부분의 독자는 우선 방대한 규모와 분량에 위압당하는 것 같다. 그러나 한번 잡으면 끝까지 읽지 않고는 놓을 수 없는 것이 또한 도스토옙스키의 매력이기도 하다.

『카라마조프가의 형제들』의 무대는 러시아의 스코토프리고니예프스크('가축시장'이라는 의미)라는 소도시다. 카라마조프 집안은 늙은 홀아비 표도르 카라마조프와 그의 자식들, 즉 장남 드미트리, 둘째 이반, 셋째 일류샤, 그리고 사생아 스메르쟈코프로 구성되어 있다. 이 소설에서는 그 이전의 어느 작품에서 보다 많은 유형의 상이한 성격 소유자들이 등장하지만 그들은 모두 각양각색의 인간적인 특질과 본성을 인격화한 상징성을 지니고 있다.

몰락한 시골 귀족의 후예인 아버지 표도르는 방탕한 호색한이다. 독설가로도 유명하고 선악의 경계를 완전히 초월한 리비도(성애)의 소유자이며 육욕과 물욕의 화신이라 할 수 있다. 장남인 드미트리는 카라마조프가의 '정열'의 세계를 대표한다. 그는 아버지와 비슷한 정열적인 감정과 야성적인 생명력을 물려받았지만 명예와 진리를 존중하는 고상한 일면도 지니고 있다.

둘째 아들인 이반은 카라마조프가의 탐욕스런 생명력을 '지성'의 영역으로 바꾸어 놓은 듯한 느낌을 준다. 모스크바의 최고 학부에서 교육을 받고 재기발랄한 논문을 발표하고 있는 그는 허무주의적 견지에서 신과 종교를 부정하는 무신론자이다. 드미트리가 육체적으로 부친을 증오한다면 이반은 이론적으로 그를 증오한다.

셋째 아들 일류샤는 신앙심이 강하고 누구에게나 사랑과 동정을 베푸는 착한 청년이다. 그러나 그의 내부에도 카라마조프적인 피가 흐르고 있음은 누구보다도 잘 알고 있다.

아버지와 세 아들은 오랜만에 한자리에 모이지만, 육친에 대한 애정이 아니라 유산상속을 둘러싼 분쟁 때문에 찾아든 것이다. 세 아들 중 모스크바에서 찾아온 이반만 아버지의 집에 머물고 퇴역장교인 드미트리는 밖에 숙소를 정한다. 한편 견습 수도생으로 수도원에 들어가 기거하고 있는 일류샤는 조시마 장로 밑에서 참된 신앙의 길을 배우고 있다. 이 집안의 사정을 더욱 복잡하게 만드는 것은 부친 카라마조프와 백치나 다름없는 여인 사이에 낳은 사생아인 간질병 환자 스메르자코프가 요리사 겸 하인으로 이 집에 살고 있다는 사실이다. 스메르자코프는 자신의 출생을 원망하면서 세상을 분노 어린 눈으로 바라보고 있다.

그러나 이 가족의 운명은 단지 이 소설의 중심을 이루고 있을 뿐, 이 광대하고 감동적인 작품 속에는 그 밖에도 수많은 모티브와 테마가 교향악처럼 조화되어 부수적으로 제시되고 있다.

드미트리와 이반은 자기 아버지에 대한 혐오와 증오라는 공통의 본능을 갖고 있다. 특히 그루셴카라는 여자 때문에 질투에 불타는 드미트리는 공공연히 아버지를 죽인다고 협박한다. 한편 보다 교묘한 수단을 취하는 이반은 스메르자코프에게 '모든 것은 허용된다'는 사상을 불어넣고 반쯤 의식적으로 이 탐욕스런 노인을 죽이도록 교사한다. 드미트리가 그루셴카를 찾아 헤매던 어느 날 밤, 스메르자코프는 정말로 카라마조프 노인을 살해한다. 드미트리는 마을의 술집에서 그루셴카와 함께 한창 흥겹게 소동을 벌이고 있던 한밤중에 체포된다. 그러나 이반은 아버지를 죽인 진범이 드미트리가 아니라 자신이 교사한 스메르자코프라는 것을 알고 있다. 한편 스메르자코프는 아버지를 죽인 사실을 이반에게 고백하고 목을 매서 자살한다. 이반은 법정에서 드미트리의 무죄를 주장하지만 드미트리는 오판誤判에 의해 시베리아 유형을 선고받는다. 드미트리는 자신이 실제 살인자는 아니지만 마음속으로 언제나 살해하리라는 생각을 한 것은 사실이므로 자기의 죄를 인정했다.

인간성의 역사적 모순

이상이 외적인 줄거리이나 작품의 내적인 줄거리는 일류샤를 둘러싸고 조시마 장로와 이반 사이에 전개되는 그리스도교와 무신론의 사상적 대결이 핵심이라 할 수 있다. 논리와 이성으로 신을 거부하는 이반에게 조시마 장로는 "우주의 비밀은 머리가 아닌 가슴과 감정, 그리고 믿음으로 이해할 수 있다."고 설득한다. 그런 의미에서 이 소설의 핵심은 이반의 극시「대심문관」에 있다. 목로주점에서 일류샤와 자리를 함께 한 이반이 이 극시를 읽는다.

「대심문관」은 가톨릭의 이단심문이 가장 전성기를 이루던 15세기, 스페인의 세비야가 무대다. 이단자들을 화형에 처하는 광장에 홀연히 그리스도가 강림한다. 대심문관의 명령으로 그리스도는 체포되어 투옥된다. 그날 밤 대심문관은 "왜 우리를 방해하러 왔는가?" 하고 힐난한 뒤 그리스도가 "인간을 행복하게 할 수 있는 유일한 방법을 물리쳤다."고 비난하며 다음과 같이 말한다. 그 주제는 마태복음과 누가복음에 기록되어 있는 것으로, 예수가 악마에게 세 가지 시험을 받는 문제다. "당신은 양심의 자유를 위해 빵을 거절했기 때문에, 인간은 빵을 곁눈질하며 시비와 선악의 판단에 괴로워해야만 하게 되었다. 또한 당신은 자유로운 신앙 때문에 기적을 거부했는데, 그것 때문에 인간은 기적과 더불어 신도 거부하고 말았다. 그리고 당신은 지상의 권력을 거절했는데, 지상의 인류가 추구하는 것은 하나의 권력 아래 전 세계적으로 결합하여 평화와 행복의 왕국을 지상에 건설하는 것이다."

그는 그리스도가 인간을 너무 높이 평가하고 인간에게서 너무나 많은 것을 기대했다는 것이다. 그리스도가 인간에게 부여한 자유, 즉 선악 선택의 자유는 인간의 의식으로는 무거운 부담이어서 이것은 축복이 아니라 크나큰 재앙이라고 보았고, 그래서 화형에 처하겠다고 규탄한다. 이 대심문관의 규탄에 대해 그리스도는 한 마디 말도 없이 시종 침묵을 지킨다. 그리고 마지막에 말없이 대심문관에게 입을 맞춘다. 이러한 이반이라는 인간의 이름에 의한 그리스도의 고발에 대해서 일류샤는 "당신의 극시는 그리스도의 찬미이지 결코 비방이 아니다."라고 말한다.

이「대심문관」은 빵과 자유의 문제, 신앙과 이성의 문제, 정치권력의 문제 등 '지상에서의 인간성의 역사적 모순 전체를 포함시키고 있다'고 말할 수 있다. 이 작품에는 신에 대한 반역의 근거가 있으나 일류샤의 말처럼 작가는 자유스러운 양심의 선택과 하나님 앞에 홀로 서는 인간의 존엄성을 옹호하려 한 것이다.

이상에서 본 것처럼 이 작품은 음탕한 아버지와 그의 네 아들을 중심으로 아버지와 아들, 형과 아우의 애욕의 갈등을 묘사하는 한편, 이반과 조시마 장로 사이에 벌어지는 사상의 갈등을 전개한 소설이다. 심리적인 깊이에다 사람의 마음을 휘어잡는 비극성, 신에 대한 대담한 저항과 사회생활에 대한 묘사가 대단히 탁월하다.

부친의 방탕무비한 생명력이 맏아들에게는 무절제한 정열과 감정적인 충동으로, 둘째에게는 왕성한 지적 욕구로, 셋째에게는 종교적 감정으로 변형되어 나타나는데, 그들은 내재적인 본성인 '카라마조프시치나(카라마조프적 기질. 인간의 도덕적 완성을 방해하는 본능)'에 항거한다. 이러한 카라마조프적 기질인 탐욕과 조소는 세 형제가 각각 갖는 정열, 이지, 신성의 세계에서 '선악의 투쟁'으로 나타난다.

도스토옙스키가 이 최후의 작품에서 추구하려고 한 내면적 주제가 '현대의 그리스도'였다는 점은 거의 확실한 것 같다. 이 주제는 그가 평생을 두고 추구해 온 것이기도 하다. 시베리아 감옥에서 나온 직후 도스토옙스키는 이렇게 고백했다. "그리스도 이상으로 아름답고, 깊고, 자비롭고, 총명하고, 용기 있고, 완전한 것은 아무 것도 없습니다. 가령 그 어떤 사람이 그리스도는 진리의 밖에 있다고 말할 지라도 나는 그리스도와 더불어 머물러 있기를 바랄 것입니다."

결국 이 작품의 의도는 끊임없이 작가의 머릿속에 있던 문제, 곧 인생의 부조리 때문에 신을 거부하는 러시아의 무신론적 지식인들과 대결하여 그것을 초월하고 극복하는 인물을 창조하는 것이었던 것 같다.

그리스도라는 주제와 더불어 도스토옙스키의 평생의 십자가가 되어

온 것은 부친살해라는 주제다. 아내의 죽음으로 시골에 은거하며 열네댓 살 소녀들을 차례로 임신시켜 마을 주민들에 의해 살해된 부친의 치욕적인 죽음은 작가의 가슴에 평생 지울 수 없는 멍에로 남았다. 작품의 중심주제 가운데 하나인 부친살해 테마는 우연히 떠오른 생각이 아니라 일종의 고정관념처럼 그의 내부에 응고되어 있었던 것이다.

흔히 도스토옙스키의 사실주의를 '환상적 사실주의'라고 부른다. 그것은 그의 사실주의가 보통 사실주의와는 달리 보다 고차원의 현실, 즉 정신적 세계의 현실에 관련되어 있기 때문이다. 아무튼 러시아 최초의 도시 출신 작가이며 직업작가였던 도스토옙스키는 어둠이 깔린 러시아의 고뇌와 인간의 내면세계에 깃든 비밀의 곡절을 투시하고 동포의 내적 번뇌와 눈물을 그린 인도주의적 리얼리스트였다.

도스토옙스키가 유럽에 끼친 영향은 매우 크다. 그는 유럽 전역에 여러 가지 문학 조류를 불러일으켰고 수많은 작가가 그를 모방했다. 특히 인간 존재의 부조리 속에서 실존을 추구한 그의 실존주의적 발상은 프랑스 실존주의에 영향을 주었고 헤르만 헤세, 슈테판 츠바이크, 앙드레 지드 등도 그에 대해 미신적인 존경을 표했다.

영국의 한 평론가는 "도스토옙스키의 문학은 아편이다."라고 평한 바 있다. 한번 그의 문학세계에 발을 들여놓으면 좀처럼 발을 빼기가 힘들다는 뜻이다. 그것은 도스토옙스키의 작품에 나타나는 문학의 한계를 초월한 형이상학적 문제들, 예를 들면 신과 인간, 신앙과 불신, 복종과 반역의 갈등 속에서 몸부림치는 주인공들을 통해 우리는 인간 실존의 부조리, 출구 없는 현실에 고민하는 현대인의 살아 있는 초상을 볼 수 있기 때문이리라.

도스토옙스키의 위대성은 작품 속 주인공들의 비극을 통해 논리적 자아에 기반을 둔 현대의 위기 상황을 정확히 예견했다는 데 있다. 인간의 부조리와 불합리 속에서 숨은 진리를 발견한 도스토옙스키. 그는 확실히 현대의 문제점을 남김없이 예언하고 오늘날의 난제들을 정확히 선지했던 것이다. 바로 여기에 도스토옙스키의 사상가적 면모가 있고 예언자적 현대성이 있다 할 것이다.

추천도서
『카라마조프가의 형제들』(전 3권), 김연경 옮김, 민음사, 2012
『카라마조프 씨네 형제들』, 박형규 옮김, 누멘, 2011
『카라마조프 형제들』, 채수동 옮김, 동서문화사, 2007

안나 카레니나

19세기 러시아 귀족사회의 풍속도

톨스토이 지음

상류사회의 정숙한 부인이던 안나의 불륜의 사랑을 중심으로 1870년대의 러시아 귀족사회를 묘사한 가정소설이자 사회소설이다. 그는 여기서 안나와 브론스키의 구원받을 수 없는 관능적인 사랑에 레빈과 키치의 진정한 그리스도교적 사랑을 대비시키고 있다. 전자가 단순한 육체적 사랑이며 이기적인데 비해 후자는 형이상학적 사랑의 개념이며 자기희생이다. 바로 여기에 작가가 전하려는 메시지가 있다.

러시아가 사랑하는 문호 톨스토이(L. N. Tolstoi, 1828~1910)는 러시아의 야스나야 폴랴나에서 톨스토이 백작 집안의 넷째 아들로 태어났다. 톨스토이가의 영지領地였던 야스나야 폴랴나는 러시아어로 '밝은 숲속의 공터'라는 뜻으로 톨스토이 문학을 탄생시킨 토양이 되었다. 그의 작품에 항상 광활한 러시아의 자연이 느껴지는 것은 바로 이 때문이다.

그는 어려서 부모를 잃었으나 친척집에서 좋은 교육을 받으며 자랐다. 그러나 타고난 이원성, 즉 풍부한 감수성과 냉철한 이성으로 인해 불안과 동요 속에서 일생을 보내야 했다. 19살에 카잔 대학에서 '대학은 학문의 장지葬地'라는 결론을 내리고 중퇴, 고향으로 돌아가 합리적인 농장 관리와 영지 내 농민들의 삶을 개선하려 했으나 실패로 돌아간다. 얼마 후 모스크바로 이주하여 방탕한 생활을 하다가 형의 권유로 군에 입대했다. 이때 그는 이 아름다운 카프카스의 자연에서 여가의 대부분을 글을 쓰며 보냈다. 어린이의 심리를 가장 매혹적으로 묘사한 『유년시절』을 비롯하여 크림 전쟁을 소재로 한 『세바스토폴 이야기』는 그가 군에서 경험한 전쟁의 참혹성과 비인도성을 생생하게 그린 작품으로 그의 작가적 위치를 확고하게 만든 출세작이기도 하다. 그 후 두 차례의 서유럽 여행을 통해 문명의 해악을 실감하고 루소의 '자연'에 바탕을 둔 농민교육에 힘을 쏟았다.

1862년 34살의 노총각 톨스토이는 이전부터 알고 지내던 18살의 소피아와 결혼하여 자신의 영지에서 신접 살림을 차리고 밝고 편안한 생활을 즐기게 되었다. 결혼 후 새로운 창작열에 불타오른 톨스토이는 문학에 전념하여 양적, 질적인 면에서 최대의 걸작으로 알려진 서사시적 대하소설 『전쟁과 평화』(1864~1869)를 발표했다. 행복한 가정생활의 찬가인 이 작품은 삶의 즐거움을 생생하게 표현하고 있다.

이어서 『안나 카레니나』(1873~1877)을 완성하여 세계적인 대작가의 반열에 오르지만 이 무렵부터 톨스토이는 죽음에 대한 공포와 삶에 대한 무상 등 심한 정신적 동요를 일으켜 인생의 위기를 맞이한다. 그는 체계적으로 섭렵했던 철학, 신학, 과학서적에서는 별 도움을 얻지 못했으나 농부들에게서 그 실마리를 찾았다. 농부들은 그에게 인간은 신에게 봉사해야 하며 자기 자신을 위해 살아서는 안 된다는 것을 깨닫게 해주었다.

톨스토이의 사상적인 전환점이 되었던 이 시기를 '전환기'라고 한다. 이때부터 그의 숙명적인 영혼의 투쟁은 시작된다. 1882년 그의 『참회록』에는 그의 정신적 고뇌가 잘 나타나 있는데 그가 종교로 전향한 시기는 바로 이 시기로 도덕가적인 면모가 드러났다. 즉 이 작품을 통해 평등, 노동 존중, 생활의 간소화, 반문화, 반국가, 반전 등을 내용으로 하는 종교적 인도주의, 이른바 '톨스토이즘'이 대두되었다. 그 후부터 그의 문학 활동은 주로 종교적, 정신적 방향으로 기울어져갔다. 그리고 이러한 경향은 마침내 소설 무용론으로까지 발전하여 그의 이전의 작품들을 허위의 예술이라 폄하하고 오로지 선善을 추구하는 작품만이 참다운 예술이라고 주장했다. 이처럼 쉰 살을 전후로 예술가로서의 톨스토이는 사상가, 종교가로서의 톨스토이로 변신했다.

그는 교회의 일체의 권위와 형식을 부정했다. 그는 모든 과학적인 발전에 회의를 느끼고 대중의 원시적인 신앙을 따르며 농민의 마음속에서 진리를 찾아냈다. 이러한 그의 그리스도교는 무저항주의를 지상명령으로 보고 어떤 형식의 폭력도 비난했다. 그는 이 세상의 종교들, 즉 그리스도교, 불교, 유교 등을 연구하여 보편적인 종교를 만들려 했다. 이 점에서 그는 러시아 정교를 전 세계의 종교로 만들려 했던 도스토옙스키와는 다르다. 그는 이후 30년 동안 종교와 도덕에 관한 수많은 논문을 남겼고, 1885년에는 사유재산을 부정했다. 이 문제로 부인과 충돌하여 그의 저작권은 부인이 관리하게 되었다. 이 무렵 병역을 거부하여 탄압을 받고 있던 이교도들의 캐나다 이주자금 조달을 위한 방편으로 쓴 『부활』(1899)이 발표된다. 『부활』은 그의 정신적, 종교적 마지막 참회라는 의의를 가지나, 작품에서 그리스 정교를 비판했다는 이유로 1901년에 러시아 정교회로부터 파문을 당한다. '사유私有가 모든 악의 뿌리'라는 생각에 말년의 그는 재산과 저작권을 포기했는데 이는 가족에게는 중대한 문제였기 때문에 부부 싸움이 끊이지 않았다. 그리스도교적 이상을 품고 러시아 농민들을 위해 헌신하고자 했던 톨스토이는 자신의 뜻에 공감하지 못하고 귀족적인 분위기에 젖어 있는 아내와의 불화로 82살의 노구를 이끌고 1910년 10월 28일 새벽, 13명의 자녀 중 마지막까지 자신의 세계를 이해해준 막내딸 알렉산드라와 주치의를 데리고 집을 떠나 방랑길에 나섰다가 도중에 숨을 거두었다.

문학가로서의 톨스토이의 탁월함에 딴죽을 걸 사람은 아무도 없다. 그는 가장 위대한 소설가로 앞 세대 러시아 소설가들의 영향보다는 루소, 스탕달, 새커리 등의 영향을 받았던 것으로 보인다.

사상가로서의 톨스토이의 모습에 대해서는 이론의 여지가 있다. 그는 지칠 줄 모르고 진리를 탐구하려 했고 인간의 세계에서 절대적인 것을 탐색하고자 했다. 그 결과 그의 비타협적인 태도와 완벽하고 합리적인 설명은 그러한 강박에 가까운 의무감 때문에 다소 부자연스러운 면도 있다. 많은 사람들은 그가 역사, 교육, 비폭력, 예술관을 논할 때도 이런 면이 있음을 발견했다.

톨스토이 사상에 대한 체계적인 연구에서는 그의 사상이 19세기 자유주의와 연관되어 있음을 한결같이 밝히고 있다. 그는 소수에 의한 다수의 억압을 전 세계적인 현상으로 이해했고 이의 궁극적 해결방법은 인간의 도덕적인 성장이라고 확신했다. 그는 계급과 국가가 없는 상태를 향한 진보적 운동은 마르크스의 주장인 경제결정론이나 폭력투쟁과는 반대로 모든 개인이 도덕적으로 완벽해지는 것이라고 보았다. 이 도덕적 완성은 사랑이라는 지고의 법을 준수하고 어떤 형태의 폭력도 거부함으로써 가능한 것이었다. 톨스토이는 자신의 이성주의를 극단적으로 밀고나간 19세기 도덕 사상가였다.

그런 톨스토이의 작품 가운데 "현대의 『오디세이아』"라고 불리는 『전쟁과 평화』와 "종교적 속죄와 영혼의 완성을 설교하는 예술적 성서"라는 평을 받기도 한 『부활』을 간단히 살펴보자.

『전쟁과 평화』는 나폴레옹 전쟁의 역사적 경험을 배경으로 피에르와 안드레이, 그리고 로스토프가의 기록을 중심으로 당시 러시아의 국민 생활의 일대 파노라마가 선명하게 재현되고 있다. 559명의 등장인물 가운데 명예욕이 강하고 현실적이며 전형적인 귀족인 안드레이 공작은 전장에서 부상한 이래 삶의 공허감 속에서 죽는다. 이에 반해 피에르는 많은 난관을 극복하고 인생의 목적은 사는 데 있다는 삶의 철학을 갖고 역시 같은 생각을 가진 발랄한 나타샤와 함께 새 생활을 떠난다. 이는 당시의 톨스토이 자신이 체험한 신혼 당시의 밝은 낙천주의의 반영이다. 안드레이 공작은 작가가 부여한 '삶'이라는 과제에 대하여 마이너스 방향으로 갔기 때문에 멸망한 데 반해, 피에르는 긍정적인 해답을 내려 행복한 새 삶을 살 수 있었다. 처참한 전쟁을 묘사하면서도 의외로 밝은 청춘을 느낄 수 있는 것은 바로 이 때문이다.

한편 『부활』은 톨스토이가 코니라는 법률가 친구로부터 들은 실화를 바탕으로 쓴 만년의 작품이다. 여죄수 마슬로바의 재판에 배심원으로 참석한 네플류도프 공작은 피고가 자신이 청년시절에 추행했던 카추샤란 것을 알고 양심의 가책을 받아 그녀와 결혼을 결심하고 잘못된 재판으로 시베리아로 유형을 떠나는 그녀를 따른다. 그러나 그녀는 네플류도프의 장래를 생각하여 마음속으로는 사랑하면서도 그와 헤어진다. 그러던 어느 날 네플류도프는 여관에서 성서를 펴놓고 복음서 속에서 갱생의 길을 찾아낸다. 원숙하고 멋진 심리묘사, 당시 사회의 불합리성을 파헤친 이 작품을 두고 비평가들은 "종교적 속죄와 영혼의 완성을 설교하는 예술적 성서"라고 평가하기도 한다.

『안나 카레니나』를 두고 도스토옙스키는 "예술작품으로 완벽한 것이며 현대 유럽문학 가운데 견줄 만한 상대가 없는 작품"이라 평했고, 로맹 롤랑은 "악에게 파멸당하고 신의 섭리 속에 분쇄되는 이 영혼의 비극, 대단히 심각한 한 폭의 그림"이라 평했다.

줄거리

세계문학사상 가장 매력적인 여주인공 가운데 한 명인 안나는 젊고 아름다우며 근본적으로 선량하지만 파멸의 운명을 지닌 여성이다. 어린 나이에 숙모의 선의의 중매로 화려한 경력을 가진 장래가 촉망되는 관리와 결혼한 안나는 페테스부르크의 사교계에서도 가장 활기찬 교제로 만족스러운 나날을 보낸다. 어린 아들을 사랑하고 스무 살이나 연상인 남편 카레닌을 존경하며 타고난 낙관적인 기질로 생활의 모든 즐거움을 한 껏 맛보고 있는 것이다.

그러다 모스크바 여행에서 만난 브론스키에게 안나는 격렬한 사랑을 느낀다. 이 사랑은 그녀의 주변을 온통 바꿔놓는다. 눈에 띄는 것은 모두가 잘못된 것이다. 모스크바에서 돌아오는 그녀를 마중하러 철도역으로 나온 남편 카레닌의 귀가 볼품없고 지나치게 크다는 것을 그녀는 갑자기 깨닫는다. 그때까지 한번도 남편을 비판적으로 본 적이 없었던 그녀는 그 귀에 새삼 놀라게 되는 것이다. 이제 남편은 자기 생활과 관계하는 온갖 사물의 하나에 불과한 것으로 여겨진다. 지금은 모든 것이 변했다. 그녀에 대한 브론스키의 정열은 강렬하고 하얀 광선이며 그 빛에 조명되었던 예전의 세계는 이제 사멸된 혹성의 풍경처럼 보인다.

안나는 남자답고 핸섬한 브론스키에게 점점 더 강렬한 애정을 느끼게 되어 이성으로는 억제할 수 없는 상태에까지 이르게 된다. 안나는 공작부인 베트시처럼 자신의 정사를 비밀에 붙일 수 없었다. 성실하고 정열적인 안나의 성격이 속임수나 비밀을 참지 못하게 하는 것이다. 안나는 그토록 사랑하는 아들을 남편에게 내주는 일에 동의하면서까지 자신의 생활을 포기하고 브론스키에게 모든 것을 바친다.

처음에는 이탈리아에서, 다음엔 중앙아시아의 브론스키의 영지에서 함께 지낸다. 이 공공연한 정사는 사교계 사람들의 눈에는 더할 나위 없이 부도덕하게 보인다. 결국 안나와 브론스키는 도시의 생활로 되돌아온다. 그녀의 정사 자체보다도 사교계의 관습에 대한 안나의 공공연한 도전이 위선에 찬 사교계를 분노의 도가니로 몰아넣는다.

안나가 사교계의 노여움을 사서 냉대받고 모욕당하고 버림을 받는 데 반해 브론스키는 남자이기에 비난받는 일 없이 옛 친구들을 만나기도 하고 귀족회의 등으로 외출을 자주하여 안나의 허전함은 더해진다. 정식 부인이 아닌 그녀는 브론스키가 어느 집 딸과 결혼하는 것은 아닐까 하는 생각이 늘 마음에 걸려 끊임없이 질투의 불꽃을 태운다.

한편 브론스키는 그녀의 이러한 이기적이며 독점적인 애정이 차차 무거운 짐으로 느껴진다. 사소한 일로도 말다툼이 잦아지고 그때마다 광적인 포옹과 애무로 해결되지만 다음날이면 똑같은 일이 되풀이되곤 한다. 질투와 정신적 불안에 몰려 브론스키의 사랑을 잃었다고 단정해버린 안나는 절망한 나머지 달리는 열차에 뛰어들어 자살한다. 안나를 잃음으로써 또한 인생의 모든 것을 잃은 브론스키는 더 이상 살아갈 희망마저 가질 수 없게 되어 때마침 발발한 세르비아 전쟁에 의용군 부대를 이끌고 전선으로 떠난다.

이것과 병행해서 언뜻 보기에는 연관이 없는 줄거리가 진행된다. 귀족 지주인 레빈과 공작의 딸 키치와의 구애와 결혼 이야기다. 영지에 틀어박혀 농지관리에 전념하고 있던 레빈은 상경하여 키치에게 청혼하나 브론스키에게 마음이 기울어져 있던 키치는 매정하게 거절한다. 그러나 안나에게 브론스키를 잃은 키치는 정신적 타격을 입고 한동안 방황하다가 결국 청혼을 받아들인다. 둘은 결혼하여 레빈의 영지에 정주하고 농업경영에 온 정열을 기울여 목가적이고 평화로운 생활을 영위한다.

키치와의 평화스런 생활 속에서 레빈은 가끔 심각한 의문에 봉착하게 된다. 신은 과연 존재하는가, 사람은 도대체 왜 사는 것일까, 하는 의문으로 괴로워하고 번민하면서 그 해답을 구하기 위해 철학서적을 탐독하지만 어떤 철학서적도 인생의 의의 같은 것을 분명하게 제시하지는 않는다. 레빈은 주변 사람들의 생활방식에 눈을 돌려 소박한 농민들이 그런 의문 따위는 조금도 품지 않고 정직한 마음으로 신의 존재를 믿고 신의 섭리에 따라 살아가고 있음을 깨닫고 감동한다.

육체적 사랑의 예정된 파국

『안나 카레니나』는 문체와 서술기법에서 있어 『전쟁과 평화』와 비슷하지만 톨스토이의 인생철학은 이 두 작품을 저술하는 동안 다소 변화했다. 『전쟁과 평화』는 삶을 긍정하는 낙관적인 소설이나, 1860년대 러시아 사회를 다루고 있는 이 작품은 비관적이며 주인공들은 내부 갈등으로 인해 인간적 파멸에 이른다.

안나와 브론스키의 불륜의 사랑은 비극적인 운명을 피할 수 없다. 안나와 브론스키의 불행한 로맨스는 톨스토이 자신의 결혼생활을 바탕으로 기술한 키치와 레빈의 행복한 사랑과 결혼에 대비된다. 또한 삶의 의미에 대한 레빈의 고통스러운 의문, 뇌리를 떠나지 않는 자살 생각, 농부들과 어울리고자 하는 욕망 등은 당시 톨스토이가 겪고 있던 갈등이 뚜렷이 반영된 것이다.

톨스토이가 『안나 카레니나』에서 전하려는 도덕적 '메시지'는 무엇인가는 소설을 다시 정독한 후 레빈과 키치의 이야기와 안나와 브론스키의 이야기를 비교해본다면 명확해질 것이다. 레빈의 결혼은 형이상학적인 사랑과 자발적인 희생이 기초가 된 반면 안나와 브론스키의 관계는 육체적 사랑이 기초가 되었으며 거기에는 파국이 깃들어 있다.

언뜻 보기에 안나는 남편 이외의 남자와 사랑에 빠짐으로써 사회로부터 벌을 받은 것으로 되어 있다. 그런 도덕은 물론 비도덕적이며 비예술적이다. 왜냐하면 같은 사회의 상류 부인이라면 누구나 검은 베일로 얼굴을 가리고 몰래 정사를 즐겼을 것이기 때문이다. 하지만 솔직하고 불행한 안나는 이 거짓의 베일을 쓰지 않았다. 사회의 규율은 일시적인 것으로, 톨스토이의 관심은 영원한 도덕적 요청에 있었다.

여기에 톨스토이가 전하려는 참된 교훈이 있다. 말하자면 오로지 육체적 사랑만은 존재할 수 없다는 것이다. 그 경우의 사랑은 이기적이며 그러기에 창조보다는 오히려 파멸을 자초하는 것이다. 이 핵심을 예술적으로 가능한 한 명확하게 제시하기 위해서 톨스토이는 놀라운 형상의 흐름 속에서 두 가지 사랑을 묘사하고 생생한 대조를 보여주었다. 브론스키와 안나의 육체적 사랑과 레빈과 키치의 진정한 그리스도교적 사랑이 그것이다. 물론 후자의 사랑도 충분히 관능적이지만 그것은 책임과 온화함과 진실과 가족의 즐거움이라는 순수한 분위기 속에서 균형과 조화를 이루고 있다.

한편 성서에서 인용한 "복수는 내게 맡겨라."라는 말의 의미는 무엇일까? 이는 한 마디로 안나를 심판할 수 있는 것은 신뿐이라는 믿음이다. 언제나 도덕률은 불변이며 이것을 어긴 자는 반드시 멸망으로 끌려가는데 신의 법도를 어긴 자를 심판할 수 있는 것은 인간이 아니고 신뿐이라는 사상, 인간과 인간과의 관계에는 자비의 법칙만이 있다는 것이 작품 전체를 관통하는 근본사상이다. 그러나 톨스토이는 안나를 통해 부패한 상류사회의 도덕적 타락을 보여주는 한편 그녀의 자아발견 과정에 동정하면서도 파멸에 이를 수밖에 없는 상황을 섬세하게 그려내고 있다.

토마스 만은 『안나 카레니나』에 대해 "조금의 흠집도 없이 전체의 구도나 세부의 디테일에 한 점의 티도 없는 작품"이라고 평했다.

❖ 추천도서
『안나 카레니나』(전 3권), 연진희 옮김, 민음사, 2012
『안나 카레니나』(전 3권), 박형규 옮김, 문학동네, 2009
『안나 카레니나』(전 2권), 이철 옮김, 범우사, 1999~2000

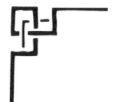

— Отцы и дети —

아버지와 아들

'관념의 세대' vs '행동의 세대'

투르게네프 지음

1861년 러시아 농노해방을 전후하여 일체의 권위를 부정하는 니힐리스트인 바자로프와 기성세대를 대표하는 파벨을 첨예하게 대립시켜 새로운 시대가 도래하고 있음을 밝힌 소설이다. 1860년대 러시아의 신세대와 구세대 간의 가치관 충돌을 서정적으로 그려내고 있는 이 작품은 당시 혼란한 러시아 사회의 문제를 심도 있게 다루고 있는데, 작가는 여기서 낡은 귀족문화와 새로운 문화를 대립시켜 급진적인 인텔리겐차들이 겪는 인생의 모습을 그리고 있다.

 도스토옙스키, 톨스토이와 함께 러시아의 3대 작가로 불리는 투르게네프(I. S. Turgenev, 1818~1883). 그의 아버지는 영락한 귀족 출신의 군인이었고 어머니는 영지를 물려받은 대지주의 딸이었다. 16살 때 아버지가 죽자 어머니는 어린 아들과 자신의 영지를 마음대로 혹독하게 다스렸다. 투르게네프는 어려서부터 어머니가 농노들을 가혹하게 학대하는 것을 보고 비인간적인 농노제 개혁의 필요성을 절감했고 이것은 훗날 투르게네프의 자유주의 사상의 원천이 된다.

 그는 유럽에서 문학, 철학, 역사, 미술 등 다양한 교양을 쌓아 유럽적 정서를 가진 러시아 작가로 성장한다. 모스크바 대학과 페테르부르크 대학에서 공부하고 스무 살에 독일의 베를린 대학에 유학하여 하이네, 바이런, 셰익스피어를 비롯해서 그리스 고전과 헤겔 철학을 연구했다.

1843년에는 『파라샤』를 발표하여 문단의 주목을 받기 시작했다. 스페인 출신의 오페라 가수 비아르도 부인과의 숙명적인 만남이 있었던 것도 그해였다. 투르게네프가 평생을 독신으로 보낸 것도 이 여인과의 안개 같은 사랑 때문이라고 한다.

1850년에 『잉여인간의 수기』에서 사회에 적응하지 못하여 사회를 거부하는 의지가 박약한 지식인에 대해 '잉여인간'이라는 이름을 붙여주고, 1852년에는 『사냥꾼의 수기』를 통해 몽매한 러시아 농민을 예술적으로 승화시켜 그들의 순박한 정신을 표출하였다. 그의 주가는 다시 높아졌지만 이 작품 때문에 체포되어 자신의 영지에서 칩거하게 되었다. 당시 황태자였던 알렉산드르 2세가 나중에 농노해방을 결심하게 된 것은 이 책의 영향이었다.

같은 해 고골리가 죽자 그가 쓴 추도문이 문제가 되어 곤란에 직면했다가 톨스토이의 도움으로 파리로 가게 되었다. 1956년 이후 모국을 떠나 주로 파리를 중심으로 비아르도 가족들과 함께 지냈다. 이 시기에 투르게네프는 소설을 여러 편 발표했는데 『루딘』은 우수한 능력을 갖고서도 시대의 어둠과 실천력의 부족으로 인해 무력해지는 러시아 지식인을 그려냈고, 1861년 농노해방 직전에 나온 장편 『전야』(1860)에서는 조국의 자유를 위한 투쟁에 생애를 바치려는 강인한 성격의 불가리아인을 주인공으로 등장시켜 러시아의 미래를 짊어지고 나갈 힘은 인텔리겐차에게 있음을 예고한다.

그는 1860년 한 공개강좌에서 셰익스피어의 『햄릿』과 세르반테스의 『돈 키호테』를 비교 분석하여 인간 정신의 두 유형으로 우유부단한 '햄릿형'과 저돌적인 '돈키호테형'으로 구분하기도 했다.

당시 러시아 구세대와 신세대의 대립은 더욱 노골화되어 1840년대의 투르게네프를 포함한 '관념의 세대'와 1960년대의 젊은 인텔리겐차인 '행동의 세대' 간의 진정한 화해는 불가능해 보였다. 이런 배경에서 두 세대의 쟁점들을 성공적으로 묘사한 작품이 투르게네프 최대 걸작인 『아버지와 아들』(1862)이다.

그는 양쪽의 비판을 피하여 비아르도 부인이 휴양중인 남부 독일의 바덴바덴에 정착했다. 1860년대 초 이후로는 사실상 유럽에 머물면서 해마다 러시아에 잠시 다녀올 뿐이다. 그는 러시아 작가, 특히 톨스토이와 도스토옙스키와의 언쟁으로 망명인이나 다를 바 없게 되었다. 반면에 졸라, 플로베르, 공쿠르 형제 등 외국 작가들과는 좋은 관계를 유지했다.

1879년에 런던으로 가서 명예 법학박사 학위를 받고 1882년 모스크바에서 있었던 푸시킨 기념비 제막식전에 참석해서 강연을 하기도 했다. 그는 고국을 그리워하며 척수암으로 고생하다가 1883년 파리 교외에서 비아르도가 지켜보는 가운데 운명했다.

투르게네프가 살았던 19세기 후반의 러시아는 급격한 변화의 물결에 휩쓸려 있었다. 대내적으로는 러시아의 고질적인 문제의 하나였던 농노제도가 알렉산드르 2세의 개혁정치에 힘입어 폐지되었으며 자유주의 사상이 서서히 고개를 들기 시작했다. 하지만 이러한 흐름도 사회 각층의 비난과 대중의 무관심 속에서 점차 시들어갔으며 1865년 이후에는 시대에 역행하는 보수적 반동정치가 발흥하게 된다. 한편 대외적으로는 18세기에 팽배했던 이성주의에 대한 반발로 경험주의가 일어나게 되어 사변적인 추리보다는 구체적 경험으로부터 진리를 발견하려는 풍조가 일어났다.

이 같은 사회 분위기는 작가들에게도 사회참여와 민중에 대한 책무 수행을 촉구했다. 이러한 조류를 반영하여 문학에서도 낭만주의의 뒤를 이어 사실주의가 대두했다. 19세기 전반에 확립된 러시아 사실주의 전통은 1830~1840년대의 벨렌스키에 이어 1850년대 후반에 체르니셰프스키와 도브롤류보프라는 두 명의 걸출한 평론가를 만나면서 이론적 바탕을 다진다.

그리하여 푸시킨과 고골리에서 시작된 러시아문학의 황금기는 19세기 후반 들어 투르게네프, 도스토옙스키, 톨스토이, 체호프 등의 거장들을 등장시키면서 절정에 이른다. 이들은 각자 나름대로 민중성과 사실주의의 원칙을 세우고 사회적으로 중요한 주제와 시대가 제기하는 문제들을 파고들어 인류사에 길이 남을 위대한 걸작을 남겼다.

주요 등장인물

바자로프 : 작가가 실질적, 유물론적, 급진적인 신세대에 붙인 허무주의자의 상징적 인물.
아르카지 : 작가가 신세대로 설정한 인물이자 바자로프의 대학 친구.
니콜라이 : 아르카지의 아버지로 자식들의 세대로부터 밀려나고 있다고 한탄하는 인물.
파벨 : 바자로프와 사사건건 충돌하는 구 세대의 상징적 인물로 니콜라이의 형.
페니치카 : 한때 바자로프와 가까웠으나 나중에 니콜라이와 결혼하는 여성.
오딘초바 : 무도회에서 만난 바자로프에게 마음의 동요를 느끼지만 이성으로 억제하는 젊은 미망인.

줄거리

러시아 사회가 농노해방을 목전에 두고 크게 동요하고 있던 1859년의 봄, 바자로프는 대학을 졸업하고 아버지가 기다리는 고향으로 돌아간다. 도중에 200명의 농노를 거느리고 있는 대지주의 아들이자 그의 친구인 아르카지의 농장에 머물게 되는데 도착한 다음 날부터 바자로프와 아르카지의 아버지인 니콜라이, 백부인 파벨과의 세대 갈등이 시작된다.

신세대의 전형인 바자로프는 기존의 전통이나 인습을 거부하는 허무의자이자 이성적이고 논리적인 것을 추구하는 과학주의자였다. 그래서 구세대의 전형이자 이상적인 공론만을 펼치며 무위도식하는 파벨과는 사사건건 대립하게 되었고 이들의 논쟁은 정치, 사상, 예술 등 모든 분야에 걸쳐 전개된다. 바자로프는 시를 사랑하고 악기 연주도 즐기는 니콜라이와도 대립하게 된다. 니콜라이는 바자로프로부터 실용적인 일을 해야 한다는 비판을 받고, 자신들의 세계가 가고 있음을 한탄한다.

반면에 농노들은 바자로프의 서민적인 태도에 호감을 갖게 되고 니콜라이의 내연의 처인 페니치카도 새로운 사상을 가진 바자로프에게 호의적인 태도를 보인다.

어느 날 바자로프와 아르카지는 도지사 저택의 무도회에서 젊고 아름다운 미망인 오딘초바를 알게 된다. 낭만적인 사랑을 부정하던 바자로프도 그녀의 아름다움과 지성에 매혹되어 정열을 억제하지 못하고 사랑을 고백한다. 그의 고백에 그녀도 마음의 동요를 느끼지만 자신의 감정을 억제한다.

실망한 바자로프는 아르카지와 함께 그의 귀향을 기다리는 노부모에게 간다. 그러나 부모의 맹목적인 사랑과 지나친 보살핌에 염증을 느끼고 곧 실험도구를 두고 왔다는 핑계로 아르카지의 집으로 도피한다. 여기서 그는 과학 실험에 열중한다.

어느 날 그는 순진한 페니치카에게 마음이 끌려 입을 맞추다 아르카지의 백부에게 들키게 된다. 동생의 내연의 처인 페니치카에 눈독을 들이던 파벨은 바자로프에게 결투를 신청하지만 패하고 만다.

결투에 이긴 바자로프는 고향으로 돌아와 의료봉사 활동에 전념하다 장티푸스로 죽은 농민의 시체를 해부하다가 그만 전염되어버린다. 병석에서 죽음의 공포와 싸우며 그는 그동안 살아온 자신의 모습을 되돌아본다. 그리고 양친의 부탁을 받아들여 종교에 귀의한다.

임종이 다가온 어느 날 오딘초바가 의사를 대동하고 그의 죽음에 임박한 병상을 찾아온다. 그는 희미해져 가는 의식 속에서 그녀에 대한 사랑을 고백하며 조용히 임종을 맞이한다. 외로운 시골의 묘지에서 바자로프의 무덤 앞에 엎드려 언제까지나 그곳을 떠날 줄 모르는 노부모의 모습은 보는 사람들의 마음을 슬프게 한다.

> "아무리 격렬하고 죄악스러운 반역의 영혼이 이 무덤 속에 숨겨 있을지라도 그 위에 피는 꽃들은 순결한 우리 눈으로 우리를 잔잔하게 바라보고 있다. …… 무덤 위의 꽃들은 자연의 영원한 화해와 무궁한 생명을 말해준다."

러시아 사실주의의 대표작

『아버지와 아들』은 제목에서 드러나는 것처럼 아버지로 대표되는 구세대와 아들로 상징되는 신세대의 갈등을 주제로 하고 있다. 사실 세대간의 갈등은 어느 시대 어느 장소에서나 있어 왔다. 이것은 역사적, 시대적인 산물이라 할 수 있다.

주인공 바자로프는 투르게네프가 창조한 새 시대의 인간상이며 과학적 검증을 거치지 않는 기존의 가치체계를 전적으로 부정하고 투박하면서도 솔직하게 자신의 견해를 밝히는 허무주의자이다. 그러면서 사랑에 쉽게 흔들리고 이 때문에 불행해진다. 그러한 그와 과거의 구태의연한 기준에 의해 행동하는 구세대와의 갈등은 필연적인 것이다.

바자로프는 푸시킨의 소설이나 괴테의 시보다 물리학 논문과 개구리의 해부가 더 유익하다고 주장한다. 즉 그에게 있어서는 추상적이고 관념적인 사상은 물론 실생활에 도움이 되지 않는 모든 예술과 문화는 도외시된다. 오직 경험에 의해 입증될 수 있는 것, 실생활에 이용가치가 있는 것만이 그에게 의미가 있다.

작가는 새로운 시대조류를 수용했으나 사상적 미숙성으로 자기모순에 빠진, 그러나 긍정적인 인간상으로 묘사해놓은 바자로프라는 그 시대의 한 전형을 통해서 과도기에 놓여 있는 러시아의 상황을 매우 사실적으로 그려냈다. 그는 이 작품에서 가볍고 상큼한 자연 묘사와 러시아어의 풍부한 활용으로 러시아 사실주의의 발전에 새로운 활력을 불어넣었다. 이 소설이 발표되자 급진적인 젊은 세대는 자신들에 대한 중상이라고 비난했고 보수적인 세대들은 허무주의를 폭로하는 데 관대하다고 비난했다.

투르게네프는 시인과 철학자의 눈으로 자연과 사회, 인간을 공정하게 관찰하고자 했으며 그의 작품들은 사회성이 짙지만 또한 치밀한 구성과 섬세한 문체, 시적인 언어와 생생한 성격묘사, 뛰어난 서정성과 따뜻한 정서도 넘쳤다. 생전에 서유럽의 수준 높은 독자들을 확보한 최초의 러시아 작가이기도 했다. 투르게네프는 명성 면에서는 도스토옙스키나 톨스토이에 미치지 못할지 모르지만 명석하고 도회적인 세련미가 넘치는 인품, 그리고 삶 속의 아름다움을 소중히 여기는 의식이 흐르는 그의 작품은 변함없는 호소력을 지닌다.

◈ 추천도서
『아버지와 아들』, 이항재 옮김, 문학동네, 2011
『아버지와 아들』, 이상원 옮김, 열린책들, 2010

– Мать –

어머니

어머니, 우리들의 어머니

막심 고리키 지음

한 시대의 보편적인 이념을 자신의 삶 속에서 실현하려 했던 고리키를 만날 수 있는 작품이다. 노동자 출신으로 파란만장한 여정 끝에 세계적인 문호로 대성한 고리키가 1907년에 발표하여 사회주의 사실주의의 효시로 평가되는 이 작품은 매사에 소극적인 한 어머니가 혁명운동에 뛰어든 아들에 대한 사랑을 바탕으로, 아들의 혁명적 대의를 이해하면서 따뜻한 인간으로 변모해, 마침내 여성 혁명가로 성장하는 과정을 그리고 있다.

"책이란 꼭 필요한 것이다. 과거에 많은 노동자들이 무의식적으로, 자연발생적으로 혁명운동에 관여해 왔다면, 지금의 노동자들은 『어머니』를 매우 유용하게 읽고 있다…… 고리키의 『어머니』는 노동자들이 무의식적으로 혁명운동에 가담하고 있는 이때, 진정 시의적절한 소설이다."
— 레닌

카이저 수염과 사람을 노려보는 매서운 눈빛이 인상적인 작가 고리키(Maxim Gorky, 1868~1936)는 볼가 강 연안에서 하층계급 노동자의 아들로 태어나 4살 때 아버지를 여의고 할아버지 슬하에서 양육되었다. 12살에 구두수선공을 시작으로 접시닦이, 심부름꾼, 수위, 부두 노동자로 일하면서 학생, 지식인, 혁명가 등과 접촉을 시작했다.

특히 그는 인민민주주의(일종의 사회주의)와 톨스토이를 맛보았고 톨스토이적 사회 공동체를 꿈꾸었다. 이때부터 훗날 사회주의 혁명가로서의 면모가 조금씩 싹트기 시작했다. 그러는 동안에 경찰의 밀정 노릇을 하라는 유혹을 받기도 하고 연애도 시도해 보았으나 여지없이 실패했다. 이로 인해 염세증에 걸려 자살을 기도하는 등 보통 젊은이처럼 청춘을 앓았다.

1892년 처음으로 '막심 고리키'라는 필명으로 『마카르 추드라』를 발표했고, 이어 『첼카슈』를 발표하여 세상에 알려지기 시작했다. '고리키'라는 말은 '고통받는 자'라는 뜻으로 고난 속의 러시아 민중의 고통을 짊어지고자 하는 의도가 엿보인다. 1899년에는 그때까지 써 모은 단편 등을 『기록과 소설』이라는 제목으로 출판하여 일약 유명작가가 되었다. 1901년에 발표하여 선풍을 일으킨 산문시 「바다제비의 노래」는 혁명의 횃불이 되었으며 같은 해에 희곡 『소시민』을 발표해 극작가로도 높은 평판을 얻었다. 체호프의 격려편지를 받은 것도 그 무렵이었고 멀리서만 바라보던 톨스토이도 만날 수 있었다. 그야말로 엄청난 노력으로 구두닦이에서 여기까지 올라온 것이었다.

그 뒤 고리키는 혁명운동을 지원했다는 이유로 체포되지만 톨스토이의 항의로 석방될 수 있었고 이때부터 지병인 폐결핵이 악화되어 요양지를 전전했다. 1902년에 과학아카데미 명예회원으로 선출되었으나 혁명운동과 관계가 있다는 이유로 황제에 의해 취소되었다. 그해에 하층계급의 고통을 그린 희곡 『밑바닥에서』를 발표하여 국내외에 명성을 떨치게 되었다.

1905년 처음으로 레닌을 만나 가까운 사이가 되었고 '피의 일요일'에 가폰 신부가 이끄는 시위대에 적극 참가하여 체포되었으나 국내외의 격렬한 항의로 곧 석방되었다. 1906년에는 당의 자금 모금을 위해 미국에 갔다가 귀국거부를 당해 하는 수 없이 이탈리아의 카프리 섬에 정착하여 사회주의 사실주의의 모델이라 불리는 『어머니』(1907)를 발표했다. 한때 사상적 동요를 느껴 『참회록』을 쓰기도 했는데 이로 인해 레닌의 비판을 받기도 했다.

1913년에 대사면으로 귀국하여 10월 혁명에서는 볼셰비키를 지원했는데 그 과격한 혁명방법에 대해 〈신생활〉지를 통해 강하게 항의하여 한때 레닌과 결별했다. 50살에 10월 혁명이 일어나고 그 후 레닌의 혁명정부가 수립되었으며 56살에 소비에트 사회주의 공화국이 선포되자 과격파에 의해 고리키 숙청론이 대두되었다. 이와 고리키와 개인적으로 우정을 가진 레닌은 그를 국외로 피난시킨다. 고리키는 유럽 지역을 여행했고 이탈리아 소렌토에 정착했다.

1924년에 레닌이 사망하고 후계자로 스탈린이 등장하자 서방세계와 스탈린은 고리키를 자기편으로 끌어들이기 위해 서로 신경전을 벌였다. 새로 정권을 장악한 스탈린은 자신의 정통성 확보를 위해 세계적인 명성을 얻고 있었던 고리키의 존재가 필요했고, 결국 고리키는 스탈린의 강력한 귀국요청에 굴복하여 귀국했다. 스탈린은 고리키의 고향인 니즈니노브고로드 시市를 고리키 시市로 개칭하는 등 대대적인 환영행사를 베풀었다(니즈니노브고로드 시는 1932년에 고리키 시로 개칭되었으나 1990년에 원래 이름을 되찾았다).

그는 스탈린의 배려로 작가의 최고 위치인 작가동맹위원장이 되었고 스탈린의 비위를 거스르기도 해서 해외여행 여권 발급이 거부되기도 했다. 고리키는 1936년 자신의 침실에서 죽었는데 독살로 추정되나 장례식 때 가장 슬퍼한 이가 스탈린이었고 영구차를 몸소 떠메기도 했다 하니 누가 독살했는지는 영원한 수수께끼로 남았다.

하층 노동자 출신으로 파란만장한 생의 여정 끝에 세계적인 문필가로 대성한 고리키는 러시아 혁명기에는 레닌 및 스탈린과의 정치적 견해 차이로 많은 갈등을 겪기도 했지만, 결국 그들을 도와 소련 사회주의 건설에 이바지했다. 특히 사회주의 사실주의의 창시자인 고리키는 사회주의가 몰락한 오늘날에도 여전히 생명력을 잃지 않고 있다.

고리키와 사회주의 사실주의

그는 20세기 러시아 문학의 중심이자 사회주의 사실주의를 완성한 작가로서 문학사에서 독특한 지위를 차지하고 있다. 고리키는 종래의 혁명적 소설가란 범주에서 벗어나 톨스토이, 도스토옙스키 시대의 황금기 러시아문학의 전통을 물려받아 다른 문학세계로 일대 전환점을 이룬 다음, 후배들에게 그것을 넘겨주었다.

고리키의 작품을 이해하려면 당시 러시아의 혁명적인 상황에 대한 이해가 불가결하다. 당시 19세기 말은 봉건적인 차르 체제의 몰락과 함께 뒤늦게 들어온 자본주의의 위세가 점차 강화되어가던 시기였다. 그리하여 사회의 부패는 심화되고 민중들의 삶은 극도로 피폐해져만 갔다. 이런 상황에서 사회주의가 대두했고 1905년 러시아혁명 당시 프롤레타리아가 전면에 등장한 것도 이러한 맥락에서였다.

이러한 격동의 상황 속에서, 그의 문학은 강인한 주인공에 의한 사회의 부정, 부조리에 대한 공격, 인간 옹호를 목표로 하는 휴머니즘이 강한 문학이다. 그는 출신 성분이 말해주듯 주로 하층민의 밑바닥을 사실적으로 그려나갔는데 희곡 『적』과 장편소설 『어머니』는 프롤레타리아의 모습을 그린 전형적인 작품으로 그의 작품세계를 잘 나타낸다.

고리키가 창시한 것으로 알려진 사회주의 사실주의는 혁명 초기의 기계주의적인 문학 창작 방법에 대한 비판에서 출발한 것으로 소비에트문학의 새로운 정통성을 확립하려 했으나, 그것을 완전히 극복하지는 못했다. 동지냐, 적이냐의 단순한 인물 설정 등 우리나라의 초기 카프문학 양상과 비슷한 이전의 문학경향은 자유로운 문학의 창조를 저해하고 있었다. 이러한 노선을 수정하면서 등장한 사회주의 사실주의는 다음과 같은 특징을 가진다. 첫째, 현실에 충실한 역사적, 구체적 묘사를 할 것. 둘째, 현실을 그 혁명적 발전과정 속에서 표현할 것. 셋째, 현실의 충실과 역사적 구체성을 갖는 예술적 표현과, 사회주의 정신에 입각한 이데올로기의 혁신과 근로자의 사상적 개조라는 과제를 일치시킬 것 등이다. 이는 주로 스탈린 시대를 배경으로 했으며, 이전의 교조주의를 비판하거나 예술성을 주장하면 '형식주의' 반동문학으로 낙인을 찍히기도 했다.

줄거리

실제로 1902년 고리키의 고향 부근인 소로모보 공장에서 있었던 표트르 자로모푸 모자 체포사건을 모델로 한 『어머니』는 혁명적 러시아 노동계급의 성장과 한 인간 주체로서의 어머니의 모습을 형상화한 기념비적인 소설이다.

파벨은 20세기 초 러시아의 선진 노동자의 전형으로서, 세계문학사에 최초로 나타난 프롤레타리아 영웅의 형상이다. 공장 노동자인 파벨은 사회의 불평등에 반발하여 사회주의 서클에 참가하면서 귀가가 종종 늦어지게 된다. 어머니는 처음에는 이것을 걱정했으나 아들과 친구들이 나누는 대화를 듣고 그들이 옳다고 확신한다. 작가는 연못복개 공사비 사건, 노동절 시위사건, 그리고 법정연설이라는 세 가지 사건을 통해 파벨이라는 평범한 노동자가 노동자 계급의 강인한 전사로 성장해가는 과정을 그려내고 있다.

작가는 파벨을 통해 20세기 초 러시아의 혁명적 노동자의 몇 가지 본질적인 특징, 즉 강인한 의지, 명확한 투쟁목표, 낙관적인 정신을 체현하고 있다. 법정에서의 파벨의 당당한 연설은 소설의 클라이맥스다. 이것은 파벨이 높은 정치의식을 지니고 이론적으로 무장한, 성숙한 프롤레타리아 혁명가로 변화되었음을 의미한다.

그의 어머니는 사회의 찌꺼기에 지나지 않는 짐승 같은 남편에 대한 공포와 궁핍한 삶에 찌든 중년을 넘어선 여인이다. 시간이 지나면서 그녀는 아들을 통해서 젊은 노동자들에게 둘러싸인 자신의 새로운 모습을 발견하기에 이른다.

점점 어머니는 아들 파벨의 혁명운동에 동조할 뿐만 아니라 지난 세월의 공포, 순종, 희생의 굴레를 벗어던지고 그런 어머니를 통해서 파벨과 그의 동료들은 전 인류애를 절실히 느끼게 된다. 이 소설은 비록 혁명의 실패와 혁명적 기운의 좌절로 흐르고 있지만 내면적으로 독자들은 혁명의 궁극적 승리를 확신한다. 이것이 『어머니』의 완벽한 성공이며 바탕은 고리키적 낭만주의와 사실주의의 문학적 조화에 있다.

자식이 체포된 뒤, 법정에서 자식의 정당함을 호소하다가 체포되어 "천벌을 받을 놈들, 피바다를 이룬다 해도 진실의 불꽃은 꺼지지 않는다."고 절규하는 장면으로 끝을 맺는 이 작품을 읽다 보면 우리의 암울한 군부독재 시절 민주화투쟁 과정에서 민주화실천가족운동협의회(민가협) 어머니들이 절대권력에 분노하는 모습이 겹쳐진다. 고리키의 원작을 토대로 프세볼로트 푸도프킨 감독이 대담하게 각색, 영화화한 「어머니」(1926)는 무성영화사상 명작으로 평가된다.

『어머니』는 고리키가 러시아 사회민주당의 사명을 띠고 미국으로 건너갔을 때 쓴 작품으로, 러시아 국내에서 발표된 즉시 압수되었다. 이 책은 당시 러시아의 혁명적 상황에서 그 분위기를 고조시키기에 충분한 내용을 담고 있어 할 수 없이 작가는 그 후 재판 부분을 비롯한 많은 부분을 삭제하고 간행해야 했다. 프롤레타리아 문학의 고전으로 러시아를 비롯한 세계 각국의 노동인민과 지식인에게 큰 영향을 미쳤다. 『어머니』가 이처럼 커다란 영향력을 발휘하게 된 가장 큰 원인은 작가가 작품을 통해 당시 러시아에 실재하고 있는 혁명가들의 여러 가지 특징을 발전적으로 보편화시켜 완전한 혁명가의 한 전형으로 창조했으며 혁명 투쟁의 영웅성과 휴머니즘을 유감없이 보여주었기 때문이다.

또한 『어머니』는 노동계급을 동정의 대상으로만 묘사하던 종래의 작품들과 달리 역사를 스스로 만들어가고 불의와 맞서 싸우는 역사발전 주체로서의 노동계급을 묘사했다. 여기에서 역사를 정확히 관통하는 고리키의 작가적 탁월함이 돋보인다.

확실히 『어머니』에 형상화된 프롤레타리아는 종전의 작품에서 보아 오던 무기력한 연민의 대상이 아니라 역사를 스스로 만들어가며 변혁을 꿈꾸는 능동적인 인간으로 묘사되어 있다. 특히 이 작품은 주인공의 어머니의 의식 변화 과정에 따라 전개되는데 이는 '인간은 변할 수 있는 존재'로서 역사 변혁의 주역이 될 수 있음을 감동적으로 그려내고 있는 것이다. 또한 이 작품은 자연 발생적인 운동이, 목적의식적인 조직적 투쟁으로 전개되어가는 과정도 묘사하고 있다.

톨스토이는 고리키를 두고 "고전문학과 소비에트 문학의 살아 있는 다리"라고 평한 바 있는데, 이는 고리키가 러시아 고전문학의 훌륭한 전통을 계승하는 동시에 소비에트 문학의 개척자라는 뜻이다. 레닌 역시 "전 세계 프롤레타리아 운동에 영향을 주었고 현재에도 지속적으로 심대한 영향을 미치고 있는 탁월한 예술적 재능의 소유자"라고 격찬한 바 있다. 고리키의 『어머니』는 세계문학계에 지각변동을 일으킬 만큼 20세기 세계문학사에 뚜렷이 새겨져 있다.

◈ 추천도서
『어머니』, 최윤락 옮김, 열린책들, 2009
『어머니』, 이강은 옮김, 푸른숲주니어, 2008
『어머니』, 김현택 옮김, 범우사, 2004

— Дама с собачкой —

개를 데리고 다니는 여인

가정이냐 사랑이냐, 이것이 문제로다

체호프 지음

허위의식으로 포장된 도시 생활을 비판하면서 인간의 존엄성에 대한 신뢰를 보여주는 이 작품은 완벽한 구성과 섬세한 심리묘사로 체호프의 체취가 진하게 담긴 작품이다. 방탕한 삶을 사는 중년 남자가 휴양지 얄타에서 개를 데리고 다니는 젊은 부인 안나와 사랑에 빠져 비정상적인 사랑을 나누는 이야기로, 작가는 이를 통해 거짓된 현실에서의 탈출과 진정한 인생의 길을 모색하고자 했다.

「귀여운 여인」, 「개를 데리고 다니는 여인」, 「골짜기」, 「상자 속에 든 사나이」 등 1천여 편의 단편과 4대 희곡 『갈매기』, 『바냐 삼촌』, 『세 자매』, 『벚꽃동산』으로 유명한 작가 체호프(A. P. Chekhob, 1860~1904)는 남러시아의 항구도시 타간로그에서 잡화상의 아들로 태어났다. 천성적으로 성격이 밝은 그는 사람들을 잘 놀리거나 웃겼지만 청소년기에 들어서면서 그는 두 가지 재난에 맞닥뜨리게 된다. 하나는 아버지가 가정에서 폭군처럼 군림하여 매로써 아이들을 다스린 것인데 체호프는 훗날 이 시절을 "나는 소년시절이 없었다."고 술회할 정도였다.

다른 하나는 16살 때 아버지가 파산하여 체호프를 제외한 온 가족이 모스크바로 야반도주를 한 것으로, 그는 중학교를 마칠 때까지 3년간 고향에서 혼자 지내야 했다. 아버지의 횡포를 싫어했던 두 형은 주색잡기에 빠져 있어 어린 체호프가 가족부양의 책임을 떠안아야 했고, 그는 이러한 역경 속에서도 따뜻한 마음과 희망을 잃지 않고 몰락한 집안의 정신적 기둥이 되었다.

체호프는 1879년에 모스크바 대학 의학부에 입학하면서 생활비를 벌기 위해 유머 잡지에 투고하기 시작했다. 유명한 유머 작가가 된 그는 '안토샤 체혼테'라는 필명을 사용했는데, 이때를 '체혼테 시대'라고 부른다. 후에 영향력 있는 신문인 〈신시대〉에 발탁되면서 본명을 사용했다. 이즈음 문단의 선배인 그리고로비치로부터 "재능을 아끼라."는 격려편지를 받기도 했다.

문학적 명성이 높아지자 비평가들은 그가 뚜렷한 정치적, 사회적 관점이 없음을 비난했고, 상심한 체호프는 서른 살의 봄날, 마차를 몰아 시베리아 대륙을 횡단하여 사할린 섬으로 여행을 떠난다. 여행의 목적은 분명치 않지만 아마도 풀 길 없는 회의와 초조감을 떨치고 인생의 전환점을 찾고자 했던 것으로 보인다. 그는 이 여행을 통해 '사실'의 중요성을 인식했고 톨스토이 철학으로부터 탈피할 수 있었다.

귀국 후인 1892년 체호프는 모스크바 근교의 멜리호보 마을에 거처를 정했다. 6년 동안 지속된 멜리호보 시대는 건강을 회복하고 작품활동을 가장 왕성하게 했던 시기였다. 동시에 콜레라가 만연할 때 의사로 봉사하거나 학교 설립에도 적극 나섰다.

1897년 3월에 각혈을 하자 크림 반도의 얄타로 옮겨 본격적인 요양에 들어갔다. 얄타에서는 고리키와 같은 젊은 세대 문학자들과 친교를 맺는 한편, 톨스토이를 종종 방문했다. 이러한 생활 속에서 「귀여운 여인」, 「개를 데리고 다니는 여인」 등 세련된 필치로 쓰인 작품이 나왔다. 이 중 항상 누군가를 사랑하지 않고는 살아갈 수 없는 여인의 이야기를 다룬 「귀여운 여인」은 톨스토이가 하루에 네 번이나 소리 내어 읽었다 한다.

1898년 『갈매기』 상연 후에 체호프는 모스크바 예술극장과 깊은 관계를 맺어 희곡 집필에 전념했다. 『바냐 삼촌』, 『세 자매』, 『벚꽃동산』의 상연은 높은 평가를 받았다.

자신의 연극에 출연했던 유명 여배우 올가 크니페르와의 사랑과 결혼은 병세가 점차 악화되어가던 체호프의 만년을 아름답게 장식해주었다. 그녀와의 사랑은 그가 평생에 단 한 번 경험했던 진정한 사랑이었다. 결혼 후 3년째인 1904년 요양지에서 그는 44살로 생을 마감했다. 체호프는 일반적으로 극작가로 알려져 있지만 비평가들은 단편소설에 더 많은 관심을 보인다.

정갈한 언어구사와 뛰어난 심리묘사

체호프의 작품세계는 몇 차례 변화를 겪는다. 초기에는 주로 있는 그대로의 정경 묘사와 기지機智에 치중하여 사회비판이나 사상은 보이지 않는다. 이 당시 그는 한 편지에서 "예술적 문학이란 있는 그대로의 인생을 묘사함으로써 예술이라 이름붙여진다."라는 생각을 피력했다. 또한 작품에 사상과 경향이 결여되어 있다는 비판에 대해 "나는 자유로운 예술가가 되고 싶다."고 일축했다. 사실 그는 가족부양의 현실적 문제를 해결하느라 나름의 독자적인 사상을 발효시킬 만한 여유가 없었다. 사상을 담은 장편소설을 쓰고자 할 때마다 자신의 사상의 빈곤을 절감했다.

그러나 빈곤과 혼란으로 소용돌이치는 사할린을 여행한 뒤 체호프의 관심은 '사실'의 중요성에 집중된다. 그는 악에 대한 무저항이나 일하지 않는 자는 먹지도 말라는 등의 처세훈적인 톨스토이의 사상이 결국은 사람이 산다는 '사실'을 무시한 헛된 공론임을 깨닫게 된다. 민중의 비참한 생활과 지식인의 무관심을 비판하면서 점차 그의 작품 경향은 달라지게 되었다. 이상론만을 내세우는 진보주의자나 현실에 일체 무관심하면서 타성에 빠져 있는 지식인은 모두 그의 비판의 대상이 된다.

그러다가 1900년 이후로 그의 작품은 러시아문학의 전통적인 '침울한'

경향을 극복하고 행복하고 깨끗한 세계의 도래를 기원하는 경향이 짙어진다.

마지막 작품인 단편 「약혼녀」의 "아아, 하루 속히 그 새롭고 밝은 생활이 왔으면! 그러면 자신의 운명을 똑바로 지켜보며 자신이 옳다는 자각을 갖고 명랑하고 자유로운 인간이 될 수 있을 텐데. 그런 생활은 머지않아 반드시 찾아온다."는 주인공의 말은 '생활의 방향을 바꾸지 않으면 안 된다'는 만년의 체호프적인 주제를 반영한다. 이렇듯 체호프는 하나의 세계에 갇혀 있기를 거부하고 진지한 고민을 지속하면서 그것을 작품으로 담아내려 했다. 체호프는 이상과 같은 몇 단계 성장과정을 거쳤지만 날카로운 심리묘사와 정확한 표현이 한결같은 작품의 특징을 이루고 있는 것으로 평가된다.

주요 등장인물

구로프 : 중년의 회사원으로 얄타에서 우연히 만난 여인 안나와 불륜의 사랑에 빠진다.
안나 : S시에 사는 유부녀. 세상 물정 모르는 순진한 여성이지만 구로프와 사랑에 빠진다.

줄거리

1899년에 발표된 「개를 데리고 다니는 여인」은 40여 쪽의 단편소설로 남녀의 비정상적인 사랑을 통해 거짓된 현실에서의 탈출과 진정한 인생의 길을 모색한 작품이다. 작은 체구와 금발에 베레모를 쓴 안나 세르게예브나는 휴양지 얄타에서 거의 매일 산책을 한다. 그녀의 뒤에는 항상 하얀 스피츠가 졸랑졸랑 따라다닌다. 그녀는 S시에서 온 유부녀다.

방탕한 삶을 사는 중년 남자인 구로프는 이 여인과 몇 번 마주친 뒤 "저 여자가 남편과 같이 오지 않았으면 한번 사귀어 볼까."하는 기대를 갖는다. 구로프는 12살 난 딸과 아들 둘을 가진 은행원으로 아내와 모스크바에 산다.

구로프는 그녀가 전에 사귀던 여자들과는 다른, 햇병아리 모양으로 수줍고 어색한 티가 좀처럼 가시지 않는 여자라는 것을 알게 된다. 그녀는 이런 불륜에 대하여 죄의식을 느끼며 남편의 편지를 받고 S시로 돌아간다. 모스크바로 돌아온 구로프는 예전에도 그랬듯이 그녀 또한 이내 잊으리라 생각했으나 무기력하고 질식할 것만 같은 일상생활 속에서 그녀와의 짧았던 순간이 되살아나기만 한다. 그리하여 구로프는 S시에 가서 그녀를 만나는데 그녀 역시 그를 그리워하고 있었다.

그런 뒤로 그녀는 구로프를 만나기 위해 두세 달에 한 번씩 S시를 나와 모스크바에서 밀회를 나눈다. 남편에게는 산부인과에 가서 진찰을 받는다는 핑계를 댔다. 남편은 반신반의하는 표정이다. 이런 만남이 그들을 고통스럽게 하기는 하지만 이를 끊을 수는 없었다.

두 사람은 어떻게 하면 거짓말을 하지 않고 남의 이목을 피해 이 만남을 지속할 수 있을지, 어떻게 하면 이 굴레에서 도피할 수 있을지에 대해 오랫동안 이야기를 나눈다.

체호프는 다음과 같이 작품을 마무리하고 있다.

> "두 사람 모두 여행의 종말까지는 아직도 굉장히 멀다는 것과 가장 복잡하면서도 곤란한 길이 이제야 겨우 새로 시작되었다는 사실을 뚜렷하면서도 분명하게 느끼고 있었다."

진실한 삶의 의미 탐색

이 작품은 다양한 여성 편력을 가진 구로프가 개를 데리고 다니는 여인 안나 세르게예브나를 만나 사랑에 빠지게 되는 스토리를 단순하면서도 비극적인 유머로 전개하고 있다. 그러면서도 예술성과 사회성을 겸비

했다. 외관상으로는 단순한 외설작품으로 보일지 모르나 사실은 위선으로 가득찬 도시 생활과 그 안에 갇혀 있는 인간들의 이중성을 드러내면서 진실한 삶이란 무엇인가를 묻는 작품이다.

이러한 작가의 의도는 주인공들의 섬세한 심리 묘사에 잘 드러난다. 냉소적이고 바람둥이인 구로프는 세르게예브나를 사랑하면서 점점 사려깊고 열정적이며 고민하는 인간으로 변한다. 그리고 그들은 헤어진 채 가끔씩 남몰래 만나야 할 운명이며 가정에서 거짓말을 하고 세상으로부터 숨어 지내야 할 운명이다. 그리고 안나 세르게예브나는 자신의 남편이 구체적으로 어떤 일을 하고 있는지조차 모르는 여인으로 묘사되고 있으며 그녀가 죄의식을 느끼면서도 불륜을 택하는 심리 역시 섬세하게 그려져 있다.

고리키는 「개를 데리고 다니는 여인」을 읽고는 "당신의 참으로 훌륭한 단편을 읽고 난 뒤에는 다른 작품들은 모두 마치 펜이 아닌 막대로 쓴 것처럼 조잡한 것으로 생각됩니다."라는 절찬의 편지를 체호프에게 보냈다 한다.

◈ 추천도서
『사랑과 욕망의 변주곡』, 이항재 옮김, 에디터, 2012
『개를 데리고 다니는 부인』, 오종우 옮김, 열린책들, 2009

부록

서울대 선정 동서고전 200선 목록 및 분류

- 아래 표는 1994년에 서울대학교 인문과학연구소(현 인문학연구원)에서 발표한 〈동서고전 200선〉 목록이나 발표 당시의 책 제목이나 지은이 등의 표기는 현재의 추세에 맞게 수정했다.
- 발표 당시의 고전목록 순서에 일부 오류(『변신 이야기』)가 있으나 자료로서의 목록 자체를 존중하는 의미에서 그대로 싣는다.

I. 문학서 100선

	고전명	저자	분류
1.	수이전	–	한국문학(설화집)
2.	계원필경	최치원	〃 (시문집)
3.	파한집	이인로	〃 (시화잡록집)
4.	역옹패설	이제현	〃 (시화잡록집)
5.	송강가사	정철	〃 (국문시가집)
6.	열하일기	박지원	〃 (중국견문기)
7.	다산시선	정약용	〃 (시집)
8.	구운몽	김만중	〃 (고대소설)
9.	홍길동전	허균	〃 (고대영웅소설)
10.	춘향전	–	〃 (판소리계 소설)
11.	혈의 누	이인직	〃 (신소설)
12.	무정	이광수	〃 (현대 장편소설)
13.	임꺽정전	홍명희	〃 (대하 역사소설)
14.	삼대	염상섭	〃 (가족사 소설)
15.	천변풍경	박태원	〃 (세태소설)

	고전명	저자	분류
16.	고향	이기영	한국문학 (농민소설)
17.	무영탑	현진건	〃 (장편 역사소설)
18.	상록수	심훈	〃 (농촌 계몽소설)
19.	탁류	채만식	〃 (세태소설)
20.	인간문제	강경애	〃 (사회소설)
21.	감자 외	김동인	〃 (자연주의 소설)
22.	카인의 후예	황순원	〃 (장편소설)
23.	님의 침묵	한용운	〃 (시집)
24.	김소월 전집	김소월	〃 (시집)
25.	정지용 전집	정지용	〃 (시집)
26.	윤동주 전집	윤동주	〃 (시집)
27.	시경	–	중국문학(시가집)
28.	산해경	–	〃 (신화집)
29.	도연명 시선	도연명	〃 (시집)
30.	이백 시선	이백	〃 (시집)
31.	두보 시선	두보	〃 (시집)
32.	삼국지연의	나관중	〃 (장편소설)
33.	수호전	시내암	〃 (장회소설)
34.	서유기	오승은	〃 (장회소설)
35.	홍루몽	조설근	〃 (장회소설)
36.	유림외사	오경재	〃 (장회소설)
37.	노잔유기	류어	〃 (장회소설)
38.	아Q정전	루쉰	〃 (현대 중편소설)
39.	자야	마오둔	〃 (현대 장편소설)
40.	낙타샹즈(각비)	라오서	〃 (현대 장편소설)

	고전명	저자	분류
41.	가	바진	중국문학 (현대 장편소설)
42.	겐지 모노가타리(源氏物語)	무라사키 시키부	일본문학 (장편소설)
43.	도련님	나쓰메 소세키	〃 (장편소설)
44.	기탄잘리	타고르	인도문학 (시집)
45.	천일야화	–	아랍계 문학 (구전모음)
46.	변신 이야기	오비디우스	서양문학 (설화시)
47.	일리아드, 오디세이아	호메로스	〃 (장편 서사시)
48.	오레스테스 3부작	아이스킬로스	〃 (희곡)
49.	오이디푸스 왕	소포클레스	〃 (희곡)
50.	메데이아 외	에우리피데스	〃 (희곡)
51.	리시스트라타 외	아리스토파네스	〃 (희곡)
52.	아이네이스	베르길리우스	〃 (서사시)
53.	신곡	단테	〃 (장편시집)
54.	데카메론	보카치오	〃 (소설)
55.	햄릿, 오셀로, 리어 왕, 맥베스	셰익스피어	〃 (영국희곡)
56.	걸리버 여행기	스위프트	〃 (영국산문)
57.	오만과 편견	오스틴	〃 (영국소설)
58.	위대한 유산	디킨스	〃 (영국소설)
59.	폭풍의 언덕	브론테	〃 (영국소설)
60.	테스	하디	〃 (영국소설)
61.	젊은 예술가의 초상	조이스	〃 (영국소설)
62.	사랑하는 여인들	로렌스	〃 (영국소설)
63.	주홍 글씨	호손	〃 (미국소설)
64.	여인의 초상	제임스	〃 (미국소설)
65.	허클베리 핀의 모험	트웨인	〃 (미국소설)

	고전명	저자	분류
66.	무기여 잘 있거라	헤밍웨이	서양문학 (미국소설)
67.	음향과 분노	포크너	〃 (미국소설)
68.	가르강튀아와 팡타그뤼엘	라블레	〃 (프랑스소설)
69.	수상록	몽테뉴	〃 (프랑스)
70.	타르튀프 외	몰리에르	〃 (프랑스희극)
71.	페드라 외	라신	〃 (프랑스비극)
72.	고백록	루소	〃 (프랑스)
73.	캉디드 외 철학적 콩트	볼테르	〃 (프랑스)
74.	잃어버린 환상	발자크	〃 (프랑스소설)
75.	적과 흑	스탕달	〃 (프랑스소설)
76.	보봐리 부인	플로베르	〃 (프랑스소설)
77.	악의 꽃	보들레르	〃 (프랑스시집)
78.	잃어버린 시간을 찾아서	프루스트	〃 (프랑스소설)
79.	구토	사르트르	〃 (프랑스소설)
80.	페스트	카뮈	〃 (프랑스소설)
81.	파우스트 (1부)	괴테	〃 (독일희곡)
82.	도적들	실러	〃 (독일희곡)
83.	하인리히 폰 오프터딩엔	노발리스	〃 (독일소설)
84.	노래의 책	하이네	〃 (독일시집)
85.	녹색 옷을 입은 하인리히	켈러	〃 (스위스소설)
86.	마의 산	만	〃 (독일소설)
87.	말테의 수기	릴케	〃 (독일소설)
88.	수레바퀴 아래서	헤세	〃 (독일소설)
89.	성	카프카	〃 (독일소설)
90.	서푼짜리 오페라	브레히트	〃 (독일희곡)

	고전명	저자	분류
91.	양철북	그라스	서양문학 (독일소설)
92.	돈 키호테	세르반테스	〃 (스페인소설)
93.	백 년 동안의 고독	마르케스	〃 (콜롬비아소설)
94.	인형의 집·유령	입센	〃 (노르웨이희곡)
95.	미스 줄리·아버지	스트린드베리	〃 (노르웨이희곡)
96.	카라마조프가의 형제들	도스토엡스키	〃 (러시아소설)
97.	안나 카레니나	톨스토이	〃 (러시아소설)
98.	아버지와 아들	투르게네프	〃 (러시아소설)
99.	어머니	고리키	〃 (러시아소설)
100.	개를 데리고 다니는 여인	체호프	〃 (러시아소설)

II. 사상서 100선

	고전명	저자	분류
1.	대승기신론소	원효	동양사상 (불교철학)
2.	삼국유사	일연	〃 (역사)
3.	원돈성불론	지눌	〃 (불교철학)
4.	매월당집	김시습	〃 (시문집)
5.	화담집	서경덕	〃 (유교철학)
6.	성학십도	이황	〃 (유교철학)
7.	성학집요	이이	〃 (유교철학)
8.	징비록	유성룡	〃 (역사)
9.	선가귀감	휴정	〃 (불교철학)
10.	성호사설	이익	〃 (실학)

	고전명	저자	분류
11.	택리지	이중환	동양사상 (인문지리)
12.	일득록	정조	〃 (정치,사회)
13.	목민심서	정약용	〃 (정치,사회)
14.	북학의	박제가	〃 (실학)
15.	의산문답	홍대용	〃 (과학,철학)
16.	기학	최한기	〃 (철학)
17.	동경대전	최제우	〃 (철학)
18.	매천야록	황현	〃 (역사)
19.	한국통사	박은식	〃 (역사)
20.	조선상고사	신채호	〃 (역사)
21.	주역	–	〃 (철학)
22.	논어	공자	〃 (유교철학)
23.	맹자	맹자	〃 (유교철학)
24.	대학	–	〃 (유교철학)
25.	중용	–	〃 (유교철학)
26.	도덕경	노자	〃 (도교철학)
27.	장자	장자	〃 (도교철학)
28.	순자	순자	〃 (유교철학)
29.	한비자	한비자	〃 (법가사상)
30.	바가바드 기타	–	〃 (힌두교철학)
31.	중론	용수	〃 (불교철학)
32.	법구경	–	〃 (불교철학)
33.	육조단경	혜능	〃 (불교철학)
34.	사기열전	사마천	〃 (중국역사)
35.	근사록	주희	〃 (유교철학)

	고전명	저자	분류
36.	전습록	왕수인	동양사상 (유교철학)
37.	명이대방록	황종희	〃 (정치사상)
38.	대동서	캉유웨이	〃 (정치사상)
39.	삼민주의	쑨원	〃 (정치사상)
40.	실천론	마오쩌둥	〃 (정치사상)
41.	역사	헤로도토스	서양사상 (그리스역사)
42.	국가	플라톤	〃 (그리스철학)
43.	정치학	아리스토텔레스	〃 (그리스정치)
44.	의무론	키케로	〃 (로마윤리)
45.	게르마니아	타키투스	〃 (게르만역사)
46.	고백록	아우구스티누스	〃 (기독교사상)
47.	군주론	마키아벨리	〃 (정치사상)
48.	유토피아	모어	〃 (정치, 사회)
49.	전쟁과 평화의 법	그로티우스	〃 (법학)
50.	두 우주 구조에 관한 대화	갈릴레오	〃 (천문학)
51.	신논리학	베이컨	〃 (철학)
52.	방법서설	데카르트	〃 (철학)
53.	리바이어던	홉스	〃 (정치)
54.	프린키피아	뉴턴	〃 (물리학)
55.	정부론	로크	〃 (정치학)
56.	신학문의 원리	비코	〃 (인문학)
57.	법의 정신	몽테스키외	〃 (정치, 법학)
58.	사회계약론	루소	〃 (정치학)
59.	범죄와 형벌	베카리아	〃 (법학)
60.	국부론	스미스	〃 (경제학)

	고전명	저자	분류
61.	형이상학서설	칸트	서양사상 (철학)
62.	역사철학 강의	헤겔	〃 (철학)
63.	미국의 민주주의	토크빌	〃 (정치학)
64.	실증철학 강의	콩트	〃 (사회학)
65.	권리를 위한 투쟁	예링	〃 (법학)
66.	종의 기원	다윈	〃 (생물학)
67.	자유론	밀	〃 (정치학)
68.	고대법	메인	〃 (법학)
69.	자본론	마르크스	〃 (경제학)
70.	차라투스트라는 이렇게 말했다	니체	〃 (철학)
71.	자살론	뒤르켐	〃 (사회학)
72.	꿈의 해석	프로이트	〃 (정신분석학)
73.	창조적 진화	베르그송	〃 (철학)
74.	슬픈 열대	레비-스트로스	〃 (인류학)
75.	생의 비극적 감정	우나무노	〃 (철학)
76.	일반언어학 강의	소쉬르	〃 (언어학)
77.	프로테스탄티즘의 윤리와 자본주의 정신	베버	〃 (사회과학)
78.	옥중수고	그람시	〃 (사회과학)
79.	존재와 시간	하이데거	〃 (철학)
80.	중세사회	블로크	〃 (역사)
81.	아동지능의 근원	피아제	〃 (심리학)
82.	자본주의, 사회주의, 민주주의	슘페터	〃 (사회과학)
83.	예종에의 길	하이에크	〃 (사회과학)
84.	심리학과 종교	융	〃 (심리학)
85.	지각의 현상학	메를로-퐁티	〃 (현상학)

	고전명	저자	분류
86.	생명이란 무엇인가	슈뢰딩거	서양사상 (물리학)
87.	철학적 성찰	비트겐슈타인	〃 (철학)
88.	시각예술에서의 의미	파노프스키	〃 (미술사학)
89.	인간현상	샤르댕	〃 (생물학)
90.	순수법학	켈젠	〃 (법학)
91.	진리와 방법	가다머	〃 (해석학)
92.	영국노동계급의 형성	톰슨	〃 (사회과학)
93.	인식과 관심	하버마스	〃 (철학)
94.	부분과 전체	하이젠베르크	〃 (양자역학)
95.	지식의 고고학	푸코	〃 (고고학)
96.	과학혁명의 구조	쿤	〃 (자연과학)
97.	정의론	롤즈	〃 (철학)
98.	성과 속	엘리아데	〃 (철학)
99.	물질문명과 자본주의	브로델	〃 (역사학)
100.	책임의 원리	요나스	〃 (생태윤리학)

참고문헌

논문 및 서평

이 책을 쓰면서 해당 분야의 많은 전문가의 글을 참조하고 인용했다. 그러나 이 책이 일반 교양서라는 점을 감안, 독자들의 편의를 위해 자세한 출처는 생략했다. 대신 도움 말씀을 주시거나 참고한 논문의 저자들을 밝혀둔다. 소속기관은 논문 발표 당시를 기준으로 했다.(가나다순)

강대진(정암학당)	강두식(서울대)	고영란(수원대)	권길중(성균관대)
권오숙(한국외대)	김길중(서울대)	김누리(중앙대)	김동욱(성균관대)
김수용(연세대)	김영환(서울대)	김용민(연세대)	김욱동(서강대)
김윤옥(성신여대)	김일영(성균관대)	김주언(단국대)	김주연(숙명여대)
김진영(철학자)	김창민(서울대)	김창준(한국외대)	김창환(서울대)
김춘진(서울대)	김치수(이화여대)	김현(서울대)	김희숙(서울대)
두행숙(서강대)	박상진(부산외대)	박종소(서울대)	박현섭(서울대)
박형규(고려대)	박환덕(서울대)	방곤(경희대)	변창구(서울대)
빅성환(부산외대)	석영중(고려대)	성염(서강대)	신문수(서울대)
신웅재(광운대)	신정현(서울대)	안삼환(서울대)	안재원(서울대)
양운덕(고려대)	오순희(서울대)	우석균(서울대)	유명숙(서울대)
유순호(성균관대)	유호식(서울대)	이경식(서울대)	이기언(연세대)
이동렬(서울대)	이동렬(서울대)	이병훈(경북대)	이상옥(서울대)
이선형(성균관대)	이성원(서울대)	이인규(국민대)	이인성(서울대)
이재룡(숭실대)	이재호(성균관대)	이종숙(서울대)	이철(외국어대)
임홍배(서울대)	장경렬(서울대)	장명희(국민대)	장왕록(서울대)
정광흠(성균관대)	정서웅(숙명여대)	최윤영(서울대)	최준호(성균관대)
한성철(한국외대)	조철원(서울대)	최준호(성균관대)	천병희(단국대)

단행본

가브리엘 가르시아 마르케스, 『백 년 동안의 고독』, 박수연 옮김, 혜원출판사, 1993

강대진, 『그리스 로마 서사시』, 북길드, 2012

강대진, 『오뒷세이아, 모험과 귀향, 일상의 복원에 관한 서사시』, 그린비, 2012

강대진, 『일리아스, 영웅들의 전장에서 싹튼 운명의 서사시』, 그린비, 2010

강두식 역주, 『괴테 파우스트 1, 2부-해설과 주석』, 서울대학교 출판부, 1990

게오르크 홀름스텐, 『루소』, 한미희 옮김, 한길사, 1999

귄터 그라스, 『양철북』, 박환덕 옮김, 범우사, 1985

귀스타브 랑송 외, 『랑송 불문학사』(전 2권), 정기수 옮김, 을유문화사, 1983

귀스타브 플로베르, 『보바리 부인』, 최은혜 옮김, 혜원출판사, 1992

김봉구 외, 『새로운 프랑스 문학사』, 일조각, 1993

김승옥, 『서양문학의 흐름』, 고려대학교 출판부, 2000

김유조, 『어네스트 헤밍웨이』, 건국대학교 출판부, 1994

김현창, 『스페인 문학사』, 민음사, 1992

김화영, 『문학 상상력의 연구, 알베르 카뮈의 문학세계』, 문학동네, 1998

김화영, 『발자크와 플로베르』, 고려대학교 출판부, 2000

내서니엘 호손, 『주홍 글씨』, 박경미 옮김, 혜원출판사, 1994

단테 알리기에리, 『신곡』, 박상진 엮어 옮김, 서해문집, 2005

단테 알리기에리, 『신곡』, 한형곤 옮김, 서해문집, 2005

데이비드 허버트 로렌스, 『연인들』(전 2권), 정상진 옮김, 혜서원, 1992

라이너 마리아 릴케, 『말테의 수기』, 김문수 옮김, 홍신문화사, 1992

레프 니콜라예비치 톨스토이, 『안나 카레니나』(전 2권), 신길호 옮김, 혜원출판, 1993

리처드 멜먼, 『제임스 조이스』(전 2권), 전은경 옮김, 책세상, 2002

리하르트 프리덴탈, 『괴테, 생애와 시대』, 곽복록 옮김, 평민사, 1985

마르셀 프루스트, 『잃어버린 시간을 찾아서』, 김인환 옮김, 학원사, 1992

마크 트웨인, 『허클베리 핀의 모험』, 이해윤 옮김, 홍신문화사, 1994

마크 트웨인, 『톰 소여의 모험·허클베리 핀의 모험』, 김병철 옮김, 범우사, 1989

막심 고리키, 『어머니』, 최윤락 옮김, 열린책들, 1989

몰리에르, 『타르튀프·서민귀족』, 극예술비교연구회 옮김, 동문선, 2000

미셀 드 몽테뉴, 『수상록』, 방곤 옮김, 민성사, 1994

미셀 레몽, 『프랑스 현대소설사』, 김화영 옮김, 열음사, 1991

박상진, 『이탈리아 문학사』, 부산외대출판부, 1997

베르길리우스, 『아이네이스』, 천병희 옮김, 도서출판 숲, 2007

베르톨트 브레히트, 『서푼짜리 오페라·남자는 남자다』, 김길웅 옮김, 을유문화사, 2000

볼테르, 『캉디드 혹은 낙관주의』, 이봉지 옮김, 열린책들, 2009

볼테르, 『캉디드』, 김미선 옮김, 을유문화사, 1994

볼프강 보이틴 외, 『독일문학사』, 허창운 옮김, 삼영사, 1993

샤를 보들레르, 『보들레르 시전집』, 박은수 옮김, 민음사, 1995

샤를 보들레르, 『악의 꽃』, 김봉구 옮김, 민음사, 1974

샤를 보들레르, 『악의 꽃』, 김인환 옮김, 자유교양사, 1993

세르반테스, 『돈키호테』(전 2권), 강영운 옮김, 일신서적출판사, 1991

소포클레스, 『오이디푸스 왕』, 강대진 옮김, 민음사, 2009

소포클레스, 『소포클레스 전집』, 천병희 옮김, 도서출판 숲, 2008

슈테판 츠바이크, 『톨스토이와 도스토예프스키』, 장영은 외 옮김, 자연사랑, 2001

스탕달, 『적과 흑』, 남평우 옮김, 혜원출판사, 1994

아리스토파네스, 『아리스토파네스 희극 전집』(전 2권), 천병희 옮김, 도서출판 숲, 2010

아이스킬로스, 『아이스킬로스 비극 전집』, 천병희 옮김, 도서출판 숲, 2008

아폴로니오스 로디오스, 『아르고호 이야기』, 강대진 옮김, 작은이야기, 2010

안톤 체호프, 『개를 데리고 다니는 여인』, 동완 옮김, 신원문화사, 1995

알베르 카뮈, 『페스트』, 송진희 옮김, 혜원출판사, 1994

알베르토 망구엘, 『일리아스와 오디세이아 이펙트』, 김헌 옮김, 세종서적, 2012

앤드루 샌더스, 『옥스퍼드 영문학사』, 정규환 옮김, 동인, 2003

어네스트 헤밍웨이, 『무기여 잘 있거라』, 최윤영 옮김, 혜원출판사, 1992

에밀리 브론테, 『폭풍의 언덕』, 정승섭 옮김, 혜원출판사, 1993

에우리피데스, 『에우리피데스 전집 1, 2』, 천병희 옮김, 도서출판 숲, 2009

영미문학회, 『영미문학의 길잡이』(전 2권), 창작과 비평사, 2001

오비디우스, 『원전으로 읽는 변신 이야기』, 천병희 옮김, 도서출판 숲, 2005

오비디우스, 『변신 이야기』, 이윤기 옮김, 민음사, 1994

요한 볼프강 폰 괴테, 『괴테의 이탈리아 기행』, 박영구 옮김, 푸른숲, 1998

요한 볼프강 폰 괴테, 『괴테자서전: 시와 진실』, 전영애 외 옮김, 민음사, 2009

요한 볼프강 폰 괴테, 『천재를 꿈꾸며 고뇌하는 젊음에게』, 두행숙 옮김, 풀빛미디어, 1999

요한 볼프강 폰 괴테, 『파우스트』(전 2권), 이인웅 옮김, 문학동네, 2009

요한 볼프강 폰 괴테, 『파우스트』, 정서웅 옮김, 민음사, 1999

요한 페터 에커만, 『괴테와의 대화』, 박영구 옮김, 푸른숲, 2000

윌리엄 포크너, 『음향과 분노』, 정인섭 옮김, 자유교양사, 1992

윤희억, 『영국문학의 이해』, 지문당, 1999

이경식 해설·번역, 『셰익스피어 4대 비극』(전 2권), 서울대학교 출판부, 1996

이경식, 『셰익스피어 비평사』(전 2권), 서울대학교 출판부, 2002

이반 투르게네프, 『아버지와 아들』, 이철 옮김, 범우사, 2002

이반 투르게네프, 『아버지와 아들』, 이항재 옮김, 문학동네, 2011

이원양, 『독일연극사』, 두레, 2002

이인웅 엮음, 『파우스트, 그는 누구인가?』, 문학동네, 2006

이환, 『프랑스 고전주의 문학』, 민음사, 1993

임한순, 『브레히트 희곡 선집 1』, 서울대학교 출판부, 2006

장 자크 루소, 『참회록』, 박순만 옮김, 집문당, 1994

장 폴 사르트르, 『구토』, 김미선 옮김, 청림, 1994

장 폴 사르트르, 『구토』, 방곤 옮김, 하서, 1993

제인 오스틴, 『오만과 편견』, 남순우 외 옮김, 혜원출판사, 1993

제임스 조이스, 『젊은 예술가의 초상 외』, 김종건 옮김, 범우사, 1992

조너선 스위프트, 『걸리버 여행기』, 신현철 옮김, 문학수첩, 1992

조반니 보카치오, 『데카메론』(전 3권), 박상진 옮김, 민음사, 2012

조창섭, 『현실주의 독일문학』, 서울대학교 출판부, 1994

조창섭, 『여명기에서 폭풍노도기까지의 독일문학』, 서울대학교 출판부, 1995

조창섭, 『예술시대의 독일문학 2』, 서울대학교 출판부, 1993

조철제, 『독일문학사』, 경북대학교 출판부, 1990

찰스 디킨스, 『위대한 유산』, 김태희 옮김, 혜원출판사, 1993

콘스탄틴 모출스키, 『도스토예프스키』(전 2권), 김현택 옮김, 책세상, 2000

크리스티앙 비에 외, 『오이디푸스』, 정장진 옮김, 이룸, 2003

토마스 만, 『마의 산』(전 2권), 오계숙 옮김, 일신서적, 1990

토머스 하디, 『테스』, 이규호 옮김, 혜원출판사, 1994

페터 뵈르너, 『괴테』, 송동준 옮김, 한길사, 1998

표도르 도스토옙스키, 『카라마조프 씨네 형제들』(전 3권), 이대호 옮김, 열린책들, 2009

표도르 도스토옙스키, 『카라마조프가의 형제들』(전 2권), 박호진 옮김, 혜원출판사, 1993

프란츠 카프카, 『성(城)·변신』, 김재하 옮김, 혜원출판사, 1991

프랑수아 라블레, 『가르강튀아와 팡타그뤼엘』, 유석호 옮김, 문학과 지성사, 2004

한국괴테협회 엮음, 『파우스트 연구』, 문학과 지성사, 1992

헨릭 입센, 『인형의 집·나나』, 김양순 외 옮김, 하서, 1994

헨릭 입센, 『인형의 집』, 홍건식 옮김, 학원사, 1994

호메로스, 『오뒷세이아』, 천병희 옮김, 도서출판 숲, 2006

호메로스, 『일리아스』, 천병희 옮김, 도서출판 숲, 2007